邏輯學十五講

陳波——著

五南圖書出版公司 印行

　　撰寫本書時，我的考慮是：透過閱讀本書，使讀者對邏輯學有一個基本的輪廓性了解，又對其最基本的內容、方法和技能有較好的掌握，特別是激起讀者進一步學習邏輯學的興趣和欲望。基於這樣的考慮，我認為，本書既應該有足夠的資訊量，使讀者讀完本書確實有所收穫，又要避免過於專業艱深的內容，以免嚇跑一般讀者；本書應該盡可能寫得生動有趣，而不要一味折磨讀者的忍耐力；既然是「十五講」，就要適當保持講課的風格。而我所理解的講課風格，就是口語化風格和散文風格，允許適當的「閒筆」，例如：穿插、引申、離題、跑題，形散而神不散，從而使課堂顯得生動活潑，使文章顯得搖曳生姿。

　　好在我有長期在北京大學開設通識選修課——「邏輯導論」的經驗，這門課程已經開設多年，似乎很受學生歡迎。每次開課，學校安排的是一百五十人教室，但想選課的，似乎總比能夠容納的多。課堂效果和學生反應都還不錯，課後必有的教學評估，學生給的分數和評價都還不低。令我感動的是，有一次選課時，有學生遞給我一張紙條，說她剛入燕園，就聽學長們說，邏輯導論是一門好課，因此，請我務必讓她選上這門課。

　　學生對我教學的反應使我心堪慰，讓我覺得自己作為大學教師的職業角色至少是合格的。我希望，讀者對本書的反應也能夠使我感到欣慰，讓我覺得我作為作者（幾乎是半職業的）似乎也不是太差，所寫的書還能夠賣得出去，至少能夠讓相當數量的讀者讀後覺得滿意，當然，本書如有任何疏漏和錯誤，歡迎讀者不吝賜教，我將不勝感激。

　　亞里斯多德有一句名言：「求知是人之本性。」知識帶給我們的快樂，是悠然於心的快樂，是難與人道的快樂。

陳波

2007 年 5 月 6 日於京郊博雅西園

::: 第二版自序 :::

　　《邏輯學十五講》已經出版多年，這期間，許多讀者寫信給我，對這本書給予充分肯定，說了不少好話；也從愛護的角度出發，不辭辛勞，幫我指出書中的一些錯訛之處，由於時間拖得很長，有些紀錄遺失了，我這裡僅列出幾位這樣做過的讀者姓名——唐永剛、王龍、胡一樂、葉志堅，並向他們表達真誠的謝意！

　　決定出版《邏輯學十五講》的修訂版，我的博士生彭杉杉以極其認真的態度審讀此書第一版，幫助找出其中可能的錯訛。在先前讀者來信和彭杉杉工作的基礎上，我對全書做了一次認真的修訂，盡可能改正了一切已經發現的錯訛，這是此次修訂的一項重要內容。另一項重要修訂，是在書末增加了四個附錄，它們都是我近年來在報刊上發表有關邏輯學的或長或短論文，並且都涉及對邏輯學的本性及其未來走向的整體理解。我當初寫作《邏輯學十五講》時，就為自己設定了兩個潛在目標：一是使讀者初步掌握最基本的邏輯知識和技能，二是替讀者描繪出邏輯學的整體形象，使其對邏輯學有一個輪廓性了解。我覺得，修訂版新增加的這四個附錄，是對本書前面內容的必要補充和擴展，有助於達成我當初為自己設定的第二個目標。

　　感謝《邏輯學十五講》的所有讀者，希望修訂版仍然會得到讀者們的歡迎和關愛，也歡迎讀者們一如既往地幫助我找出修訂版中一切可能的錯訛之處。一旦核實，我會在下一次印刷時改正，謝謝！

陳波

2016 年 1 月 11 日於京西博雅西園

CONTENT

chapter 4
「香格里拉」和「馬太效應」
—— 詞項、概念和定義

chapter 5
假如生活欺騙了你⋯⋯
—— 複合命題及其推理

CONTENT

CONTENT

天才值得我們敬仰

——西方歷史上的邏輯學家

　　我先前寫道：「對於深入地理解一門學科來說，厚重的歷史感始終是必要的，並且是重要的。」[1] 這是因為，當我們熟悉一門學科的發展歷史、熟悉有關理論的來龍去脈時，將有助於我們深入、準確地理解這些理論，並且在學習它們時，會產生某種親切感，對創造它們的大師們產生某種敬畏感，更重要的是，歷史上偉大人物的思想並沒有完全死去，它們有可能激發出新的靈感，成為新的理論創造之溫床和借鑑。因此，這本《邏輯學十五講》選擇從歷史上著名的邏輯學家開始講起，讓我們看一看：迄今為止的邏輯學說，是由中外歷史上哪些偉大的邏輯學家創造出來的？我力圖為他們作一幅文字素描，輪廓性地勾畫他們是一些什麼樣的人？有什麼樣的人生際遇？有什麼樣的學術背景？有什麼樣的思想傾向？做出了哪些主要貢獻？歷史上的偉人常常可以成為校準我們航向的座標和參考系。

　　公認的看法是，世界邏輯的發展有三大源流：肇始於古希臘的西方邏輯，以亞里斯多德的三段論為代表；中國先秦時期的邏輯，以名、辭、說、辯為主要內容，以《墨經》的邏輯學為主要代表；古印度是佛教的發源地，其邏輯學理論也帶有佛學特色，以正理論和因明為主要內容，代表性人物有陳那、法稱等人。在唐代，印度因明隨佛教一起傳入中國，有漢傳因明和藏傳因明之分。不過，在實際的歷史進程中，中國先秦邏輯和古印度邏輯都有某種中斷，沒有進入世界邏輯發展的主流。唯有肇始於古希臘的西方邏輯有相對完整的歷史，它後來成為世界邏輯發展的主流，現代邏輯就是以它為基礎發展而來的。

　　著名邏輯史家波亨斯基（I. M. Bochenski, 1902-1995）曾這樣描繪西方邏輯發展的總圖景：在西方邏輯史上出現過三個高峰，每一個高峰期都很短暫，由長時期的衰落間隔開來。第一個高峰出現於公元前 4 世紀至公元前 3 世紀，這個時期的輝煌成就是亞里斯多德邏輯與斯多葛邏輯；第二個高峰出現於 12 世紀至 14 世紀，即中世紀邏輯的鼎盛期，此時期取得了許多重要成果；第三個高峰是從 19 世紀晚期開始的數理邏輯時期。[2] 我同意這樣的看法，並從各個時期選擇了少數幾位代表人物：亞里斯多德，邏輯之父，古希臘邏輯的代表；培根和彌爾，近

---

[1] 陳波：《邏輯學是什麼》，五南圖書出版股份有限公司，2013 年。

[2] I. M. Bochenski, *A History of Formal Logic*, translated and edited by Ivo Thomas, University of Nortre Dame Press, 1961, pp.10-14.

代歸納邏輯的代表；萊布尼茲、弗雷格、羅素、哥德爾和克里普克，現代符號邏輯的代表。唯有中世紀邏輯學家以群像的形式出現。我選擇人物的依據是他們的原創性和影響力，這些人的工作奠定和塑造了西方邏輯發展到今天的形象。

一、亞里斯多德

亞里斯多德（Aristotle，前 384- 前 322），誕生在希臘北部馬其頓的斯塔吉拉城，其父為馬其頓國王菲力普的朋友兼御醫。也許受父親的影響，他終生對生物學和實證科學感興趣。17 歲時，入柏拉圖創立的雅典學園，師從柏拉圖達 20年之久。蘇格拉底是柏拉圖的老師，柏拉圖是亞里斯多德的老師，這三代師徒都是哲學史上的頂尖人物。正像天才人物之間經常發生的那樣，亞里斯多德與柏拉圖似乎相處不快，他對柏拉圖的理念論持批評態度，曾隱晦地說過，智慧不會隨柏拉圖一起死亡，並有一句名言：「吾愛吾師，吾更愛真理。」不過，從柏拉圖那裡，他學會了哲學的思辨、推理和論證方法。柏拉圖去世後不久，他應雅典學園先前的同學赫米亞斯（Hermias）的邀請，來到了後者所統轄的小亞細亞的阿索斯。在這裡，亞里斯多德建立了一個學園，在他周圍聚集了一些柏拉圖學派的哲學家。也是在這裡，他娶了赫米亞斯的姪女皮西亞斯（Pythias）為妻，生有一個也叫皮西亞斯的女兒。在阿索斯三年後，他應泰奧弗拉斯多（Theophrastus）的邀請，到離阿索斯不遠的一個島上待了一段時間。泰奧弗拉斯多後來成為他最忠實的追隨者。公元前 343 年，他應馬其頓國王菲力普之邀，擔任時年 14 歲太子亞歷山大（即後來著名的亞歷山大大帝）的老師，為時 7 年。公元前 334 年，亞里斯多德回到雅典，由於得到來自亞歷山大大帝及其他行政官員的豐厚資助，占有了阿波羅呂克昂（Lyceum）神廟附近的廣大地區及其園林，創辦了一所學校──呂克昂學園。由於採取師生同桌吃飯、在花園裡邊散步邊教學的方式，他的學園被稱為「逍遙學派」（源於希臘語「peripatio」，意為「漫步」）。在雅典，他展開了範圍廣泛的研究和教學活動，使呂克昂學園成為一個創造性學術活動的中心，園裡修建了當時第一流的圖書館和動植物園。在學園創辦將屆 12 年之際，亞里斯多德身陷政治困境之中，一方面，他與亞歷山大的關係開始冷淡；另一方面，他在雅典仍被認為是亞歷山大和馬其頓政權的盟友，遭到雅典的反馬其頓黨派之激烈攻擊。亞歷山大病故之後，雅典爆發了仇恨「馬其頓黨」的風

暴，亞里斯多德首當其衝，與先前的蘇格拉底一樣，被控以「褻瀆神明」的罪名，他決定「不給雅典人第二次扼殺哲學的機會」，把學園託付給泰奧弗拉斯多，自己逃離雅典。次年死於逃亡途中，享壽 63 歲。在遺囑中，他請求葬在亡妻皮西亞斯的墓旁，並爲繼室赫皮利斯（Herpylias）的生活做了一些安排。亞里斯多德與繼室生有一子尼各馬可，他的一部倫理學著作就是以其子的名字命名的，叫做《尼各馬可倫理學》。

　　亞里斯多德是一位百科全書式的學者，一生著述宏富，據說至少撰寫了170 種著作。在他去世後，其姪子帶著他的一些主要著作去了小亞細亞的塞蒲賽斯，在那裡把它們封存在一個洞穴裡，據說封存了兩百年，之後被轉移到羅馬，交給了亞里斯多德派哲學家、呂克昂學園最後的領袖——羅德島的安德羅尼柯（Andronicus of Rhodes）。公元前 60 年，安德羅尼柯根據主題將這些著作加以編輯、分類。今天所知的亞里斯多德的許多著作都是根據一些短篇編輯而成，總數大約是 47 種，其中的主要著作有：《工具論》，討論邏輯問題；《形而上學》，討論抽象的一般哲學問題；《物理學》、《論天》、《論生滅》、《論靈魂》，討論自然哲學問題；《尼各馬可倫理學》、《大倫理學》、《歐德謨倫理學》，討論道德倫理問題，此外，還有《政治學》、《修辭學》、《詩學》以及有關政治、經濟等方面的著作。其著作的內容包括三個方面：一是前人的知識積累，二是助手們爲他所作的調查和發現，三是他自己的獨立見解。在這些著作中，他對先前的一切哲學進行全面認眞的批判研究，兼收並蓄；對千差萬別的宇宙現象作出多種方式、多個層次、多個側面的闡明，開創了邏輯學、倫理學、政治學和生物學等學科的獨立研究。在整個西方哲學史、科學史以及文化史上，亞里斯多德發揮了廣泛而又重要的影響。

　　《工具論》是亞里斯多德的邏輯著作，其中包括〈範疇篇〉、〈解釋篇〉、〈前分析篇〉、〈後分析篇〉、〈論題篇〉、〈辨謬篇〉六篇。在〈範疇篇〉中，他提出了著名的「十範疇」——實體、數量、性質、關係、地點、時間、姿勢、具有、活動、遭受，認爲這些範疇既是對外部存在的分類，也是對命題的主謂詞之分類，由此開創了對命題的主謂式邏輯分析。在〈解釋篇〉中，他討論了主謂式命題（直言命題）及其眞假關係、模態命題及其眞假關係，闡述了著名的「二值原則」（任一命題或眞或假，非眞即假，非假即眞）及其反例（所謂的「海戰問題」——「明天將要發生海戰」，在今天既不眞也不假）。在〈前分

析篇〉中，他有系統地闡述了他的推理理論，主要是以直言命題作前提和結論的三段論，以及以模態命題作前提和結論的三段論，區分了它們的格與式，討論了它們必須遵守的規則，以此區分有效的三段論式和無效的三段論式。在〈後分析篇〉中，他闡述了他的證明理論，提出了比較有系統的公理化思想，即由基本概念（不加定義就加以接受的概念）經過定義得出衍生概念，由基本命題（包括公理和假設）根據給定的推理規則得出一系列定理，由此構成一個有嚴格邏輯秩序的理論體系。在〈論題篇〉和〈辨謬篇〉中，他討論了論辯、謬誤以及對謬誤的反駁。此外，在《形而上學》一書中，他還重點探討了矛盾律和排中律，這是兩條最基本的思維規律。整體來說，在這些著作中，亞里斯多德建立了一種「大邏輯」框架，後來十幾個世紀中占據統治地位的邏輯教學體系，即「概念──→判斷──→推理──→論證──→思維基本規律」，在他那裡已具雛形。但他在邏輯方面的主要成就，還是以直言命題為對象、以三段論理論為核心的詞項邏輯理論，該理論迄今為止沒有實質性變化，只不過作了少許添加和改良。亞里斯多德是名副其實的「邏輯之父」。

古希臘的麥加拉派（the Megarans）和斯多葛派（the Stoic，因常在 stoa〔畫廊〕聚會而得名，亦稱「畫廊學派」）也對邏輯學做出了很多貢獻，主要是提出以「說謊者悖論」為代表的許多悖論和怪論，初步建立一個以複合命題及其推理關係為主要內容的命題邏輯體系，但其史料大多佚失，在歷史進程中並沒有發揮實際的影響。古羅馬則不是一個邏輯上的創造時期，主要工作是保存和詮釋亞里斯多德的邏輯著作。

二、中世紀邏輯學家

中世紀是指從公元 5 世紀末葉西羅馬帝國滅亡，至 15 世紀文藝復興之前的時期。至於中世紀邏輯，一種說法是指這整個時期內的邏輯學說。但實際上，直至 11 世紀才有職業的邏輯學家出現，12 世紀才從阿拉伯世界傳入了亞里斯多德邏輯著作的完整譯本，因而才有形式邏輯可言。所以，有的邏輯史家指出：「『中世紀邏輯』這個詞，習慣上用來指在 11 世紀至 15 世紀之間在西方歐洲的

大學和學校裡發展的邏輯學說。」[3] 通常把中世紀邏輯的發展劃分為三個時期：

（一）過渡時期：從中世紀開始至 12 世紀的阿伯拉爾（Peter Abelard, 1079-1142）。這個時期沒有任何值得一提的邏輯上的創新，甚至對古希臘邏輯的熟悉也是相當有限。不過，在 12 世紀前，邏輯學奠定了朝形式的和語言的方向發展的趨勢。

在這個時期的早期，教會學校裡所能得到的邏輯著作主要是波愛修斯（Boethius，約 480-524）翻譯的亞里斯多德〈範疇篇〉和〈解釋篇〉、波菲利（Porphry of Tyre）的〈〈範疇篇〉導論〉，再加上波愛修斯對這些著作的評注，他論述直言三段論和假言三段論、論辯的推理和修辭的推理之論文，以及對西塞羅（Marcus Tullios Cicero）的〈論題篇〉（Topics）的評注。除了與波愛修斯的名字相連的這些文獻外，還有少數價值很小的邏輯手冊，例如：卡佩拉（Martinus Capella）的《墨丘利與語文學的婚禮》。這樣為數不多的文獻對中世紀邏輯的早期發展產生了重要影響。

在 11 世紀時才出現了一批職業邏輯學家，並且產生了是否能把邏輯標準應用於聖經或神學問題的論戰。這個時期的邏輯學家有達米安（Peter Damian, 1007-1072），他懷疑矛盾律對於上帝支配下的事物的有效性。而洛色林（Roscelin，約 1050-1120）把關於等詞的邏輯應用於三位一體的系統，當時被斥為異端，他還認為，共相只不過是口語的發聲，因為這一點，他被視為唯名論的奠基人。安瑟爾謨（Anselm, 1033-1109）因其關於上帝存在的「本體論證明」而知名，他也討論了普遍詞項的意義和指稱的區別。

第一個重要的中世紀邏輯學家是阿伯拉爾。在 12 世紀前半期，他在巴黎的學校裡教書，其主要著作是題為《論辯術》的五冊論文，基本上被保存下來了。在討論關於共相的爭論時，他認為，共相是詞項或由詞項表達的「思維的共同概念」的屬性，他反對普遍詞項意指存在於思想之外的個別事物的共同本質這樣的說法；他把形式有效的推論與其他推論區別開來，並認為僅有前者才是在邏輯上可得結論的「完善的」推論；他詳細討論了繫詞、量詞、否定詞、表示條件和析

---

[3] Erenst A. Moody, *Truth and Consequence in Medieval Logic*, Amsterdam: North-Holland Publishing Company, 1953, p. 1.

取的連接詞，這些討論構成了後來關於助範疇詞（syncategoremata）和詞項屬性的系統學說之基礎。

（二）創造時期：從阿伯拉爾去世（1142）直至 13 世紀末期。在公元 1260 年左右，中世紀邏輯的本質部分已經形成。

在阿伯拉爾死後的半個世紀內，亞里斯多德《工具論》的其他各篇，即〈前分析篇〉、〈後分析篇〉、〈論題篇〉、〈辨謬篇〉，從阿拉伯世界傳入歐洲，被譯成拉丁文，並且很快地，亞氏的《形而上學》、《物理學》、《動物篇》以及阿拉伯學者阿維森那和阿維羅伊的著作也被譯成拉丁文。這些內容被稱爲「新邏輯」，前一時期的內容則被稱爲「舊邏輯」。因此，這一時期又被稱爲「新邏輯」時期。

在 13 世紀初，巴黎和牛津建立了大學，邏輯被列爲較初級的技藝課程，因而繼續得到發展。這個時期的邏輯學家如格羅斯代特（Robert Grosseteste, 1175-1253）、湯瑪斯・阿奎那（Thomas Aquinas, 1224-1274）、基爾瓦比（Robert Kilwardby，歿於 1279）、羅馬的吉爾斯（Giles of Rome，約 1247-1316），以及大阿爾伯特（Albert the Great，歿於 1280），後者甚至爲《工具論》中的每一篇寫了解說。在邏輯方面，13 世紀出現了由神學家們引起的亞里斯多德「純粹化」潮流，在技藝邏輯中發展了新方法，提出了新問題。這種潮流後來逐漸被稱作 logica antiqua（舊邏輯），而技藝邏輯被叫做 logica moderna（新邏輯）。在 13 世紀中期，巴黎大學所使用的邏輯教材是由希雷斯伍德的威廉（William of Shyreswood, 1200/1210-1266/1271）和西班牙的彼得（Peter of Spain，身分不詳）所寫的論著和教科書。有邏輯史家認爲，希雷斯伍德的威廉的論著在時間上比西班牙的彼得的《邏輯大全》更早，並且更具創造性，但《邏輯大全》卻成爲 14-15 世紀邏輯課程的標準教科書，至 17 世紀時已經出了 166 版。

（三）完成時期：亦稱「成熟時期」，從 13 世紀末期直至中世紀結束即 15 世紀。

在這一時期，沒有提出任何本質上的新問題，但非常澈底且精細地討論上一時期提出的那些問題，結果反而發現了內容極其豐富的邏輯學和符號學理論。

在這個時期，新邏輯提供了一個框架，亞里斯多德的遺產被吸收其中，並在新的基礎上得到重新構造。例如：根據詞項指代理論重新構造了亞氏的詞項邏輯，基於一般蘊涵理論建立了關於推論和三段論的規律，研究了兩個不同的模

態邏輯系統，闡述了各種不同類型的「詭論」（Sophismata）或「不可解問題」（insolubles，即悖論），對說謊者悖論給予高度關注，提出了各種不同的悖論解決方案。

14 世紀邏輯的一般形式及其大部分內容是由奧坎的威廉（William of Ockham，約 1300-1350）奠定的。他出生於英國蘇萊郡的奧坎村，因此稱作「奧坎的威廉」，是英國經院哲學家和邏輯學家，最早的唯名論者之一，曾在牛津學習和任教，主要著作有《邏輯大全》。此外，這個時期對邏輯學做出重要貢獻的還有：布里丹（Jean Buridan，約 1295-1358 後），他擔任過巴黎大學的校長；瓦爾特·伯利（Walter Burley，1275-1349 後）；薩克森的阿爾伯特（Albert of Saxony，約 1316- 約 1390），他是布里丹的學生，所撰寫的邏輯教材以更清晰、雅致的方式闡明了奧卡姆的威廉和布里丹的貢獻；威廉·赫特斯布里（William Heytesbury）、拉爾夫·斯特羅德（Ralph Strode）、里查德·費拉布里奇（Richard Ferabrich）等人的邏輯著作在 15 世紀的義大利產生了重大影響；威尼斯的保羅（Paul of Venice，歿於 1429）的《大邏輯》闡述了中世紀晚期高度發展的邏輯學說，可稱為 14 世紀邏輯的百科全書；雷蒙·盧爾（Ramon Lull，約 1235-1316），提出用概念組合代替思維、創制思維機器的思想，對萊布尼茲產生了一些影響。

概而言之，中世紀邏輯學家涉及了範圍廣泛的邏輯問題，其中有些是古希臘學者和阿拉伯學者已經提出的，但由他們作深入的探討和創造性的闡發；他們還提出一些新的問題，創造許多獨具特色的邏輯學說，如詞項屬性學說、推論學說、悖論研究、廣義模態邏輯的研究等等。正如著名邏輯史家波亨斯基所言，中世紀邏輯是西方邏輯史上的三大高峰之一。

三、培根

弗蘭西斯·培根（Francis Bacon, 1561-1626），出生於英國倫敦的一個官宦世家，其父親是伊麗莎白女王的掌璽大臣，母親也是貴族出身，當時頗有名氣的一位才女，精通希臘文和拉丁文。培根 13 歲進入劍橋大學讀書，但當時的劍橋受經院哲學的統治，不重視自然科學，而注重研究神學，用繁瑣的方法去證明宗教教條的正確性。培根對此非常反感，待了 3 年便離開了，未得到任何學位。隨

後，他作為英國駐法大使的隨員，在法國待了兩年半時間，接觸到不少新事物和新思想。由於父親猝死，回國奔喪，但是父親未能給他留下什麼錢財，其生活開始陷入困頓。後進入格雷英法學院，21 歲獲得律師資格，23 歲當選為下議院議員。伊麗莎白女王拒絕委任他任何要職或有利可圖之職，因為他曾在議會反對女王堅決支持的某項稅務法案。但培根奢侈成性，揮霍無度，「借」債累累，曾有一次因欠債而被捕。於是他投奔女王寵臣艾塞克斯勳爵，成為他的朋友和顧問，艾塞克斯勳爵更成為他的慷慨捐助人。後來艾塞克斯不聽勸告，發動一場推翻伊麗莎白女王的未遂政變時，培根在起訴他犯叛國罪的過程中發揮了重要作用，導致他被斬首，這次事件使許多人對培根產生厭惡感。伊麗莎白女王於 1603 年去世後，培根 1604 年成為女王的繼承人詹姆士一世的顧問。其建議雖不被新國王採納，卻仍在政壇平步青雲，扶搖直上。培根 1602 年受封為爵士，1607 年被任命為副檢察長，1613 年被委任為首席檢察官，1616 年被任命為樞密院顧問，1617 年晉升為掌璽大臣，1618 年晉升為英格蘭的大陸官，受封為維魯蘭男爵，1621 年又受封為聖阿爾班子爵。同年，被國會指控貪汙受賄，被高級法庭罰款四萬鎊，監禁於倫敦塔內，終生逐出宮廷，不得再任議員和任何官職。雖然後來罰金和監禁皆被豁免，但培根卻因此身敗名裂。對於此案，培根雖然承認接受過不正當饋贈，但並不承認因此枉法：「我是英格蘭這 50 年裡最公正的審判官，但對我的審判卻是 200 年來國會最不公正的審判。」從此培根不理政事，專心從事理論著述。1626 年 3 月底，因用雞做冷凍防腐實驗而感染風寒，於 4 月 9 日清晨去世。

　　培根畢生以追求真理為第一目標，留下很多重要著述：《論說隨筆文集》（1597），他的處女作，文筆優美、語言凝練、寓意深刻，廣受讀者歡迎；《論學術的進展》（兩卷本，1605），是一部試圖「對科學、藝術和人類所有的知識進行全面重構」的著作，其中提出一個有關科學百科全書的系統性提綱，對後來法國百科全書派編寫百科全書有重大啟發作用；《論古人的智慧》（1609）。培根原打算撰寫一部百科全書式的著作──《偉大的復興》，該書擬包括六部分：（一）科學的分類。（二）關於解釋自然的指南，即新的歸納邏輯。（三）宇宙的現象，或自然的歷史。（四）理智的階梯，即從現象沿著公理的階梯上升到「自然總律」的過程。（五）新哲學的展望，即試探性的普遍化。（六）新的哲學或積極的科學，它將在一個有序的公理系統中展示出歸納的全部結果。這項宏

偉的計畫──可能是自亞里斯多德以來最有抱負的設想──未得到完全實現。但是，可以把《學術的進展》（1605）和《新工具》（1620）看作是他偉大著作的前兩個部分。《新工具》也許是培根最重要的著作，其中提出了「知識就是力量」的著名口號，最早有系統地探討了以觀察、實驗為基礎的歸納方法和歸納邏輯。《亨利七世本紀》是其晚年作品，得到後世史學家的高度評價，被譽為「近代史學的里程碑」。而《新大西島》（約作於 1623）則是一部未完成的烏托邦式作品，在該烏托邦中，科學主宰一切。此外，培根還留下了許多遺著，後經整理出版，包括《論事物的本性》、《迷宮的線索》、《各家哲學批判》、《自然界的大事》、《論人類的知識》等等。

　　儘管培根在人品方面或許有些問題，早年為了出人頭地，有些不擇手段，晚年位居高官時，又因受賄而被判坐牢，但他在哲學和科學方面的貢獻卻是不可否認的。培根是資產階級上升時期的代表，主張發展生產，渴望探索自然，努力發展科學。他認為，經院哲學阻礙了當時科學的發展，因此極力批判經院哲學和神學權威，更進一步揭露人類認知產生謬誤的根源，由此提出著名的「四假相說」，即「種族的假相」、「洞穴的假相」、「市場的假相」、「劇場的假相」。他本人倡導的方法是基於觀察和實驗的歸納法，他認為，歸納的基本原則就是不能跳躍地而要一步一步地從經驗材料得出越來越普遍的規律，由此得到一個開始於經驗材料、普遍和抽象程度逐步上升的知識金字塔。在這個過程中，要應用他所謂的「三表法」和「排斥法」等方法。三表法包括：（一）本質和具有表，用以羅列具有被研究性質的實例。（二）缺乏表，用以羅列不出現被研究性質的事例。（三）程度表，用以羅列被研究現象出現變化的實例。排斥法則用來排斥表中所羅列實例中的不相干因素，使得剩下的唯一因素能夠成為被研究性質的形式或原因。馬克思曾把培根譽為「英國唯物主義和整個現代實驗科學的真正始祖」。

　　後來，英國邏輯學家彌爾（John Stuart Mill, 1806-1873，嚴復譯為「穆勒」）在《邏輯體系──演繹和歸納》（1843）一書中，把邏輯推理從廣義上分為歸納和演繹，前者是由一些命題推出一個一般性程度較大的命題，後者是由一些命題推出一般性程度較小的或相等的命題。彌爾在繼承和改進培根的三表法和排斥法的基礎上，系統性地闡述了尋求現象之間因果關係的 5 種方法──求同法、求異法、求同求異並用法、共變法和賸餘法，通稱「彌爾五法」，使得歸納邏輯具有

了較爲成熟的形態。但英國哲學家休謨（David Hume, 1711-1776）卻對古典歸納邏輯提出了深刻的質疑，認爲歸納推理不能從經驗材料中發現、概括出具有必然性的一般規律。從此之後，歸納邏輯幾乎不再研究如何從感覺經驗材料中發現普遍命題的程序和方法，而去研究感覺經驗證據對某個一般性假說的確證程度，並引入機率論和數理統計作工具，發展出機率歸納邏輯，這是現代歸納邏輯的主要形態。

四、萊布尼茲

　　萊布尼茲（Gottfried Wilhelm Leibniz, 1646-1716）生於德國萊比錫，祖父以上三代均在薩克森政府任職，父親是萊比錫大學的道德哲學教授。萊布尼茲 6 歲喪父，自幼聰穎好學，利用父親的豐富藏書，8 歲自學拉丁文，14 歲自學希臘文，15 歲入萊比錫大學研習法律，並博覽了歷史、文學和哲學等方面的書籍。17 歲以哲學論文《論個體原則方面的形而上學爭論》獲得學士學位。1666 年寫出博士論文《論法律中典型的哲學問題》，但萊比錫大學因其太年輕（時年 20 歲）而拒絕授予學位。1667 年，紐倫堡郊外的阿爾特多夫大學接受了這篇論文，授予他哲學博士學位，並聘請他到該校任教，他予以回絕。此後，他再也沒有擔任過任何一個學術職位，更爲關注的是政治活動。1667 年，他透過紐倫堡的一個煉金術士團體，結識政界人物博因堡男爵，經其推薦，先任美因茲選帝侯的法律顧問的助手，隨後擔任上訴法院陪審法官。1672 年，受美因茲選帝侯委派，他帶著自己擬訂的計畫，作爲一名外交官出使巴黎，試圖游說法國國王路易十四把進攻尼德蘭和德國的念頭轉移到其他目標（如非洲的埃及），但始終未能與法王見面。這次外交活動以失敗告終，卻因此留居巴黎 4 年，結交了科學界和哲學界的許多著名人士。例如：他與原已通信的詹森派神學家和哲學家阿爾諾建立了較密切的聯絡，又結識了荷蘭大科學家惠更斯和笛卡兒派哲學家馬勒伯朗士等人。1673 年 1 月，到倫敦斡旋英國和荷蘭之間的爭執未果，卻趁此機會見到了已通信 3 年的英國皇家學會祕書奧爾登堡，以及著名科學家虎克、波以耳等人。期間，把自己設計製造的一臺比帕斯卡計算機性能更好的計算機獻給了英國皇家學會。1673 年 4 月被推選爲該會會員。在留居巴黎期間，曾在惠更斯的幫助下從事高等數學研究，終於在 1676 年完成微積分的發明。1676 年 10 月，接受漢諾威的布倫瑞克公爵之任命，擔任公爵府參議職務，後兼任圖書館館長。在離開

巴黎去漢諾威的途中，特地繞道荷蘭，會見了科學家列文虎克，使用顯微鏡第一次觀察了細菌、原生動物和精子；還會見了哲學家斯賓諾莎，閱讀其未發表的《倫理學》部分手稿。此後 40 年，一直定居漢諾威，長期擔任宮廷議員，在社會上聲名顯赫，生活富裕，與許多重要人物頻繁地書信往來，據說有 600 多位通信夥伴，廣泛研究哲學和各種科學和技術問題，哲學思想逐漸走向成熟；從事多方面的學術文化和社會政治活動，多次到歐洲各地（主要是柏林、維也納和羅馬）旅行；屢次勸說一些國家（如奧地利、俄國、中國）的君主建立科學院，在其推動下，普魯士國王於 1700 年建立柏林科學院，他本人被任命為第一任院長。1716 年 11 月 14 日，因痛風和膽結石去世。萊布尼茲終生未婚，晚年失寵於宮廷，平時從不進教堂，教會對其去世不予理睬，宮廷也不過問，由他的私人祕書和幾名工人將他葬於一個無名墓地，只有法蘭西科學院為他題寫了一篇悼詞以示敬意。不過，後人於 1793 年在漢諾威為他建立了紀念碑；1883 年在萊比錫的一個教堂附近為他豎起了一座立式個人雕像；1983 年，在漢諾威照原樣重修了被毀於第二次世界大戰的「萊布尼茲故居」；2006 年，在其誕生 360 年之際，德國漢諾威大學改名為漢諾威萊布尼茲大學。

　　萊布尼茲博學多識，幾乎在所有的知識領域都有傑出的貢獻，是 17 世紀堪與亞里斯多德相媲美的百科全書式學者。他的興趣多得簡直令人難以置信，他既是哲學家、神學家、外交家、數學家和邏輯學家，也是物理學家、化學家、歷史學家和圖書館學家。除此之外，他還從事技術研究，研製計算機、鐘錶、風車和液壓機，他曾發明一種幫浦，並在哈爾茲山的採礦中得到應用，在礦山上，他還作為地質學者和工程師而工作。他自己曾在一封信中寫道：「我在檔案室裡開始研究工作，搬來古舊的書籍，並收集一些未經刊印的文稿。我收到許多信件，也不停地向人寫回信。但是，在數學方面我有許多新的想法，在哲學方面我也有很多新的思想，在文學方面我也有許多新的觀點，我常常不知道應該做什麼。」他的主要工作是作為國家法學者和歷史學者服務於漢諾威的選帝侯，經過多年的資料研究之後，為布倫瑞克家族編寫了一部家譜，這可能是他那個時代最好的歷史著作之一。作為數學家，他獨立於牛頓創立了微積分，為此設計了一套比牛頓更好的符號體系，並為微積分的發明權與牛頓進行過一場激烈論戰；他還在拓樸學方面做出重要貢獻。作為哲學家，他發表了《新的自然體系》、《單子論》、《自然與神恩的體系》、《人類理解新論》等論著，建立了以「單子論」和「先

定和諧說」爲核心的哲學體系。不過，有這樣一種說法：除非能夠帶來名聲和利益，萊布尼茲不發表自認尚不成熟的手稿。所以，他的著述在生前大多沒有發表。

在邏輯學領域，早在 20 歲寫成的博士論文——《論組合術》中，萊布尼茲就提出：把所有推理化歸於計算，使推理的錯誤成爲計算的錯誤，以至於哲學爭論也可以經過計算來解決。他後來體認到，實現這一目標需要做兩件事：一是發明一套普遍語言，即一種符號化語言，用它們可以表示我們所有的簡單的和複雜的觀念；二是構造一套理性演算，用嚴格的規則去指導和控制我們的觀念之間的變換與推移。他自己在這方面的工作時斷時續，分爲三個階段，似乎從未對它們滿意過，所以其結果在當時都沒有發表。據說他從中國的陰陽八卦中獲得啟發，提出了二進位計算法，並創製了新式計算機，其性能比先前的帕斯卡計算機優越，不僅能做加法運算，而且能做乘法和除法運算。特別是他充分體認到計算機的重要性：「這是十分有價值的，把計算交給機器去做，可以使優秀人才從繁重的計算中解脫出來。」他還預言：「我所說關於該機器的建造和未來應用，將來一定會更完善，並且我相信，對於將來能見到它的人來說，這一點會變得更清楚。」他還在發展和完善亞里斯多德的詞項邏輯方面做了許多工作，他把矛盾律和充足理由律作爲人類思維的兩個根本原則，並用它們去區分推理的眞理（必然眞理）和事實的眞理（偶然眞理）。他提出了著名的「可能世界」觀念，認爲現實世界是上帝在眾多可能世界中所選擇的一個最好世界，並用「可能世界」去定義和刻畫必然性、可能性、偶然性和不可能性等模態概念，爲在 20 世紀邏輯學和哲學中很重要的可能世界語義學奠定了基礎。

萊布尼茲所提出的創立數理邏輯和計算機的理想，激勵一代又一代的人們前仆後繼地爲之奮鬥，直至 20 世紀終成現實。德國邏輯史家肖爾茲指出：「人們提起萊布尼茲的名字就好像是談到日出一樣。他使亞里斯多德邏輯開始了『新生』，這種新生的邏輯在今天最完美的表現，就是採用邏輯斯蒂形式的現代精確邏輯。這種新東西是什麼呢？它就是把邏輯加以數學化的偉大思想。」[4]

---

[4] 肖爾茲：《簡明邏輯史》，張家龍譯，商務印書館，1977 年，第 48 頁。

五、弗雷格

戈特洛布·弗雷格（Gottlob Frege, 1848-1925），出生於德國北部的一個海岸小城威斯瑪（Wismar），父母均為中學教師。1864-1869 年，在威斯瑪讀文科中學。1869 年春季入耶拿大學，度過了 4 個學期，學習化學、數學和哲學，讓他的數學老師、數學家兼社會改革家艾比（Ernst Abbe）留下了深刻的印象，艾比更舉薦他到哥廷根大學攻讀博士學位。1871 年，弗雷格轉入哥廷根大學，度過 5 個學期，學習數學、物理學，並師從著名哲學家洛采學習宗教哲學。1873 年 12 月，弗雷格以論文《論想像圖形在平面上的幾何表示》獲得哲學博士學位。

1874 年，由於艾比的推薦，弗雷格回到耶拿大學，以《基於量概念的擴大的演算方法》的資格論文，被聘為耶拿大學數學系編外講師（一種授課資格，無固定薪資）。1879 年，其第一部重要著作《概念文字——一種模仿算術形式語言構造的純思維的形式語言》一書出版，又由於艾比的舉薦，被聘為該校有薪的特殊教授。在《概念文字》一書出版不久，時年 38 歲的弗雷格與 35 歲的瑪格麗特·麗莎貝格（Margaret Libseburg）結婚，但 7 年後妻子便去世了，兩人至少生有兩個孩子，但全都夭折。1908 年，弗雷格應一位牧師親戚的請求，領養了一個 5 歲大的孤兒——阿爾弗里德·弗雷格。《概念文字》出版後反響不佳，促使弗雷格於 1884 年出版了另一本小書——《算術基礎——對數概念的邏輯數學研究》，旨在非形式地描述他的邏輯主義觀念。此後不久，弗雷格投身於從邏輯推出算術的工作，但這項工作由於他觀點的某些變化而中斷了。在 1880 年代後期和 1890 年代早期，弗雷格發表了三篇論文——〈函數和概念〉（1891）、〈含義和指稱〉（1892）、〈論概念和對象〉（1892），闡述了他關於語言的本性、函數、概念、哲學邏輯等的新思想，對後來的語義學和分析哲學的發展產生了重要影響。這些觀點變化導致弗雷格對其邏輯語言作了某些改變，並迫使他放棄了一部幾乎完成了的關於邏輯和數學基礎的手稿。不過，1893 年，弗雷格在對其邏輯系統作了很小的修正之後，出版了該手稿的修正版，這就是他的《算術的基本規律》第一卷，該書建立了高階函數演算，同樣由於反響不佳，該書第二卷只好由弗雷格本人於 1903 年自費出版，主要探討實數理論，因為羅素悖論的發現以及邏輯主義綱領的失敗，原定的第三卷未能完成。1894 年，弗雷格被聘為該校榮譽普通教授，相當於正教授，雖然沒有教學管理方面的責任，也無薪資，但

能從艾比主持的一個基金會獲取資助，使得他可以把更多的精力投入到研究工作中去，並產出大量的著作。1903-1906 年，他發表了題為「論幾何學的基礎」的系列論文，就幾何學的性質以及在數學中對公理系統的適當構建和理解，與希爾伯特展開論戰。在耶拿大學的最後 13 年（1906-1918）中，由於家庭變故（妻子於 1905 年去世）、個人健康、找不到對付羅素悖論的合適方案，以及工作得不到認可所帶來的失望和沮喪等原因，弗雷格的著述很少。

弗雷格於 1918 年退休，其時他在耶拿大學工作已達 44 年。退休以後，他移居威斯瑪附近的巴特克萊納，但並沒有停止學術探索，而是完成了一系列題為「邏輯探究」的文章，其中重要的論文有〈思想〉（1918）、〈否定〉（1918）和〈複雜思想〉（1923）。這些論文解釋了他關於真理、思想、含義和所指、邏輯的性質、否定和全稱性等等的觀念，其中〈思想〉一文也許是他除了〈含義和指稱〉之外最有影響且得到最廣泛討論的論文。他晚年逐漸放棄了從邏輯推演出算術的邏輯主義綱領，而認為算術的基礎在於幾何學。1923 年的通貨膨脹使其私人存款和養老金變得一文不值，導致他晚年十分貧困，寄居在一位親戚家裡，直至 1925 年去世，享壽 77 歲。弗雷格把自己未發表的文稿遺贈給他的養子阿爾弗里德，並附有一個紙條：

> 親愛的阿爾弗里德：
>
> 　　不要扔掉我寫過的任何紙片。即使它們並非全都是黃金，但它們裡面確有黃金。我相信，其中有些東西，會得到比它們目前得到的高得多的評價。當心不要把任何東西弄丟了。
>
> 　　愛你的父親
>
> 　　這是我此時遺贈給你的我本人的一大部分。

1935 年，阿爾弗里德把弗雷格的遺稿交給曼斯特大學的海因里希·肖爾茲（Heinrich Scholz），其正計畫編輯弗雷格的著作。不幸的是，存於該校圖書館的原稿於 1945 年毀於戰火，幸運的是，其中被認為重要的片段都有多份列印稿。由於肖爾茲本人身體欠佳，於 1956 年去世，這些文稿直到 1969 年才正式出版，其中所包括的日記片段使弗雷格研究專家麥可·達米特（Michael Dummett）驚訝不已：

對我來說不無諷刺意味的是，這個曾讓我花費大量時間研究其思想的哲學家，至少到了晚年，卻是一個惡毒的種族主義者，特別是一個反猶主義者……（他的）日記顯示，弗雷格曾經是一個極端右翼分子，他強烈抵制議會制、民主主義者、自由主義者、天主教徒、法國人和猶太人，認為他們應該被剝奪政治權利，最好是被逐出德國。我被深深地震撼了，因為我曾經把弗雷格尊為一個絕對理性的人。[5]

在弗雷格生前，他的工作幾乎沒有得到什麼認可。他在邏輯方面的工作遭遇的是普遍的不理解，他的哲學性著作幾乎無人問津，當然更談不上理解。不過，胡塞爾、羅素、維根斯坦和卡納普等人讀過他的著作，對其十分欣賞。正是由於這些人的推薦，弗雷格的工作才在 20 世紀得到廣泛關注，產生極其重要的影響，他也因此被公認為現代邏輯和分析哲學的奠基者。

概括起來，弗雷格在邏輯學等方面的主要貢獻有：（一）最先闡述了邏輯主義綱領，即從純邏輯的概念，經過定義，可以得到其他的數學概念；從邏輯命題出發，經過嚴格的推理，可以衍生出其他的數學命題。也就是說，數學的可靠性基礎在於邏輯。弗雷格為此付出了巨大的努力，闡述和論證了「數的給出就是對概念的斷定」、「算術命題是分析的」等重要觀點，並具體實施了從邏輯推演算術的工作。（二）把數學上的函數概念從各個方面加以推廣，闡述了「概念是其值為真值的函數」的重要論斷，提出了組合性原則和外延論題，創立了一套特別的、有些笨重的符號語言（概念文字），建立了一個集命題邏輯、不帶等詞的一階謂詞邏輯、帶等詞的一階謂詞邏輯和高階邏輯於一身的現代邏輯系統，使萊布尼茲「把所有推理化歸為計算」的理想部分地得到實現。（三）提出了哲學邏輯研究的三原則：「必須把心理的東西與邏輯的東西、主觀的東西與客觀的東西明確區別開來；必須在命題的前後連結中去尋求一個語詞的意義，而不要孤立地去尋求它的意義；必須始終牢記概念與對象之間的區別。」[6] 他率先舉起反心理主

5　參見 G. Frege, "Diary for 924", Translated by R. L. Mendelsohn, *Inquiry*, vol. 39(1996), pp. 303-342.

6　G. Frege, *The Foundation of Arithmatic: A Logico Mathematical Inquiry into the Concept of Number*, translated by J. L. Austin, Northwest University Press, 1968, p. X.

義的大旗，並深入闡述了含義和所指、函數和概念、概念和對象之間的關係，對20世紀分析哲學的興起產生了非常重要的影響。

六、羅素

伯特蘭・羅素（Bertrand Russell, 1872-1970），出生於英國南威爾士雷文斯克羅夫特（Ravenscroft）的一個貴族世家。祖父羅素勳爵是輝格黨（自由黨前身）著名政治家，在維多利亞女王時代曾兩度出任首相。父母是思想激進的自由主義者，積極參加社會政治活動。年幼時父母相繼去世，在祖母的嚴厲管教下長大。童年很孤寂，經常在家中荒涼失修的大花園裡獨自散步冥思，是自然、書本和數學把他從孤獨和絕望中拯救出來，特別是數學，成爲他的主要興趣所在。1890年進入劍橋大學三一學院學習，1893年獲數學榮譽學士學位一級，隨後改學哲學，1894年獲道德哲學榮譽學士學位一級。畢業後曾兩次遊學德國，受到馬克思主義的影響，回國後在倫敦大學政治和經濟學院擔任講師。1903年出版《數學的原則》一書，並以論文〈論幾何學的基礎〉獲三一學院研究員職位。1908年當選爲英國皇家學會會員。1910年，任劍橋大學講師，1914年又任該校三一學院研究員，1916年因反戰宣傳而被解職。1920年到中國講學，任北京大學客座教授，時間長達一年，其部分講演稿結集爲《羅素五大講演》在中國出版。回國後，羅素撰寫了《中國的問題》一書，討論中國將在20世紀歷史中發揮的作用。1931年，繼承其兄的第三世羅素勳爵頭銜。1949年成爲英國皇家學會的榮譽研究員。1920-1950年代，多次應邀去美國任教、訪問和演講。1950年代後，主要精力轉向社會政治活動。1970年2月2日去世，享耆壽98歲。

羅素曾在其自傳開頭說：「有三股簡單而又無比強烈的激情支配了我的一生：對於愛的渴望、對於知識的追求，以及對於人類苦難的難以遏制的同情心。」在這每一方面，他都達到了常人難以企及的高度。他執著地追求愛，主張人要過一種有意義的生活，先後愛過至少七位女性，離過三次婚，結過四次婚，第四次結婚時已經年逾八十。他同情人類苦難，從青年時代起一直積極參加社會政治活動，追求並捍衛社會正義。1895年，曾兩次訪問德國，研究德國社會主義運動，與倍倍爾、李卜克內西等人交談過。1920年，訪問蘇聯並會見了列寧。他還是一個舉世聞名的和平主義者，第一次世界大戰期間，由於反對英國參

戰而被判刑六個月，坐牢期間寫了一本名著──《數學哲學導論》（1919年出版）。1950年代，抗議氫彈試驗，聯合愛因斯坦等人，發表著名的《羅素──愛因斯坦宣言》。他支持希臘和巴基斯坦人民的解放運動，反對美國侵略越南的戰爭。1961年，因主持反戰靜坐示威，89歲的羅素與其妻子一起被判兩個月監禁。1964年，創辦了羅素和平基金會。1966年，與法國哲學家沙特等人組織「國際戰犯審判法庭」。1968年，發表聲明抗議蘇聯入侵捷克。1970年，抗議以色列發動中東戰爭。

　　在對於知識的追求，羅素也遠遠超過了他的先輩及其同時代人，先後出版了71本著作和小冊子，廣泛論及哲學、邏輯學、數學、教育學、倫理學、社會學、政治學、經濟學等各方面，擁有「百科全書式的著作家」稱號。其主要著作有：《對萊布尼茲哲學的批評性解釋》（1900）、《數學的原則》（1903）、《數學原理》（與A. N. 懷海德合著，3卷本，1910-1913）、《哲學問題》（1912）、《我們關於外間世界的知識》（1914）、《社會重建原理》（1916）、《政治理想》（1917）、《神祕主義和邏輯》（1918）、《心的分析》（1921）、《一個自由人的崇拜》（1923）、《論教育，特別是早期兒童教育》（1926）、《物的分析》（1927）、《為什麼我不是一名基督徒》（1927）、《婚姻與道德》（1929）、《幸福之路》（1930）、《權力論──一個新的社會分析》（1938）、《對意義和真理的探究》（1940）、《西方哲學史》（1946）、《人類的知識──它的範圍和界限》（1948）、《權威與個人》（1949）、《邏輯原子論哲學》（1949）、《我的哲學發展》（1959）、《西方的智慧》（1959）、《羅素自傳》（3卷本，1967、1968、1969）等。甚至還出版過兩本短篇小說集──《近鄰的撒旦》和《顯要人物的惡夢》，其風格是寓言式的，文風接近伏爾泰。在對真理的求索中，羅素從無門戶之見，善於向各方面學習，善於自我省察，不斷修改自己的觀點。正是由於他的大力推舉和頌揚，弗雷格才從在耶拿小城默默無聞度過一生的教授，成為20世紀邏輯學和分析哲學領域的巨擘。

　　在邏輯學和哲學這兩個領域中，羅素做出了實質性的學術貢獻，是20世紀最重要的邏輯學家之一，也是分析哲學的創始人之一。他幾乎完全獨立於弗雷格的工作，創立了命題演算和一階謂詞演算，這兩者合在一起構成現代邏輯體系中的「經典」邏輯部分。他還創立了關係演算，等於建立了一套關係邏輯，大大擴

充和豐富了數理邏輯的內容。他在一階邏輯的框架內，創立了一套摹狀詞理論，由此推出了一些重要的哲學結論，被譽爲在形而上學領域應用數理邏輯工具的「典範」。在弗雷格所構造的邏輯——數學體系中，他發現了後來以他的名字命名的「羅素悖論」，並對悖論產生的原因作出哲學分析：悖論產生於惡性循環，即一個整體內的元素需要透過它所在的那個整體才能定義。因此，避免悖論就要禁止惡性循環，由此提出了簡單類型論和分支類型論的技術性方案，不過，這兩套方案都存在著這樣那樣的缺陷。他是邏輯主義綱領的堅定實踐家，在這個過程中嚴格證明了：從邏輯演算出發，加上兩個非邏輯的公理，即無窮公理和選擇公理，就可以推導出一般算術和康托爾集合論。這一方面證明了邏輯主義綱領在整體上是不正確的；另一方面也精確揭示了數學與邏輯之間的關係。在哲學上，羅素以善於改變觀點著稱，其思想發展經歷了絕對唯心主義、邏輯原子論、新實在論、中立一元論等幾個階段，對20世紀分析哲學的發展產生了非常重要的影響。

羅素生前獲得過眾多的榮譽和頭銜。1949年，獲得由英王喬治六世頒發的最高榮譽勳章。1950年，被授予諾貝爾文學獎，〈頒獎辭〉高度評價他作爲「人道主義與思想自由的捍衛者」的抗爭精神，認爲「羅素哲學具體地展現了諾貝爾先生創立這個獎的初衷，他們對人生的看法是十分相似的，兩個人不但都接受懷疑論，而且都懷有烏托邦的思想，並且由於對當前世局的憂慮而共同強調人類行爲的理性化」。1950年代因積極參加世界和平運動，反對核戰爭而獲得世界和平獎。1960年獲丹麥索寧獎，如此等等。

七、哥德爾

庫爾特・哥德爾（Kurt Friedrich Godel, 1906-1978），1906年4月28日生於奧匈帝國的布呂恩（Brunn），即現在捷克共和國的布爾諾（Brno）。其父是一位商人，開辦一家紡織廠，但愛好邏輯和推理；其母是一位受過良好教育的婦女，哥德爾一生與她保持密切關係，母子長期通信往來，討論範圍廣泛的問題。童年時健康不佳，對他一生的身體和心理都產生重要影響。在小學和中學階段，他表現突出，成績優異，特別是在數學、語言和宗教課程方面。1924年入維也納大學，先學物理，後攻數學。期間，修過格門珀茲（Heinrich Gomperz）講授的哲學、富特溫格勒（Phlipp Furtwangler）講授的數學、卡納普和哈恩（Hans

Hahn）講授的邏輯課程，哈恩後來成為他的指導教授，富特溫格勒也曾對他產生很大影響。1926-1928 年間，經常參加由石里克主導的維也納小組會議，但他並不贊成該小組所主張的邏輯實證主義，於 1929 年離開該小組，但仍與該小組成員卡納普保持接觸。在確定自己的研究方向時，有兩個因素對哥德爾產生了重要作用：一是卡納普的數理邏輯講演，二是希爾伯特和阿克曼的專著《理論邏輯原理》（1928）。在該書中，作者列舉了一階謂詞演算的完全性這個未解決的問題。哥德爾把它作為自己的主攻方向。1929 年夏季，哥德爾肯定地解決了這一問題，證明了一階謂詞演算的完全性定理。他以此作為博士論文成果，於 1930 年 2 月被授予博士學位。1929 年，成為奧地利公民。從 1930 年起，與馮諾伊曼（John von Neumann）、貝爾奈斯（Paul I. Bernays）、策梅羅（Ernst F. F. Zermelo）、塔斯基（Alfred Tarski）等著名數理邏輯學家建立了良好的關係。1931 年，證明了著名的哥德爾不完全性定理。1933 年 3 月，出任維也納大學編外講師。同年 9 月 30 日，作為普林斯頓高級研究院的客座成員，赴美國各地講學，主要報告他的不完全性定理。在 1935 年和 1938 年，又兩次應邀到美國講學。1938 年 9 月 20 日，與愛黛兒（Adele Nimbursky）結婚。愛黛兒比他大 6 歲，且是一位舞女，先前結過婚。儘管倆人早在 1927 年已相愛，但由於哥德爾父母的極力反對，拖了十年多才結婚，以後的婚姻關係一直良好。儘管哥德爾當時已解決了幾項重大的數學問題，三次應邀赴美國講學，已成為世界知名的數理邏輯學家，但他在維也納大學的職位卻出現了問題。1938 年 3 月 13 日，納粹吞併奧地利，納粹政府在維也納大學取消了先前的編外講師職位，哥德爾申請成為正規講師，卻要先透過政治審查，結果被納粹政府發現他適合服兵役。1940 年 1 月，哥德爾攜妻子愛黛兒離開維也納，到美國定居，在普林斯頓大學高等研究院任普通成員，1946 年成為終身成員，1953 年晉升為教授。直至 1978 年 1 月 14 日去世，哥德爾再也沒有回過歐洲。在普林斯頓期間，哥德爾最親密的朋友是愛因斯坦和數理經濟學家摩根斯坦（O. Morgenstern），他們經常一起散步和閒談。1948 年 4 月 2 日，他們三人一起到美國移民局，一起取得美國國籍，成為美國公民。哥德爾與愛因斯坦一直保持密切關係，直至後者於 1955 年去世。晚年，哥德爾對細菌傳播有一種病態的恐懼，對餐具的潔淨有極其偏執的要求，根據醫療紀錄，他實際上死於飢餓和嚴重的營養不良。一位自稱是「堅定的理性主義者」的人，卻死於這樣的非理性心理和行為，是否構成對理性主義的反諷？他的

妻子愛黛兒則於 1981 年去世，二人沒有子女。

　　哥德爾一生的學術貢獻，大致分為兩個方面，或者說兩個時期：前半期致力於數理邏輯和數學基礎的研究，大約從 1943 年開始，他逐漸把注意力轉向數學哲學乃至一般的哲學問題，當然也仍然關注邏輯的結果，例如：1958 年他研究了有窮方法的擴充，1963 年審閱並推薦了科恩（Paul J. Cohen）的重要論文〈連續統假設的獨立性〉，1973 年評述了魯賓遜（Abraham Robinson）創立的非標準分析等等。在數理邏輯和數學基礎方面，哥德爾的重要貢獻有：（一）博士論文《邏輯謂詞演算公理的完全性》（1929）證明：狹謂詞演算的有效公式皆可證。（二）講師論文〈《數學原理》及有關系統中的形式不可判定命題〉（1931）證明：如果一個包括初等數論的形式系統是協調的，則它是不完全的，即在本系統中必定存在不可證明的真命題，此類系統的協調性在本系統中不能證明，更不能用有窮方法證明。（三）《連續統假設的協調性》一書（1939）證明：連續統假設相對於通常的集合論公理系統是協調的。（四）〈關於一個尚未用過的有窮觀點的擴充〉一文（1958）給出了對於古典數論的一個構造性解釋。（五）1930 年代，發表了有關模態邏輯、直覺主義邏輯、算術以及有關邏輯和數學的其他論題（從證明的長度到微分和投影集合等）的大量論文。其中最重要的是〈論直覺主義算術和數論〉（1933），該文證明：經過一個簡單的翻譯程序，古典一階算術可以在海丁（Arend Heyting）算術中得到解釋。哥德爾的這些工作從正面或反面部分地解答了 20 世紀以來在數學基礎方面所爭論的最根本的問題，同時也給希爾伯特計畫很大的衝擊。他透過創建新方法，把數學基礎研究提高到新的水準，使大部分數理邏輯發展成為數學分支。

　　自 16 歲首次研讀康德的著作始，哥德爾終身對哲學懷有極大興趣。但除了他生前發表的 5 篇哲學論文以外，大部分思想或經他人轉述，或記錄在手稿和通信中。據目前公布的文獻，哥德爾的哲學思想大致經歷了維也納時期（1924-1939）、普林斯頓時期（1940-1960 年代中期）和普林斯頓後期（1960 年代末直至去世），可劃分為一般哲學、數學哲學和物理學哲學三個部分。哥德爾畢生堅守的哲學信念是：世界是理性地構成的，並且是可以為人類心靈認知的；存在與物理世界相分離的概念世界；對概念的理解應更主要訴諸內省等等。在數學哲學方面，哥德爾持有一種柏拉圖式的概念實在論，其基本立場是：堅持數學的先驗性，反對經驗論；強調數學客體和概念的客觀性，承認關於數學客體和概念的命

題描述了可知的數學世界和概念世界的客觀實在；主張抽象直覺是把握概念本質的基本認知能力，斷言對高度超窮的客觀數學真理之認識必須不斷從直覺之泉中吸取養料。哥德爾的哲學理想是融合柏拉圖、萊布尼茲和胡塞爾的思想，並力圖超越它們。他從柏拉圖那裡獲得概念實在論的本體論基礎；受胡塞爾啟發，確立了建構作為嚴格科學的哲學這一理想目標；萊布尼茲的單子論有可能為他提供理論闡釋的概念框架；胡塞爾的現象學方法似乎又指出了通達這一目標的途徑。不過，哥德爾的理想並未實現。[7] 總合來說，由於多種原因，目前對哥德爾哲學思想的研究還很不充分。

　　哥德爾生前或死後皆獲得過不少榮譽。1951 年，哥德爾獲得首屆愛因斯坦獎，以後多次獲得榮譽稱號，例如：哈佛大學、洛克菲勒大學等校的榮譽博士學位，英國皇家學會國外會員，法國科學院通訊院士。1966 年，拒絕接受奧地利科學院榮譽院士稱號。1975 年 9 月 18 日，獲得美國總統獎。20 世紀末，美國《時代》雜誌評選出對 20 世紀思想產生重大影響的 100 人，哥德爾位列第 4。甚至有這樣的說法：不了解哥德爾，就不了解人類已經達到的智力水準與人類智力奮鬥的歷程。

　　進展中的《哥德爾文集》準備收入他生前發表過的論著和未發表的遺著，目前已經出版 5 卷，還有許多遺著仍有待編輯。

八、克里普克

　　索爾‧克里普克（Saul A. Kripke, 1940 生），出生於美國的一個猶太人家庭。16 歲讀高中時，他寫了一篇論文〈模態邏輯的完全性定理〉，寄送到普林斯頓大學審查，有關教授認為是一篇非常優秀的博士論文，邀請他到該校工作。據報導，克里普克回信說：「您的提議使我倍感榮幸，但我媽媽說我必須先讀完高中。」該文被推薦到邏輯學方面的頂尖刊物《符號邏輯雜誌》上作為首篇論文發表，當時他 19 歲。隨後，克里普克入哈佛大學數學系就讀，獲數學學士學位。作為一年級新生，他被選為哈佛大學初級研究員（有薪資），並向麻省理工

7　參見劉曉力：〈一個理性主義者的精神歷程——哥德爾的哲學觀〉，《哲學研究》
　　1998 年第 3 期，第 55-61 頁。

學院的研究生講授高等邏輯課程。大學畢業後，先在哈佛大學、後轉入洛克菲勒大學和康乃爾大學任教。1977-1998 年期間，一直擔任普林斯頓大學哲學教授，因與其女博士生的緋聞事件而辭職，現為該校榮譽教授。2001 年，獲得由瑞典科學院頒發的邏輯學和哲學領域的朔克獎（Schock Prize），這被認為等同於該領域的諾貝爾獎。2002 年開始在紐約城市大學研究生中心任教，2003 年成為該校傑出哲學教授，2006 年該校成立克里普克中心。

克里普克的學術貢獻涉及模態邏輯、語言哲學、維根斯坦研究、知識論和心靈哲學等眾多領域，在涉足的每一個領域和論題上，其研究成果都產生了極為廣泛和深刻的影響。他被譽為 20 世紀後半期最偉大的邏輯學家和分析哲學家之一，有人甚至稱他是「邏輯學和哲學領域的天才，是活著的傳奇人物」。

在中學時期所寫的那篇論文，以及後來的幾篇論文中，克里普克為當時處於激烈爭論中的模態邏輯創立了一種語義理論，後來被稱為「克里普克語義學」，亦稱「可能世界語義學」。由於這一語義理論的創立，模態邏輯成為一個成熟的邏輯分支，甚至在當代邏輯學科體系中取得了某種「新經典邏輯」的地位。他還把這一語義理論應用到直覺主義邏輯等分支中。1970 年，克里普克在普林斯頓大學發表了三次系列講演，1972 年以「命名和必然性」為題作為論文發表，1980 年出版同名單行本。在這些講演中，克里普克批判了弗雷格和羅素等人所主張的關於名稱的描述理論，提出了一種新的歷史的因果命名理論。該理論認為，名稱（至少是一部分名稱）只有指稱而無含義，專名和通名都是嚴格指示詞，在所有可能世界內都指稱同樣的個體或類，假如這些個體或類在這些可能世界中存在的話；命名活動不是依據名稱的含義，而是依據名稱與某個命名活動的歷史因果關係，即依據人們對某些有關的歷史事件及其因果影響的了解。一個名稱的所指是由與使用該名稱有關的社會歷史傳遞鏈條決定的。基於這種嚴格指示詞理論，克里普克提出，「必然的和偶然的」是形而上學區分，「先驗的和後驗的」是認識論區分，而「分析的和綜合的」是語言哲學區分，不能將這三種區分等同，相反地，存在著「先驗偶然命題」和「後天必然命題」。同樣基於這種嚴格指示詞理論，克里普克還發展了一種新型的本質主義學說：一個事物的本質就是它在所有可能世界中都具有的屬性，具體地說，個體的本質是該個體的因果起源，自然種類的本質是其內部結構。他還把嚴格指示詞理論應用於心靈哲學領域，在該領域提出有很大影響的新理論。有這樣的說法：《命名和必然性》產生

了一個「真實可見的哲學工業」，各種詮釋、贊同、批評、爭辯、反駁等等的論著如雨後春筍般出現。1975 年，克里普克發表了一篇重要論文——〈一種真理論的概要〉，提出一種新的真理理論以及基於這種理論之上的悖論解決方案。他提出「有根性」或一個語言的「不動點」（或「固定點」）的概念，認為一個斷定了某類句子的全部、部分、大部分等等為真或為假的句子，其真值可以經過鑑定該類句子的真值來確定。如果這類句子中有的本身又包含真假概念，那麼它們的真值又必須透過考察另外的句子來鑑定，依此類推。如果最後這個過程終止於一些不提真假概念的句子（這句子叫做包含它的那個語言的一個不動點），使得能夠確定原句子的真值，那麼原句子就叫做有根的，否則就是無根的。他認為，導致悖論的句子都是無根的，它們有意義，但無真假可言。他還指出，一句子是否有根，一般地說不是句子內在的固有（語法或語義的）性質，通常都依賴於經驗事實。他還使用現代邏輯和集合論的手段，發展了一個形式理論，在其中給出有根性的形式定義，並區分出悖論性。1982 年，克里普克出版了一部研究後期維根斯坦的專著——《維根斯坦論規則和私人語言》。不過，他所詮釋與批評的維根斯坦並不是歷史上真實的維根斯坦，而是他所理解的維根斯坦，基本上出於誤解，但他本人卻提出一種有意思的理論：關於一個詞語有它的意義這一點，不存在任何事實的根據。這種理論後來被叫做「意義的懷疑論」，是眾多文獻爭論的話題，產生了很大的影響。

Chapter ②

彼，不兩可兩不可也

——中國歷史上的邏輯學家

　　先秦時期的邏輯學是中國邏輯學發展的黃金時代，當時諸子蜂起，百家爭鳴，其中有許多學派尤其是名家和墨家討論了許多與邏輯有關的問題。《墨經》建構了一個以名、辭、說、辯為主要內容的邏輯學體系，使中國邏輯成為世界邏輯發展的三大源流之一。不過，由於後來的「罷黜百家，獨尊儒術」，儒家和道家之外的各家學說遭到排斥甚至被遺忘，中國邏輯學的發展出現嚴重的斷裂。直至明代中葉，開始有人譯介西方邏輯書籍，但沒有產生什麼影響；清朝後期嚴復翻譯了兩本西方邏輯著作《穆勒名學》和《名學淺說》，逐漸產生影響，西方邏輯學說開始進入中國。後來有一批歐美留學生如金岳霖等回國，傳播西方現代邏輯。1949 年後，全面學習蘇聯，邏輯學的內容以傳統形式邏輯為主，並得到相當程度的普及，但卻處於現代數理邏輯的發展主流之外，這使中國邏輯學的教學與研究狀況遠遠落後於國際水準，這種局面迄今為止並沒有得到實質性改變。

一、中國先秦邏輯學家

　　中國先秦邏輯，以名、辭、說、辯為主要研究對象，亦稱為「名學」、「辨學」或「名辨學」，其代表性人物有鄧析、孔子、惠施、公孫龍、墨翟及其後學、荀子、韓非等等。下面介紹先秦邏輯的幾位主要代表人物。

（一）墨翟及其後學 ●●●

　　墨翟（約前 480- 前 420），魯國人，據說既是一位能工巧匠，又是一位博通古代典籍的士，「談辯」（辯論和游說）、「說書」（講授典籍）、「從事」（從事農、工、商、兵各項事業）三者兼長。他的弟子和後學形成墨家學派，曾風靡於整個戰國時期，號稱「顯學」。現存《墨子》一書，是墨家著作的總集，其中《墨經》是後期墨家的創作，包括〈經上〉、〈經下〉、〈經說上〉、〈經說下〉、〈大取〉、〈小取〉六篇。《墨經》討論了「名」，相當於現在所說的「概念」，其作用是「以名舉實」，其種類有達名、類名、私名，形貌之名和非形貌之名，兼名和體名等。也討論了「辭」，相當於現在所說的「命題」或「判斷」，其作用是「以辭抒意」，其種類有「合」（直言命題）、「假」（假言命題）、「盡」（全稱命題）、「或」（特稱命題）、「必」（必然命題）、「且」（可能命題）等。但《墨經》論述的重點在「說」與「辯」。「以說出

故」，「說，所以明也」。「說」就是提出理由、根據、論據（即所謂「故」）
來論證某個論題。「辯，爭彼也。辯勝，當也。」下面一段話則是關於「辯」的
一個總說明：

> 夫辯者，將以明是非之分，審治亂之紀，明同異之處，察名實之理，處利
> 害，決嫌疑焉。摩略萬物之然，論求群言之比。以名舉實，以辭抒意，
> 以說出故。以類取，以類予。有諸己不非諸人，無諸己不求諸人。（〈小
> 取〉）

這裡，第一句闡述「辯」的目的和功用，後幾句闡述「辯」的方法和原則。例如
一條原則是「以類取，以類予」，即依照類去選取理由，依照類去推出結論。根
據「以類取，以類予」的原則，「推己及人」的方法以及不矛盾律，還必須堅持
另外一條原則：「有諸己不非諸人，無諸己不求諸人。」

　　〈小取〉談到了七種具體論式：或、假、效、辟、侔、援、推；〈經說上〉
和〈經說下〉說到過「止」。「推」和「止」主要用於反駁，其他六種均同時適
用於「說」和「辯」。這裡，將這八種論式概要解釋如下：

1. 「或也者，不盡也。」「或」相當於選言命題及其推理。例如：「偏也者，兼之
   體也。其體或去或存，謂其存者損」，即是說，「偏」是整體（兼）的構成部
   分（體），斷定「體」是否保存，就取決於其「或去或存」：若不去，則存；
   若去，則不存。

2. 「假也者，今不然也。」假設當下沒有發生的情況，並進行推理，相當於假言
   命題及其推理，其中還區分了必要條件（小故）假言命題和充分必要條件（大
   故）假言命題及其推理。「小故」：「無之必不然」；「大故」：「有之必
   然，無之必不然」。

3. 「效者，為之法也。所效者，所以為之法也。」在「立辭」之前要提供一個
   評判是非的標準，再看所立的「辭」是否符合這個標準：「中效，則是也；
   不中效，則非也。此效也。」例如：「謂辯無勝，必不當，說在辯」（〈經
   下〉），因為「俱無勝，是不辯也。辯也者，或謂之是，或謂之非。當者勝
   也」（〈經說下〉）。

4. 「辟也者，舉他物而以明之也。」「辟」即譬喻，相當於類比推理。例如：「治

徒娛、縣子碩問於墨子曰：『爲義孰爲大務？』子墨子曰：『譬若築牆然，能築者築，能實壤者實壤，能睎（指瞭望測量）者睎，然後牆成也。爲義猶是也，能談辯者談辯，能說書者說書，能從事者從事，然後義事成也。』」（〈耕柱〉）

5.「侔也者，比辭而俱行也。」例如：「白馬，馬也；乘白馬，乘馬也。驪馬，馬也；乘驪馬，乘馬也。獲（指某位女奴僕的名字），人也；愛獲，愛人也。臧（指某位男奴僕的名字），人也；愛臧，愛人也。」它們相當於附性法直接推理，不過是非普遍有效的推理形式。墨家給出了其反例：「盜，人也；殺盜，非殺人也。」

6.「援也者，曰：子然，我奚獨不可以然也？」即引述對方的觀點與己方的觀點作比較，根據自己的觀點與對方的觀點屬於同類，駁斥對方對自己觀點的否定，從反面證明自己的觀點也成立。例如：公孫龍批評孔子後代孔穿說：「夫是仲尼異楚人於所謂人，而非龍異白馬於所謂馬，悖。」

7.「推也者，以其所不取之同於所取者予之也。『是猶謂』也者，同也；『吾豈謂』也者，異也。」即經過揭示對方所否定的命題（所不取者）和對方所肯定的命題（所取者）屬於同類，從而推出只能對它們加以同樣的肯定或否定，而不能二者擇一。例如：「公孟子曰：『無鬼神。』又曰：『君子必學祭祀。』子墨子曰：『執無鬼而學祭祀，是猶無客而學客禮也，是猶無魚而學魚罟也。』」（〈公孟〉）

8.「止，因以別道。」（〈經上〉）「止」是舉反面例證來推翻一個全稱命題：「彼舉然者，以爲此其然者，則舉不然者而問之。若『聖人有非而不非』。」（〈經說下〉）例如：「以人之有黑者有不黑者，止黑人」（〈經說上〉），所謂「止黑人」，就是反駁「所有的人都是黑的」這個全稱命題。

此外，《墨經》提出了「悖」、「費」、「拂」、「謬」等概念，其中「悖」的含義很多，有「自相矛盾」、「自相背離」、「荒謬」、「虛假」、「不合情理」等意思。「費」通「拂」，「費」、「拂」猶「謬」，即詭異、荒謬之意，也就是自相矛盾、自相背離。墨家發展了一種類似於歸謬法的反駁方法，即指出對方的觀點將導致「悖」的境地，而「悖」在思維中是不允許的，因此該觀點本身是不能成立的。茲舉幾例：

1.言論上的矛盾

《墨經》說：「以言爲盡悖，悖，說在其言。」（〈經下〉）「之人之言可，是不悖，則是有可也；之人之言不可，以當，必不當。」（〈經說下〉）這就是說，假如「言盡悖」（所有的言論都是假的）這句話是眞的，則有的言論（即這句話本身）不是假的，即「有的言論是眞的」，所以，並非「所有的言論都是假的」；假如這句話不是眞的，則並非「所有的言論都是假的」，即有的言論（可能是這句話本身）是眞的。無論怎樣都導致自我否定、自相矛盾的結果，因此，「所有的言論都是假的」這句話必定是假的。

「言盡悖」十分類似於古希臘的說謊者悖論之原始形式：「所有的克里特島人都說謊。」只不過墨家早就認識到了：這句話根本不成立。

2.言行間的矛盾

《墨經》說：「誹，明惡也。」「非誹者悖。」（〈經下〉）「非誹，非己之誹也。」（〈經說下〉）即是說，「誹」就是提出批評，指出缺點和錯誤。「反對一切批評」的人（「非誹者」）也在進行批評，他既然「非誹」，也就在「非己之誹」，其言行處於自相矛盾的狀態，故「非誹者悖」。

古代有人倡言「學無益」，例如：老子《道德經》說「絕學無憂」，《墨經》反駁說：「以爲不知學之無益也，故告之也，是使知學之無益也，是教也。以學爲無益也教，悖。」（〈經說下〉）這就是說，你一方面主張「學無益」，另一方面又教導別人，告訴他們「學無益」，而教的目的在於傳播你的觀念，使別人按照你的觀念行事，這暗中假定了「學有益」，等於否定了「學無益」，於是你的信念、言行之間就出現了自相矛盾。類似的情形有：「公孟子曰：貧富壽夭，錯然在天，不可損益。又曰：君子必學。子墨子曰：教人學而執有命，是猶命人包而去其冠。」（〈公孟〉）

再如：墨子主張兼愛天下，但當時卻有很多「非兼主別」之人。在墨子那裡，所謂「別」是指一切以自我爲中心，在利己與利人之間總是選擇利己，甚至不惜害人以利己。墨子反駁說，今有人遠行，託親寄子，「不識於兼之有（友）是乎，於別之有（友）是乎？我以爲當其於此也，天下之愚夫愚婦，雖非兼之人，必寄託於兼之有（友）是也。此言雖非兼，擇而取兼，即此言行費也。」（〈兼愛〉）這裡，有如下的言行上之矛盾：

在言論上 A，即言而非兼；

在行動上 ＾A，即擇而取兼；

所以，有言行間的矛盾：A 且 ＾A。

3.態度上的矛盾

《墨子》說：「子墨子曰：世俗之君子，欲其義之成，而助之修其身則慍，是猶欲其牆之成，而人助之則慍也，豈不悖哉？」（〈耕柱〉）「子墨子曰：世俗之君子，貧而謂之富則怒，無義而謂之有義則喜，豈不悖哉？」（〈貴義〉）這裡，有如下的態度上之矛盾：

兩件事情十分類似，因此，對它們的態度也應類似；

但有些人在一件事情上有態度 A，在另一件類似的事情上則有態度 ＾A；

所以，有態度上的矛盾：A 且 ＾A。

4.行為之間的矛盾

《墨子》說：「子墨子曰：世之君子，使之爲一犬一彘之宰，不能則辭之；使爲一國之相，不能而爲之，豈不悖哉？」（〈貴義〉）這裡有行爲上的矛盾：

在一行為上 A，即不能則辭之；

在另一行為上 ＾A，即不能而為之。

所以，有行為上的矛盾：A 且 ＾A。

5.「不知類」之悖

「墨子謂魯陽文君曰：世俗之君子，皆知小物而不知大物。今有人於此，竊一犬一彘則謂之不仁，竊一國一都則以為義。譬猶小視白則謂之白，大視白則謂之黑。是故世俗之君子，知小物而不知大物者，若此言之謂也。」（〈魯問〉）

設 A 爲不仁的事情之類，按其不仁的程度，把 A 中的元素排成一個序列，不仁程度小的記爲 $a_小$，不仁程度大的記爲 $a_大$，我們有：

按實際的情形，$a_小 \in A$ 並且 $a_大 \in A$；

世俗之君子卻認為，$a_小 \in A$ 但 $a_大 \notin A$；

因此，世俗之君子「明於小而不明於大」，是謂「不知類」。

Chapter 2

「揭悖法」要以矛盾律爲基礎。《墨經》確實用它特有的語言表述了矛盾律：「辯，爭彼也。」「彼」是辯論雙方所持兩種互相矛盾的觀點或命題，它們不能都成立，也不能都不成立。「彼，不兩可兩不可也。」（〈經上〉）例如：「或謂之牛，或謂之非牛，是爭彼也。是不俱當，必或不當。不當若犬」（〈經說上〉），在「牛」和「非牛」這兩種互相矛盾的說法中，不可能都眞（「是不俱當」），必有一個假（「必或不當」）。這裡既表述了矛盾律的基本思想（一對互相矛盾的命題不能同眞），也表述了排中律的基本思想（一對互相矛盾的命題不能同假），它們都是強而有力分析和消解悖論的思想武器。

（二）公孫龍 ●●●

公孫龍（約前 325- 前 250），戰國末期人，曾爲趙國平原君門下客卿，其生活年代略晚於惠施、莊子，略早於荀子，大抵與《墨經》作者同時。他是名家的主要代表人物之一，集名家之大成，提出了完整的名學理論。現存有《公孫龍子》一書，由〈跡府〉、〈白馬論〉、〈指物論〉、〈通變論〉、〈堅白論〉和〈名實論〉六篇組成，一般認爲反映了公孫龍本人的思想。

正名理論是公孫龍學術思想的核心。在其正名理論中，他對與「名」有關的一系列問題作了解釋、說明與討論，並提出了如下的正名原則：

> 其名正，則唯乎其彼此焉。
> 謂彼而不唯乎彼，則彼謂不行；謂此而不唯乎此，則此謂不行。其以當必不當也。不當而當，亂也。
> 故彼彼當乎彼，則唯乎彼，其謂行彼；此此當乎此，則唯乎此，其謂行此。其以當而當也。以當而當，正也。
> 故彼彼止於彼，此此止於此，可。彼此而彼且此，此彼而此且彼，不可。（〈名實論〉）

上面這段話的意思在於：「名」是否「正」，關鍵在「彼此」二字：在使用名稱時，「謂彼」時要「唯乎彼」，「謂此」時要「唯乎此」。也就是說，用彼名稱稱呼彼實，而且只用彼名稱稱呼彼實，或者，用此名稱稱呼此實，而且只用此名稱稱呼此實，這是可以的；如果用彼名稱稱呼此實，它就既稱呼此實也稱呼彼

實，或者，用此名稱稱呼彼實，它就既稱呼此實也稱呼彼實，這是不可以的。這些要求是同一律在「正名」上的表現，公孫龍實際上以某種形式表述了同一律的部分基本思想。

歷史上，公孫龍以「白馬非馬」和「堅白之辯」而聞名。據說，有一次他騎馬過關，關吏說：「馬不准過。」公孫龍答道：「我騎的是白馬，白馬非馬。」關吏被他弄糊塗了，於是連人帶馬一起放過關。在〈白馬論〉中，公孫龍對「白馬非馬」這個命題作了如下論證：

1. 從概念的內涵說，「馬者，所以命形也；白者，所以命色也。命色者非命形也。故曰：白馬非馬」。這就是說，「馬」指謂（動物）的形狀，「白」指謂一種顏色，「白馬」指謂動物的形狀加顏色。三者內涵各不相同，所以白馬非馬。如果把「白馬」也叫做「馬」，是「離白之謂」，即撇開馬的顏色「白」而不顧，這是不可以的。如果考慮到「白馬」的顏色「白」，就再不能說「有白馬是有馬」了。

2. 從概念的外延說，「求馬，黃黑馬皆可致。求白馬，黃黑馬不可致。……故黃黑馬一也，而可以應有馬，而不可以應有白馬。是白馬非馬，審矣」，「馬者，無去取於色，故黃黑馬皆所以應。白馬者有去取於色，黃黑馬皆所以色去，故惟白馬獨可以應耳。無去取非有去取也，故曰：白馬非馬」。這就是說，「馬」的外延包括一切馬，不管其顏色如何；「白馬」的外延只包括白馬，有相應的顏色要求。由於「馬」和「白馬」的外延不同，所以白馬非馬。

3. 從共相的角度說，「馬固有色，故有白馬，使馬無色，有馬如已耳。安取白馬？故白者，非馬也。白馬者，馬與白也，白與馬也。故曰：白馬非馬也」。這是在強調，「馬」是抽象掉具體馬的一切特性之後得到的共相，「白」是如此得到的另一種共相，這兩個共相都是獨立自藏、互不相同的。馬的共相，是一切馬的本質屬性，不包括顏色，僅只是「馬作為馬」；而「白馬」的共相包括顏色。並且，這些共相與其殊相、表現、個例並不相同：「以『白者不定所白』，忘之而可也。白馬者，言白定所白也，定所白者非白也。」因此，不能把「白」與「定所白」（白性的展現者）相混同。總之，馬作為馬，不同於白馬作為白馬，所以白馬非馬。

關於「白馬非馬」這個命題的意義，人們有不同的理解。一是把其中的「非」理解為「不等於」，「白馬非馬」是說「白馬不等於馬」，它把「屬」和「種」、

「類」和「子類」區分開來，因此是一個正確、科學的命題。一是把「非」理解為「不屬於」，「白馬非馬」是說「白馬不屬於馬」，因此它是一個虛假、錯誤的命題。公孫龍的意思究竟是什麼？在我看來，他是透過「白馬不等於馬」來論證「白馬不屬於馬」，因而是在進行詭辯。

在〈堅白論〉中，公孫龍對「堅白相離」這個命題作了如下論證：

1. 知識論論證

假設有堅白石存在，問：「堅白石三，可乎？曰：不可。二，可乎？曰：可。何哉？無堅得白，其舉也二；無白得堅，其舉也二。」公孫龍給出了如下兩個理由：

(1)「視不得其所堅而得其所白者，無堅也；拊不得其所白而得其所堅者，無白也。」這就是說，用眼睛看，只能感知到有一白石，而不能感知到有一堅石；用手摸，只能感知到有一堅石，而不能感知到有一白石。因此，堅、白相離。這是在用感官和感覺的分離性去論證堅白相離，或者說，公孫龍提出了一個原則：某物的「存在性」或「具體性」要由「感覺呈現」來界定或保證。值得思考的問題：感覺呈現原則是否成立？為什麼？感官和感覺的綜合作用是如何發生的？

(2)「且猶白以目以火見，而火不見，則火與目不見，而神（指心）見；神不見而見離。堅以手，而手以捶，是捶與手知而不知，而神與不知。神乎！是之謂離焉。」這就是說，要看見白，需要「目」（眼睛）與「火」（光線）這兩個條件，缺少其中任何一個條件，就不能看見白；要感受到堅硬，需要手和「捶」（手杖）為條件，沒有這樣的條件，也不會感受到堅。不過，它們都還需要另外一個共同條件，即「神」（人的心智）的參與。沒有心智的參與，儘管有「目」與「火」，也不會看見白；儘管有手與捶，也不會感受到堅。看不到或感受不到，就是所謂的「離」，即堅、白相離，它們各自「獨而正」。

2. 本體論論證

公孫龍的思想是，在具體的感官世界之外，還有一個由「堅」、「白」這樣的共相組成的抽象世界，它與感官世界的關係是：「兼現萬物」、「離而自藏」。堅、白二者作為共相，儘管兼通萬物，即展現在一切堅物和白物身上，但

它們本身卻是不定所堅的堅、不定所白的白，並不唯一確定地存在於某一具體物之中。即使這個世界中完全沒有堅物和白物，堅還是堅，白還是白。堅、白作為共相，獨立於堅白石以及一切堅物和白物而存在，「離而自藏」，它們「超離」於具體事物和感官世界之外；並且，各個共相又相互「隔離」而獨立自存（「自藏」）。堅、白相離的事實根據在於：在這個世界上，有些物堅而不白，有些物白而不堅。所以，堅、白相離。

（三）荀子

荀子（約前 313- 前 238），名況，字卿，亦稱孫卿。戰國末期趙國人，曾游學於齊國，三為稷下學宮「祭酒」（學宮領袖），名聲很大。其著作保存在《荀子》一書中，凡三十二篇。

荀子邏輯思想的核心是其正名理論。在談到正名或制名時，他強調指出：「若有王者起，必將有循於舊名，有作於新名。然則所為有名，與所緣以同異，與制名之樞要，不可不察也。」（〈正名〉）

1.「所為有名」

> 故知者為之分別制名以指實，上以明貴賤，下以辨同異。貴賤明，同異別，如是，則志無不喻之患，事無困廢之禍。此所為有名也。（〈正名〉）

荀子認為，制名之所以必要，至少有兩點理由：一是「明貴賤」，即分清封建貴賤等級次序，這是正名學說的社會政治含義：「正名」在某種意義上就是「正政」，以恢復或維持「君君、臣臣、父父、子子」的社會倫理秩序。二是「明同異」，即用同「名」指稱同「實」，用異「名」指稱異「實」。這是正名學說的邏輯與認知功能。

2.「所緣以同異」

荀子強調，制名與正名要以外在事物本身的同異為基礎，並且還要有認識論上的根據。在他看來，人的認知有兩個泉源或依據：一是「緣天官」，即透過人的感覺器官，如眼、耳、鼻、舌、身，來感知外在事物本身的同異；二是「心」的「徵知」，即人的「心」（思維器官，即大腦）對感覺材料的加工製作。這兩

者相互依存，缺一不可：「心有徵知。徵知，則緣耳而知聲可也，緣目而知形可也。……五官薄之而不知，心徵之而無說，則人莫不然，謂之不知。」（〈正名〉）這就是說，五官可以注意到某些感官收到的印象，但如果一個人不能對它們加以分類，如果頭腦不能辨別它們並賦予意義，則只能說：這個人無知。

3.「制名之樞要」

荀子認為，制名要遵守一些基本的原則和方法（樞要），例如：

> 然後隨而命之：同則同之，異則異之；單足以喻則單，單不足以喻則兼；單與兼無所相避則共，雖共，不為害矣。知異實者之異名也，故使異實者莫不異名也，不可亂也，猶使同實者莫不同名也。（〈正名〉）

這就是說，制名的原則是：要確保指稱事物的名與它們所指稱的事物之間有一一對應關係：使「同實」者「同名」，使「異實」者「異名」，最終做到「異實者莫不異名」，「同實者莫不同名」。這也是同一律在名稱問題上的要求和表現。

4.名的邏輯分類

荀子在談到制名時，把名稱分為不同的類型，例如：單名、兼名、共名、別名、大共名、大別名等等。單名，指由一個字構成的語詞（單音詞），例如：「牛」、「馬」。兼名，指由幾個語詞構成的複合詞（複音詞），例如：「白馬」、「黑牛」。共名是一類事物的名稱，例如「動物」指稱所有的動物，是所有動物所「共有」的名稱，故叫做「共名」；相對於動物而言，「牛」指稱這類動物中的一部分，故叫做「別名」。對事物的類進行抽象，假如抽象到極端，其上再沒有包含這類事物之其他的類了，這樣的名就叫做「大共名」，例如「物」就是一個大共名。假如對一類事物不斷進行劃分，劃分到個體，再無從劃分了，這樣的名稱叫做「大別名」，例如某頭牛的名稱。換成現代的術語，「大共名」相當於「範疇」，「大別名」相當於個體名稱，即單稱詞項。共名和別名之間的關係是「屬種關係」：共名表示屬概念，別名表示種概念，種包含於屬，但反之不然。至此，我們可以理解荀子下面的說法：

> 故萬物雖眾，有時而欲遍舉之，故謂之物。物也者，大共名也。推而共

之，共則有共，至於無共然後止。有時而欲偏舉之，故謂之鳥獸；鳥獸也者，大別名也。推而別之，別中有別，至於無別然後止。（〈正名〉）

5.名的約定性和社會性

荀子闡述了一個重要的制名原則：約定俗成，突出強調了名的約定性和社會性：

名無固宜，約之以命，約定俗成謂之宜，異於約則謂之不宜。名無固實，約之以命實，約定俗成謂之實名。名有固善，徑易而不拂，謂之善名。（〈正名〉）

這就是說，「名」本身沒有「合宜」與否的問題，「名」的合宜與否，取決於是否「約定俗成」：按約定俗成的方式使用名，是合宜的；不按約定俗成的方式使用名，是不合宜的。「名」本身也不指稱特定的「實」，一個名指稱什麼樣的「實」，也源自於「約定俗成」。例如：我們現在所謂的牛本來也可以喚作「羊」，但它既然已經被喚作「牛」而不是「羊」，這是因為社會性、歷史性的約定俗成。一個名是否完善，卻有它自身的判定標準，這就是是否易懂而不含糊混亂（「徑易而不拂」）。易懂而不含糊混亂的名是善名。

強調名稱的社會性和約定性，這是荀子正名理論的一個偉大而深刻之洞見。

6.用名之謬誤：三惑說

荀子指出，有人「析辭擅作名以亂正名」，出現了所謂的「三惑」：用名以亂名，用實以亂名，用名以亂實。「凡邪說辟言之離正道而擅作者，無不類於三惑者矣。」荀子給出了三惑的具體例證以及因應之道：

「見侮不辱」，「聖人不愛己」，「殺盜非殺人也」，此惑於用名以亂名者也。驗之所為有名，而觀其孰行，則能禁之矣。「山淵平」，「情欲寡」，「芻豢不加甘，大鐘不加樂」，此惑於用實以亂名者也。驗之所緣以同異，而觀其孰調，則能禁之矣。「非而謁楹」，「有牛馬非馬也，」此惑於用名以亂實者也。驗之名約，以其所受，悖其所辭，則能禁

之矣。（〈正名〉）

在其正名學說的基礎上，荀子發展出一個以名、辭、辯說爲主要內容的邏輯學體系，並對之作了概略的闡述：

> 實不喻然後命，命不喻然後期，期不喻然後說，說不喻然後辯。故期命辯說也者，用之大文也，而王業之始也。名聞而實喻，名之用也。累而成文，名之麗也。用麗俱得，謂之知名。名也者，所以期累實也。辭也者，兼異實之名以論一意也。辯說也者，不異實名以喻動靜之道也。期命也者，辯說之用也。辯說也者，心之象道也。心也者，道之工宰也。道也者，治之經理也。心合於道，說合於心，辭合於說。正名而期，質情而喻，辨異而不過，推類而不悖。聽則合文，辯則盡故。以正道而辨奸，猶引繩以持曲直。是故，邪說不能亂，百家無所竄。（〈正名〉）

二、西方邏輯的早期翻譯家

（一）李之藻和《名理探》

在明代，隨著西方傳教士進入中國，開啟了一個「西學東漸」的過程，西方的科學和邏輯開始傳入中國。其中一位重要人物是義大利傳教士利瑪竇（Matteo Ricci, 1553-1610）。徐光啟（1561-1633）和李之藻都與之過從甚密。由利瑪竇口述、徐光啟執筆，合作翻譯了西方科學史上的經典著作《幾何原本》，於1607年雕版印行，這是第一次把一種全新的演繹思維方法介紹給中國知識界。徐光啟認爲，中國古算學與西方算學的根本性差別在於，西方算學有一系列基本原理，是一個演繹系統；而中國算學雖然早在方法上頗能盡其詳，在理論上卻說不出所以然：「第能言其法，不能言其義。」（〈句股義序〉）

李之藻（1565-1630），浙江仁和人。萬曆二十二年（1598）中舉，二十六年進士。歷任南京太僕寺少卿、福建學政、北京光祿寺少卿等職。晚年退居杭州專事著譯。李之藻追隨利瑪竇左右，從事了較大規模的譯述活動。除自己著述

外，在 1613-1631 年間中國出版的五十餘種西方譯著，幾乎都經過李之藻之手，或同譯，或潤色，或作序，涉及天文、數學、哲學諸門學科。在此過程中，李之藻發現，西方邏輯思維的最大優點，就是有一套完整的推理系統，由局部可推至全體，由簡單可推至複雜，「借平面以推立圓，設角形以證渾體。探原循委，辯解九連之環；舉一該三，光映萬川之月」；也可以由細微推至宏大，由具體推論抽象，「即細物可推大物」，「即物物可推不物之物」。（〈圜容較義序〉）基於這種認識，他決心把專門講述演繹思維特點及其規律的亞里斯多德邏輯介紹給中國學術界。1623 年，李之藻與葡萄牙籍傳教士傅汎際開始合作翻譯《名理探》。二人「結廬湖上」，「矢佐翻譯」，傅譯義，李達辭，五易寒暑，於 1627 年完稿。書成，李之藻鬚髮皆白，一目失明，三年後去世。1631 年，《名理探》印行於世。

　　《名理探》原名是《亞里斯多德辯證法概論》，係葡萄牙高因盤利大學耶穌會會士的邏輯學講義，1611 年在德國印行。全書分上下編，拉丁文本，共 25 篇。上編論及「五謂詞」和「十範疇」，下編論及三段論。據說，李之藻已將全書譯出，但目前所見刻本只包括上編的內容。他將古羅馬邏輯學家波菲利（Porphyry of Tyre，約 233-309）的「五謂詞」（屬、種差、種、特有屬性和偶性）譯為「五公」：宗、類、殊、獨、依；將亞里斯多德的「十範疇」（實體、數量、性質、關係、地點、姿態、時間、狀況、主動、被動）譯為「十倫」：自立體、幾何、何似、互視、何居、體勢、暫久、得有、施作、承受。關於形式邏輯的內容體系，李之藻表述說：「名理探三門，論明悟之首用、次用、三用；非先發直通，不能得斷通；非先發斷通，不能得推通；三者相因，故三門相須為用，自有相先之序。」[1] 這就是說，邏輯學研究「直通」（概念）、「斷通」（判斷）、「推通」（推理）這三種思維形式，並且它們之間有先後順序：先有概念，連接概念構成判斷，連接判斷構成推理。李之藻認為，邏輯學是探求學問、追求真理的工具，應該在「貫通眾學」之前「先熟此學」。《名理探》在 1631 年出版之後，拜讀者寥寥無幾，並沒有產生什麼實質性影響。不過，其首創之功仍值得載入史冊，傳於後人。

---

[1]《名理探》，傅汎際譯，李之藻達辭，三聯書店，1959 年，第 31-32 頁。

（二）嚴復和《穆勒名學》 ●●●

　　清朝末年，出現了西方邏輯對中國的再次輸入。當時已經出現了多本西方邏輯的譯本，如：《名學類通》、《思想學揭要》、《名理學》等。其中最重要的是英國邏輯學家耶方斯（W. S. Jevons, 1835-1882）的《辨學啟蒙》，原名《邏輯學初級讀本》（*Primer of Logic*），1876 年在倫敦出版。中文版由總攬清朝總稅務司大權的英國人赫德編輯，英國人艾約瑟翻譯。正文分 27 章，約 7 萬字。從內容上看，可分為四部分：第 1-2 章為引論，3-14 章為演繹邏輯，15-24 章為歸納邏輯，最後三章為邏輯謬誤，書後附錄〈辨學考課諸問〉，是按正文順序列出的思考題和練習題。所有這些邏輯翻譯著作都沒有產生很大的影響。

　　直到嚴復的邏輯學譯著出現，才改變了這種局面。嚴復（1854-1921），字又陵，又字幾道，福建侯官人。早年入洋務派開辦的福州船政學堂學習，畢業後留學英國三年，廣泛閱讀西方近代啟蒙思想家的著作。歸國後，在北洋水師學堂任職 20 年，先後任總教習（教務長）、總辦（校長），後曾任復旦公學（復旦大學前身）校長、京師大學堂（北京大學前身）校長。為變法圖強、富國強兵，一生致力於介紹、傳播西方的思想、科學與文化，先後譯介了 8 本西方名著，其中兩本是邏輯學著作：《穆勒名學》和《名學淺說》。

　　《穆勒名學》原書名為《邏輯體系——演繹與歸納》，英國邏輯學家彌爾的代表性著作，自 1843 年問世至彌爾去世前一年已出 8 版。正文 6 編，分別是：論名稱和命題、論推理、論歸納法、論歸納法的輔助推演方法、論謬誤、論精神科學的邏輯。其中最為重要的內容是把培根所提出的「三表法」系統化為「彌爾求因果五法」。嚴復翻譯了前 3 編和第 4 編的前 13 章，共 29 萬字，於 1905 年出版，商務印書館至今仍列入《漢譯名著》叢書不斷印刷中。

　　有中國邏輯史專家評論說：「《穆勒名學》譯筆典雅，一些邏輯術語的創譯凝煉、簡潔，非先前的譯著可比。例如：他以『內籀』譯歸納，『外籀』譯演繹，以『名』譯概念，以『辭』或『詞』譯判斷，以『演聯珠』譯三段論，以『推證』譯推理；契合法譯為『統同術』，差異法譯為『別異術』，契合差異並用法譯為『同異合術』，膡餘法譯為『歸餘術』，共變法譯為『消息術』。特別值得一提的是，在中國，嚴復是第一個將英文 Logic 譯為漢語『邏輯』，但他並未提倡、推廣，而是選用了『名學』作為這門科學的名稱。嚴復譯著的另一個特點是，在

翻譯過程中加進了大量按語。《穆勒名學》中有 40 餘條按語，達數千言。其中或簡述原文大意，加以旁證，表示贊同；或旁徵博引，闡述不同意見；或結合中國的典籍，引喻設譬；或以西方邏輯與中國的名辯思想相對照，分析異同等。」[2]

《名學淺說》即前面提到過的耶方斯的《邏輯入門》，先前已經譯成《辯學啟蒙》，但由於該譯本不忍卒讀，沒有產生什麼影響，嚴復遂重新翻譯。

正如郭湛波所指出的，「自嚴先生譯此二書，論理學（即邏輯學）始風行國內，一方學校設為課程，一方學者用為致學方法」[3]。

（三）王國維和《辨學》 ●●●

王國維（1877-1927），曾任京師圖書館編譯、名詞館協修，期間翻譯了英國邏輯學家耶方斯的另一本邏輯著作——《邏輯基礎教程》，1908 年出版。

有中國邏輯史專家評論說：「原書 1870 年在倫敦出版。全書分為 33 節。王國維略去了其中主要講英文文法的一節。譯本分為 9 篇 32 章，凡 14 萬字。《辨學》是一本很有影響的教科書，曾多次印行。從 1870 年至 1923 年，在西方就印行了 29 次。王國維的譯本是比較忠實地照原文直譯的，簡潔明快。譯本常被用作教材。書中所用邏輯術語的譯名與現在通行的大致相同。概念、判斷、推理、外延、反對、矛盾、普遍名辭、集合名辭、肯定命題、否定命題、推論、大前提、小前提、結論、假言、選言、演繹、歸納、觀察、實驗、假說等均已出現。不難看出，《辨學》中出現的這些術語大多是以往的漢語詞彙中不曾有的，較之嚴復煞費苦心地從中國古代名辨學中尋找相對應的語詞，無疑是個發展或說是個進步。

《辨學》一書的體例安排更趨合理，先緒論，然後依次是名辭、命題、推理式、虛妄論（謬誤論），接著介紹辨學的最新成果及方法論、歸納法等，眉目清楚，一目了然。」[4]

留日學生胡茂如還翻譯了日本文學博士大西祝（1864-1900）的《論理學》

2　楊沛蓀主編：《中國邏輯思想史教程》，甘肅人民出版社，1988 年，第 293 頁。

3　郭湛波：《近五十年中國思想史》，北平人文書店，1936 年，第 264 頁。

4　楊沛蓀主編：《中國邏輯思想史教程》，甘肅人民出版社，1988 年，第 293-294 頁。

一書，該書分爲 3 篇：第 1 篇形式論理，分爲 12 章，介紹亞里斯多德創立的演繹邏輯。第 2 篇 10 章介紹因明。第 3 篇歸納法，計 11 章，主要介紹培根、彌爾等人的歸納理論。全書約 14 萬字。1906 年由河北譯書社出版，頗受歡迎，「是以甫出世，海內爭先睹，再版皆罄」，1919 年遂由上海泰東書局出了第 3 版。

　　至此之後，出現了很多翻譯、編譯甚至是中國人自行編撰的邏輯學教材，其中影響最大者當數金岳霖的《邏輯》一書。

三、現代邏輯的傳入者和研究者

（一）金岳霖 ● ● ●

　　金岳霖（1895-1984），字龍蓀，湖南長沙人。據說，金岳霖中學時期已經有很強的邏輯意識，他覺察到人們常說的兩句話「金錢如糞土」、「朋友值千金」不能同時成立，因爲從中可以推出「朋友如糞土」的荒謬結論來。但他與邏輯結緣卻是很晚的事情。金岳霖於 1911 年考取清華學堂，後來考取官費留學生，於 1914 年赴美國留學，先學商業，不感興趣，改學政治學，於 1920 年獲政治學博士學位。在讀博士期間，對哲學發生興趣。1921 年底至 1925 年，赴歐洲遊學。這期間在倫敦念書時，有兩本書對他發生了很重要的影響：一本是羅素的《數學的原則》，另一本是休謨的《人性論》。休謨所提出的歸納問題對他造成思想上的困難，而這種困難差不多又造成他情感上的痛苦，從此他的理智探討完全轉向哲學，並對邏輯學感興趣，這時金岳霖已近 30 歲。1926 年，原來在清華大學講授邏輯的趙元任另有高就，聘金岳霖到清華講授邏輯，在講授幾次之後，於 1931 年赴哈佛大學隨邏輯學家薛佛（H. M. Sheffer）學習邏輯。當時，金岳霖對薛佛說，他教過邏輯，但沒有學過，引得後者一陣大笑。1927 年，創辦清華大學哲學系，任該系教授兼系主任，主講邏輯學和西方哲學，後一直在清華任教（包括西南聯大時期），直至 1952 年院系合併，轉任北京大學哲學系主任、教授。1955 年，轉入中國科學院哲學所，任副所長、中國科學院哲學社會科學學部常務委員。後來還擔任過國務院學位委員會第一屆學科評議組成員、中國邏輯學會會長、名譽會長等等。金岳霖是中國現代著名哲學家、邏輯學家、傑出的教育家，一代宗師。

在金岳霖一生的著述中，有三部著作最為重要，分別是《邏輯》、《論道》和《知識論》，後兩本書是帶有原創性的哲學著作，但也與邏輯學有關，討論了許多邏輯哲學問題。《邏輯》於 1936 年由商務印書館出版，此前於 1935 年由清華大學出版部作為內部講義印發。該書分四部，第一部講授傳統邏輯的推理理論；第二部對傳統邏輯所存在的問題進行批評，特別是討論了主賓式命題的主項存在問題，以及該問題對主賓式命題的邏輯特性和推理關係的影響，其討論之深入、細緻和系統，見解之獨到、深刻，在當時以至後來的中國邏輯學界，都罕有其匹，至今仍具參考價值；第三部介紹了懷海德和羅素的三大卷巨著《數學原理》（1910-1913）中的邏輯系統，包括命題演算、謂詞演算、類演算和關係演算；第四部「是一種邏輯哲學的導言」，精闢闡述了邏輯和邏輯系統，涉及邏輯系統的完全性、一致性和獨立性，邏輯的許多基本概念如「必然」、「矛盾」、「蘊涵」，所謂「思想三律」（即同一律、矛盾律、排中律）的性質與地位等等。在 1949 年以前，《邏輯》一書對邏輯演算作了最全面、最系統的介紹，在傳播當時新興的數理邏輯方面影響最大，功績最巨。正是金岳霖的《邏輯》及其教學活動，為中國培養了一批現代邏輯方面的人才，其中不乏世界級的大家，如王浩；此外還有許多優秀專家，如沈有鼎、王憲均、胡世華、周禮全、殷海光等。可以恰如其分地說，金岳霖是中國現代邏輯的奠基人。

金岳霖的其他著作還包括：《形式邏輯》（主編，人民出版社，1979 年）、《羅素哲學》（寫於「文革」時期，上海人民出版社，1988 年）、《金岳霖學術論文選》（中國社會科學出版社，1990 年）。其著述後來編成《金岳霖文集》（四卷本，甘肅人民出版社，1995 年）。其中，由他主編、周禮全等眾多資深專家參與撰寫的《形式邏輯》，建構了一個以傳統邏輯為主要內容、包括演繹和歸納的邏輯教學體系，全書在體系設置、內容考辨、文字表述、例證選擇、習題編寫等眾多方面都很下了一番功夫，堪稱同類書中的範本和佳作，被中國教育部列為「高等學校文科教材」，自 1979 年出版以來產生了很大影響，至今仍在大量印行。

（二）王浩 ●●●

王浩（1921-1995），山東省德州人。1939 年夏，王浩考入西南聯大數學系，1943 年夏，大學畢業，隨即考入清華大學研究生院，師從金岳霖、馮友

蘭、沈有鼎等名師攻讀哲學和邏輯，打下了很好的學問基礎，1945 年獲哲學碩士學位。王浩後來回憶說：「在這段感受力最強的日子，和許多老師及同學享受了一種人生難得的平淡親切而純潔的人際關係。這樣經驗不但爲以後的做人和學業打了一個比較堅實的基礎，而且彼此之間的信任和同情一直持續著，成爲崎嶇的生命歷程的一個重要的精神支柱。……這些良師益友的影響，配上青春的活力，簡陋的物質生活，對學問的專一嚮往，以及對精神領域的虛心的熱情，在昆明過了一段生氣勃勃的日子。」[5] 1946 年春，王浩獲得美國國務院獎學金，隨後赴美國哈佛大學哲學系師從著名邏輯學家和哲學家蒯因。就讀期間，發現蒯因所構造的 NF 系統存在漏洞和缺陷，提出修改意見，被蒯因採納，還發表了幾篇論文，僅用 15 個月時間就獲得博士學位。1948 年從哈佛大學畢業，留美工作，後入籍美國，先後任教於哈佛大學、牛津大學、洛克菲勒大學等世界名校，當選爲美國人文與科學院院士、英國國家學術院通訊院士。

哈佛畢業後，王浩隨即投身於數理邏輯和電腦科學的先導研究之中，取得一系列重大成果。1950 年代，最早區分了非直謂集合論與直謂集合論，開拓了集合論的一個新領域。1952 年，發表有關「眞定義」的論文，對塔斯基相關工作作了重要改進，提出了更完整的理論。1955 年，證明每一個語義悖論都可以轉換成一個不完全性證明，並與人合作得到了有關形式證明長度的一些結果。1957年，提出了一種新的比圖靈機更接近現實機器的理想計算機，後被稱爲「王氏機器」，並證明這種機器與圖靈機一樣能計算一切可計算函數。1958 年，在電腦上用 9 分鐘時間證明了懷海德和羅素花費十年功夫寫成的《數學原理》中的 450條數學原理，以至羅素聞訊後唏噓不已，發出「早知如此，何必當初」的感慨。1960 年，創立了一種新的計算理論——鋪磚理論，或稱骨牌遊戲理論，該理論仍與數學定理自動化證明相關，並在很多領域獲得重要應用。1983 年，鑒於他在數學和電腦方面的突出貢獻，被國際人工智慧聯合會授予「數學定理自動化證明里程碑獎」。王浩後半期將興趣中心轉向哲學，主要是數學哲學和分析哲學，撰有《從數學到哲學》（1974）和《超越分析哲學——公平地對待我們的知識》

5 劉培育主編：《金岳霖的回憶和回憶金岳霖》（增補本），四川教育出版社，2000年，第 29 頁。

（1985），後者實際上是對羅素、維根斯坦、卡納普以及他的哈佛老師蒯因等人思想的詳細闡述、縝密分析和有洞察力的批判。英國著名哲學家史陶生評論說：「哲學家們對於王浩此書主要的、深厚的興趣在於，它記錄了一位極富才智、卓越和敏銳的哲學家對所謂『分析』或『英美』哲學在本世紀所經歷的發展過程之看法。」「王的書是對現代哲學史和後設哲學的豐富而迷人之貢獻。」從 1970 年代起，王浩與邏輯學巨擘哥德爾過從甚密，是哥德爾晚年最賞識的年輕學者之一。王浩經常從紐約去普林斯頓大學拜訪哥德爾，兩人經常促膝長談，主要討論哲學問題。後來，他出版了兩本關於哥德爾的書——《關於哥德爾的反思》（1987）、《邏輯之旅——從哥德爾到哲學》（1996），披露了他們之間談話的一些重要訊息，全面評述了哥德爾的思想、觀點和成就，成為哥德爾研究方面的權威性著作。

王浩先後發表了 100 多篇論文，出版了多部著作，除上面已經提到的外，還有《數理邏輯概論》（1962）、《數理邏輯通俗講話》（1981）、《計算、邏輯和哲學——論文選》（1990）。早在 1972 年，美中關係解凍初期，王浩就毅然回中國訪問，是最早回中國訪問的少數幾位著名華人學者之一，隨後頻繁回中國訪問、講學，1985 年兼任北京大學名譽教授，1986 年兼任清華大學名譽教授。

在邏輯學、電腦科學和哲學領域，王浩仍舊是樹立在中國學者或華裔學者面前的一座豐碑，其被國際主流學術界所公認的成就至今沒有被後來者所超越。

Chapter ③

爲思維的野馬套上韁繩

——什麼是邏輯學？

在這一講，我將著力講清楚這樣幾個問題：邏輯學是研究推理和論證的；它撇開推理和論證的具體內容，而專門研究其前提和結論之間的形式結構關係，正是這種結構關係使得我們由真前提只能得到真結論；同一律、矛盾律、排中律和充足理由律是邏輯學的基本規律，它們展現了邏輯學的基本價值追求：追求思維的確定性、一致性、明確性和論證性。在遇到一個複雜和困難的問題時，邏輯學要求我們從清楚、明確的概念出發，精確地確定問題之所在；把該複雜問題分解為多個相對簡單的問題；逐個找出解決這些簡單問題的可操作模式、程序、方法和準則；給出這些問題的解決方法；檢驗它們的真假對錯等等。這正是理性精神的展現和運用，並且是西方文化的精髓。愛因斯坦指出：「西方科學的發展是以兩個偉大成就為基礎的，那就是：希臘哲學家發明形式邏輯體系（在歐幾里德幾何學中），以及透過系統的實驗發現有可能找出因果關係（在文藝復興時期）。」[1] 邏輯學所展現的這種理性精神正是中國傳統文化中所缺乏的。因此，研究、傳播和普及邏輯學知識，培植嚴格的理性精神，是一件非常有意義的事情。

一、邏輯

從詞源上說，「邏輯」最早可以追溯到一個希臘詞，即「邏各斯」（logos，其複數形式是 logoi）。「邏各斯」是多義的，其主要含義有：

（一）一般的規律、原理和規則。一般認為，是古希臘哲學家赫拉克利特最早將這一概念引入到哲學中，主要用來說明萬物的生滅變化具有一定的尺度，它們雖然變化無常，但人們仍然能夠加以把握。在斯多葛學派那裡，「邏各斯」表示神聖的秩序；在新柏拉圖主義那裡，「邏各斯」表示展現在可感世界中的可理解的支配性力量；在基督教中，「邏各斯」指上帝的話語。就此而言，「邏各斯」類似於中國老莊哲學的「道」。

（二）命題、說明、解釋、論證等。例如：亞里斯多德根據第一原理闡述「邏各斯」。

（三）理性、推理、推理能力、與經驗相對的抽象理論、與直覺相對之有條理的

---

[1] 《愛因斯坦文集》第一卷，許良英等編譯，商務印書館，1977 年，第 574 頁。

推理。例如：柏拉圖在《理想國》一書中用「邏各斯」一詞表示靈魂的理智部分。

（四）尺度、關係、比例、比率等。例如：亞里斯多德曾談到音律的「邏各斯」。

（五）價值、分量。例如：赫拉克利特談到人的「邏各斯」大於其他事物的「邏各斯」。

不過，「邏各斯」的基本詞義是言辭、理性、秩序、規律，其中核心含義又是「秩序」和「規律」，其他含義都是由此衍生出來的。例如：「有秩序的」、「合乎規律的」就是合乎「理性」的；「推理」就是按照「規律」進行有「秩序」的、有條理的思維。西方各門科學的詞尾「學」字（-logy），均起源於「邏各斯」這個詞，「邏輯」一詞更是從它引申出來的。

儘管亞里斯多德在「議論」或「論證」的意義上使用過「邏各斯」一詞，但他更主要用「分析」或「分析學」去表示他關於推理的理論。據史料記載，斯多葛派使用過「邏輯」一詞，認為它包括論辯術和修辭學兩部分。逍遙學派和古羅馬的西塞羅則比較正式地使用了「邏輯」一詞，但古羅馬更主要用「論辯術」（dialectica）表示包括邏輯和修辭學的科學。歐洲中世紀的邏輯學家有時用「logica」、有時用「dialectica」表示邏輯。直到近代，西方才通用「logic」、「logik」、「logique」等表示邏輯這門科學。

西方邏輯早在明代就開始傳入中國。起初，中國譯者們按先秦傳統來理解「logic」，先後將其譯為「名學」、「辨學」、「名辨學」、「理則學」、「論理學」等等。李之藻（1565-1630）與人合作翻譯了葡萄牙人所寫的一部邏輯學講義，譯為《名理探》。清朝末年，邏輯方面的翻譯著作有《辨學啟蒙》（1896）、《穆勒名學》（嚴復譯，1905）等。嚴復是將「logic」譯為「邏輯」的第一人，但他並未加以提倡、推廣，而是選用了「名學」作為他的譯著書名──《穆勒名學》。到20世紀30-40年代，「邏輯」這一譯名才逐漸流行開來，並慢慢地獲得通用。不過，在臺灣直到20世紀後半期，仍有邏輯學教材冠以「理則學」等名稱。

在現代漢語中，「邏輯」一詞同樣也是多義的，其主要含義有：

（一）客觀事物的規律。例如：「適者生存，優勝劣汰，這是自然界的邏輯，也是市場競爭的邏輯。」

（二）某種理論、觀點。例如：「『強權即公理』，這就是霸權主義者所奉行的邏輯。」

（三）思維的規律、規則。例如：「某個說法不合邏輯。」「只有感覺的材料十分豐富和合於實際，人們才能根據這樣的材料，作出合乎邏輯的結論來。」

（四）邏輯學或邏輯知識。例如：「在一般人的印象中，邏輯很難學。」「現代管理人員，為提高自身的綜合素質，學一點邏輯很有必要。」

本書將要講授的就是作為一門科學的邏輯學，它是既古老又年輕的。說它古老，是說它歷史悠久，源遠流長。具體說來，它有三大源流：以亞里斯多德的詞項邏輯為代表的古希臘邏輯；以先秦名辨學為代表的古中國邏輯；以正理論和因明學為代表的古印度邏輯。說它年輕，是說它朝氣蓬勃，充滿生機與活力，正處於一個新的發展高峰期。目前，邏輯學在哲學、語言學、電腦科學和人工智慧研究的推動下，正進入許多新的研究領域，創造出許多新的邏輯理論。並且，邏輯學還廣泛地進入我們的日常生活，進入我們的閱讀、論辯、思考、寫作活動之中，發揮實際的功用和效力。

二、命題

邏輯研究推理，但推理由命題組成，推理的前提和結論單獨看來都是一個個命題。因此，在分析推理之前，我們必須先分析命題。有三種基本的命題分析方法：複合命題分析，直言命題分析，量化命題分析。

（一）語句、命題與真值 ●●●

語句有廣義和狹義之分。廣義的語句即語言學中的語句，它是一種語言單位，由某種語言內的語詞或詞組按一定的語法規則組成，其特點在於：合乎語法規則，具有明確的意思。這種意義的語句包括陳述句、疑問句、祈使句、感嘆句四種類型。狹義的語句除具有上述特點外，還必須能夠作為真值承擔者，即：1. 必須或者肯定或者否定；2. 必須或者真或者假。這種意義的語句只包括陳述句、某些特殊的疑問句（如反詰句：「難道香山紅葉不美嗎！」）以及特殊的感嘆句（「大海，多麼遼闊啊！」）。很多現代邏輯學家常在狹義上使用語句概念。

「命題」一詞有兩種主要用法，其中最常見的是把它理解為語句的含義，即由一語句所表達具有互為主體性（intersubjectivity）的思想內容，能夠為真或

為假。於是，語句和命題就是一種表達和被表達的關係。若廣義地理解語句，則1. 所有命題都由語句表達，但並非所有語句都表達命題，例如：疑問句、祈使句、感嘆句通常不表達命題，因為它們沒有真假可言；2. 不同語言的不同語句，甚至同一語言中的不同語句，可以表達同一命題；3. 由於詞彙歧義、結構歧義、指示性短語以及語境等因素，同一語句可以表達不同的命題。若狹義地理解語句，則所有命題都由語句表達，且所有語句都表達命題。

我們以後不討論沒有肯定或否定、因而也沒有真假可言的語句，例如：「如嫣是臺大學生嗎？」「公共場所，不准吸菸！」；只討論有肯定或否定、因而有真假可言的語句，例如：「鯨魚是哺乳動物」、「艾森豪是一位偉大的軍事家」。這樣的語句都表達命題，命題也都由這樣的語句來表達，因此，以後我們不嚴格區分語句和命題，它們的共同特徵是有肯定或否定，有真假可言。

什麼是語句或命題的「真」或「假」？在這個問題上，我們取一種古老的說法，也是一種常識的說法：「說是者為是，非者為非，是真的；說是者為非，非者為是，是假的。」這是亞里斯多德提出來的，是一種符合論的觀點，合乎常識和直觀，我們大概也都會同意。例如：在天下雪的時候，說「天在下雪」是真，而說「天氣真熱，大概有 40℃」是假的。根據中國歷史記載，說「李白是一位天才詩人」是真的，說「李白是一位偉大的政治家」是假的。「真」和「假」在邏輯學中統稱「真值」，按我們的說法，語句、命題有真值，它們是真值承擔者（truth-bearer）。

（二）複合命題 ●●●

對命題的第一種分析方法是：把單個命題看作不再分析的整體，透過命題連接詞把它們組合成複合命題。在日常語言中，這類連接詞有：

1. 並且，然後，不但……而且……，雖然……但是……，既不……也不……

2. 或者……或者……，也許……也許……，要麼……要麼……

3. 如果……那麼……，只要……就……，一旦……就……，只有……才……，不……就不……，……除非……

4. 當且僅當，如果……那麼……並且，只有……才……

5. 並非，並不是

如此等等。為簡單起見，我們用「並且」作為第一類連接詞的代表，用「或者」

作為第二類連接詞的代表，用「如果，則」作為第三類連接詞的代表，用「當且僅當」作為第四類連接詞的代表，用「並非」作為第五類連接詞的代表。透過這些連接詞，我們可以由一個個命題，如「李冰刻苦學習」、「李冰樂於助人」、「櫻桃紅了」、「芭蕉綠了」等等，組合成為更複雜的命題。

看下面的例子：

1. 李冰刻苦學習並且樂於助人。

2. 櫻桃紅了或者芭蕉綠了。

3. 如果鍥而不捨，那麼金石可鏤。

4. 只有寧靜，才能致遠。

5. x＋5＝0，當且僅當 x＝−5。

6. 並非所有的花都是有香味的。

第一類連接詞叫做「聯言連接詞」，由它們形成的命題叫做「聯言命題」；第二類連接詞叫做「選言連接詞」，由它們形成的命題叫做「選言命題」；第三類和第四類連接詞叫做「條件連接詞」，由它們形成的命題叫做「條件命題」（「假言命題」），其中表示條件的命題叫做「前件」，表示結果的命題叫做「後件」；第五類連接詞叫做「否定詞」，由它們形成的命題叫做「負命題」。這些命題統稱「複合命題」。

上面用作例子的一些命題，實際上可以換成任一命題。為了表示這種一般性，我們引入命題變項即小寫字母 p，q，r，s，t 等來表示任一命題，用符號「∧」、「∨」、「→」、「↔」、「￢」來依次表示「並且」、「或者」、「如果，則」、「當且僅當」、「並非」這五個連接詞，於是得到下述公式：

$p \wedge q$

$p \vee q$

$p \rightarrow q$

$p \leftrightarrow q$

$\neg p$

它們分別是「聯言命題」、「選言命題」、「充分條件假言命題」（蘊涵命題）、「充分必要條件假言命題」（「等值命題」）和「負命題」的一般形式。

（三）直言命題 ●●●

請看下面的例子：

1. 所有諾貝爾獎得主都是傑出的科學家。

2. 所有的政客都不是誠實的人。

3. 有些藝術品價值連城。

4. 有些天才不能被同輩人所理解。

5. 卡斯楚是一代梟雄。

6. 羅素不是一位小說家。

這些命題都是直言命題，由於它們斷定了某種對象具有或不具有某種性質，因此又叫做「性質命題」。

對命題的第二種分析方法是：對一個命題作主謂式分析，即把它拆分為不同的構成要素：主項、謂項、聯項和量項。經如此分析的是直言命題。例如：「所有的玫瑰花都是帶刺的」就是一個直言命題，其中「玫瑰花」是主項，「帶刺的」是謂項，「是」是聯項，「所有……都」是量項。一個直言命題中的主項和謂項統稱「詞項」。如果把其中具體的主項和謂項抽掉，所留下的空位用大寫英文字母表示；當主項和謂項表示某一類對象時，用大寫字母 S 表示主項，用大寫字母 P 表示謂項；當主項表示某一單個對象時，則用小寫英文字母 a 表示。聯項有「是」和「不是」，量項有「所有」、「有些」，由此得到如下形式的命題：

所有 S 都是 P；

所有 S 都不是 P；

有些 S 是 P；

有些 S 不是 P；

a 是 P；

a 不是 P。

（四）量化命題 ●●●

對命題的第三種分析方法是：把一個簡單命題分析為個體詞、謂詞、量詞和連接詞等構成成分。

個體詞包括個體常項和個體變項，它們究竟指稱什麼樣的對象取決於論域

（亦稱「個體域」），即由具有某種性質的對象所組成的類。個體常項僅限於專名，在邏輯中用小寫字母 a、b、c 等表示，經過解釋之後，它們分別指稱論域中的某個特定的對象，隨論域的不同，這些對象可以是 0、1、長江、長城、孔子等。個體變項 x、y、z 等表示論域中不確定的個體，隨給定論域的不同，它們的值也有所不同。例如：如果論域是全域，個體變項 x 就表示全域中的某個東西；如果論域是「人的集合」，則個體變項 x 就表示某個人；如果論域是「自然數的集合」，則個體變項 x 就表示某個自然數。

謂詞符號包括大寫字母 F，G，R，S 等，經過解釋之後，它們表示論域中個體的性質和個體之間的關係。一個謂詞符號後面跟有寫在一對括弧內的適當數目的個體詞，就形成最基本的公式，叫做「原子公式」，例如：F(x)，G(a)，R(x, y)，S(x, a, y)。一個謂詞符號後面跟有一個個體常項或個體變項，則它是一個一元謂詞符號。一元謂詞符號經過解釋之後，表示論域中個體的性質。如果一個謂詞符號後面跟有兩個個體詞，則它是一個二元謂詞符號。依此類推，後面跟有 n 個個體詞的謂詞符號，就是 n 元謂詞符號。二元以上的謂詞符號，經過解釋之後，表示論域中個體之間的關係。例如：若以自然數為論域，令 a 為自然數 1，R 表示「大於」，S 表示「……＋……＝……」，於是，R(x, y) 等於說「x 大於 y」，S(x, a, y) 等於說「x＋1＝y」。

量詞包括全稱量詞 ∀ 和存在量詞 ∃，它們可以加在原子公式前面。「∀xF(x)」讀作「對於所有的 x，x 是 F」，「∃xR(x, y)」讀作「存在 x 使得 x 與 y 有 R 關係」。前面帶量詞的公式叫做「量化公式」，例如：∀xF(x)，∃xR（x, y）。原子公式和量化公式都可以用命題連接詞連接起來，形成更複雜的公式，例如 ∀xF(x) ∧ G(a)，∃x(F(x) ∨ R(x, y))，S(x, a, y) → ∀x（￢F(x)↔S(x, a, y))，在如此形成的公式前面，還可以加量詞，例如：∀x(F(x) → ∃xR(x, y))。

對命題進行上述分析後，不僅可以表示和處理性質命題（直言命題）及其推理，而且可以表示和處理關係命題及其推理。例如：直言命題「所有 S 都是 P」可以表示為：

∀x(S(x) → P(x))

而「有的投票人贊成所有的候選人」則可以表示為：

∃x(F(x) ∧ ∀y(G(y) → R(x, y)))

三、推理

推理是從一個或者一些已知的命題得出新命題的思維過程或思維形式，其中已知的命題是前提，得出的新命題是結論。例如：下面三段話語都表達推理：

例（一）：

所有的人都是會死的，

所有的希臘人都是人，

所以，所有的希臘人都是會死的。

例（二）：

如果我們的企業想在市場競爭中保持領先地位，我們必須不斷地進行技術創新。

我們的企業確實想在市場競爭中保持領先地位，

所以，我們必須不斷地進行技術創新。

例（三）：

從我記事的第一天起，太陽從東方升起，第二天，太陽從東方升起，第三天，太陽從東方升起，

⋮

一直到今天，太陽從東方升起，

所以，太陽總是從東方升起。

一般來說，推理的前提陳述在前，結論陳述在後。但也不盡然，有些推理完全可能把結論陳述在前，例如：下面推理的第一句話就是它的結論：

不可能所有的人都是澈底無私的。因為假如澈底無私包含兩個含義：（一）無條件地為他人服務，（二）拒絕任何他人的服務，並且假如所有的人都澈底無私的話，這些澈底無私的人連一個服務的對象都沒有，他們也就不成其為澈底無私的人了。

一般而言，可以根據一些語言標記去識別推理的前提和結論。例如：跟在「因為」、「由於」、「假設」、「鑒於」、「由……可以推出」、「正如……所表明的」等詞語之後或占據省略號位置的句子是前提，而跟在「因此」、「所以」、「於是」、「由此可見」、「由此推出」、「這表明」、「這證明」等詞語之後的是結論。

　　由於構成推理的各句子之間存在意義關聯，有時候人們可以省略這些語言標記，而僅靠句子之間的意義關聯去區分前提和結論。例如：「他是一位古稀老人，我們應該好好照顧他」，這個句子所表達的並不是並列關係，而是由意義關聯所表達的推理關係，其中第一句話是前提，第二句話是結論。推理通常分為演繹推理和歸納推理。演繹推理通常被說成是從一般到個別的推理，即根據某種一般性原理和個別性例證，得出關於該個別性例證的新結論。歸納推理通常被說成是從個別到一般的推理，即從一定數量的個別性事實，抽象、概括出某種一般性原理。但更精確的說法是：演繹推理是必然性推理，即前提真能夠確保結論真；歸納推理是或然性推理，前提只對結論提供一定的支持關係，前提真結論不一定真。上面的例 1 和例 2 是演繹推理，例 3 是歸納推理。

四、推理形式

　　「推理形式」是指在一個推理中抽掉各個命題的具體內容之後所保留下來的那個模式或框架，或者說，是多個推理中表達不同思維內容的各個命題之間所共同具有的連結方式，由邏輯常項（如命題連接詞「或者」、「並且」、「如果，則」、「當且僅當」和「並非」，直言命題中的繫詞「是」和「不是」，量詞「所有」和「有些」等）和邏輯變項（如命題變項 p、q、r、s、t，詞項變項 S、P、M 等）構成，其中邏輯常項代表推理中的結構要素，常項的不同決定了推理形式的不同；變項是命題或推理中抽掉具體內容之後所留下的空位，代表內容要素，若用日常語言中具體的語詞（名稱和謂詞）替代變項，就從抽象的推理形式得到一個個具體的推理；對同一個推理形式，作不同的替代，可以得到不同的具體推理。

　　由於對作為推理的前提和結論的命題有三種不同的分析方法，因此，對推理及其形式結構也有三種不同的分析方法。

　　以直言命題作前提和結論的推理叫做「直言命題推理」，如果把其前提和結論中的具體內容抽象掉，留下的空位由大寫英文字母代替，就得到了該推理的形式結構。例如：

　　　所有的金子都是閃光的，

　　　所以，有些閃光的東西是金子。

這個推理的形式結構是：

> 所有 S 都是 P
> ──────────
> 所以，有些 P 是 S

前述例 1 的形式結構是：

> 所有的 M 都是 P
>
> 所有的 S 都是 M
>
> 所以，所有的 S 都是 P

　　據說，古希臘智者普羅泰戈拉與他的弟子歐提勒斯進行了著名的「半費之訟」。有一天，歐氏拜在普老先生門下，兩人簽訂了這樣一份合約：普氏向歐氏傳授辯論技巧，教他幫人打官司；歐氏入學時交一半學費，在他畢業後幫人打官司贏了之後再交另一半學費。時光荏苒，歐氏從普氏那裡畢業了。但他總不幫人打官司，普氏也就總得不到那另一半學費。普氏為了要回那另一半學費，想了一個主意，他本人去與歐氏打官司，並打著這樣的如意算盤：

> 如果歐氏打贏了這場官司，按照合約的規定，他應給我另一半學費。
>
> 如果歐氏打輸了這場官司，按照法庭的裁決，他應給我另一半學費。
>
> 歐氏或是打贏這場官司，或是打輸這場官司。
>
> 總之，他應該付給我另一半學費。

但歐氏卻對普氏說：青，出於藍而勝於藍；冰，水為之而寒於水。我是您的學生，您的那一套我也會：

> 如果我打贏了這場官司，根據法庭的裁決，我不應給您另一半學費。
>
> 如果我打輸了這場官司，根據合約的規定，我不應給您另一半學費。
>
> 這場官司我或是打贏或是打輸。
>
> 總之，我不應該給您另一半學費。

顯然，這兩個人的立場迥異，但他們卻使用了同樣的推理形式，這就是命題邏輯中著名的「二難推理」：

> 如果 p 則 q
>
> 如果非 p 則 q
>
> p 或者非 p
> ──────────
> 所以，q

　　請讀者注意，「半費之訟」有兩個不同的問題。

　　一個是法律問題：假如你是法官，這師徒倆的官司打到你面前來了，你怎麼去裁決這場官司？我的回答是：假如我是法官，我會駁回普羅泰戈拉的提告，不予立案。因為普與歐的官司屬於一件合約官司，起訴、立案的前提是至少有一方違背了當初的合約。但在普老先生提告歐氏時，後者並沒有違反合約，因為根據合約，歐氏在沒有幫人打官司之前，或者雖然幫人打了官司但沒有贏，都可以不付給普老先生另一半學費。這個苦果應該由普老先生自己吞下，由於他沒有規定支付另一半學費的確切期限，等於與學生簽訂了一份毫無約束力的合約。儘管從情理上說，學生應該支付老師學費；但具有法律約束力的卻只有合約，按合約規定，在歐氏沒有幫人打贏官司之前，可以不支付普老先生那另一半學費，因為「吾愛吾師，但吾更愛真理」。當今社會是法律社會，我們應該吸取普老先生的教訓，簽合約時必須非常小心謹慎。

　　另一個是邏輯問題：假如你是一位邏輯學家，你又怎麼分析這師徒倆的推理？它們都成立或都不成立嗎？為什麼？我的解析如下：根據論證規則，論據必須是彼此一致和相容的。如果論據本身不一致，即論據本身包含 p ∧ ￢p 這樣的矛盾命題，而根據命題邏輯，從邏輯矛盾可以推出任一結論。因此，一組不一致或自相矛盾的命題不能作論據。普老先生與歐氏之所以得出了完全相反的結論，是因為他們的前提中包含著不一致：一是承認合約的至上性，一是承認法庭判決的至上性，哪一項對自己有利就利用哪一項，而這兩者是相互矛盾的。實際上，法庭判決也必須根據合約來進行，因此合約是第一位的，是法庭判決的根據和基礎。這樣一來，師徒倆的兩個二難推理都不能成立。

　　還有些命題和推理涉及個體之間的關係以及量詞和連接詞結構，例如：

（一）有的學生尊敬所有的老師，所以，所有的老師都有人尊敬。

（二）中國法律委員會的每一個成員不是北大畢業的就是清華畢業的。該委員會的每一位北大畢業的成員都住在北京，該委員會的每一位清華畢業的成員也是中國稅收委員會的成員。所以，法律委員會的每一位不在稅收委員會的成員都住在北京。

這需要使用分析命題或推理的第三種方法，即把命題分析為個體詞、謂詞、量詞和連接詞，並把這些成分按適當的方式組織起來。可以把上例中的兩個推理符號化：

（一）$\exists x(T(x) \wedge \forall y(H(y) \rightarrow Z(x, y)))/ \therefore \forall y(H(y) \rightarrow \exists x(T(x) \wedge Z(x, y)))$

（二）$\forall x(F(x) \rightarrow B(x) \vee Q(x))$，$\forall x(F(x) \wedge B(x) \rightarrow L(x))$，$\forall x(F(x) \wedge Q(x) \rightarrow S(x))/$

$\therefore \forall x(F(x) \wedge \neg S(x) \rightarrow L(x))$

綜上所述，如果把簡單命題作為不再分析的整體，用命題連接詞把它們連接起來，組合成複合命題，然後研究複合命題的邏輯特性及其推理關係，所得到的是「命題邏輯」；如果把一個簡單命題分析為主項、謂項、聯項、量項這樣的不同成分，並分析由這些成分所決定的直言命題之邏輯特性及其推理關係，所得到的是「詞項邏輯」；如果把一個量化命題分析為個體詞、謂詞、量詞、連接詞，然後研究此類命題的邏輯特性及其推理關係，所得到的是「謂詞邏輯」，或者「量化邏輯」。這是演繹邏輯的三種最基本類型。

除了以演繹推理為對象的演繹邏輯外，還有以歸納推理為對象的歸納邏輯。例如：上面談到的例 3 就是一個歸納推理，它的形式結構是：

S_1 是 P

S_2 是 P

S_3 是 P

$\vdots$

S_n 是 P

所以，所有 S 都是 P

五、推理的省略形式

在自然語言中，推理是用來論證和交流思想的，而交流總是在具體的個人之間、具體的語言環境中進行的，交際雙方的大腦並不是一塊白板，而是承載了大量資訊，其中許多資訊是交際雙方所共有的，或至少是其中一方以為另一方知道的，故在交際過程中沒有明確說出：本來是「A 和 C 一起推出 B」，由於 C 屬於（或以為屬於）說話雙方都知道的公共知識，或者是由說話語境明顯提供的知識，故被省略，推理表現為省略形式。

但這種省略有可能造成問題：一是被省略或被假定的東西本身可能不是真的；二是這種省略推理中可能暗含著推理方面的錯誤。因此，在邏輯學中，常常需要把這些被省略的前提、假定、預設補充到推理過程中來，以便考察它們的真實性以及推理過程的有效性。在作這種補充時，常常存在多種不同的選擇，這時應該堅持「寬容原則」，即盡可能地把推理者設想為一個正常的、有理性的人，

除非故意，他通常不會使用虛假的前提，通常不會進行無效的推理。在做了這些工作之後，再來看被省略的前提是否真實，推理過程是否正確，即對推理者的推理進行評價。

在國內外各種能力性邏輯考試中，有許多考題都需要考慮省略的前提、假設。例如：

在一次試驗中，一位博士生和一個機器人各自獨立地透過電腦回答一組問題，那群科學家再去鑑別電腦螢幕上的哪些回答是由博士生作出的，哪些回答是由機器人作出的，而鑑別結果的錯誤率卻高達 78%。有一些人認為，試驗中所提出的那組問題肯定是不充分的，既然它們不能使一群科學家分辨出那位博士生和那個機器人。

這些人的懷疑基於下面哪一項未陳述的前提？

A. 有的機器人能夠與國際象棋高手博弈。

B. 那位博士生可能不是特別聰明。

C. 那個機器人是 IBM 公司的最新一代產品。

D. 在那位博士生和那個機器人之間本來存在相當大的差別。

E. 有的機器人能夠具有相當高的智慧。

解析：答案是 D。由題幹可知，根據對一組問題的回答，科學家不能分辨博士生和機器人，有人由此得出結論：試驗中所提出的那組問題肯定是不充分的。只有假定在博士生和機器人之間本來有相當大的差別，而那組問題不能充分揭示這些差別時，才能得出這個結論，因此選項 D 是必須假設的。其他各項大都與題幹中的推斷無關或關係不大。再如：

在近現代科技的發展中，技術革新從發明、應用到推廣的循環過程不斷加快。世界經濟的繁榮是建立在導致新產業誕生的連續不斷技術革新之上的。因此，產業界需要增加研發投入以促使經濟進一步持續發展。

上述論證基於以下哪項假設？

I. 研發成果能夠產生一系列新技術、新發明。

II. 電信、生物製藥、環保是目前技術革新循環最快的產業，將會在未來幾年中產生大量的新技術、新發明。

III. 目前產業界投入研發的資金量還不足以確保一系列新技術、新發明的產生。

A. 僅 I。

B. 僅 III。

C. 僅 I 和 III。

D. 僅 I 和 II。

E. I、II 和 III。

解析：答案是 C。題幹斷定技術革新是經濟持續發展的必要條件，並根據這一斷定得出結論：產業界需要增加研發投入以促使經濟持續發展。為使上述論證成立，I 是必須假設的，否則，如果研發成果不能夠產生一系列新技術、新發明，那麼沒有理由認為增加研發投入就能有利於經濟持續發展。這樣，題幹的論證就不能成立。為使上述論證成立，III 是必須假設的。否則，如果目前產業界投入研發的資金量足以確保一系列新技術、新發明的產生，那就沒有必要為促使經濟持續發展而增加研發投入。這樣，題幹的論證同樣不能成立。II 顯然不是必須假設的。

六、推理形式的有效性

推理形式的有效性亦稱「保真性」，指一個正確的推理必須確保從真前提只會得到真結論。儘管從假的前提出發也能進行合乎邏輯的推理，其結論可能是真的，也可能是假的，但從真前提出發進行有效推理，卻只能得到真結論，不能得到假結論。只有這樣，才能保證使用這種推理工具的安全性。這種保真性是對於正確推理的最起碼要求。

「有效性」是推理形式的特性，而不是推理的前提和結論的內容連結。一個推理形式是有效的，當且僅當該推理的形式結構確保了：只要我們按照這種形式進行推理，並且無論我們從具有什麼樣內容的前提出發，只要這些前提是真的，由此推出的結論必定是真，而不可能是假的。不是碰巧發生的事情，這是一種必然性。所以，有效推理保證了這樣一點：從真前提必定得到真結論。並且，有效推理也排除了這樣一點：從真前提得出假結論。把這兩點合在一起，可知：如果從某個或某些前提出發，進行有效推理，得出了一個假結論，那麼可以肯定至少有一個前提是假的。於是，有這樣的推理形式：

$$p \to q$$
$$\neg q$$
$$\text{所以，} \neg p$$

它的例證是：

> 如果 127 是偶數，則 127 能夠被 2 整除；127 不能被 2 整除。所以，127 不是偶數。

還有所謂的「反三段論」：

$$p \land q \to r$$
$$\text{所以，} \neg r \land p \to \neg q$$

即是說，如果由兩個前提可以邏輯地推出一個結論，如果結論是假的而其中的一個前提是真的，那麼可以肯定，另一個前提是假的。例如：

> 如果客觀條件已經成熟，並且主觀上作了充分努力，那麼，事情一定會成功。所以，如果事情沒有成功，並且客觀條件確實已經成熟，那麼，主觀上沒有作充分努力。

假如沒有推理形式有效這個條件，我們是不能由結論為假逆推出至少一個前提為假的，因為有可能該推理形式本身出了錯：從它出發，本來就可能從真前提推出假結論。這樣，當我們得出假結論時，就面臨多種可能性：可能是前提本身出了錯，也可能是推理過程出了錯，我們不能必然地得知至少有一個前提為假。假如我們要時時處處擔心邏輯的話，好多事情就無法做下去了。因此，需要有一門專門的科學——邏輯學，它告訴我們什麼樣的推理是有效的，什麼樣的推理是無效的，並且替我們確定區分有效推理與無效推理的標準、規則、程序、方法等等。

依據有效的推理形式，從假的前提出發，會得出什麼樣的結論呢？回答是：既有可能得出真結論，例如：「所有的人是有死的，所有的猴子都是人，所以，所有的猴子都是有死的」；也有可能得出假結論，例如：「所有的魚都在陸地上奔跑，所有的鯨魚都是魚，所以，所有的鯨魚都在陸地上奔跑。」在實際思維中，推理常被用作證明的工具，即用一些前提的真去證明結論的真。如果我們明明知道一些前提是假的，往往不會用它作推理或證明的前提。因此，從假前提能夠合乎邏輯地推出什麼，至少不是我們關注的重點。我們關注的重點在於：當前提真時，能否保證結論真。這就是推理形式的有效性問題。

　　如果一個推理形式是無效的，情況又會怎麼樣呢？回答是：什麼樣的事情都可能發生：從真前提可能推出真結論，但也可能推出假結論；從假前提可能推出真結論，也可能推出假結論。一切都是碰巧，一切都是偶然，沒有邏輯的必然性。因此，我們考察一個推理形式是否有效，不是看它是否由真前提碰巧得出了真結論，而是看它是否能夠保證得出真結論，即無論在什麼樣的情形下，都只得出真結論，不可能得出假結論。反駁一個無效推理的方法之一就是進行歸謬：構造一個類似的推理，有真的前提，卻有假的結論，由此證明它不是一個有效推理。例如：

　　所有的天鵝都是會飛的，所有的黑熊都不是天鵝。所以，所有的黑熊都不是會飛的。

我們可以從中抽象出一個推理形式：

　　所有 M 都是 P

　　所有 S 都不是 M，

　　所以，所有 S 都不是 P。

我們仍用「天鵝」代入 M，用「會飛的」代入 P，但改用「禿鷲」代入 S，由此得到：

　　所有的天鵝都是會飛的，所有的禿鷲都不是天鵝。所以，所有的禿鷲都不是會飛的。

顯然，這個推理有真前提假結論，其推理形式不是一個有效的推理形式。上面有關黑熊的那個推理也不是一個有效推理，儘管它有真前提和真結論。

　　從形式有效性的角度，各種能力性邏輯考試常常出一種叫做「直接推斷型」考題，具體形式有：從題幹出發，可以（邏輯地）推出什麼樣的結論；或者，從題幹出發，不可能推出什麼樣的結論；或者，需要補充什麼樣的前提，才能使題幹中的推理成為邏輯上有效的推理；或者，給定一組前提，經過比較複雜的推理步驟，得到某個確定的結果（邏輯運算型）等等。例如：

　　有甲、乙、丙、丁、戊、己六個人排隊買票。已知條件如下：

　　（一）隊伍中的第四個人戴帽子。

　　（二）丁要買四張票，直接排在戴帽子的男子之後。

　　（三）隊伍中有四個人不戴帽子。

　　（四）排在隊首的甲戴帽子，並且要買兩張票。

（五）隊伍中只有兩位女士乙和己，其中要買三張票的女士戴帽子。

（六）乙要買兩張票並且排在己之前。

（七）隊伍中要買一張票的人排在要買五張票的人之後。如果戊要買的票數是兩位女士之和，那麼丙在隊中的位置是：

A. 第二。

B. 第三。

C. 第四。

D. 第五。

E. 第六。

解析：答案是 E。根據（一）、（三）、（四）可知，第一、第四兩個人戴帽子，其餘皆不戴。且第一個人是甲，要買兩張票。根據（二）、（五）可知，戴帽子的兩個人恰為一男一女，且戴帽子的女士要買三張票。由此可知，戴帽子的女士是第四位，且只能是乙或己。根據（六）可知，第四位（戴帽子的女士）是要買三張票的己，而第三位是要買兩張票的女士乙。由於前面四位要買的票數分別是二、四、二、三，都不是一或五，所以根據（七），可知第五位要買五張票，第六位要買一張票。根據假定，戊要買的票數是兩位女士之和，而兩位女士要買的票數之和為五，故戊是第五位。綜上可知，丙是第六位，要買一張票。

七、論證：演繹和歸納

論證是用某些理由去支持或反駁某個觀點的過程或語言形式，通常由論題、論點、論據和論證方式構成。論點即論證者所主張並且要在論證過程中加以證明的觀點。論點本身可以成為論題，但論題還可以是論辯雙方所討論的對象，例如「是否應該用法律的形式禁止婚外情？」圍繞這個論題可以形成至少兩種不同的觀點：「應該用法律的形式禁止婚外情」、「不應該用法律的形式禁止婚外情」。論據是論證者用來支持或反駁某個論點的理由，它們可以是某種公認的一般性原理，也可以是某個事實性斷言。論證要使用推理，甚至可以說就是推理：一個簡單的論證就是一個推理，它的論據相當於推理的前提，論點相當於推理的結論，從論據導出論點的過程（即論證方式）相當於推理形式。一個複雜的論證

則是由一連串不同的推理構成的，表現為一個推理系列。正是在這一意義上，常常把論證和推理同等看待。

不過，論證和推理還是有一個實質性的區別：推理並不要求前提真，假命題之間完全可以進行合乎邏輯的推理。例如：「如果所有的金子都不是閃光的，那麼，所有閃光的東西都不是金子。」而論證的目的在於說服對方接受或者拒絕某個主張，因此所使用的論據必須真實，或者至少為論辯雙方所共同接受，以假命題作論據不能證明任何東西，故「巧克力不是可以吃的，石頭是巧克力，所以，石頭不是可以吃的」這個推理並不構成對「石頭不是可以吃的」這個命題的一個證明，但下面的推理卻構成對「我國不能再落後」的一個證明：「如果誰落後，誰就會挨打。我國不想再挨打，所以，我國不能再落後。」

由於論證就是推理，或者是一系列推理的綜合運用，如同推理分為演繹推理和歸納推理一樣，論證也分為演繹論證和歸納論證。演繹論證是依據有效的推理形式，從已經接受為真的命題（作為前提）出發，得出某個或某些新的真命題（作為結論）之過程或形式。演繹論證就是通常所說的「證明」，在數學等嚴格學科中用得特別多。歸納論證就是使用非必然推理的形式，沿引一些事實性例證，去證明某個一般性命題的真，或推出某個另外的個別性命題之真，前提的真不能保證結論的真，沒有邏輯的必然性。

找出一個論證特別是複雜論證中的論點、論據及其論證形式，並不是一件十分容易的事情，需要經過訓練。因此，在西方的邏輯教科書中，常用很大的篇幅去討論如何識別一個推理或論證的結構。例如：

本《醫學雜誌》已經決定採取下列立場：它將不發表不合乎道德的研究報告，無論它們的科學價值如何。

我們採取此立場是基於如下三個理由。首先，只發表合乎道德的研究成果之政策，如果得到普遍應用，將會嚇阻那些不合乎道德的研究。研究成果的發表是醫學研究報償體系的重要組成部分；研究者將不會從事不合乎道德的研究，如果他們知道其研究結果將得不到發表機會的話。進而言之，任何其他的政策將傾向於導致更多不合乎道德的工作，因為如我已經指明的，此類研究也許更容易進行，因此會對其實踐者帶來更多的競爭邊際效應。其次，即使對道德的違背只在很小程度上與研究對象的隱私保護原則相抵觸，也將拒絕發表其研究成果。如果小的疏忽得到諒解，我們就會逐漸習慣此類事情，

並且這將導致對道德的更大違背。最後，拒絕發表不合乎道德的研究成果的政策，可以用來知曉整個社會：甚至科學家也不認為科學是文明的首要尺度。知識儘管是重要的，但與它由之獲得的方式相比，對於一個高雅的社會來說，前者不如後者重要。

解析：這個論證的大致結構如下：

論點：不發表不合乎道德的研究報告。

論據：（一）這一政策將會嚇阻不合乎道德的研究。

　　　　1. 研究成果的發表是醫學研究回饋體系的重要組成部分。

　　　　2. 如果研究者事先知道這一政策，他們將不會從事不合乎道德的研究。

　　　　3. 任何其他的政策將傾向於導致更多不合乎道德的工作。

　　　　3-1. 此類研究會對其實踐者帶來更多的競爭邊際效應。

　　　　3-2. 此類研究可能更容易進行。

　　　（二）即使對道德的違背程度很小，也將拒絕發表其研究成果。

　　　　4. 如果小的疏忽得到諒解，我們就會逐漸習慣此類事情。

　　　　5. 如果小的疏忽得到諒解，將導致對道德的更大違背。

　　　（三）這一政策可以將知曉社會。

　　　　6. 知識不如知識獲得的方式重要。

八、推理或論證的可靠性

一個推理或論證要得出真實的結論，必須滿足兩個條件：一是前提真實；二是推理過程合乎邏輯，或者說推理形式是有效的。唯有滿足這兩個條件的推理或論證才是「可靠的」或「健全的」，或者說，它們具有可靠性或健全性（soundness）。

於是，要反駁或削弱某個推理或論證的結論，通常有這樣幾種方式：一是直接反駁該結論，可以舉出與該結論相反的一些事實（舉反例），或從真實的原理出發構造一個推理或論證，以推出該結論的否定；二是反駁論據，即反駁推出該結論的理由和根據，指出它們的虛假性；三是指出該推理或論證不合邏輯，即從前提到結論的過渡是不合法的，違反邏輯規則。在這三種反駁方式中，直接反駁

結論是最強的，而駁倒了對方的論據和論證方式，並不等於駁倒了對方的結論，因爲對方完全可以更換論據或論證方式去重新論證該結論。無論如何，如果後兩種情形成立，對方結論的眞至少是沒有保證的，從而被削弱。在各種能力性邏輯考試中，有大量這樣的「削弱型」考題。例如：

一個醫生在進行健康檢查時，如果檢查得足夠澈底，就會使那些本沒有疾病的被檢查者無謂地飽經折騰，並白白地支付了昂貴的檢查費用；如果檢查得不夠澈底，又可能錯過一些嚴重的疾病，給病人一種虛假的安全感而延誤治療。問題在於，一個醫生往往很難確定該把一個檢查進行到何種程度。因此，對普通人來說，沒有感覺不適就去接受醫療檢查是不明智的。

以下各項如果爲眞，都能削弱上述論證，除了

A. 有些嚴重疾病早期就有病人自己能察覺的明顯症狀。

B. 有些嚴重疾病早期雖無病人能察覺的明顯症狀，但這些症狀並不難被醫生發現。

C. 有些嚴重疾病只有經過澈底檢查才能發現。

D. 有些經驗豐富的醫生可以恰如其分地把握檢查的澈底程度。

E. 有些嚴重疾病發展到病人有明顯不適時，已錯過了治療的最佳時機。

解析：答案是 A。題幹的結論是：對普通人來說，沒有感覺不適就去接受醫療檢查是不明智的。B、C、D、E 各項均能削弱題幹。例如：題幹中強調了澈底健康檢查的某種負面影響，例如：一個醫生做澈底的健康檢查，就會使那些本沒有疾病的被檢查者無謂地飽經折騰，並白白地支付了昂貴的檢查費用。而 C 項斷定，有些嚴重疾病只有經過澈底檢查才能發現，這就指出了澈底健康檢查的一種重要正面作用，因而能削弱題幹的論證。但 A 項斷定，有些嚴重疾病早期就有病人自己能察覺的明顯症狀，這些症狀最可能包括某種程度的感覺不適，顯然，這與題幹結論（「只有感覺不適才應去接受醫療檢查」）及其論證無關，既不加強也不削弱題幹。再如：

研究發現，市面上 X 牌香菸的 Y 成分可以抑制 EB 病毒。實驗證實，EB 病毒是很強的致鼻咽癌病原體，可以導致正常的鼻咽部細胞轉化爲癌細胞。因此，經常吸 X 牌香菸的人將減少患鼻咽癌的風險。

以下哪項如果爲眞，最能削弱上述論證？

A. 不同條件下的實驗，可以得出類似的結論。

B. 已經患有鼻咽癌的患者吸 X 牌香菸後並未發現病情好轉。

C. Y 成分可以抑制 EB 病毒，也可以對人的免疫系統產生負面作用。

D. 經常吸 X 牌香菸會加強 Y 成分對 EB 病毒的抑制作用。

E. Y 成分的作用可以被 X 牌香菸的 Z 成分中和。

解析：答案是 E。如果 E 項爲眞，則說明雖然 X 牌香菸的 Y 成分可以抑制 EB 病毒，但由於 Y 成分的作用，包括抑制 EB 病毒的作用可以被 X 牌香菸的 Z 成分中和，因此，不能根據 X 牌香菸的 Y 成分可以抑制 EB 病毒，就得出結論，經常吸 X 牌香菸的人將減少患鼻咽癌的風險。這就有力地削弱了題幹的論證。其餘各項均不能削弱題幹。例如：題幹只斷定 Y 成分有利於阻止正常的鼻咽部細胞轉化爲癌細胞，並沒有斷定 Y 成分有利於抑制或消除已經形成的癌細胞，因此，B 項不能削弱題幹。

九、前提對結論的支持或反駁程度

有許多推理或論證儘管不滿足保眞性，即前提的眞不能確保結論的眞，但前提卻對結論提供一定程度的支持，或者對結論構成一定程度的反駁。在前一情形下，前提眞與結論眞構成正相關，前提是結論的證據；在後一情形下，前提眞與結論眞構成負相關，前提是結論的反例。用機率論作工具，可以使這種支持或反駁關係得到某種精確的量的刻畫。證據支持度爲 100% 是指：如果前提眞，則結論必然眞；這樣的推理是一個形式有效的演繹推理。證據支持度爲 50% 是指：如果前提眞，則結論爲眞爲假的可能性參半；依此類推。一個推理的證據支持度越高，則在前提眞實的條件下，推出的結論可靠性越大。一個證據支持度小於 100% 但大於 50% 的推理或論證仍然是合理的，並且經常被廣泛地使用。

在各種能力性邏輯考試中，圍繞前提和結論之間的支持或反駁關係，設計了多種形式的考題，主要有加強前提型和削弱結論型，具體問題則有：「以下哪項如果爲眞，最能支持題幹中的觀點」，「以下哪項如果爲眞，最能削弱題幹中的結論」等等。例如：

在司法審判中，所謂肯定性誤判是指把無罪者判爲有罪，否定性誤判是指把有罪者判爲無罪。肯定性誤判就是所謂的錯判，否定性誤判就是所謂的錯放。而司法公正的根本原則是「不放過一個壞人，不冤枉一個好人」。

某法學家認為，目前，衡量一個法院在辦案中對司法公正的原則貫徹得是否足夠好，就看它的肯定性誤判率是否足夠低。

以下哪項，如果為真，能最有力地支持上述法學家的觀點？

A. 錯放，只是放過了壞人；錯判，則是既放過了壞人，又冤枉了好人。

B. 寧可錯判，不可錯放，是「左」的思想在司法界的反映。

C. 錯放造成的損失，大多是可彌補的；錯判對被害人造成的傷害，是不可彌補的。

D. 各個法院的辦案正確率普遍有明顯的提高。

E. 各個法院的否定性誤判率基本相同。

解析：答案是 E。根據題幹，公正司法既不允許錯判（肯定性誤判），也不允許錯放（否定性誤判）。因此，要考察某個法院的司法究竟是否公正，就要同時考察該法院的錯判率和錯放率，二者缺一不可。如果選項 E 為真，即目前各個法院的錯放率基本相同，那麼，目前衡量一個法院在辦案中對司法公正的原則貫徹得是否足夠好，就只能看它的肯定性誤判率是否足夠低，於是法學家的看似片面的觀點就得到了有力支持。其他各項都不足以使題幹中法學家的觀點成立。其中選項 D 與法學家的觀點不相干；選項 B 與之有所關聯，但也不構成直接的支持關係；選項 A 和 C 對法學家的觀點有所支持，但它們斷定的只是：就錯判和錯放二者對司法公正的危害而言，前者比後者更嚴重，由此顯然得不出法學家的結論。

十、邏輯基本規律

　　邏輯基本規律是正確思維的根本假定，也是理性的交談能夠進行下去的必要條件。這樣的規律有四條：同一律、矛盾律、排中律和充足理由律。

（一）同一律 ●●●●

　　同一律的內容是：在同一思維過程中，一切思想（包括概念和命題）都必須與自身保持同一。可用公式表示如下：

　　A 是 A；或者，A → A

這裡，「A」指在思維過程中所使用的任何一個概念或命題。更明確地說，同一

律所要求的是：在同一個思維過程中，所使用的概念和命題必須保持自身的確定與同一。因此，它的作用在於保證思維的確定性，以便人們之間的思想交流能夠順利進行。

所謂概念保持同一，是指概念的內涵和外延必須保持同一：一個概念具有什麼意思就具有什麼意思，指稱什麼對象就指稱什麼對象。例如：「人」這個概念可以表示一個動物種類，也可以表示屬於這個種類的每一個個體。如果在同一個思維過程（同一思考、同一表述、同一交談、同一論辯）中，你在第一種意義上使用「人」這個語詞，就必須始終在這個意義上使用該語詞；如果你也需要在第二種意義上使用「人」這個語詞，必須特別聲明，並指出它們之間的區別，強調這兩個「人」字實際上表達了兩個不同的概念，在它們之間不能任意轉換和過渡。例如：從「人是由猿猴進化而來的，張三是人」，不能推出「張三是由猿猴進化而來的」，因為前提中的兩個「人」字表達不同的概念。

所謂命題保持同一，是指命題自身的意思和真假值必須保持同一。在同一個思維過程中，如果在什麼意義上使用一個命題，就必須始終在該意義上使用該命題；或者，從命題的真假角度說，一個命題是真的就是真的，是假的就是假的；或者，從論辯的角度說，在一個論辯過程中，討論什麼論題就討論什麼論題，不能離題和跑題。例如：如果你斷定了「$E = MC^2$」，在同一個思維過程中就必須堅持這一斷定，不能隨便改成「$E \geq MC^2$」，也不能隨便改成「$E \leq MC^2$」。如果你發現你先前的斷定錯了，要明確指明這一點，並且最好給出證據或說明原因。

如果無意識地違反同一律在概念方面的要求，就會犯「混淆概念」的邏輯錯誤；如果有意識地違反同一律在概念方面的要求，則會犯「偷換概念」的邏輯錯誤。例如：

魯迅的著作不是一天能夠讀完的，〈孔乙己〉是魯迅的著作，所以，〈孔乙己〉不是一天能夠讀完的。

在這個推理中，「魯迅的著作」在兩個前提中有不同的意義：在大前提中是指魯迅著作的全體，或者說，魯迅的全部著作；而在小前提中是指魯迅的一篇著作。所以，它在兩個前提中表達了兩個不同的概念，不能達到中項的橋梁或媒介作用，不能必然地推導出結論。再如：

有角者論證：「你沒有失去的東西你仍然具有，你沒有失去角，所以你有角。」

下述哪一段對話犯有與題幹最類似的邏輯錯誤？

A. 穀堆論證：「一粒穀能否構成穀堆？顯然不能。再加一粒，也不能；再加一粒，仍不能；最後加的一粒構成了穀堆。」

B. 蘇格拉底說了唯一一句話：「柏拉圖說真話」；柏拉圖說了唯一一句話：「蘇格拉底說假話」。

C. 認識悖論：「你認識站在你面前的這個人嗎？」「不認識。」「而這個人是你的父親，所以你不認識你的父親。」

D. 禿頭者論證：「掉多少根頭髮才算禿頭？掉一根頭髮算嗎？不算；再掉一根呢？也不算；最後掉的一根頭髮造成了禿頭。」

E. 在一家大眾旅館裡，一旅客在半夜被一群打牌人的哄笑聲驚醒，他善意地對那群打牌人說：「都夜裡12點多鐘了，你們休息吧。」「你睡你的，管我們不著。」一個打牌人說。「你們這樣大聲吵鬧，影響別人休息。」「影響別人，又不影響你，關你什麼事！」

解析：答案是E。在「有角者論證」中，犯有「混淆或偷換概念」的邏輯錯誤。因爲大前提要成立，意味著「你原來有的並且你沒有失去的東西，你仍然具有」，而角是你原來沒有的東西，因此，儘管你「沒有失去」它，你仍然沒有角。在A、B、C、D中都沒有這種錯誤。但在E中，當那位旅客對那群打牌人說「你們這樣大聲吵鬧，影響別人休息」時，其中的「別人」是相對於打牌人說的，指打牌人之外的其他人，當然包括那位旅客；但當打牌人說「影響別人，又不影響你，關你什麼事」時，其中的「別人」是相對於那位旅客說的，指該位旅客之外的其他人，不包括該旅客本人，而包括那群打牌人。所以，打牌人犯了與題幹類似的「混淆或偷換概念」錯誤。

　　如果無意識地違反同一律在命題和論辯方面的要求，就會犯「轉移論題」的邏輯錯誤；如果有意識地違反同一律在命題和論辯方面的要求，則會犯「偷換論題」的錯誤。例如：

　　在上世紀80年代初期，某單位召開的一次安全生產會議上，該單位的某主管發表了這樣一段講話：「時間不多了，簡單講幾句吧。今天是安全生產會議，我想講幾個與之有關的問題：一、關於精神文明；二、關於物質文明；三、關於形勢與任務；四、關於綠化問題；五、關於計畫生育最後再講一下

下季度工作安排。關於精神文明，就是要展開文明禮貌月，把兩個文明一起提升上去。當然是『物質第一性』嘛，也有兩重性，對立就是矛盾，就是鬧不團結。統一麼，就是一致思想。比如說，團結一致向前看，想當年這是第一個問題的第一點。第二喲，已經講了一個多小時了，真是『光陰似箭，日月如梭』呀，難怪子在川上曰：『逝者如斯夫！』時間確實寶貴，上次開會小王遲到，我批評了他幾句，還不服氣。可別小看一分一秒，一人浪費一分一秒，十億人就大家說對不對？哎，後面的同仁別打瞌睡，要振奮精神，振興中華，要注意聽講對了，我剛才說到哪兒去了？」

顯然，從邏輯上分析，這位主管的講話就犯了「轉移論題」的錯誤。在說話寫文章時，說到 A 時會說到 B，說到 B 時會說到 C，說到 C 時會說到 D，F，但 A 與 F 之間已經相距不止「八千里路雲和月」了：說話已經嚴重跑題，甚至已經「離題萬里」了！

（二）矛盾律 ●●●

矛盾律應該叫做（禁止）矛盾律或（不）矛盾律。其內容是：兩個互相矛盾的命題不能同真，必有一假。可用公式表示如下：

並非（A 並且非 A）

這裡，「A」代表一個命題，「非 A」代表 A 的否定命題。由於兩個互相反對的命題蘊涵各自的否定，故兩個互相反對的命題也不能同真，必有一假。在這種衍生的意義上，矛盾律中的「非 A」既包括與 A 互相矛盾的命題，也包括與 A 互相反對的命題。

兩個命題互相矛盾，是指它們不能同真，也不能同假。例如：

「所有 S 是 P」與「有些 S 不是 P」

「所有 S 不是 P」與「有些 S 是 P」

「a 是 P」與「a 不是 P」

「p 並且 q」與「或者非 p 或者非 q」

「p 或者 q」與「非 p 並且非 q」

「如果 p 則 q」與「p 並且非 q」

「只有 p 才 q」與「非 p 並且 q」

「必然 p」與「可能非 p」

「必然非 p」與「可能 p」

都是相互矛盾的命題。

矛盾律要求：在兩個互相矛盾的命題中，必須否定其中一個，不能兩個都肯定。否則，就會犯「自相矛盾」的邏輯錯誤。它的作用在於保證思維的一致性，即無矛盾性。

看下面的例子：

《韓非子》中寫道：「楚人有鬻盾與矛者，譽之曰：『吾盾之堅，物莫之能陷也。』又譽其矛曰：『吾矛之利，於物無不陷也。』或曰：『以子之矛，陷子之盾，何如？』其人弗能應也。夫不可陷之盾與無不陷之矛，不可同世而立。」

以下議論與那位楚人一樣犯有類似的邏輯錯誤，除了：

A. 發電廠外高掛一塊告示牌：「嚴禁觸摸電線！500 伏高壓一觸即死。違者法辦！」

B. 一位年輕人在給他女朋友的信中寫道：「愛你愛得如此之深，以至願為你赴湯蹈火。星期六若不下雨，我一定來。」

C. 狗父論證：「這是一條狗，牠是一個父親。而牠是你的，所以牠是你的父親。你打牠，你就是在打自己的父親。」

D. 他的意見基本正確，一點錯誤也沒有。

E. 今年研究所招生考試，我有信心考上，但卻沒有把握。

解析：儘管「狗父論證」是一個完全無效的論證，但其中並沒有「自相矛盾」的錯誤，而其他各項都犯有「自相矛盾」的錯誤。所以，正確答案是 C。

據說，前山東省主席韓復榘有一次挺胸凸肚地站在齊魯大學校慶演講臺上。未開口倒也威風凜凜，但口一張，原形畢露，弄得滿座師生愕然、譁然、昏昏然。下面據說是其講演記錄稿：

諸位，各位，在齊位：

今天是什麼天氣？今天是演講的天氣。開會的人來齊了沒有？看樣子大概有個五分之八啦，沒來的舉手吧！很好，都到齊了。你們來得很茂盛，敝人也實在很感冒。今天兄弟召集大家，來訓一訓，兄弟有說得不對

的地方，大家應該互相諒解，因為兄弟和大家比不了。你們是文化人，都是大學生、中學生和留洋生，你們這些烏合之眾是科學科的，化學化的，都懂七、八國的英文，兄弟我是大老粗，連中國的英文也不懂。你們是筆筒裡爬出來的，兄弟我是炮筒裡鑽出來的，今天到這裡講話，真使我蓬蓽生輝，感恩戴德。其實我沒有資格給你們講話，講起來嘛，就像就像對了，就像對牛彈琴。

正當聽眾哭笑不得之時，他又提示性地交代：

今天不準備多講，先講三個綱目。蔣委員長的新生活運動，兄弟我舉雙手贊成，就是一條，「行人靠右走」著實不妥，實在太糊塗了。大家想想，行人都靠右走，那左邊留給誰呢？

還有件事，兄弟我也想不通：外國人都在北京的東交民巷建了大使館，就缺我們中國的。我們中國為什麼不在那兒也建個大使館？說來說去，中國人真是太軟弱了！

第三個綱目講他的進校所見，就學生的籃球賽，痛斥總務處長道：

要不是你貪汙了，那學校為什麼這樣窮酸？十來個人穿著褲衩搶一個球像什麼樣子，多不雅觀！明天到我公館再領筆錢，多買幾個球，一人發一個，省得再你爭我搶。

「三個綱目」講完，韓主席揚長而去。如此滿嘴荒唐言，大概創「荒謬」之最，其中不合邏輯、自相矛盾之處，幾乎觸目皆是，相信讀者諸君自有判斷。

（三）排中律 ●●●

排中律的內容是：兩個互相矛盾的命題不能同假，必有一真。可用公式表示如下：

A 或者非 A

這裡，「A」代表一個命題，「非A」代表A的否定命題。若就詞項邏輯而言，「A」和「非A」中一個是特稱肯定命題，另一個是全稱否定命題，或者相反。若兩個特稱命題「有些S是P」和「有些S不是P」都為假，我們會得到兩個互相反對的命題「所有S不是P」和「所有S是P」，由此可推導出一對矛盾；由於邏輯不允許矛盾，故兩個具有下反對關係的命題也不能都假，其中必有一個為真，例如「有些花是紅色的」與「有些花不是紅色的」。在這種衍生的意義上，排中律也適用於兩個具有下反對關係的命題。

排中律的邏輯要求是：對兩個互相矛盾的命題不能都否定，必須肯定其中一個，否則會犯「兩不可」的錯誤。它的作用在於保證思維的明確性。

於是，根據矛盾律，對兩個互相矛盾的命題，不能同時都肯定，否則犯「自相矛盾」的錯誤；根據排中律，也不能同時都否定，否則犯「兩不可」的錯誤。因此，在一對相互矛盾的命題中間，必定是肯定一個否定另一個；或者說，任一命題必定或者為真或者為假，非真即假，非假即真。這就是所謂的「二值原則」，一般使用的邏輯都是建立在這個原則之上的，因此叫「二值邏輯」。

看下面的例子：

學校在為失學兒童募捐活動中收到兩筆沒有署真名的捐款，經過多方查找，可以斷定是周、吳、鄭、王中的某兩位捐的。經詢問，周說：「不是我捐的」；吳說：「是王捐的」；鄭說：「是吳捐的」；王說：「我肯定沒有捐」。最後經過詳細調查證實四個人中只有兩個人說的是真話。

根據已知條件，請你判斷下列哪項可能為真？

A. 是吳和王捐的。

B. 是周和王捐的。

C. 是鄭和王捐的。

D. 是鄭和吳捐的。

E. 是鄭和周捐的。

解析：答案是C。吳和王的話是矛盾的，根據排中律，其中必有一真且只有一真。又由題幹，四個人中只有兩人說真話，因此，周和鄭兩人中有且只有一個人說真話。假設鄭說真話，周說假話，則可得出：是吳和周捐的款；假設周說真話，鄭說假話，則可得出：周和吳都沒捐，是鄭和王捐的。這兩種假設都沒導致矛盾。因此，根據題幹的條件，有關四人中哪兩人捐

款，有兩種情況可能爲眞：1. 吳和周捐的款；2. 鄭和王捐的款。其餘的情況一定爲假。因此，選項 A、B、D 和 E 不可能爲眞，C 項可能爲眞。

再如：

一天，小方、小林做完數學題後發現答案不一樣。小方說：「如果我的不對，那你的就對了。」小林說：「我看你的不對，我的也不對。」旁邊的小剛看了看他們倆人的答案後說：「小林的答案錯了。」這時數學老師剛好走過來，聽到了他們的談話，並查看了他們的運算結果後說：「剛才你們三個人所說的話中只有一句是真的。」

請問下述說法中哪一個是正確的？

A. 小方說的是真話，小林的答案對了；

B. 小剛說的是真話，小林的答案錯了；

C. 小林說對了，小方和小林的答案都不對；

D. 小林說錯了，小方的答案是對的；

E. 小剛說對了，小林和小方的答案都不對。

解析：題幹中小方和小林的話是相互矛盾的，因此根據排中律，其中必有一句是眞的。既然老師說三句話中只有一句是眞的，則小剛的話就是假的，由此可知小林的答案沒有錯，是對的，於是又可以知道小林的話是假的，而小方的話是眞的。因此，正確答案是 A。

（四）充足理由律 ●●●

古希臘哲學家特別強調推理、論證的作用，並且構造了許多著名的推理和論證。柏拉圖指出：我們的斷定必須從理由中產生。僅僅當其根據是已知的時，知識在性質上才是科學的。[2] 有人認爲，「充足理由律是亞里士多德全部邏輯學的動力，因爲亞氏把邏輯學理解爲關於證明的科學，理解爲根據充足理由分辨眞實和虛假的科學」[3]。《墨經》中也說：「夫辭以故生。立辭而不明於其所生，妄也。」（〈大取〉）即是說，論斷憑藉理由而產生，提出論斷而不明確它賴以產

---

[2] See A. Dumitriu, *History of Logic*, Abacus Press, Roumania, 1977, vol. 1, p.120.

[3] 阿赫曼諾夫：《亞里士多德邏輯學說》，上海譯文出版社，1980 年，第 168 頁。

生的理由，就是虛妄的。並且，墨家還把「故」分為「大故」、「小故」：小故是「有之不必然，無之必不然」，相當於必要條件；大故是「有之必然，無之必不然」，相當於充分必要條件。不過，比較公認的說法是，最先明確表述充足理由律的是德國哲學家、數學家萊布尼茲。他認為，我們的推理是建立在兩大原則之上的，一個是矛盾原則，即思維中不允許自相矛盾；另一個就是充足理由原則：「任何一件事如果是真實的或實在的，任何一個陳述如果是真實的，就必須有一個為什麼這樣而不那樣的充足理由，雖然這些理由常常總是不能為我們所知道的。」[4]

充足理由律的內容是：在同一思維和論證過程中，一個思想被確定為真，要有充足的理由。可用公式表示如下：

$$A, A \rightarrow B \vdash B$$

這裡「$\vdash$」表示「推出」，上面的公式有兩種解讀方式：如果要證明 B 是某系統的定理，必須先證明 A 是該系統的定理，並且證明從 A 能夠邏輯地推出 B。或者，如果要證明 B 是真的，必須先證明 A 是真的，並且證明從 A 能夠邏輯地推出 B。

充足理由律的具體要求是：1. 對所要論證的觀點必須給出理由；2. 給出的理由必須真實；3. 從給出的理由必須能夠推出所要論證的論點。否則，就會犯「沒有理由」、「理由虛假」和「推不出來」的錯誤。充足理由律的作用在於確保思維的論證性。

論證是用某些理由支持某一結論的一種思維方式或思維過程，也就是我們通常所說的「列事實，講道理」。論證的作用是預測、解釋、決定和說服。這裡，預測是根據某些一般性原理推出某個未來事件將會以何種方式發生；解釋是根據某些一般原理去說明某個個別事件為何會如此發生；決定是根據某些一般原理和當下的特殊情況作出行為上的決斷：做什麼和不做什麼；說服顯然是用論證把一些理由組織起來，以使對方和公眾接受自己的觀點。論證的重要性在於：對於論證方來說，論證能夠使自己的思想走向深刻、全面和正確。這是因為：論證要以

---

[4] 北京大學哲學系編：《十六─十八世紀西歐各國哲學》，商務印書館，1961 年，第488 頁。

周密與細緻的思考為前提，這往往導致思考的全面與深刻；有些想法、觀點泛泛而論可能十分動聽、有理，但是一旦使其嚴格化、精確化，使其與其他觀點處於有機統一之中，往往就會發現它漏洞百出，有些甚至根本不能成立，糾正錯誤則導致思考的正確化。對於接受方來說，論證使他能夠經過客觀地檢驗論述者的思考過程來判斷其思考的好壞，從而決定是否接受他的想法、觀點；如果不接受，又是基於什麼樣的原因、理由；當有必要時，又如何去反駁他。分析哲學就特別強調論證的重要性，甚至認為論證的過程比論證的結論更重要，因為正是論證過程使思想具有了可理解性和可批判性。為一個看似荒謬的論點作出一個好的論證，這是一種十分有益的訓練，並且需要一定的才能。

在各種能力性邏輯考試中，重點考察的就是思維的論證性，即對各種已有的推理或論證作出批判性評價：對某個論點是否給出了理由？所給出的理由真實嗎？與所要論證的論點相關嗎？如果相關，對論點的支持度有多高？是必然性支持（若理由真，則論點或結論必真），還是或然性支持（若理由真，結論很可能真，但也有可能假）？是強支持還是弱支持？給出什麼樣的理由能夠更好地支持該結論？給出什麼樣的理由能夠有力地駁倒該結論，或者至少是削弱它？具體考題類型有「直接推斷型」、「強化前提型」、「削弱結論型」和「說明解釋型」等等。

看下面的例子：

腦部受到重擊後人就會失去意識。有人因此得出結論：意識是大腦的產物，肉體一旦死亡，意識就不復存在。但是，一臺被摔的電視機突然損壞，它正在播出的影像當然立即消失，但這並不意味著正由電波塔發射的相應影像訊號就不復存在。因此，要得出「意識不能獨立於肉體而存在」的結論，恐怕還需要更多的證據。

以下哪項最為準確地概括了「被摔的電視機」這一實例在上述論證中的作用？

A. 作為一個證據，它說明意識可以獨立於肉體而存在。

B. 作為一個反例，它駁斥關於意識本質的流行信念。

C. 作為一個類似意識喪失的實例，它從自身中得出的結論和關於意識本質的流行信念顯然不同。

D. 作為一個主要證據，它試圖得出結論：意識和大腦的關係，類似於電視
　影像訊號和接收它的電視機之間的關係。

E. 作為一個實例，它說明流行的信念都是應當質疑的。

解析：答案是 C。題幹所舉「被摔的電視機」實例說明，訊息可以獨立於它的某
　　　種載體而存在，這和「意識不能獨立於肉體而存在」這個流行信念相左。
　　　題幹引用這一實例並非要完全否定這一流行信念，而只是說明，論證這一
　　　信念需要更多的證據，光依據「肉體一旦死亡，大腦意識就不復存在」是
　　　不夠的。因此，C 項的概括最為準確。

　　其餘各項都不準確。例如：由於題幹引用這一實例並非要完全否定關於意識
本質的流行信念，因此，A 項和 B 項均不恰當。題幹所舉「被摔的電視機」實
例，可以看作是對關於意識本質之流行信念的一種質疑，但顯然不能說明流行的
信念都是應當質疑的。因此，E 項不恰當。

「香格里拉」和「馬太效應」

——詞項、概念和定義

　　詞項和概念是我們思維的細胞，是我們思考問題、相互交流的最初起點。如果在詞項和概念上發生誤解和分歧，我們的思維就會陷入混亂，交流就無法正常進行。因此，這一講從內涵和外延兩方面去揭示詞項或概念的特徵，並闡述明確詞項或概念的內涵和外延之各種邏輯方法，以便為我們的思維和交流提供一個可靠的基礎和平臺。

一、語詞、詞項和概念

　　所謂「語詞」，是語言學中的術語，指能夠獨立運用的語法最小單位。有不同的分類標準，一般認為，語詞分為實詞和虛詞兩大類。

　　實詞是能夠單獨充當句子成分的詞，通常包括：（一）名詞。如：「人」、「臺北市」、「《紅樓夢》」、「西安事變」等。（二）動詞。如：「打」、「跑」、「走」、「讀」、「寫」等。（三）形容詞。如：「美麗的」、「聰明的」、「自私的」等。（四）數詞和量詞。數包括基數和序數，基數表示數目的多少，如：「零」、「半」、「一」、「二」、「兩」、「十」、「百」、「千」、「萬」、「億」；序數表示次序的先後，如：「第一」、「第二」、「初五」、「初六」等；量詞表示單位，如：「個」、「隻」、「斤」、「尺」、「條」、「朵」、「件」、「本」、「次」、「遍」等。（五）副詞。修飾動詞或形容詞，在句子中充當狀語或補語，如：「已經」、「突然」、「必須」、「僅僅」、「很」、「非常」、「極其」、「稍微」、「都」、「全」等。（六）代詞。能夠代替前面所談的各類實詞，充當句子的各種成分，如：疑問代詞、人稱代詞、指示代詞等。

　　虛詞是不能單獨充當句子成分的詞，其基本功能是連接和附著，被連接和附著的是各類實詞、片語以及句子。虛詞包括：（一）連詞。在句子中連接各句子成分或子句，組成詞或詞組或複合句，如：「和」、「不但……而且」、「或者……或者」、「因為……所以」、「如果……則」等。（二）介詞。附著在詞或片語前面，組成介詞結構，如：「自從……」、「在……」、「當……」、「為了……」等。（三）助詞。附著在詞或片語上面，表示一定的附加意義，如：「的」、「地」、「得」、「著」、「了」等。（四）冠詞。如：英語中的「a」、「an」、「the」等。（五）語氣詞。加在句子上表示情感和語氣，如：

漢語中的「吧」、「嗎」、「啦」、「啊」等。

　　除實詞和虛詞外，有些語言學者還把「嘆詞」作爲單獨一類，包括：（一）感嘆詞。「唉」、「喔」、「哎喲」是漢語中常見的感嘆詞。（二）應答詞。「yes」和「no」是英語中廣爲使用的應答詞。（三）呼語詞。英語中的「sir」、「hello」、「hi」，漢語中的「喂」、「哎」都屬於呼語詞。

　　所謂「詞項」，是邏輯學中的術語，指能夠獨立運用的意義最小單位。有兩種不同的定義方式：

　　第一，詞項是指能夠在一個陳述句中充當主詞和謂詞的語詞。這是傳統形式邏輯中的標準，不過，後者把陳述句之類的句子叫做「直言命題」。

　　按照這一標準，絕大多數實詞都是詞項。例如：專有名詞、普通名詞、代詞以及由形容詞等成分構成的描述性短語（又稱摹狀詞）等，毫無疑問可以充當陳述句的主詞和謂詞，因而它們都是詞項。例如：專有名詞「臺北市」是詞項，因爲它是陳述句「臺北市是一座現代化的大都市」的主詞；摹狀詞「《圍城》的作者」也被視爲詞項，因爲它是陳述句「《圍城》的作者曾在牛津大學讀書」的主詞；普通名詞「人」是詞項，因爲在陳述句「人不都是自私的」中，它位於主詞位置；人稱代詞「我」也是詞項，因爲它在陳述句「我不相信謝慕天獲得了諾貝爾獎」中是主詞。由於動詞、形容詞等可以在陳述句中作爲謂詞出現，在亞里斯多德所創立的傳統邏輯中，我們實際上把這些語詞處理爲描述性短語，在直言命題中它們可以與主詞換位，因而也是詞項。例如：在「鮮花是美麗的」這個命題中，如果我們把論域限定爲全域（即由世界上一切事物所組成的類），就可以把謂項「美麗的」這個形容詞處理爲描述性短語「美麗的事物」，而後者可以是直言命題的主詞，比如「美麗的事物是被人熱愛的」；在「人跑」這個命題中，如果我們把論域限定爲「生物」，該命題相當於「人是會跑的生物」的省略說法，於是「跑」也名詞化了，可以與主詞換位，例如：得到「有些會跑的生物是人」。數詞和量詞也可以作爲直言命題的主詞，例如：「1 是一個自然數」、「斤是一種計量單位」，因而它們也是詞項。不過，由於虛詞不能在句子中充當獨立的語法成分，必須與其他的句子成分相配合才能表達某種意義，不能正常地和單獨地作爲陳述句的主詞和謂詞，因而都不是上述意義上的詞項；實際上，實詞中的副詞也是如此，它們不能正常地或單獨地充當陳述句的主詞和謂詞，也不是詞項。

　　這裡需要解釋一下上面的限定詞「正常地」。如果說能夠在直言命題中充

當主語和謂語的就是詞項，實際上任何語詞都可以這樣使用，假如沒有自然的方法，我們也可以用一種人為的方法。例如我們至少可以說，「並且是兩個漢字」，「的字是一個虛詞」。這實際上牽涉到詞項的「正常用法」和「自名用法」的區分。一個詞項被正常地使用，是指用它去命名事物、指稱對象或陳述事件與事態。例如：在「北京是中華人民共和國的首都」一句中，「北京」一詞就被用來指稱一座大城市。而一個詞項被「自名地」使用，則是指把該詞項本身作為一述說對象，而不是用它來作出指稱或陳述。例如：在「北京是兩個漢字」一句中，提到的是「北京」這一個語詞，而不是一座大城市。在文獻中，常把這一區分稱為表達式的「使用」（use）與「提及」（mention），通常用把一表達式置於一對雙引號內，如：『北京』的辦法，來表示它不是被使用，而只是被提及；被正常使用的表達式則不加單引號。顯然，在上面所舉的幾個例子中，「並且」、「的」都只是被提及，而不是被使用，因此在其中都應該對它們加上雙引號：「『並且』是兩個漢字」、「『的』字是一個虛詞」。

表達式的使用與提及是一個重要的區分，這是因為：表達式的使用預設了有某種類型的所指實體，而它的提及則無此種預設；混淆使用與提及在有些情況下還會導致悖論。例如：令符號 C 是「C 不是一個真語句」這一語句的縮寫，於是我們有：

（一）「C 不是一個真語句」等同於 C。

然後對語句 C 的那個帶引號的名稱，提出這種符合直觀的說明：

（二）「C 不是一個真語句」是一個真語句，當且僅當，C 不是一個真語句。

從前提（一）和（二），立刻就得到一個悖論：

（三）C 是一個真語句，當且僅當，C 不是一個真語句。

仔細分析一下，上面的那些 C 實際上有兩種不同的用法，當用符號 C 作為「C 不是一個真語句」的縮寫時，前一個 C 是有所指的，其所指就是引號內的那個句子，因此是在被使用；而引號內的那個 C 卻沒有任何所指，只表示其自身，只是被提及。因此，這兩個 C 本質上就是不同的符號，不能相互代替。悖論性結果就是把本來不能相互替換的東西硬拿來相互替換造成的。

所有虛詞，以及實詞中的副詞，在其正常使用中，都不能做直言命題的主詞和謂詞，不能用來指稱或命名物件或事物，因而都不是詞項。而絕大多數實詞都可以這樣使用，因而都是詞項。

第二，在現代邏輯中，詞項包括所有的個體詞和邏輯常項，它們都具有獨立的意義，能夠作為一個獨立的成分參與到句子或公式中。

個體詞包括個體變項和個體常項。個體變項使用小寫字母 x，y，z 等等，它們表示某個特定的範圍內的某個不確定的對象，相當於語言學中的代詞。個體常項使用小寫字母 a，b，c 等等，它們表示某個特定範圍內的某個確定的對象，相當於語言學中的專名。這裡所說的「某個特定的範圍」，就是上面所用到的「論域」或「個體域」，即由一定對象所組成的類或者集合，論域規定了個體變項的取值範圍，因此也叫做個體變項的「值域」。論域通常是「全域」，即由世界上所有能夠被思考、被談論的事物組成的集合。在有特殊需要時，論域也可以不是全域，而是滿足一定條件的事物構成的集合，例如：「人的集合」、「自然數集合」。在論域給定之後，個體常項指稱論域中某個特定的對象，隨論域的不同，這些對象可以是 2、3、黃河、黃山、蔣介石；個體變項 x，y，z 則表示論域中某個不確定的個體，隨論域的不同，它們的值也有所不同。例如：如果論域是全域，個體變項 x 就表示某個事物；如果論域是「人的集合」，則個體變項 x 就表示某個人；如果論域是「自然數集合」，則個體變項 x 就表示某個自然數。在一個有函數符號的語言中，由個體變項和個體常項經過函數運算，還能得到新的個體詞。例如：在算術中，「＋」、「－」、「×」、「÷」是函數運算，由它們可以得到新的個體詞，例如：「2＋2」、「6－2」、「2×2」、「8÷2」都指稱一個確定的數，即自然數 4，它們都是 4 這個數的不同的名稱。在後面要講到的謂詞邏輯中，詞項簡稱「項」（term），定義如下：

（一）個體變項和個體常項是項；

（二）如果 $t_1, t_2, \cdots, t_n$ 是項，f 是 n 元函數，則 $f(t_1, t_2, \cdots, t_n)$ 也是項；

（三）只有按以上方式形成的表達式是項。

在前面第一講曾談到，在一個命題或推理中，我們把其中的命題或推理的具體內容抽象掉，所留下的那些位置或那個框架，就是該命題或推理的「形式」，由邏輯常項和邏輯變項構成，其中邏輯常項代表句子或推理中的結構要素，常項的不同決定了句子或推理的「形式」的不同；變項是命題或推理中抽掉具體內容之後所留下的空位，代表內容要素，若用日常語言中具體的語詞（名稱和謂詞）替代變項，就從那個抽象的形式得到一個個具體的命題或推理；對同一個命題或推理的形式，作不同的替代，可以得到不同的具體的命題或推理。在不同的邏輯

中有不同的常項，例如：在命題邏輯中，邏輯常項叫做「命題連接詞」，如「或者」、「並且」、「如果，則」、「當且僅當」和「並非」，它們在語言學中是連詞，不具有獨立的意義，但在命題邏輯中，它們作爲眞值連接詞，卻獲得了獨立的意義，其意義通常由相應的眞值表來定義，因而是詞項。在詞項邏輯中，直言命題中的繫詞「是」和「不是」作爲聯項，以及量詞「所有」和「有些」，也都有其確定的意義，因而也是詞項。在謂詞邏輯中，量詞「所有的」和「有些」，也有確定的意義，是詞項。在各種廣義模態邏輯中，語言學中的副詞「可能」、「不可能」、「必然」、「應該」、「義務」、「允許」、「禁止」，時態詞「過去」、「現在」、「將來」，以及所謂的命題態度詞「知道」、「相信」、「懷疑」等等，都是邏輯常項，它們是由命題形成新命題的運算子，在相應的邏輯中被賦予確定的意義，因而也是詞項。

在本書以後的內容中，我們有時在第一種意義上使用「詞項」一詞，有時在第二種意義上使用「詞項」一詞。很顯然，並不是所有語詞都是詞項，只有一部分具有獨立意義的語詞是詞項。

所謂概念，是思維的基本形式之一，通常把「概念」、「判斷」、「推理」、「論證」並稱。從語言角度看，概念是詞項（一部分語詞）所具有的意義，通常叫做該詞項的「內涵」。因此，概念是某種精神性的、抽象的東西，是看到、聽到一定的詞項後人們在思維中所理解的東西，本身看不見、摸不著，但卻能夠被看到、聽到該詞項的所有人所共同理解。由於我們把詞項理解爲「能夠獨立運用的意義最小單位」，這已經把不具有獨立意義的語詞從詞項中剔除掉了，於是，凡是詞項都表達概念，並且凡是概念都由相應的詞項來表達。爲了省事起見，常常把一個詞項與該詞項所表達的概念視爲同一，例如我們常常說「人」這個概念，這並不會造成太大的混淆和麻煩。從認知的角度看，概念是事物的特有屬性或區別性特徵在人思維中的反映，因爲我們使用概念，是爲了讓它們在我們的思維中指稱對象或代表事物，只有它們反映對象或事物的特有屬性或區別性特徵才能達到這樣的作用，即不同的事物有不同的概念，不同的概念指稱或代表不同的事物。

二、詞項的內涵和外延

作為一種語言符號，詞項總是要表達一定的意義（meanings），而詞項的意義又分為兩個方面：內涵（intension 或 connotation）和外延（extension 或 denotation），亦稱「含義」和「所指」。

詞項的內涵就是該詞項所表達的概念，也就是該詞項所指稱的那個或那些對象所具有的並且被人們認知到的事物特有屬性或區別性特徵。例如：「人」這個詞項的內涵就是：「會語言、能思維、能夠製造和使用勞動工具的動物」；「商品」這個詞項的內涵就是：「被用來交換的勞動產品」；「人工智慧」的內涵就是：「用人工方法在機器（電腦）上實現的智慧」。這裡要強調以下三點：第一，事物的特有屬性是該事物本身所具有的，是一種客觀的存在；而詞項的內涵則是人們對事物屬性的一種認知和反映，它是被人們認知到的事物之特有屬性，因此，具有某種程度的主觀性。第二，詞項的內涵具有某種主觀性，這就意味著它是可變的，在不同的時期、在不同的文化中會有很大的不同。以詞項「人」為例，在古希臘時代，有人將其內涵理解為「無羽、兩足、直立行走、動物」，於是有人反諷式地把一隻拔光毛的雞高高舉起，說這就是那些人所理解的「人」！顯然，到了當代，「人」的內涵已完全不同。第三，詞項的內涵是被一定時期的社會共同體所公共接受的意義，是被整個社會約定俗成的東西，對於該時期、該共同體內的個別使用者來說是同樣的，因而不會出現這樣的情形：一個詞項在不同的人那裡有不同的內涵。

詞項的外延就是該詞項所指的某個對象或某些對象的集合或類。例如：「長江」、「黃河」和「孔子」就是指對中華民族來說很重要的幾個對象：第一個指中國南方的一條江，第二個指中國北方的一條河，在某種意義上它們孕育了中華文明；第三個則是指那位締造了儒家文化、在中國歷史上深深留下他個人印記的偉人。而「人」的外延是指「由古往今來、屬於不同的民族、有不同的膚色、用不同的語言、有不同的文化和傳統的所有個體構成的集合或類」，你、我、他或她都是該集合或類中的個體，因此都屬於「人」的外延；「自然數」的外延是一個無窮集合，單個自然數都是其中的元素；「電腦」的外延是一個有窮集，你、我、他所擁有各式各樣的電腦都是它的元素。有些詞項在現實世界中沒有外延，例如：「獨角獸」、「飛馬」、「金山」，人們常常把它們叫做「空詞項」，並

人為地替它們指定外延——空集合，即沒有任何元素的集合。

　　一般認為，詞項的內涵是識別它的外延之嚮導、依據和標準，換句話說，詞項的內涵決定詞項的外延。例如：我們根據「三角形」的內涵去確定現實中的哪些事物屬於或者不屬於該詞項的外延，常常都能如願以償；但我們在根據「永動機」的內涵去找它的外延時，卻怎麼也找不到，原來該詞項表達一個空概念。但是，如果給我們一堆事物（外延），要我們分別去找它們的內涵，不同的人卻會找到很不相同的東西，例如：「三角形」的內涵可以是「由三條直線交叉而成的封閉圖形」，也可以是「三內角之和為 180° 的封閉圖形」等等。這一點常被概括為：詞項的外延不能決定它的內涵。例如：我們都能確定「人」這個詞項的外延，但不同的人卻對這個詞項的內涵有很不相同的理解。例如：在〈認識我們自己〉[1]一文中，美國著名科普作家阿西莫夫羅列了對「人」這一詞項的不同理解：

　　　　柏拉圖說：「人是無羽毛的兩足動物。」

　　　　塞涅卡說：「人是社會的動物。」

　　　　馬克吐溫說：「人是唯一知道羞恥或者需要羞恥的動物。」

　　　　赫胥黎說：「人是受他的器官奴役的智慧的生物。」

　　　　物理學家說：「人是熵的減少者。」

　　　　生物化學家說：「人是核酸—酶相互作用器。」

　　　　化學家說：「人是碳原子的產物。」

　　　　天文學家說：「人是星核的孩子。」

　　　　人類學家說：「人代表著如下特徵的緩慢積累：兩足的外表，敏銳的目光，勤勞的雙手和發達的大腦。」

　　　　考古學家說：「人是文化的積累者，城市的建設者，陶器的製造者，農作物的播種者，書寫的發明者。」

　　　　心理學家說：「人是複雜非凡的大腦的擁有者，具有思維和抽象能力，這種能力壓倒他從其他動物祖先那裡繼承下來的天性和感性。」

　　　　神學家說：「人是犯罪和贖惡這齣大鬧劇的恭順的參與者。」

　　　　社會學家說：「人是他所歸屬的社會的依次更替的塑造者。」

---

[1] 《現代化》雜誌 1982 年第 9 期。

並且，一個詞項的內涵與外延還存在某種反比關係：其內涵越多，外延越小；其內涵越少，外延越大。以下面一組詞項爲例：

人；學生；大學生；臺大學生。

這是一個內涵遞增的詞項序列：「學生」比「人」包含了更多的內涵；「大學生」又比「學生」包含了更多的內涵，「臺大學生」則比「大學生」包含了更多的內涵。同時我們發現，該詞項序列又是外延遞減的。「人」的外延大於「學生」的外延，「學生」的外延大於「大學生」的外延，「大學生」的外延則大於「臺大學生」的外延。因此，對這一詞項序列而言，內涵越多，則外延越小。這是因爲，在一般情況下，隨著詞項的內涵越多，對事物所具備的性質、屬性限制就越多，從而導致事物類的成員數量減少。

反過來，詞項的內涵越少，其外延就越大。看另一個詞項序列：

質數；正整數；整數；有理數；實數；數。

這個詞項序列是內涵遞減的，同時也是外延遞增的。質數，亦稱「素數」，指只能被 1 和自身整除的大於 1 的正整數；正整數就是自然數；整數包括正整數、負整數和零；整數和分數統稱有理數；有理數和無理數統稱實數；數則是一個外延最大的概念，其內涵也最少。隨著每向後面的詞項推移一步，其內涵就減少，而外延就擴大了。顯然，嚴格揭示這些詞項的內涵，不是本書的任務。

於是，如果我們有時候覺得所使用的概念過於寬泛，不能嚴格切合於我們的要求，可以透過增加詞項的內涵來縮小它的外延，這叫做「詞項或概念的限制」。請看下面的詞項序列：

機器，精密複雜的機器，太空船，神舟六號太空船。

其中，每一個後面的詞項就其內涵而言都比前一個詞項多，就其外延而言都比前一個詞項少。如果限制到一個個體詞項，就不能再限制了，因爲無論增加什麼樣的形容詞，都不能引起該詞項外延的改變。例如：

長城；萬里長城；巍峨的萬里長城；見證中華民族歷史的、巍峨的萬里長城。

在這一序列中，由於詞項的外延沒有改變，因而不構成對「長城」這一詞項的限制，只不過是在它前面加了一些形容詞而已。同樣的情形還有：

活著的人；活著的有脊椎骨和大腦的人；活著的有脊椎骨和大腦、並且其年齡不超過一千歲的人。

在這個詞項序列中，外延方面始終沒有發生變化，因此不構成對詞項的限制。

在日常生活中，我們有時候也需要對詞項或概念進行限制。例如：你到果菜市場上向商販說：「我買水果。」人家一定會問你：「買哪一種水果？」如果你不說出桃、梨、蘋果、橘子、香蕉等水果的具體名稱來，買賣就沒有辦法進行；你說「買5斤香蕉」，交易就會成功。這裡，從「水果」到「香蕉」，詞項的內涵增加，外延減少，是詞項的限制。

如果有時候我們覺得所使用的概念過於狹窄，不能嚴格切合於我們的要求，可以透過減少詞項的內涵，來增加詞項的外延，這叫做「詞項或概念的擴大」。請看下面的詞項序列：

上海人，中國人，華人，人。

這是一個內涵減少、外延擴大的序列。詞項擴大的極限是所謂的「範疇」（category），範疇是最普遍、最一般的概念，沒有比其外延更大的概念了，哲學概念「存在」就是如此，沒有辦法再對它進行概括了。

如果我們旨在強調對象或事物之間的區別，需要對相應的詞項或概念進行限制：增加內涵，縮小其外延。例如：進行選舉投票時，我們需要對「人」這一概念進行限制：「儘管你是人，並且你是有選舉權和被選舉權的合法選民，但你不是屬於這個選區的選民，對不起，你不能在這裡投票。」當我們旨在強調事物之間的共同點時，我們需要對相應的詞項進行概括，請看下面這段話：「不管你是中國人還是美國人，如果有中國血統，你就是華人；不管你是華人、猶太人還是阿拉伯人，無論怎樣我們都是人，我們都享有國際法規定的基本人權。」

三、詞項的種類和外延關係

根據詞項的內涵和外延方面的差異，可以將詞項區分為不同的種類。

（一）根據詞項的外延之不同，詞項分為單稱詞項、普遍詞項和空詞項 ●●●

所謂單稱詞項，是其外延僅指一個獨一無二對象的詞項，包括專名和限定摹狀詞。專名就是自然語言中的專有名詞，例如：時間名「2006年元旦」，國家名「中華民國」，地名「臺北」，人名「愛因斯坦」，書名「《紅樓夢》」，事

件名「西安事變」等等，它們分別都只指稱一個特定的對象，都是單獨詞項。限定摹狀詞是這樣的短語：它們透過對某一事物的某種區別性特徵的描述而唯一地指稱該事物，例如：「中華民國的首都」、「世界最高峰」、「《四世同堂》的作者」、「最小的自然數」、「清朝的第一個皇帝」等等。限定摹狀詞的特點是所指對象具有存在性和唯一性：有一個且僅有一個對象滿足該摹狀詞所給出的描述。如果不滿足存在性和唯一性條件，則相應的描述性短語就不是限定摹狀詞。如有些描述性短語不滿足唯一性，則它們不是限定摹狀詞。例如：「英國王子」的所指對象不只一位，因此它不是限定摹狀詞，而是普遍詞項。

所謂普遍詞項，是指稱一類事物的詞項，它們的外延是由兩個以上乃至許多分子組成的類。例如：「《數學原理》的作者」的外延只包括兩個個體，即英國著名哲學家、邏輯學家懷海德（A. N. Whitehead）和羅素，《數學原理》這部現代邏輯史上的經典著作是由他們兩人合寫的。有些普遍詞項所指的類是一個有窮類。例如：「太陽系的行星」，以前公認的說法是太陽系有九大行星，即水星、金星、地球、火星、木星、土星、天王星、海王星和冥王星；但國際天文學聯合會大會 2006 年把冥王星降級為矮行星，不再屬於太陽系行星系列，於是「太陽系行星」的外延只包括八個天體。「中國人」的外延也是一個有窮類，儘管其中的元素達 13 億之多。有些普遍詞項所指的類是一個無窮類，例如：「自然數」所指的類，有最小的自然數，但沒有最大的自然數，自然數是無窮多的。

所謂空詞項，是指在現實世界沒有其所指對象的詞項，例如：「獨角獸」、「孫悟空」和「當今的法國國王」。按這樣的理解，神話傳說中人物的名字，例如：「盤古」、「女媧」；文學作品中的人物名稱，例如：「賈寶玉」和「林黛玉」；科學幻想作品中的名字等等，都是空詞項。之所以這樣處理，可以用羅素的觀點來解釋，他強調在邏輯研究中應該保持「健全的實在感」：「動物學既不能承認獨角獸，邏輯也應該同樣地不能承認，因為邏輯的特點雖然是更抽象，更普遍，然而邏輯關心實在世界也和動物學一樣真誠。」[2] 在現代邏輯中，通常人為地規定空詞項的外延：一個不包括任何元素的空類。但對空詞項作這樣的處理是有爭議的。如果我們引入「可能世界」的概念，則所謂的空詞項也有所指，其

---

2 羅素：《數理哲學導論》，晏成書譯，商務印書館，2003 年，第 159 頁。

所指是某個可能世界中的對象，例如：「賈寶玉」和「林黛玉」指稱《紅樓夢》所描繪那個可能世界中的一對痴男怨女。

（二）根據詞項的外延是一個集合體還是一個類，分為集合詞項和非集合詞項 ●●●●

類和集合體是不同的。一個類由若干個元素組成，我們是根據一個元素是否具有某種性質來決定它是否屬於某個類，由某個性質所定義的那個類，其性質為其中的每一個元素所分享。例如：動物是一個類，其性質是：是生物，多以有機物為食料，有神經，有感覺，能運動。屬於動物類的每一個元素，例如：每一隻貓、每一隻狗都有這樣的性質。集合體也是由許多個體所組成的一個整體，該集合體所具有的性質未必為其中的每一個個體所具有。例如：叢書是集合體，一套叢書很優秀，不一定其中的每一本書都很優秀。一個政黨是一個集合體，該黨怎麼樣，不一定其中的每一個黨員就怎麼樣：一個整體上表現很糟糕的政黨，其中可能有品行很高潔的黨員；一個整體上表現很優秀的政黨，其中可能有品行很敗壞的黨員。

所指對象是集合體的詞項是集合詞項。例如：

森林，艦隊，叢書，政黨，工人階級，詞彙……。

所指對象是一般的類的詞項是非集合詞項。例如：

樹木，艦艇，書，黨員，工人，詞……。

問題是，同一個詞項有時候在集合意義下使用，有時在非集合意義下使用。例如：

1.人是由猿猴進化而來的。

2.張三是人。

在 1. 中，「人」是在集合意義上使用的，指一個動物種類，根據達爾文的進化論，它是由猿猴進化而來的。在 2. 中，「人」是在非集合的意義上使用的，指一個一個的人。因此，不能由 1. 和 2. 推出：

張三是由猿猴進化而來的。

類似的例證很多，例如：「自然數是無窮多的」和「1 是自然數」，「魯迅

的著作不是一天能讀完的」和「〈孔乙己〉是魯迅的著作」等等。讀者還可以自己舉例。

（三）根據詞項是正面刻畫還是反面否定所指對象的性質，分爲正詞項和負詞項 ● ● ●

有些詞項重在說明所指對象是什麼，或具有什麼性質，這叫做「正詞項」。例如：「聰明的」、「電腦」、「大學生」、「正義戰爭」等等，這些是正詞項。而「不聰明的」、「非電腦」、「非大學生」、「非正義戰爭」等等，則是負詞項。一般而言，負詞項前面帶有含否定意義的語詞「無」、「不」、「非」等字樣。如果某個正詞項用 S 表示，那麼相應的負詞項則用「非 S」表示，後者進一步用在 S 上面加一短橫的方法表示：S̄。

顯然，只有普遍詞項才會有相應的負詞項，單獨詞項不會有它的負詞項，例如：「非紐約」根本不是一個詞項，因爲我們無法知道它的內涵和外延，不知道它指什麼東西。並且，負詞項是相對於正詞項而言的，正詞項和負詞項一起所構成的那個範圍，在邏輯學上叫做「論域」，例如：「大學生」和「非大學生」的論域是「學生」，「正義戰爭」和「非正義戰爭」的論域是「戰爭」，「共和黨員」和「非共和黨員」的論域是「人」。論域有大有小，根據需要，可以以「人」爲論域，也可以以「自然數」或「實數」爲論域。考慮到邏輯學的普遍性和一般性，在邏輯學上通常以全域做論域。全域是由世界上一切實際存在的事物所構成的類或集合。

我們用大寫字母 S 和 P 表示任意兩個詞項。就其外延關係而言，S 和 P 之間有並且只有如下五種關係：

1. 同一關係。如果所有的 S 都是 P，並且所有的 P 都是 S，則 S 和 P 之間就是全同關係。例如：「等邊三角形」和「等角三角形」、「會說話的動物」和「能思維的動物」之間就是全同關係，它們的外延中的對象全部相同，沒有任何差別。

2. 包含關係。如果所有 P 都是 S，但有些 S 不是 P，也就是說，S 的外延大於 P 的外延，則稱 S 和 P 之間是包含關係，S 包含 P。例如：「飛機」包含「民航機」，也包含「軍用機」；「星體」包含「行星」，也包含「恆星」；「股票」包含「零股」。

3. 包含於關係。如果所有 S 都是 P，但有些 P 不是 S，也就是說，P 的外延大於 S 的外延，則稱 S 和 P 之間是包含於關係，S 包含於 P。把上面所舉的各例顛倒過來，「民航機」和「軍用機」都包含於「飛機」之中；「行星」和「恆星」都包含於「星體」之中；「零股」包含於「股票」之中。

包含關係和包含於關係合稱「種屬關係」，其中外延大的詞項是屬詞項，外延小的詞項是種詞項。例如：「大學生」這個詞項就是「學生」這個詞項的種詞項，而「學生」就是「大學生」的屬詞項。有些教科書也許恰恰相反，把外延大的叫做「種詞項」，把外延小的叫做「屬詞項」。儘管這是一個用法問題，但本書的用法還是更好一些，因爲它與生物學上的分類系統「種、屬、科、目、綱、門、界」是一致的，這裡的次序是由小到大，「屬」（genus）是比「種」（species）更上一層的分類。從大到小，人在這個分類系統中屬於：動物界，脊椎動物門，哺乳動物綱，靈長目，人科，人屬，智人種。

4. 交叉關係。如果有些 S 是 P，有些 P 是 S，並且有些 S 不是 P，有些 P 不是 S，則 S 和 P 之間就是交叉關係。如「青年人」和「科學家」、「女人」和「政治家」之間就是交叉關係，它們的外延只有部分重合。

5. 全異關係。如果 S 和 P 之間沒有共同的外延，即所有的 S 都不是 P，所有的 P 都不是 S，則 S 和 P 之間是全異關係。例如：「男人」和「女人」、「奇數」和「偶數」、「兒童」與「政治家」、「桌子」和「椅子」等等，這些詞項之間都是全異關係。

全異關係本身又可以區分出兩種關係：矛盾關係和反對關係。如果 S 和 P 之間沒有共同的外延，並且它們的外延之和恰好等於它們的屬詞項的外延，如「奇數」和「偶數」相對於「整數」，「男人」和「女人」相對於「人」，那麼，我們就稱這兩個詞項之間的關係爲矛盾關係。如果 S 和 P 之間沒有共同的外延，並且它們的外延之和小於它們的屬詞項的外延，如「物理學」和「化學」相對於「自然科學」，「大學生」和「中學生」相對於「學生」，那麼，我們就稱它們之間具有反對關係。

我們可以用歐拉圖來表示兩個甚至多個詞項之間的外延關係。所謂「歐拉圖」，是由瑞士數學家歐拉（L. Euler, 1707-1783）發明的，後人曾加以改進。歐拉圖使用圓圈來表示非空非全的類或集合之間的關係。依照這種方法，任意兩個詞項的外延之間有且僅有五種關係，即全同關係、包含關係、包含於關係、交

叉關係和全異關係，分別圖示如下：

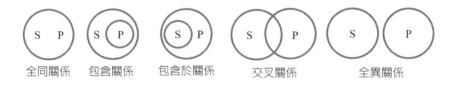

全同關係　　包含關係　　包含於關係　　交叉關係　　　全異關係

　　全異關係底下的兩個子類，實際上講的是兩個詞項相對於它們共同的屬詞項的關係，因此，是三個詞項之間的關係，圖示如下：

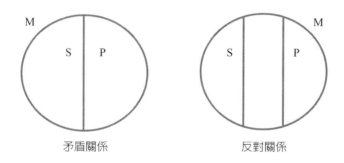

矛盾關係　　　　　　　　　　　　反對關係

　　多個詞項的外延之間的關係，只不過是兩個詞項之間的外延關係之複雜化，也就是先分別考察其中每兩個詞項之間的關係，然後再把所考察的結果組合起來。如「大學生」（U）、「哈佛大學學生」（P）、「美國人」（C）、「共和黨員」（V）、「白馬」（W）這五個詞項之間的關係就可以表示為下圖：

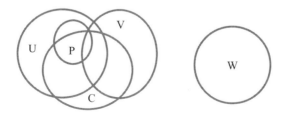

四、定義的方法和規則

（一）定義的構成與作用 ● ● ●

定義的對象就是詞項或概念，有時也包括句子或命題。所謂定義，就是以簡短的形式揭示詞項（概念）、句子（命題）的內涵和外延，使人們明確它們的意義及其使用範圍的邏輯方法。例如：以下句子都是定義：

1. A⊆B，當且僅當，對任一 x，如果 x∈A，則 x∈B。

2.「獨角獸（unicorn）」這個詞的意思是一種像馬的動物，但其額頭上長著一支挺直犄角。

3. 行星是圍繞太陽運轉，自身引力足以克服其剛體力而使天體呈圓球狀，並且能夠清除其軌道附近其他物體的天體。

4. 英里：起源於古羅馬「Millepassus」一語，意思是「一千步」。一名羅馬士兵所邁出的一步，即左、右腳各一步，被劃分為 5 英尺，由此得出 1 英里等於 5000 英尺。到 16 世紀，常用的英里定義有兩個——5280 英尺和 5000 英尺。1593 年，英國女王伊麗莎白一世批准了一項議會法案，禁止在英國議會大廈附近 3 英里以內修建新的建築物，該法案所確定的「法定英里」是 5280 英尺，約合 1.609 公里。英里的長度由此確定，沿用至今。

這裡，1. 所直接定義的是一個命題 A ⊆ B，從而隱晦地定義了該命題所包含的運算子「⊆」；2. 和 3. 所定義的是指稱虛幻或實在事物的詞項；4. 是關於「英里」一詞的詞源定義，描述了該詞的來龍去脈。

定義通常包括三個部分：被定義項、定義項和定義聯項。被定義項就是在定義中被解釋和說明的詞項、概念或命題。定義項就是用來解釋、說明被定義項的詞項、概念或命題。定義聯項是連接被定義項和定義項的詞項，例如：「是」、「就是」、「是指」、「所謂……就是……」和「當且僅當」等。因此，定義有下述形式：

D_s 是 D_p；

D_s 就是 D_p；

D_s 是指 D_p；

D_s 意味著 D_p

D_s 當且僅當 D_p。

所謂 D_s，就是 D_p。

這裡，D_s 代表被定義項，D_p 代表定義項，其他部分代表定義聯項。

　　無論是在科學理論中，還是在日常思維中，定義都是一種普遍使用的邏輯方法，發揮著十分重要的作用。具體來說，其作用有以下幾點：

1. 透過定義，人們能夠把對事物的已有認知總結、鞏固下來，作為後續認知活動的基礎。這是定義的綜合作用。例如：愛因斯坦提出相對論，凝結出許多新的概念，如「四維空間」、「同時性的相對性」等等，要真正弄懂這些概念，就必須去學習、理解相對論本身。這幾乎是一個普遍的現象：一個理論就是靠其核心概念來支撐的。正因為如此，概念、範疇才被比作人們認知和掌握自然現象之網的網上紐結。

2. 透過定義，人們能夠揭示一個詞項、概念、命題的內涵和外延，從而明確它們的使用範圍，進而弄清楚某個詞項、概念、命題的使用是否合適。這是定義的分析作用。例如：腦死被作為判定人是否死亡的一個重要證據。那麼，什麼是「腦死」？弄清楚這一點顯然是非常關鍵的。哈佛大學醫學院給出的定義是：

> 腦死是整個中樞神經系統的全部死亡，包括腦幹在內整個人腦機能喪失的不可逆轉狀態。具體標準是：(1) 不可逆轉的深度昏迷，對外界刺激無感應性，無反應性；(2) 無自主呼吸和自主運動；(3) 生理反射作用消失，對光無反應；(4) 腦電圖平坦。以上四項要在 24 小時內反覆測試多次，結果無變化。

3. 透過定義，人們在理性的交談、對話、寫作、閱讀中，對於所使用的詞項、概念、命題能夠有一個共同的理解，從而避免因誤解、誤讀而產生的無謂爭論，大大提高成功交際的可能性。這是定義的交流作用。日常交流中的分歧有時候是真正立場上的分歧，有時候則是情感態度上的分歧，但也有時候實際上沒有分歧，只是由於誤解而造成了分歧。在所有這些情形下，對關鍵詞語的重新定義，對於澄清分歧之所在和有效地化解分歧，都是很有幫助的。

（二）定義的種類 ●●●

　　根據不同的標準，定義可以區分為不同的類型。例如：詞項都有內涵和外延，因此，要明確一個詞項，既可以從內涵角度著手，也可以從外延角度著手，於是有「內涵定義」和「外延定義」；被定義項可以是某個詞項所代表、指稱的事物、物件，也可以僅僅是該詞項本身，於是有「真實定義」和「語詞定義」。

1.內涵定義

　　即揭示一個詞項的內涵的定義。而一個詞項的內涵，則是該詞項所代表、指稱的對象的特有屬性或區別性特徵，透過這些屬性或特徵，能夠把這類（或這個）對象與其他的對象區別開來。

(1) **屬加種差定義**：最常見的內涵定義形式，也是最常用的下定義方法，即先找出被定義詞項的屬詞項，然後找出它與同一個屬下的其他物種之間的區別，簡稱「種差」，並以「被定義項＝種差＋屬」的形式給出定義。

　　例如：

　　A. 哺乳動物就是以分泌乳汁餵養初生後代的脊椎動物。

　　B. 社會生物學是以生物學知識為手段，深入探索社會現象的一門科學。

　　C. 彗星是圍繞太陽運行的一種質量較小的天體。它的形狀很像一把倒立的掃帚，民間俗稱「掃帚星」。

　　從不同的認知需要和認知角度出發，事物之間會顯現出不同的差別，並且其中許多差別都能夠把不同類的事物區別開來。因此，屬加種差定義就有多種多樣的表現形式。

① 發生定義：從被定義詞項所指稱的事物的發生、來源方面揭示種差的定義形式。

　　A. 三角形是由三條直線交叉形成的平面圖形。

　　B. 核能，亦稱原子能，指在核反應過程中，原子核結構發生變化所釋放出來的能量。

　　C. 太陽風，是太陽外層大氣（日冕）因高溫膨脹不斷向外拋射出穩定的粒子流。1958 年，美國物理學家柏克把這種粒子流定名為「太陽風」。

② 功用定義：以某種事物的特殊用途作為種差的定義形式。

　　A. 質譜儀是分析各種元素的同位素並測量其質量及含量百分比的儀器。

    B. 粒子對撞機是一種利用兩束相向運動的粒子束對撞的方法提高粒子有效相互作用能量的實驗裝置。

③ 關係定義：以事物之間的特殊關係作爲種差的定義。

    A. 伯伯是指與父親輩分相同而年齡較大的男子。

    B. 奇數指不能被 2 整除的整數。

    C. 原子量就是一個原子的重量與氫原子的重量相比的數量。

    屬加種差定義是有局限的。對於比如說哲學的那些最普遍、最普通的概念「存在」、「實體」、「屬性」、「主體」、「客體」等等來說，在它們之外或者之上已經沒有更大、包含它們的屬詞項了，因此就不能對它們下屬加種差定義。我們還需要其他的一些定義形式，例如：

(2) 操作定義：透過對一整套相關操作程序的描述來對被定義項下定義。

    A. x 是酸類，如果將 x 與石蕊試紙接觸，石蕊試紙就呈現出紅色。

    B. 商標註冊，是指使用人將其使用的商標依照《商標法》以及《商標法施行細則》規定的註冊條件、程序，向商標專責機關提出註冊申請，經商標專責機關依法審核批准，在商標註冊簿上登錄，登載商標註冊，並給予公告，授予註冊人以商標權的法律活動。

    操作定義的引入是與諾貝爾物理學獎獲得者布里奇曼（P. W. Bridgman）分不開的，他在《現代物理學的邏輯》一書（1972）中提倡操作主義，認爲：當且僅當在所討論的情形下，一組特定的操作能夠導致特定的結果，才能把被定義詞項正確地用於該情形。這種觀點的邏輯衍生形式之一就是操作定義。由於在社會科學中，對一些重要術語的傳統定義常常引起麻煩和混淆，因此一部分社會科學家主張在社會科學中使用操作定義，例如心理學家只參照個體行爲或可觀察的反應，來對一些造成麻煩的術語如「心靈」、「知覺」、「意識」下操作定義，從而在研究者中間引入某種中性的、公共的標準。這些理論和實踐常常與作爲哲學學說的「行爲主義」連結在一起。

(3) 語境定義：將被定義項放在一定的語言環境（上下文）之中，然後用一個意義相同、但被定義項在其中不出現的語句來對被定義項下定義。對於有些關係概念，常常採取、有時候也只能採取這種定義形式。

    A. x 是一位祖父，當且僅當，存在一個 y，並且存在一個 z，x 是 y 的父親，並且 y 是 z 的父親。

B. 關係 R 是傳遞的，當且僅當，對於任一的 x、y、z，如果 xRy，並且 yRz，則 xRz。

2.外延定義

透過列舉一個詞項的外延，也能夠使人們獲得對該詞項的某種理解和認知，從而明確該詞項的意義和適用範圍。因此，外延定義也是一種比較常用的定義形式。

(1) **窮舉定義**：如果一個詞項所指的對象數目很少，或者其種類有限，則可以對它下窮舉的外延定義。

A. 有理數和無理數總稱「實數」。

B. 氧族元素是指氧 O、硫 S、硒 Se、碲 Te、釙 Po 五種元素。

C. 國軍抗日名將是以下十人：張自忠、李宗仁、杜聿明、孫立人、薛岳、衛立煌、傅作義、戴安瀾、王耀武、趙登禹。

(2) **列舉定義**：屬於一個概念的外延的對象數目很大，或者種類很多，無法窮盡地列舉，於是就舉出一些例證，以幫助人們獲得關於該概念所指稱的對象的一些了解。

A. 中國的少數民族有藏族、維吾爾族、蒙古族、回族、壯族、土家族、苗族等。

B. 什麼是自然語言？例如：漢語、英語、俄語、德語、日語、西班牙語都是自然語言。

(3) **實指定義**：透過用手指著某一個對象，從而教會兒童去認知事物和使用語言，這樣的方法常被叫做「實指定義」（ostensive definition）。例如：指著鼻子教孩子說「鼻子」，摸著耳朵教孩子說「耳朵」，拍著桌子教孩子說「桌子」。實指定義據說是兒童學習母語最基本、最有效的手段。不過，這種比喻意義上的定義形式有很多缺陷。首先，所指著的東西究竟是什麼，是異常不確定的。例如：當我們用手指著桌子的時候，我們也同時在指著桌子的表面、桌子的腿、構成桌子的木材、桌子所在那個位置、桌子上的器具……其次，在兒童透過實指定義去學習語言之前，他還必須學會分辨手指和指著這個姿態的意義。例如：當我們用手指著某個東西的時候，我們同時也在顯示該手指，該手指的形狀，該手指的漂亮程度，該手指在空中所畫的那個弧

形，該手指在空間中的位置。根據如此不確定的實指定義，兒童居然學會了語言，這可以說是所有奇蹟中比較大的一個。正是基於這樣的一些思考，美國著名邏輯學家和哲學家蒯因提出了著名的「（詞項的）指稱不可測知論題」。[3]

內涵定義和外延定義常常合在一起使用。例如：先給出某個概念的一些或全部內涵，再列舉該概念的一些或全部外延。

A. 人文學科是研究人類的信仰、情感、道德和美感等的各門學科的總稱，包括語言學、文學、哲學、考古學、歷史學等。

B. 太陽系：由太陽和在太陽強大引力的作用下環繞它運動的行星及其衛星、小行星、彗星以及行星際物質所構成的天體系統。太陽系的成員包括太陽系 8 大行星，2000 多顆小行星，34 顆衛星，還有彗星，以及為數眾多的流星體和塵埃等。太陽系的年齡，通常認為大於 46 億年。

(4) 遞迴定義：用數學歸納法替對象下的定義，由三部分構成：①初始條件，刻畫一些個體屬於一給定集合；②歸納條件，當在條件①中列出的第 n 個個體屬於給定集合時，第 n + 1 個個體也屬於該集合；③此外沒有別的個體屬於該集合。這樣就定義出了一個集合。

在命題邏輯中，將合式公式（簡稱「公式」）遞迴定義如下：

A. 任一命題變項 p、q、r、s…是公式；

B. 如果 A 是公式，則 ¬A 是公式；

C. 如果 A 和 B 是公式，則 A∧B，A∨B，A→B，A↔B 是公式；

D. 只有按以上方式形成的符號串是公式。

遞迴定義只適用於具有自然數性質的對象。它相當於給出了得到某個集合的元素的方法，根據這種方法，我們可以判定任一事物屬於還是不屬於該集合，在這一點上它類似於操作定義；但它又等於給出了一個集合的全部元素，也就是給出了得到其全部外延的方法，在這一點上它相當於外延定義。

3　參見陳波：《奎因哲學研究——從邏輯和語言的觀點看》，三聯書店「哈佛—燕京學術叢書」第五輯，1998 年，第 129-134 頁。

3. 語詞定義

語詞定義的對象是語詞，常常涉及該語詞的詞源、意義、用法等，而不涉及該語詞所代表、指稱的事物和對象。可以區分出如下類型：

(1) 描述性定義：或者稱「報導定義」，它是對被定義語詞既有用法的報導或描述，語言辭典上的定義大多是這種類型，故常被稱為「辭典定義」。

  A. 胡：①古代泛稱北方和西方的少數民族，如「胡人」；②古代稱來自北方和西方少數民族的東西，也泛指來自國外的東西，如「胡琴」，「胡桃」，「胡椒」；③百家姓之一種。（《現代漢語詞典》）

  B. Being：be 的現在分詞 -n。1. 存在；生存。2. 生命：（一個人的）肉體和身心的綜合體，身心：the mother who gave him his～給予他生命的母親 / respond with one's whole～ / 全力響應。3. 存在物；生物；人：inanimate ～s 無生物 / a human～人 / a social ～社會的人。4. 本質，特質 / [B-] 神（《新英漢詞典（世紀版）》）

描述性定義有一種特殊的類型，叫做「詞源定義」，透過刻畫某個詞的來源、演變來說明該詞的意義。對於有些學科如哲學、語言學、文化人類學來說，詞源定義具有特別重要的意義。在某種意義上，詞源是一種重要的文化密碼，如德國著名哲學家海德格（M. Heidegger, 1889-1976）就特別熱衷於透過考察一個哲學概念的詞源來辨析它所隱含的深刻意義。例如：

馬太效應：在《聖經》中的《馬太福音》第 25 章有這麼幾句話：「凡有的，還要加給他叫他多餘；沒有的，連他所有的也要奪過來。」1973 年，美國科學史家莫頓用這句話來概括一種社會心理現象：「對已有相當聲譽的科學家做出的科學貢獻給予的榮譽越來越多，而對那些未出名的科學家則不承認他們的成績。」莫頓將這種社會心理現象命名為「馬太效應」。

順便指出，這裡談到的馬太效應既有積極作用也有消極作用。其積極作用是：可以防止社會過早地承認那些還不成熟的成果，或過早地接受看似正確的理論或發明；它所產生的「榮譽追加」和「榮譽終身」等現象，對無名者有巨大的吸引力，促使無名者去奮鬥，而這種奮鬥又必須有明顯超越名人過去的成果，他才能獲得所嚮往的榮譽。其消極後果是：名人與無名者做出同樣的成績，前者可能得到了一大堆榮譽和獎賞，並在這種榮譽和獎賞中失去自己；而無名者則可能什麼也得不到，甚至還會遭受非難和嫉妒，這樣有可能扼殺真正的天才，從而妨

礙科學的進步。再如：

> 「香格里拉」一詞，源於藏經中的香巴拉王國，在藏傳佛教的發展史上，其一直作為「淨土」的最高境界而被廣泛提及。英國作家詹姆士希爾頓在小說《失去的地平線》（1933）描述了有關香格里拉的故事，並由好萊塢於1944年拍成電影，香格里拉由此聲名大噪，成為「伊甸園、理想國、世外桃源、烏托邦」的代名詞。至於它究竟位於何處，久具爭議。經中國國務院批准，雲南省迪慶藏族自治州中甸縣於2002年4月5日正式更名為香格里拉縣。

(2) **約定性定義**：在科學研究和日常交往中，有時候為了保密，更多的時候是為了簡便和實用，有時候也為了避免一些熟知詞語往往帶有某些不相關意義的干擾，需要發明新詞，或者需要使用縮略語，這都要求對該新詞或縮略語的意義有所規定。

A. 黑洞，指引力完全崩潰的星體。這個新術語是由普林斯頓大學的約翰威勒博士在1967年於紐約召開之空間研究組織的一次會議上引進的。

B. 「三不」政策：指「不接觸，不談判，不妥協」，是由已故前總統蔣經國所提出的一種大陸政策的簡稱。

C. 網際網路，英語詞「internet」的意譯，指透過軟體程式把世界各地的電腦連接起來，以便於資訊資源的共享。

(3) **修正性定義**：其中既有描述性成分，也有約定性或規定性成分。因為在日常語言中，許多詞語的意義常常不那麼規範、標準，滿足日常交往的需要尚可，當要把它們用於嚴格、精確的目的時，就需要對它們的意義作出某些修改、訂正和限制，使其具有清楚、明確、獨一無二的意義，這在科學研究中、在法律、法規等政策性文件中用得比較多。例如：

A. 任何人遇到以下情況之一，即死亡：a. 循環系統和呼吸系統的功能永久停頓；b. 整個腦部（包括腦髓體）所有功能永久停頓。

B. 所謂著作財產權，即著作人或依法取得著作之人對於屬於文學、科學、藝術或其他學術範圍之創作，享有獨占的利用與處置其類似物權之特殊權利。依本法規定，著作財產權包含下列權利：a. 重製權；b. 公開口述權；c. 公開播送權；d. 公開上映權；e. 公開演出權；f. 公開展示權；g. 改作權；h. 編輯權；i. 出租權；j. 輸入權。

之所以需要定義「死亡」，是因為只有被判定死去的人才可以捐出器官，以往所使用的腦死標準不明確，不好執行，因為人腦分為大腦和小腦兩部分，大腦永久性受損並不表示小腦和腦髓體不能繼續正常工作。因此，「死亡」需要有一個更精確、易於判定和操作的定義。1983 年，由美國總統委任的一個醫學道德委員會發表了一份報告書，裡面給出了這個死亡定義，後來被廣為接受，作為判定死亡的標準。

（三）定義的規則 ●●●

定義的目的就是透過揭示概念的內涵和外延，明確概念的適用範圍，並因此判定該概念的某一次具體使用是否適當。一個好的定義，或者說一個可以接受的定義，必須滿足一定的條件或標準，遵守一定的規則。這裡給出以下幾條：

1.定義必須揭示被定義對象的特有屬性或區別性特徵

詞項、概念是用來代表、指稱對象的，是特定的事物在思維中的代表者，因為人們顯然不能在想到、說到某個具體事物時，把該事物本身擺出來，而只能使用與該特定事物相配的特定概念。為了做到特定的概念與特定的事物相配，該概念的定義就必須反映一類事物區別於其他事物的那些特性或特徵，只有這樣才不會在思維中造成混亂。請看下面的定義：

千里馬是善於奔跑的馬。

這個定義不能把千里馬與普通的馬區別開來。根據古文獻記載，千里馬不僅有速度的要求，而且有形體、風度的表現，並且更主要喻指那些特別有才能的人才。於是有韓愈的說法：「千里馬常有，伯樂不常有。」下面給出另一個定義：

千里馬，原指特別善於奔跑的駿馬；喻指有特殊才能的人才。

既然事物本身具有幾乎無窮多的屬性，由於認知和實踐的需要不同，這些屬性中能夠產生區別作用的並不是唯一的，從不同的角度去看會有不同的產生區別作用的屬性。但不管怎樣，定義必須揭示被定義對象的區別性特徵，這一點卻是確定無疑的。

2.定義項和被定義項的外延必須相等

違反這一規則，所犯的邏輯錯誤有兩種：一是「定義過窄」，指一個定義把本來屬於被定義概念外延的對象排除在該概念的外延之外。例如：

(1) 商品是透過貨幣交換的勞動產品。

(2) 古生物學是研究各個地質時代的動物形態、生活條件及其發展演變的科學。這兩個定義都犯有「定義過窄」的錯誤，因為在人類社會發展的早期，或在當代某些不發達地區和角落，以物易物的「物」也是商品；或者透過為人家做某件工作，來換取對方的某件物，這也是在進行商品交換。古生物學除了研究古動物之外，也研究古代植物、古代微生物。

二是「定義過寬」，指一個定義把本來不屬於被定義概念外延的對象也包括在該概念的外延之中。例如：

(1) 汽車是適用於街道或公路的自動車輛。

(2) 哺乳動物是有肺部並要呼吸空氣的脊椎動物。

這兩個定義都犯有「定義過寬」的錯誤。根據它們，摩托車、電動自行車似乎應歸於「汽車」之列；鳥類、爬行動物以及大多數成熟的兩棲動物都有肺部並要呼吸空氣，並且都是脊椎動物，牠們似乎也屬於哺乳動物。但實際情況並非如此。

定義過窄和定義過寬都是由於沒有揭示被定義對象的特有屬性或區別性特徵造成的。

3.定義不能惡性循環

違反這一規則，就會犯「循環定義」的錯誤。所謂循環，是指在用定義項去刻畫、說明被定義項時，定義項本身又需要或依賴於被定義項來說明。例如：有人在一篇文章中給出了三個相關的定義：

(1) 人是有理性的動物。

(2) 理性是人區別於其他動物的高級神經活動。

(3) 高級神經活動是人的理性活動。

透過這三個定義，我們既沒有明白什麼是人，也沒有明白什麼是理性和什麼是高級神經活動，因為它們相互依賴，誰也說明不了誰。

但是，對於有些關係概念的定義，某種程度的循環是允許的，甚至是必不可少的。例如：什麼是父親和子女？父親就是有自己子女的男人，而子女則是由父母生下的後代。什麼是原因和結果？原因就是引起一個現象的現象，而結果則是由一個現象所引起的現象。

4.定義不可用含混、隱晦或比喻性詞語來表示

違反這一規則，就會犯「定義含糊不清」或「用比喻下定義」的錯誤。例如：

什麼是列寧主義？作為革命行動體系的列寧主義，就是由思維和經驗養成的革命嗅覺，這種社會領域裡的嗅覺，就如同體力勞動中肌肉的感覺一樣。

看了或聽了這個定義後，通常人都有如墮五里霧中的感覺，混混沌沌，模模糊糊，什麼也看不清楚，甚至在不看、不聽這個定義時還明白一些什麼，當看了、聽了這個定義之後，反而什麼也不明白了。其原因在於該定義使用許多莫名其妙的詞語，例如：「由思維和經驗養成的革命嗅覺」、「體力勞動中肌肉的感覺」，去刻畫作為一種理論體系的列寧主義。

再如：據說英國哲學家史賓塞（Herbert Spenser）對「進化」下了這樣一個定義：

（進化就是）物質和伴隨的運動的消耗兩者的整合過程，而在這個過程中物質由不明確的、不一致的同質性轉而成為明確的、一致的異質性，並且，在這個過程中，被保持的運動經歷了與此平行的轉化。

對此定義只有一個評價：莫名其妙！

下面這些句子作為普通的句子，是好的句子，甚至含有深刻的意義，但作為定義卻是糟糕的：

(1) 建築是凝固的音樂。

(2) 書是人類進步的階梯。

(3) 記憶像一條狗，躺在它怡然自得的地方。

(4) 愛情是一條流動的河。（這條河中也許有壯觀的激流，但也必然會有平緩的流程；也許有明顯的主航道，但也會有支流和暗流。除此以外，天上的雲彩和兩岸的景物會在河面上映出倒影，晚來的風會在河面上吹起漣漪，打起浪花。但我們承認，所有這一切都是這條河的組成部分，共同造就了我們生命中美麗的愛情風景。）

因為要真正明白一個事物、概念是什麼，需要正面地去說明、刻畫它，而不是形容、比喻它。萬物之間既有相似也有差異。自其同者視之，物我齊一，天地一體。因此，幾乎任何一個事物都可以比喻為任何一個其他的事物，但經過這樣的比喻，卻不能真正認知一個事物，或者弄清楚一個概念的適用範圍。

5.除非必要，定義不能用否定形式或負概念

透過定義，我們是要弄明白一個事物本身是什麼，而不是它不是什麼。因為一個事物除了是它本身之外，不是世界上其他的一切事物，而這樣的事物是列舉不完的。德國哲學家黑格爾曾有一句名言：

> 真理不是口袋中現存的鑄幣。

它具有深刻的哲理，但不能作為「真理」的定義。黑格爾的意思是：真理不是唾手可得的，真理是一個過程，人們要真正學會、領悟一個真理，就必須以壓縮的形式去重複人類認知和掌握這個真理的全過程。因此，他說：同一句格言，在一位初涉人世的年輕人嘴裡說出來，與在一位飽經風霜的老人嘴裡說出來，具有完全不同的內涵。宋朝詩人辛棄疾用一首詞表達了類似的意思：「少年不識愁滋味，愛上層樓。愛上層樓，為賦新詞強說愁。而今識盡愁滋味，欲說還休。欲說還休，卻道天涼好個秋。」

五、劃分與分類

劃分是依據一定的標準，將一個屬概念的外延分為若干個種類，以進一步明確該概念的外延之邏輯方法。劃分包括三個要素：劃分的母項，即其外延被劃分的那個屬概念；劃分的子項，即由被劃分的屬概念中劃分出來的若干個種概念；劃分的標準，即劃分賴以進行的依據。請看下面的例證：

（一）　脊椎動物分為哺乳動物、魚、鳥、爬行動物和兩棲動物這 5 個小類。

（二）　星體分為恆星、行星、衛星和彗星四個小類。

（三）　基本粒子包括電子、中子、光子等，按其自旋可分為兩大類：一類是自旋為 1/2 的奇數倍，稱之為費米子；另一類自旋為整數，稱之為玻色子。按其質量和其他特性可分為四族：①規範粒子族；②輕子族；③介子族；④重子族。介子族和重子族，又統稱為強子族。重子族中質量超過中子的又稱為超子。

在（一）中，劃分的母項是「脊椎動物」，子項是「哺乳動物、魚、鳥、爬行動物和兩棲動物」；在（二）中，母項是「星體」，子項是「恆星、行星、衛星和

彗星」。顯然，為什麼這樣劃分，劃分者是有根據的，不過，這個根據沒有明確說出來，而在劃分者的頭腦中存在著。但是，在（三）中，除了有劃分的母項和子項外，還有劃分的根據。由於它對基本粒子進行了兩次劃分，所以有兩個不同的根據：一是「自旋」，二是「質量和其他特性」。如上所述，在一個劃分中，劃分的母項和子項是不可缺少的，必須明確說出來或寫出來；但是，劃分的根據卻不一定說出來或寫出來，而可以在劃分者的意識中。

應該注意，劃分不同於分解。所謂分解，是把一個整體分成不同的部分，它的物件一定是單獨概念，分解出來的部分屬於原來那個整體，但它不「是」原來那個整體，原來整體所具有的性質，其部分不一定具有。劃分的對象一定是普遍詞項，或者說是類詞項，所分出的那些子項仍然「是」母項，它們是該母項底下的小類，原來母項所具有的性質它們仍然都具有。例如：把一棵樹分解成樹根、樹幹、樹枝、樹葉，把臺灣大學分成院、系、所，如工學院、理學院、文學院、生命科學院、醫學院、中文系、歷史系、哲學系等等，這是分解。分解出來的部分「屬於」原來那個整體，但它們不是該整體下面的不同類別，樹根、樹幹、樹枝、樹葉不一定具有樹所具有的性質，臺灣大學底下的院、系、所不一定具有臺灣大學所具有的性質：臺灣大學很優秀，是知名的，但它底下的每一個院、系、所不一定都很優秀，都是知名的。但是，「樹」底下有松樹、柏樹、樺樹、棗樹這樣的類別，這些東西仍然都是「樹」，樹有什麼性質，它們就有什麼性質。

有以下一些進行劃分的方法：

一次劃分：依據一個標準將母項劃分為若干個子項。例如：

（一）生物分為微生物、植物和動物三大類。

（二）根據動物形態和解剖學上的相似程度，可將動物分為以下 19 類：原生動物，海綿動物，腔腸動物，櫛水母動物，扁形動物，紐形動物，假體動物，環節動物，星蟲動物，軟體動物，節肢動物，苔蘚動物，腕足動物，帚蟲動物，棘皮動物，毛顎動物，鬚腕動物，半索動物，脊索動物。

連續劃分：先依據一個標準對母項進行一次劃分，然後再依據新的標準，對劃分出來的母項再進行新的劃分，直到滿足需要為止。以上的（一）和（二）各自是一次劃分，如果把兩者連在一起，則構成一個連續劃分。下面是另一個連續劃分：

現代自然科學分為基礎科學、技術科學、應用科學三大類。基礎科學是探索自然界事物的本質和規律的，如數學、天文學、地學、物理學、化學、生物學等。技術科學是技術理論性質的科學，如電子技術、雷射技術、能源技術、空間技術等。應用科學是直接應用於生產的生活的技術和工藝性質的科學，如電腦工程、遺傳工程等。這三類科學相互區別，相互連結，共同發揮自然科學的各種功能。

二分法：依據一個標準，將母項劃分為兩個互為矛盾關係的子項。例如：把「實數」分為「有理數」和「無理數」；把考試成績分為「及格」和「不及格」；把「產品」分為「合格的」和「不合格的」；把「戰爭」分為「正義戰爭」和「非正義戰爭」；將「人」劃分為「我黨黨員」和「非我黨黨員」，如此等等。這樣劃分，通常是為了把注意力集中在其中某個特殊的類別上。例如：對於考試成績，我們重點關注那些不及格的學生，他們需要補考或重修；對於某種產品，我們主要關注是否其合格，合格者可以投入市場，不合格者則要扣下，或者採取某種補救措施或者銷毀；如果你是某個黨的黨務工作者，你當然重點關注那些是「我黨黨員」的人，對於那些不是貴黨黨員的人，一律簡單地稱之為「非我黨黨員」。所以，二分法還是很有用處的。

等級劃分：依據某種價值標準，將母項分為屬於不同等級的子項。例如：年終評比時，將「員工」分為「榜樣」、「優秀」、「良好」、「合格」和「不合格」幾個等級，並給各個等級頒發不同數目的獎金，或者課以處罰。由於滲透價值判斷和偏好因素，等級劃分在客觀性方面有所欠缺，容易引起爭議，盡量少用，非得使用時，也盡量給出客觀和明確的標準。

恰當的劃分至少要遵守以下規則：

（一）劃分的各子項之和必須等於母項的外延。

違反這一規則，會犯「子項不全」或「多出子項」的邏輯錯誤。例如：如果把「顏色」劃分為紅色、黃色、藍色、白色、黑色，就犯了「子項不全」的錯誤，因為它遺漏了橙色、綠色、青色、紫色等。如果把「文學作品」分為小說、詩歌、戲劇、音樂、舞蹈、繪畫、雕塑，就犯了「多出子項」的錯誤，因為音樂、舞蹈、繪畫、雕塑不屬於文學作品的範圍。

（二）每次劃分只能有一個標準。

違反這一規則，會犯「混淆標準」的錯誤。例如：僅僅根據三角形各條邊長

的情況，把「三角形」分為等邊三角形、等腰三角形、不等邊三角形，這是正確的劃分；相反地，如果把「三角形」分為等邊三角形、不等邊三角形、等角三角形，這是不正確的劃分，犯有「混淆標準」的錯誤，因為它在一次劃分使用了兩個不同的標準：一是邊長的情況，一是內角的情況。

（三）劃分的各子項必須互不相容。

違反這一規則，會犯「子項相容」的錯誤。例如：把「自然數」劃分為正偶數、正奇數和質數，就犯了「子項相容」的錯誤，因為質數只是正奇數的一部分，或者說，是一些特殊的奇數，是只能被 1 和自身整除的、再不能被任何其他的數整除的正奇數。「子項相容」常常是「混淆標準」的結果。

可以這樣說，分類是系統的和穩定的劃分，因而是一種特殊的劃分。分類分為「自然分類」和「輔助分類」。

所謂「自然分類」，是根據某種深刻的理論根據所進行的分類，具有極大的穩定性。例如：生物學上的分類系統，如果按從小到大的次序排列，是「種、屬、科、目、綱、門、界」，這裡的分類根據基本上來源於物種進化過程。在這樣的分類系統中，每一個生物有一個確定的位置，不會輕易改變。例如下圖顯示了人在自然分類系統中的位置：

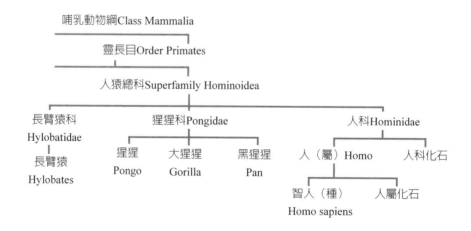

輔助分類的目的是為了方便和實用，它根據人為選定對象的某個方面特徵，將對象分為不同的類別，最典型的是圖書館裡的圖書分類，其目的是方便讀者盡可能快地找到所要的圖書，並且儘量提供多種不同的檢索方法。輔助分類之不同

於一般的劃分，還是在於它的系統性和穩定性，不會輕易改變，否則，就只是某次劃分，而不是分類了。

　　顯然，無論在科學理論中，還是在我們的日常生活中，劃分和分類都發揮著重要的作用，它們使我們周圍的世界在我們的思維中變得有次序和有條理。

Chapter ⑤

假如生活欺騙了你……
—— 複合命題及其推理

　　如果把單個的簡單命題作為不再被分析的原子，用命題連接詞「並非」、「並且」、「或者」、「如果，則」、「當且僅當」等等把它們連接起來，便形成複合命題。研究複合命題的邏輯性質及其相互之間的推理關係，由此建立的邏輯理論叫做「命題邏輯」。它在古希臘時期就由麥加拉—斯多葛派探討過，並在現代數理邏輯的發展過程中趨於成熟且被系統化。本講將要講授命題邏輯的一些初步內容。

　　我們大家都很熟悉普希金的那首著名的詩：

　　　　假如生活欺騙了你，
　　　　不要憂鬱，也不要憤慨！
　　　　不順心的時候暫且容忍：
　　　　相信吧，快樂的日子就會到來。

　　　　我們的心永遠向前憧憬，
　　　　儘管活在陰沉的現在：
　　　　一切都是暫時的，轉瞬即逝，
　　　　而那逝去的將變得可愛。[1]

我這裡當然不是要講詩，而是要由詩引入邏輯：「假如……，便……」在邏輯上叫做「假言命題」，它是複合命題的一種。

一、簡單命題和複合命題

　　簡單命題就是不包含其他命題的命題，只能把它分析為不同的詞項，不能再把它分析為其他命題，因此又叫做「原子命題」。例如：

　　（一）性格決定命運。

　　（二）關公敗走華容道。

　　（三）擲骰子 4 點朝上的機率是 1/6。

都是簡單命題。

---

[1] 《詩刊》社編：《世界抒情詩選》，春風文藝出版社，1983 年，第 65 頁。

複合命題則是包含其他命題的命題，它是用一定的連接詞連接其他命題而形成的。例如：

（一）李敖是一位特立獨行的人，並且是一位小說家。

（二）足球隊或是因其成功而受到歡呼，或是因其失敗而受到指責。

（三）如果一個推理的前提真實並且推理形式有效，則結論必定真實。

（四）只有你把《天龍八部》還給我，我才把《射鵰英雄傳》借給你。

（五）x 是偶數，當且僅當，x 能夠被 2 整除。

（六）並不是所有的天鵝都是白的。

組成複合命題的其他命題叫做該複合命題的支命題。支命題可以是一個簡單命題，例如（一）中的「李敖是一位特立獨行的人」和「李敖是一位小說家」；也可以是一個複合命題，例如（三）中「如果」後面的語句「一個推理的前提真實並且推理形式有效」。支命題透過一定的連接詞形成複合命題，連接詞展現了支命題相互之間以及支命題與複合命題之間的邏輯關係。根據其中所含連接詞的不同，複合命題可以分為聯言命題、選言命題、假言命題和負命題四類。

二、聯言命題和聯言推理

聯言命題是斷定幾種事物情況同時存在的複合命題，它的標準形式是「p 並且 q」，其中 p、q 稱為聯言支。在日常語言中，聯言命題有多種表述形式。例如：

（一）3 和 117 都是質數。

（二）韓娜結了婚，然後生了孩子。

（三）林紓是著名翻譯家，但他不懂外語。

（四）林崗不但智力優秀，而且品德出眾。

（五）即使他是一位窮人，他也努力保持自己的尊嚴。

這些分別表示並列、承接、轉折、遞進關係的複合命題，都是聯言命題。在自然語言中，表示對偶、對比、排比關係的句子常常省略掉連接詞。例如：

鳥宿池邊樹，僧敲月下門。

我們把「p 並且 q」看作聯言命題的標準表達形式，其中 p、q 稱為聯言支。邏輯學研究命題是為了研究推理，從具體的推理抽象出一般的推理形式，其最重

要的特性就是保眞性：該推理形式本身能夠確保從眞前提推出眞結論。因此，從推理的角度看命題，命題最重要的性質就是它的眞值；就複合命題而言，則是一複合命題的支命題與該複合命題本身在眞假方面的相互關係。就聯言命題來說，只有它的各個支命題都是眞的，它本身才是眞的；如果有一個支命題爲假，則聯言命題爲假。也就是說，一個聯言命題是眞的，當且僅當它的各個聯言支都是眞的。見下面的眞值表：

p	q	p並且q
眞	眞	眞
眞	假	假
假	眞	假
假	假	假

例如：聯言命題「小張既高又胖」，只有在「小張高」和「小張胖」都眞的情況下才是眞的，在其餘情況下則是假的。

根據聯言命題的這種性質，聯言推理的有效式包括：

（一）合成式 ●●●

若分別肯定兩個聯言支，則可以肯定由這兩個聯言支組成的聯言命題。其形式是：

p

q

所以，p 並且 q

例如：「孔子是偉大的教育家；孔子是偉大的思想家；所以，孔子既是偉大的教育家又是偉大的思想家。」

這種推理在我們的日常思維中是經常使用的。例如：我們先分別論述某些觀點成立，然後在文章結尾處加上「綜上所述」、「概而言之」、「總而言之」等等，就是把前面所說的各點意思概括、綜合起來。這就是在運用合成式推理。

（二）分解式 ●●●

若肯定一個聯言命題，則可以分別肯定其中的每一個聯言支。其形式是：

p 並且 q
所以，p

或者

p 並且 q
所以，q

例如：「胡適是五四新文化運動主將，並且曾任北京大學校長；所以，胡適曾任北京大學校長。」

這種推理形式看似簡單，其實不可或缺。例如：有時候，在前面有許多合成條件，但在後面的推理中只需要用到其中的某一個條件，分解式告訴我們，從前面的合成條件中可以得到這一簡單條件，該推理於是可以進行下去。順便說一下，邏輯學實際上是把我們日常思維中的一連串複雜的推理，分解為每一步都很簡單的推理，這些推理受明確的規則控制，可以操作，可以檢驗。

（三）否定式 ●●●

若否定一個聯言支，則否定包含這個聯言支的聯言命題。其形式是：

並非 p
所以，並非（p 且 q）

例如：從「並非李白是一位著名的小說家」，可以推出：「並非李白既是偉大的詩人又是著名的小說家。」

三、選言命題和選言推理

選言命題分為相容選言命題和不相容選言命題兩類，其中的支命題都叫做「選言支」。

（一）相容選言命題及其推理 ●●●

相容選言命題是斷定幾種事物情況至少有一種存在的複合命題。在日常語言中，它有多種表達方式，例如：

1.小強發燒或許是由於感冒，或許是由於肺炎。

2.那件事要麼是王強做的，要麼是趙勇做的。

3.根據天氣預報，明天不是下雨就是颱風。

4.張歡的父親或者是一位教授，或者是一位小說家。

我們把「p 或者 q」視為它的標準形式。相容選言命題的特點是：各個選言支可以同時為眞。換句話說，只要有一個選言支為眞，相容選言命題為眞；如果所有選言支都假，則相容選言命題為假。這就是相容選言命題的邏輯性質。見下表：

p	q	p或者q
眞	眞	眞
眞	假	眞
假	眞	眞
假	假	假

例如：選言命題「陳剛或許參觀牛津大學或許參觀劍橋大學」是相容的，它只有在「陳剛參觀牛津大學」和「陳剛參觀劍橋大學」都假的情況下才是假的，在其餘情況下則是眞的。

根據相容選言命題的上述性質，相容選言推理有下述有效式：

1. 否定肯定式：如果肯定一個相容選言命題並且否定其中的一個選言支，則必須肯定其中的另一個選言支。其形式是：

> p 或者 q
> 非 p
> ──────
> 所以，q

或者

> p 或者 q
> 非 q
> ──────
> 所以，p

例如：「或是張三去巴黎，或是李四去紐約；李四沒有去紐約，所以，張三去了巴黎。」

2. 添加式：如果肯定一個選言支，則必須肯定包含這個選言支的任一選言命題。

其形式是：

$$\frac{p}{\text{所以，p 或者 q}}$$

例如：從「雪是白的」出發，既可以推出「雪是白的或者高麗菜是蔬菜」，也可以推出「雪是白的或者高麗菜不是蔬菜」。

但是，由於相容選言命題的各個選言支可以同時成立，所以相容選言推理的肯定否定式是錯誤的。其形式是：

$$\frac{p \text{ 或者 } q}{\text{所以，非 q}}$$

或者

$$\frac{p \text{ 或者 } q}{\text{所以，非 p}}$$

例如：從「$2 + 2 = 4$ 或者 $3 + 3 = 6$」和「$2 + 2 = 4$」不能推出「$3 + 3 \neq 6$」，此推理的第一個前提是相容選言命題，不能由肯定它的一個選言支去否定它的另一個選言支，因為「$2 + 2 = 4$」和「$3 + 3 = 6$」可以同時成立。

（二）不相容選言命題及其推理 ●●●

不相容選言命題是斷定兩種事物情況中有且只有一種情況成立的選言命題。在日常語言中，它有很多表述方式，例如：

1. 或為玉碎，或為瓦全。

2. 任一自然數或者是偶數，或者是奇數。

3. 物質形態要麼是氣體，要麼是固體，要麼是液體，要麼是等離子體，要麼是玻色—愛因斯坦冷凝體，要麼是費密冷凝體。

4. 要麼與我們站在一起去反對恐怖主義，那麼你是我們的朋友；要麼不與我們站在一起，那麼你是我們的敵人。——美國在遭受 911 恐怖襲擊後採取了這樣的政策。

我們權且把「要麼 p，要麼 q，二者必居其一」當作不相容選言命題的標準形式，其特點是：各個選言支不能同時為真。因此，對於不相容選言命題來說，必有且只有一個選言支為真；若有多個選言支同時為真，或同時為假，則不相容選言命題亦為假。這就是不相容選言命題的邏輯性質。見下表：

p	q	要麼p要麼q
真	真	假
真	假	真
假	真	真
假	假	假

例如：「小強所買的那本辭典或許是中文辭典或許是英文辭典」是一個不相容選言命題，在「小強所買的那本辭典是中文辭典」和「小強所買的那本辭典是英文辭典」都假或都真的情況下，它是假的；在其餘情況下，它都是真的。

　　根據不相容選言命題的真值表，不相容選言命題可以用否定詞、相容選言連接詞「或者」和聯言連接詞「並且」來定義：「要麼 p 要麼 q」等值於「『或者 p 或者 q』並且『並非 p 並且 q』」。因此，可以不把不相容的「要麼，要麼」當作初始的或基本的連接詞。

　　根據不相容選言命題的上述性質，不相容選言推理包括下述有效式：

1. 否定肯定式：如果否定一個不相容選言命題的一個選言支，則必須肯定它的另一個選言支。其形式是：

　　要麼 p，要麼 q

　　非 p
　　─────
　　所以，q

或者

　　要麼 p，要麼 q

　　非 q
　　─────
　　所以，p

例如：「對於前進道路上的困難，或是戰而勝之，或是被困難所嚇倒。我們不能被前進道路上的困難所嚇倒，所以，我們要戰而勝之。」

2. **肯定否定式**：如果肯定一個不相容選言命題的一個選言支，則必須否定它的另一個選言支。其形式是：

要麼 p，要麼 q

$$\frac{p}{\text{所以，非 q}}$$

或者

要麼 p，要麼 q

$$\frac{q}{\text{所以，非 p}}$$

例如：「或爲玉碎，或爲瓦全。寧爲玉碎，所以，不爲瓦全。」再如：「要麼繼續閉關鎖國而落後挨打，要麼實行開放而走向富強；我們必須實行開放而走向富強，所以，我們不能再繼續閉關鎖國而落後挨打。」

講一個用選言推理解智力思考題的例子：

一個街道上有三戶人家，各有祖孫三代在同一個工廠裡做工，分別做車工、鉗工、雜工。一戶的祖孫三代之間工種各不相同，三戶的同輩人之間工種各不相同。已知爺爺做車工的那家，其孫子不做雜工，請問這三家的祖孫三代各做什麼？

根據題中給定的條件，我們實際上有這樣的不相容選言命題：x 要麼做車工，要麼做鉗工，要麼做雜工；再由於一戶的祖孫三代之間工種各不相同，爺爺做車工的那家，既然孫子不做雜工，也不能做車工，所以必做鉗工，父親不能做車工，也不能做鉗工，只能做雜工；第二家的爺爺只能做鉗工或者雜工，假設他做鉗工，則父親只能做車工或雜工，由於第一家的父親做雜工，所以他必做車工，而孫子只能做雜工；於是，第三家的爺爺做雜工，父親做鉗工，孫子做車工。解這道題，所用的全部是不相容選言推理。

關於選言命題，應該注意以下兩點：

第一，一個選言命題究竟是相容的還是不相容的，沒有專用的形式識別標記，只能看其中的各個選言支是否能夠同時爲眞：能夠同時爲眞的，是相容選言命題；不能同時爲眞的，是不相容選言命題。這是因爲：連接詞「或者，或者」既可在相容意義上使用，也可在不相容意義上使用。「要麼，要麼」同樣既可在相容意義上使用，也可在不相容意義上使用。因此，區分相容選言命題和不相容

選言命題，不能只看連接詞，而應重點看它們的真值情況。

第二，如果一個選言命題窮盡了所有的選言支，則該選言命題必真；假若選言支不窮盡，則選言命題有可能為假。例如：偵查人員根據某一犯罪現場的證據，作出推測：「罪犯或者是甲或者是乙」。但後來的偵查證實這一推測是假的，真正的罪犯是丙，他偽造了現場證據。這裡，偵查人員開始的推測就過於武斷，沒有考慮到其他可能情況。不過，當遇到複雜情形時，窮盡所有的選言支既無必要也不可能，只能是依靠證據作出最有可能成立的推測。並且，一個真的選言命題不一定窮盡了所有的選言支，例如：根據小張的長相和口音，可以作出正確的推測：「小張或者是廣東人，或者是廣西人。」

四、假言命題和假言推理

假言命題是斷定事物情況之間條件關係的複合命題。條件關係分為三種：充分條件、必要條件和充分必要條件。相應地，假言命題也分為三種：充分條件假言命題，必要條件假言命題，充分必要條件假言命題。

（一）充分條件假言命題及其推理 ● ● ●

如果有 p 就有 q，則 p 是 q 的充分條件。充分條件假言命題是斷定 p 是 q 充分條件的假言命題，它在自然語言中有多種表述方式。例如：

1. 只要勤奮耕耘，總會有所收穫。
2. 如果身體過胖，就容易患上各種疾病。
3. 假如沒有地心引力的話，樹上的蘋果就不會落地。
4. 如果所有的金子都是閃光的，則有些閃光的東西是金子。
5. 要是你能解決哥德巴赫猜想，我就能拔著自己的頭髮上天。
6. 如果你是個傻瓜，那麼一言不發是最聰明的；如果你是個聰明人，那麼一言不發是最愚蠢的。——一位哲學家在回答「在交際場合一言不發好不好」的問題時如是說。

有時候，表達充分條件關係的連接詞還可以省略。例如：

7. 鍥而不捨，金石可鏤。
8. 人心齊，泰山移。
9. 招手即停。

我們把「如果 p 則 q」當作充分條件假言命題的標準表達形式，其中 p 為前件，q 為後件。只有在 p 真 q 假的情況下，「如果 p 則 q」才是假的，在其他情況下都是真的。見下表：

p	q	如果p那麼q
真	真	真
真	假	假
假	真	真
假	假	真

例如：充分條件假言命題「如果天下雨，那麼會議延期」，只有在天下雨但會議未延期的情況下才是假的，在其他情況下都是真的。

根據這個真值表，一個充分條件假言命題，只要其前件是假的，或者其後件是真的，它本身就是真的，即：「如果 p 則 q」等值於「或者非 p 或者 q」。並且，如果 p 真並且 q 假，則「如果 p 那麼 q」就是假的，並且只有在這種情況下，「如果 p 那麼 q」才是假的，即：「如果 p 則 q」等值於「並非（p 並且非 q）」。

請看下面的例證：

紅星中學的四位老師在學測前對某自然組畢業班學生的前景進行推測，他們特別關注班裡的兩個頂尖學生。

張老師說：「如果余湧能考上臺大，那麼方寧也能考上臺大。」

李老師說：「依我看這個班沒人能考上臺大。」

王老師說：「不管方寧能否考上臺大，余湧考不上臺大。」

趙老師說：「我看方寧考不上臺大，但余湧能考上臺大。」

學測的結果證明，四位老師中只有一人的推測成立。

如果上述斷定是真的，則以下哪項也一定是真的？

A. 李老師的推測成立。

B. 王老師的推測成立。

C. 趙老師的推測不成立。

D. 如果方寧考不上臺灣大學，則張老師的推測成立。

E. 如果方寧考上了臺灣大學，則張老師的推測成立。

解析：答案是 E。題幹中張老師和趙老師的判斷形式分別爲「如果 p 則 q」和「p 並且非 q」，由前面的討論可知，它們是互相矛盾的，根據矛盾律和排中律，其中必有一個推測成立且只有一個成立。又由給定條件，四人中只有一人的推測成立，因此李老師和王老師的推測均不成立，即有人考上了大學，且這個人就是余湧。因此，如果方寧也考上了臺大，則只有張老師的推測成立。

根據充分條件假言命題的上述性質，充分條件假言推理的有效式包括：

1. **肯定前件式**：如果肯定一個充分條件假言命題，並且肯定它的前件，那麼，必須肯定它的後件。其形式是：

如果 p，那麼 q

p

所以，q

例如：「如果官員甲擁有不受監控的權力，官員甲就很容易導致腐敗；官員甲確實擁有不受監控的權力，所以，官員甲很容易腐敗。」

再講一個故事：有一次美術系的入學考試是命題作畫：「深山藏古寺」。最後交上來的一幅幅畫面上，只見山峰疊著山峰，山叢連著山叢，但又在畫面的不同角落露出寺廟的尖頂、房瓦等等。唯有一副畫面上，根本見不到寺廟的蹤影，但順著畫面從上往下看，只見山腳下有兩個和尚正在往山上抬水。看到最後這一幅畫，我們馬上能夠想到：山上必有寺廟。這是因爲，我們頭腦中進行了這樣一個推理：

如果有和尚往山上抬水，山上必有寺廟；這幅畫上有和尚往山上抬水。所以，這幅畫上看不見的某處必有寺廟，只不過被山石和樹木「藏」起來了。

顯然，後一幅畫的作者比其他作者更高明，因爲他的畫讓讀者留下了想像的空間、發展的餘地，並且還能喚醒讀者的審美經驗和文化感受，例如華人一看到這幅畫，馬上會想到這樣的諺語：一個和尚挑水吃，兩個和尚抬水吃，三個和尚沒水吃，從而發出會心的一笑。

2. **否定後件式**：如果肯定一個充分條件假言命題，並且否定它的後件，則必須否

定它的前件。其形式是：

如果 p，那麼 q

非 q
_____
所以，非 p

例如：「如果小王患肺炎的話，則他的體溫會不正常升高；但經檢查，小王現在體溫正常，所以，小王目前沒有患肺炎。」

充分條件假言推理的否定前件式：

如果 p，那麼 q

非 p
_____
所以，非 q

和肯定後件式：

如果 p，那麼 q

q
_____
所以，p

是無效的。例如：「如果長期躺在床上看書，就會有近視眼；我從不躺在床上看書，所以，我不會有近視眼。」顯然，這個推理是無效的，因為近視眼還可能由遺傳產生。再如：「如果王浩是美國總統，他肯定也是人；王浩確實是人，所以，他肯定是美國總統。」這個推理的無效性也是顯然的。

（二）必要條件假言命題及其推理 ●●●

如果 p 是 q 的不可缺少的條件，即無 p 就無 q，則 p 是 q 的必要條件。必要條件假言命題是斷定 p 是 q 之必要條件的假言命題。在自然語言中，其表述方式是多種多樣的。例如：

1.除非透過考試，否則不予錄取。

2.僅當明天天晴，我們才去郊遊。

3.不積跬步無以至千里，不積細流無以成江海。

4.做學問是一門笨功夫，只有堅持不懈，才能有所成就。

5.若要人不知，除非己莫為。（這相當於說：只有己莫為，才會人不知。）

在邏輯學中，必要條件假言命題的標準形式是「只有 p，才 q」，其中 p 為

前件，q 為後件。只有在前件假後件真的情況下，一個必要條件假言命題才是假
的，在前件真後件真、前件真後件假、前件假後件假的情況下，它都是真的。這
就是必要條件假言命題的邏輯性質。見下表：

p	q	只有p才q
真	真	真
真	假	真
假	真	假
假	假	真

例如：必要條件假言命題「除非考試及格，否則不予錄取」，只有在「考試不及
格卻予以錄取」的情況下才是假的，在其他情況下（例如：「考試及格卻未予錄
取」）都是真的。再如：如果有人堅持說「只有鄉下人才長壽」，但經調查發
現，城市裡有不少人是百歲人瑞，這一事實就證明那個人所說的話是假的；但如
果發現有的鄉下人不長壽，卻不能證明該句話為假。

　　根據真值表可以看出，如果 p 是 q 的充分條件，則 q 是 p 的必要條件；如果
p 是 q 的必要條件，則 q 是 p 的充分條件。也就是說，「如果 p，那麼 q」等值
於「只有 q，才 p」；「只有 p，才 q」等值於「如果 q，那麼 p」；「只有 p，
才 q」等值於「如果非 p，那麼非 q」。

　　這說明，必要條件假言命題可以用充分條件假言命題來刻畫和定義，因此，
可以不把「只有……才……」當作初始的或基本的連接詞，而當作一個被定義
的連接詞。

　　根據必要條件假言命題的上述性質，必要條件假言推理的有效式包括：

1. 否定前件式：如果肯定一個必要條件假言命題，並且否定其前件，則要否定其
　後件。其形式是：

　　　只有 p，才 q

　　　非 p
　　　─────────
　　　所以，非 q

例如：「只有陳夢溪年滿 23 歲，他才有選舉權和被選舉權；陳夢溪年僅 16 歲，
所以他沒有選舉權和被選舉權。」

2. 肯定後件式：如果肯定一個必要條件假言命題，並且肯定其後件，則要肯定其
　 前件。其形式是：

　　　只有 p，才 q

　　　q
　　────────
　　　所以，p

例如：一個小女兒問媽媽：「媽媽，您頭上為什麼長出了白頭髮呀？」媽媽回答
說：「因為女兒不聽話，媽媽才長出白頭髮。」小女兒眨眨眼睛，想了一想，
說：「我現在才知道，外婆的頭髮為什麼全都白了。」顯然，小女兒正在進行必
要條件假言命題的肯定後件式推理：

　　　只有女兒不聽話，媽媽才長出白頭髮。

　　　外婆的頭髮全都白了，

　　　所以，外婆的女兒──媽媽不聽話。

這個推理是有效的，媽媽不正確的教育方式被聰明的女兒鑽了漏洞。

　　　必要條件假言推理的無效式有肯定前件式：

　　　只有 p，才 q

　　　p
　　────────
　　　所以，q

和否定後件式：

　　　只有 p，才 q

　　　非 q
　　────────
　　　所以，非 p

例如：「只有夏闖不循規蹈矩，他才能大有作為；夏闖不循規蹈矩，所以，夏闖
一定大有作為。」這是必要條件假言推理的肯定前件式，明顯是無效的。再如：
「只有老王不畏勞苦，他才能有所成就；老王一生談不上有什麼成就，因此，老
王必定是怕苦怕累之人。」這個推理的前提可能都真，而結論卻可能假，因而是
無效的。事實上，老王不但不怕苦怕累，反而非常能吃苦，數十年如一日，頭懸
梁，錐刺股，寒窗秉燭夜讀書，卻沒有弄出什麼成就來。我們不能因此輕視和鄙
視老王，相反地，魯迅對此類人等給予了極大的讚揚：

　　　　所以中國一向就少有失敗的英雄，少有韌性的反抗，少有單身鏖戰的武

人，少有敢撫哭叛徒的弔客。見勝兆則紛紛聚集，見敗兆則紛紛逃亡。戰具比我們精利的歐美人，戰具未必比我們精利的匈奴蒙古滿洲人，都如入無人之境，「土崩瓦解」這四個字，真是形容得有自知之明。

多有「不恥最後」的人的民族，無論什麼事，怕總不會一下子就「土崩瓦解」的。我每看運動會時，常常這樣想：優勝者固然可敬，但那雖然落後而仍非跑至終點不止的競技者，和見了這樣的競技者而肅然不笑的看客，乃正是中國將來的脊梁。[2]

（三）充分必要條件假言推理 ●●●

如果有 p 就有 q，無 p 就無 q，則 p 是 q 的充分必要條件。充分必要條件假言命題就是斷定 p 是 q 的充分必要條件的假言命題，由「當且僅當」這類連接詞連接兩個支命題而形成。例如：

1. 一個三角形的三邊相等，當且僅當，它的三內角都是 60°。

2. $X \subseteq Y$，當且僅當，$(\forall x)\ (x \in A \rightarrow x \in B)$

3. 張猛是單身漢，當且僅當，他是未婚男子。

「當且僅當」這一連接詞通常只在數學、邏輯及其他精確科學中出現，在社會科學和人們的日常交談中很少使用。在日常語言中，人們要表述一個充分必要條件假言命題時，常常分成兩句話，前一句話說前件是後件的充分條件，後一句話說前件是後件的必要條件。例如：

1. 人不犯我，我不犯人；人若犯我，我必犯人。

2. 如果公民年滿 23 歲，則他同時有選舉權和被選舉權；只有公民年滿 23 歲，他才同時有選舉權和被選舉權。

顯然，當前件和後件同真或同假時，一個充分必要條件假言命題為真，在其他情況下都是假的。見下表：

---

2 《魯迅雜文、小說、散文全集》（一），中國致公出版社，2001 年，第 211 頁。

p	q	p當且僅當q
真	真	真
真	假	假
假	真	假
假	假	真

充分必要條件假言推理的四個有效式列舉如下：

p 當且僅當 q

p
_____

所以，q

　

p 當且僅當 q

非 p
_____

所以，非 q

　

p 當且僅當 q

q
_____

所以，p

　

p 當且僅當 q

非 q
_____

所以，非 p

僅舉一例：

> 這個三角形全等，當且僅當，它的三條邊相等。已經證明，這個三角形的三條邊相等，所以，這個三角形全等。

其他請讀者自己舉例說明。

五、負命題及其等值命題

負命題是由否定一個命題而得到的命題，它是透過把「並非」這類否定詞置於一個命題之前或之後而形成的，其標準形式是「並非 p」，「並不是 p」。例如：

1. 並非所有天鵝都是白色的。

2. 並非一颱風就下雨。

在自然語言中，負命題的表達形式是多種多樣的，例如為了表達「並非所有閃光的東西都是金子」，我們也可以說：

1. 不是所有閃光的東西都是金子。

2. 說「所有閃光的東西都是金子」是假的。

3.「所有閃光的東西都是金子」這一説法不成立。

4.説「所有閃光的東西都是金子」不符合事實。

負命題所否定的可以是一簡單命題，也可以是一複合命題。被否定的命題稱為原命題，由否定得到的是一個新命題。所以，「並非」是由一個命題形成一個新命題的連接詞。值得注意的是，負命題所否定的是整個原命題，而不是原命題的一部分。因此，負命題的眞值與原命題恰恰相反：若原命題爲眞，則負命題爲假；若原命題爲假，則負命題爲眞。這就是負命題的邏輯性質。見下表：

p	並非p
真	假
假	真

有必要強調指出：(1) 負命題不同於前一講所說到的否定命題「S 不是 P」，在負命題中，否定詞冠於整個句子之前，或置於整個句子之後；而在否定命題中，否定詞插入句子的主、謂詞之間；(2) 負命題和它所否定的命題之間是矛盾關係，因而與原命題的矛盾命題是等值的。例如：「並非所有 S 是 P」並不等值於「所有 S 不是 P」，而是等值於「有些 S 不是 P」。

實際上，上面提到了幾種負複合命題的等值命題，爲明確起見，仍有系統地重列如下：

1.「並非（p 並且 q）」等值於「非 p 或者非 q」。

例如：「並非價廉物美」，等值於「或者價不廉，或者物不美」。

2.「並非（p 或者 q）」等值於「非 p 且非 q」。

例如：「並非明天或者颱風或者下雨」，等值於「明天既不颱風也不下雨」。

3.「並非如果 p 則 q」等值於「p 並且非 q」。

例如：「並非一颱風就下雨」，等值於「即使颱風也不一定下雨」。

4.「並非只有 p 才 q」等值於「非 p 且 q」。

例如：「並非只有大科學家才能有創造發明」，等值於「即使不是大科學家，也能有創造發明」。

5.「並非（p 當且僅當 q）」等值於「p 且非 q，或者，非 p 且 q」。

例如：「人犯我，我卻不犯人；或者，人不犯我，我卻要犯人。」這近乎是一個瘋子的行為。

6.「非非 p」等值於「p」。

這是雙重否定律：雙重否定等於肯定。例如：「『所有的大學生都是有文化的人』是假的，這一說法是假的」，等於是說：「所有大學生都是有文化的人。」

六、幾種常用的複合命題推理

（一）假言易位推理 ● ● ●

其內容是：如果一個充分條件假言命題的前件成立則後件成立，那麼，如果其後件不成立則其前件不成立。其形式是：

如果 p 則 q，
―――――――――――――
所以，如果非 q 則非 p。

例如：

1.如果你珍惜生命，那麼請別浪費時間。所以，如果你浪費時間，那麼，你並不珍惜生命。

2.如果 x 是偶數，則 x 能夠被 2 整除。所以，如果 x 不能被 2 整除，則 x 不是偶數。

實際上，這個推理的前提與結論是等值的，所以我們還有：

如果非 q 則非 p，
―――――――――――――
所以，如果 p 則 q

例如：「如果你不舉行一個隆重的婚禮，你將來必定會後悔的。所以，如果你不想將來後悔，那麼，你就舉行一個隆重的婚禮吧。」

（二）假言三段論 ● ● ●

其內容是：如果一個前提推出一個結論，並且如果該結論又可推出新的結論，則原來的前提可以推出該新結論。其形式是：

如果 p 那麼 q，

如果 q 那麼 r，

所以，如果 p 那麼 r。

例如：

1. 如果 x 能被 6 整除，則 x 能 3 整除；如果 x 能被 3 整除，則 x 能被 1 整除。所以，如果 x 能被 6 整除，則 x 能被 1 整除。

2. 如果王堯獲得了諾貝爾獎，則他將成為國際名人；如果王堯成為國際名人，他將會更加繁忙。所以，如果王堯獲得了諾貝爾獎，他將會更加繁忙。

實際上，假言三段論所顯示之推理關係的傳遞性可以一直進行下去，直到滿足需要為止。例如：一位父親對他上高中的兒子說：「如果你現在不好好念書，你就不能考上大學；如果你不能考上大學，你今後就很難找到好的工作；如果你找不到好的工作，你就很難有一種體面而有尊嚴的生活；如果你沒有體面而有尊嚴的生活，你就很難保持一個男人的尊嚴。所以，如果你現在不好好念書，你今後將很難保持一個男人的尊嚴。」

（三）反三段論

其內容是：如果兩個前提能夠推出一個結論，那麼，如果結論不成立且其中的一個前提成立，則另一個前提不成立。其形式是：

如果 p 且 q 則 r

所以，如果非 r 且 p 則非 q

或者

如果 p 且 q 則 r，

所以，如果非 r 且 q 則非 p

例如：

邏輯學家金岳霖小時候很有邏輯頭腦，聽到「金錢如糞土」、「朋友值千金」這兩句話後，感到它們有問題，因為它們會推出「朋友如糞土」的荒唐結論。因此，既然「朋友如糞土」這個結論不成立，假如「朋友值千金」成立的話，那麼，「金錢如糞土」肯定不成立。這裡就運用了反三段論。

（四）歸謬式推理 ●●●

其內容是：如果從一個命題出發能夠推出自相矛盾的結論，則這個命題肯定不成立。其形式是：

如果 p 則 q

如果 p 則非 q

所以，非 p

在實際思維中，歸謬式推理主要用於反駁，但形式更為靈活，即先假設所要反駁的觀點為真，由此推出明顯為假的命題，或者是自相矛盾的命題，或者是與前提本身矛盾的命題，由此證明原假設為假，從而駁倒所要反駁的觀點。這是一種以退為進的策略。例如：

1.《墨經》中說：「以言為盡悖，悖，說在其言。」（〈經下〉）「之人之言可，是不悖，則是有可也；之人之言不可，以當，必不當。」（〈經說下〉）這就是說，「所有的說法都是假的」這個說法必定是假的，因為假如這個說法是真的，則有說法不是假的，這與上述說法矛盾；假如上述說法也確實是假的，則意味著有的說法是真的，這又與該說法矛盾；因此，該說法必然導致矛盾，不可能是真的。

2.亞里斯多德的理論「物體的下落速度與物體的重量成正比」統治物理學領域近兩千年。伽利略經過一個思想實驗對它提出了質疑。他假設亞氏的理論成立，並設想有這樣兩個物體：A 重 B 輕，按照亞氏的理論，下落時 A 快 B 慢。再設想把 A、B 兩個物體綁在一起形成 A＋B，A＋B 顯然比 A 重，按照亞氏理論，A＋B 下落比 A 快；A＋B 中原來 A 快 B 慢，在下落時慢的 B 拖住了快的 A（即兩物的合成速度小於等於其中最快的那個物的速度），因此，A＋B 下落比 A 慢。而兩個結論相互矛盾，因此，亞氏理論不成立。伽利略由此提出了他自己的理論：（在真空條件下）物體的下落速度與物體的重量沒有關係，據說還進行了一次著名的實驗，即比薩斜塔實驗來驗證他的理論。

（五）反證式推理 ●●●

其內容是：如果否定一個命題能夠推出自相矛盾的結論，則這個命題肯定成立。其形式是：

如果非 p 則 q

如果非 p 則非 q

所以，p

在實際思維中，反證式推理主要用於證明，其形式與歸謬法一樣靈活：先假設所要證明的觀點為假，由此推出明顯為假的命題，或者是自相矛盾的命題，或者是與前提本身矛盾的命題，由此證明原假設為假，從而證明所要證明的觀點是真的。這也是一種以退為進的策略。我們在第五講中，證明三段論的一些規則時，將要多次使用反證法。例如：

定理　一個結論全稱的正確三段論，其中項不能周延兩次。

證明：用反證法。一個三段論如果結論全稱，則結論的主項即小項在結論中周延，根據規則，則小項在前提中必須周延，再假設其中項周延兩次，則前提中有三個周延的項，因此兩個前提都必須全稱，並且有一個前提還必須否定。根據規則，由於前提中有一個否定，結論必須否定，結論的謂項即大項在結論中周延；再根據規則，大項必須在前提中周延。於是，小項、大項和兩個中項都必須在前提中周延，前提中四個詞項都周延，兩個前提必須全都是全稱否定。而根據規則，兩個否定前提不能得出結論。因此，一個結論全稱的正確三段論，其中項不能周延兩次。

歸謬法和反證法在解某些邏輯智力思考題中特別有用，具體辦法是：先假設某個前提或選項為真或者為假，看能否從中推出矛盾。如果能推出矛盾，則原來的假設不成立，該假設的否定成立；如果不能推出矛盾，則該假設可能成立也可能不成立。例如：

有甲、乙、丙、丁、戊五個人，每個人頭上戴一頂白帽子或者黑帽子，每個人顯然只能看見別人頭上帽子的顏色，看不見自己頭上帽子的顏色。並且，一個人戴白帽子當且僅當他說真話，戴黑帽子當且僅當他說假話。已知：

甲說：我看見三頂白帽子一頂黑帽子；

乙說：我看見四頂黑帽子；

丙說：我看見一頂白帽子三頂黑帽子；

戊說：我看見四頂白帽子。

根據上述題幹，下列陳述都是假的，除了

A. 甲和丙都戴白帽子；

B. 乙和丙都戴黑帽子；

C. 戊戴白帽子，但丁戴黑帽子；

D. 丙戴黑帽子，但甲戴白帽子；

E. 丙和丁都戴白帽子。

解析：答案是 E。解這道題只能用假設法和歸謬法。先假設甲的話為真，則甲戴白帽子，加起來共有四頂白帽子一頂黑帽子，於是乙和丙的話就是假的，於是乙和丙都戴黑帽子，這與甲的話為真的結果（一頂黑帽子）矛盾，因此甲的話不可能為真，必定為假，甲戴黑帽子。再假設乙的話為真，則他自己戴白帽子，共有一頂白帽子四頂黑帽子；這樣，由於丙看不見他自己所戴帽子的顏色，當他說「我看見一頂白帽子三頂黑帽子」時，他所說的就是真話，於是他戴白帽子，這樣乙和丙都戴白帽子，有兩頂白帽子，與乙原來的話矛盾。所以，乙所說的只能是假話，他戴黑帽子。既然已經確定甲、乙都戴黑帽子，則戊所說的「我看見四頂白帽子」就是假話，戊也戴黑帽子。現假設丙的話為假，則他實際看見的都是黑帽子，他自己也戴黑帽子，於是五個人都戴黑帽子，這樣，乙的話就是真話；但我們已經證明乙的話不可能為真，因此丙的話也不可能為假，於是丙和未說話的丁戴白帽子。最後結果是：甲、乙、戊說假話，戴黑帽子；丙、丁說真話，戴白帽子。

（六）二難推理

二難推理亦稱「假言選言推理」，有多種形式。下面用公式表示：

1. $(p \rightarrow r) \wedge (q \rightarrow r) \wedge (p \vee q) \rightarrow r$

這叫做「二難推理簡單構成式」，第一講中談到的普羅泰戈拉和他的弟子歐勒提士在進行「半費之訟」時，所用的都是這一推理形式。再看一個例證：歐洲中世紀曾被稱為「黑暗的世紀」。當時，基督教神學占據絕對統治地位，它宣揚上帝創世說，認為上帝在七天之內創造了這個世界。第一天，創造了天和地，並創造了光，把時間分為晝與夜。第二天，創造了空氣和水。第三天，用水區分了陸地和海洋，並讓地上生長果木菜蔬。第四天，創造了太陽、月亮和星星，並由此區分晝、夜和時間節氣。第五天，創造了水中的魚和空中的鳥。第六天，創造

了各種動物，並用泥土按自己的樣子造出了人類始祖——亞當，並讓他去管理地上的各種動植物。（後來，見亞當孤單，取他身上的一根肋骨造出了夏娃。）第七天，上帝歇息了，於是這一天成爲萬民的休息日。基督教認爲，這位創世的上帝是聖父、聖靈、聖子三位一體，是全知、全善、全能的。但中世紀有人向神學家提出了這樣一個問題：「您說上帝萬能，那麼我請問您：上帝能不能創造一塊他自己舉不起來的石頭？」並進行了這樣的推理：

> 如果上帝能夠創造這樣一塊石頭，那麼他不是萬能的，因為有一塊石頭他舉不起來；
>
> 如果上帝不能創造這樣一塊石頭，那麼他不是萬能的，因為有一塊石頭他不能創造；
>
> 上帝或者能夠創造這樣一塊石頭，或者不能創造這樣一塊石頭，
>
> 所以，上帝不是萬能的。

這是一個簡單構成式的典型二難推理。問題是：這個推理能夠證明上帝不是萬能的嗎？我認爲，大概不能，因爲它的第一個假言前提的前件「上帝能夠創造這樣一塊石頭」意味著「有一件上帝不能做的事情」，這等於說「上帝不是萬能的」；第二個假言前提的前件「上帝不能創造這樣一塊石頭」也意味著「有一件上帝不能做的事情」，於是，上面的二難推理就變成了一個循環論證：

> 如果上帝不是萬能的，則上帝不是萬能的；
>
> 如果上帝不是萬能的，則上帝不是萬能的；
>
> 或者上帝不是萬能的，或者上帝不是萬能的，
>
> 所以，上帝不是萬能的。

但是，上述論證卻提出了一個有意思的問題，即信仰（如對全知、全善和全能的上帝的信仰）與理性的關係問題。有人指出：「每一種這樣的特性能否都得到一種邏輯連貫的說明（對這個問題的研究完全符合西方宗教的傳統），它們是否能夠以一種邏輯連貫的形式結合在一起，對這樣一些問題的研究一直是宗教哲學的中心課題，其目的在於說明上帝存在的宣稱歸根結底是可以理解的和邏輯連貫的。」[3]

---

[3] 理查德·斯溫伯恩：《宗教哲學》，見歐陽康主編《當代英美哲學地圖》，人民出版社，2005 年，第 422 頁。

　　既然說到上帝，請讀者朋友也思考下面這個有關上帝的論證：它的前提都眞實嗎？推理過程合乎邏輯嗎？

　　如果上帝存在，那麼，他既是萬能的也是仁慈的。

　　如果上帝願意阻止邪惡，但沒有能力這樣做，那麼他就不是萬能的；

　　如果他能夠阻止邪惡，但不願意這樣做，那麼他就不是仁慈的。

　　只有當上帝或者能夠但不願意或者願意但不能夠阻止邪惡時，邪惡才能存在。

　　邪惡確實存在著。

　　所以，上帝並不存在。

2. $(p \rightarrow q) \wedge (r \rightarrow s) \wedge (p \vee r) \rightarrow q \vee s$

　　這叫做「二難推理的複雜構成式」。據說，古希臘哲學家蘇格拉底曾勸男人們都要結婚，他的規勸是這樣進行的：

> 如果你娶到一個好老婆，你會獲得人生的幸福；
> 如果你娶到一個壞老婆，你會成為一位哲學家；
> 你或者娶到好老婆，或者娶到壞老婆，
> 所以，你或者會獲得人生的幸福，或者會成為一位哲學家。

這就是二難推理的複雜構成式。在蘇格拉底看來，即使成爲一位哲學家，也不是一件太壞的事情。他本人就是一位哲學家。儘管不能由此推出他的老婆就一定壞，但據說他的老婆確實也不太好，經常對他作河東獅吼。恐怕也難怪他的妻子，因爲蘇格拉底作爲一位哲學家是傑出的，但他作爲一名丈夫甚至可能是不合格的。據說他長相醜陋，沒有什麼財產，整天又熱衷於與人辯論，由此證明別人的無知，並證明他自己除了知道自己無知外其實也一無所知。當蘇格拉底的妻子也實在是不容易。

　　不過，古希臘的斯多葛派卻構造了另一個推理，其形式與蘇格拉底的完全相同，其結論卻與其相反，旨在勸男人們不要結婚：

> 如果你與一位美人結婚，那麼你將要與他人分享她；
> 如果你與一位醜人結婚，那麼她對你就是一個懲罰；

　　　　你或者與一位美人結婚，或者與一位醜人結婚，

　　　　所以，你或者將與人分享她，或者將面對一個懲罰。

　　　　所以，你不要結婚。

　　二難推理還有另外兩種形式，請讀者自己找出相關例證：

3. (p → q) ∧ (p → r) ∧ (￢q ∨ ￢r) → ￢p　（二難推理簡單破斥式）

4. (p → q) ∧ (r → s) ∧ (￢q ∨ ￢s) → ￢p ∨ ￢r　（二難推理複雜破斥式）

Chapter 6

所有的金子都是閃光的

—— 直言命題及其推理

　　對一個簡單命題進行內部拆分，把它分成主項、謂項、聯項、量項等不同的部分，其中主項和謂項叫做「詞項」，指稱一些「範疇」（categories）或「類別」（classes），因此這樣的命題叫做「直言命題」（categorical propositions）。研究直言命題的邏輯性質及其相互之間推理關係的邏輯理論，叫做「詞項邏輯」，它早在古希臘時期就被「邏輯之父」亞里斯多德所創立，迄今為止沒有經過實質性修改，依然有效。本講將要講授詞項邏輯的基本內容——直言命題及其推理。

一、直言命題

（一）直言命題的結構和類型 ●●●

　　直言命題是一個主謂式命題，它斷定了某個數量的對象具有或者不具有某種性質，因此也叫做「性質命題」。例如：

　　1. 所有的玫瑰花都是帶刺的。

　　2. 有的天鵝不是白的。

　　3. 秦始皇是最早統一中國的人。

　　4. 相對論的創立者是一位偉大的科學家。

都是邏輯學上所說的「直言命題」。

　　直言命題的基本結構是：

　　（量項）＋主項＋（聯項）＋謂項

主項是表示直言命題所述說的對象的那個詞項，它可以是表示一般對象的普遍詞項，例如 1. 和 2. 中的「玫瑰花」和「天鵝」；也可以是表示特定對象的單獨詞項，如前所述，單獨詞項可以是專名，如 3.「秦始皇」，也可以是限定摹狀詞，如 4. 中的「相對論的創立者」。

　　謂項是表示直言命題所述說的對象所具有性質的那個詞項，它可以是形容詞，如「帶刺的」和「白色的」；也可以是名詞，如「最早統一中國的人」和「偉大的科學家」；還可以是動詞，例如：「有些運動員練長跑」。有些直言命題的謂項很複雜，例如：

　　1. 廊坊是處於北京和天津之間的城市。

　　2. 曹操是傑出的政治家、軍事家和詩人。

　　3. 荷馬是著名的古希臘劇作家或詩人。

這裡，1. 中的謂項是「處於北京和天津之間的城市」，它不表示關係，而表示性質：只有「處於北京和天津之間」才是關係，當我們把它名詞化為「處於北京和天津之間的城市」後，它已經是透過描述某個類的性質而確定無疑地指稱這個類的謂詞了。2. 和 3. 的謂項中包含連接詞結構，但在詞項邏輯中我們並不處理這種結構，故一律把它們看作是表示性質的，只不過這個性質是由多個性質複合而成的複合性質罷了。

　　聯項是連接直言命題的主項和謂項的詞項，它決定直言命題的質。有兩個不同的聯項：「是」和「不是」。包含聯項「是」的直言命題是肯定命題，包含聯項「不是」的直言命題是否定命題。在自然語言中，表示肯定的聯項有時可以省略，例如：「西藏，多麼神奇的地方啊！」「獲，美人也。」但否定的聯項不能省略。

　　量項是表示直言命題所刻畫的對象的數量或範圍的詞項，一般位於主項之前或之後。量項分為全稱量項、特稱量項和單稱量項，它們反映直言命題的「量」。相應地，包含全稱量項的直言命題是全稱命題，包含特稱量項的直言命題是特稱命題，包含單稱量項的命題是單稱命題。

　　全稱量項表示直言命題刻畫了所述說對象的全部，其標準表達形式是「所有」，但在自然語言中，也常用「凡是」、「一切」、「全部」、「任何」、「每個」等等來表達，或者用在聯項之前加「都」的辦法來表達。並且，在很多時候，自然語言中的全稱量項被省略，例如：「人是理性的動物」，「毒蛇有毒，甚至能夠置人於死地」。請看下面的例證：

　　1. 每一個人都會死。

　　2. 任何人都難免一死。

　　3. 人總有一死。

　　4. 凡人皆有死。

　　5. 人統統會死。

　　6. 沒有人長生不死。

　　7. 難道有長生不死的人嗎！

這些命題都是在用不同的方式表達「所有的 S 都是 P」，應整理成全稱命題。

　　特稱量項表示對直言命題所述說的對象有所陳述，但沒有明確地對其全部對象作出陳述，其標準表達形式是「有」、「有的」或「有些」。特稱量項一般不能省略，因為省略後該命題會被誤當作全稱命題，例如「有些人是自私的」不能省略為「人是自私的」。在自然語言中，有時候也許把對象的數量或範圍更加具體化一些，例如：「很少」、「幾個」、「一半」、「許多」、「大多數」、「絕大多數」、「幾乎全部」、「不都是」（等於「有些……不是」）等等。

　　需要強調的是，量詞「有的」或「有些」僅僅表示「至少有些，至多全部」，而不像日常思維中那樣，有時候也表示「僅僅有些」，後者的意思比前者強，因而只適用於某些特殊情況，缺乏普遍性。而邏輯應該是一種普遍適用的工具，因此在強的解釋和弱的解釋之間，它通常選取弱的解釋，稱為「從弱原則」。於是，特稱量項「有些」的意思僅僅局限於「存在」或「有」，因此特稱命題又被稱為「存在命題」。所以，從特稱命題「有些 S 是 P」，不能推出「有些 S 不是 P」；同樣地，從「有些 S 不是 P」，也不能推出「有些 S 是 P」。例如：

　　1. 有許多科學尚無法解釋的奇異現象。

　　2. 美國人並不都是富人。

　　3. 中國仍有不少家庭在貧困線上掙扎。

　　4. 貪汙腐敗的官員是存在的。

都表達特稱命題。1.、3. 和 4. 表達「有些 S 是 P」，2. 表達「有些 S 不是 P」。

　　單稱命題由充當主項的專名和摹狀詞來表達單稱性。有時候，單稱命題也會用到普遍詞項，例如：「杯子」、「狗」，為了表達單稱性，常常在這些普遍詞項之前加指示代詞「這個」、「那個」。例如：下面都是單稱命題：

　　1. 胡適是五四新文化運動的一位領袖人物。

　　2. 據說，《新工具》的作者在道德方面很有問題。

　　3. 這只杯子是一個很有價值的古董。

　　4. 那條狗簡直發瘋了，整天狂吠不已。

　　在分析直言命題的結構時，如果主項是普遍詞項，通常用大寫字母 S 表示；如果主項是單稱詞項，即專名和摹狀詞，則用小寫字母 a 表示。謂項始終用大寫字母 P 表示。根據所含的聯項和量項的不同，可以把直言命題分為以下六種類型：

　　全稱肯定命題：所有 S 都是 P。

全稱否定命題：所有 S 都不是 P。

特稱肯定命題：有的 S 是 P。

特稱否定命題：有的 S 不是 P。

單稱肯定命題：a 是 P。

單稱否定命題：a 不是 P。

請看下面的例證：

A：所有的熊貓都是珍稀動物。

E：所有的英雄都不是懦夫。

I：有的哺乳動物是卵生的。

O：有的美國人不是基督徒。

單稱肯定：曹雪芹是一位偉大的作家。

單稱否定：劉阿斗不是一位合格的皇帝。

在詞項邏輯中，當討論直言命題推理時，單稱命題常被當成全稱命題的特例。這是因為，單稱命題主項的外延只有一個事物，與全稱命題一樣，都是對主項外延的全體進行斷定，所以單稱命題在一定意義下也可以看成全稱命題。（不過，後面會說到，也有例外的情形。）於是，詞項邏輯所研究的直言命題就只剩下全稱肯定、全稱否定、特稱肯定和特稱否定這四種形式，它們被縮寫為 SAP、SEP、SIP、SOP，其中的 A、E、I、O 分別來自拉丁文 AffIrms（肯定）和 nEgO（否定）中的母音字母，相應的這四種直言命題亦被縮寫為 A、E、I、O。

在日常語言中，直言命題的表達可能很不規範，因此在進行邏輯分析時，遇到不規範的直言命題，應先將其整理成規範形式，然後進行其他步驟，以免出錯。例如：「沒有負數是大於 1 的」，等於說「所有負數都不是大於 1 的」，應整理為 E 命題。「天鵝不都是白的」，等於說「有的天鵝不是白的」，應整理成 O 命題。另外，像「只有 S 才 P」、「除 S 之外都不是 P」這樣的命題，例如：「只有年滿 18 歲的公民才有投票權」，「除了勇敢的人外都不值得公平對待」，第一句應被翻譯為「所有有投票權的公民都是年滿 18 歲的公民」，第二句應被翻譯為「所有值得公平對待的人都是勇敢的人」。

（二）直言命題間的對當關係 ●●●

　　直言命題之間的對當關係，是指有相同素材（即有相同主項和謂項）的直言命題間之真假關係。如果沒有相同的主謂項，則無法比較它們的真假。例如：我們可以比較「所有的天鵝都是白色的」與「有的天鵝不是白色的」之間的真假關係，但我們無法比較「所有的女孩都是漂亮的」和「有些年輕人是聰明的」之間的真假關係。

　　一個直言命題不過是對於其主項和謂項之間外延關係的一種斷定，其真假也取決於這種外延關係，可列表表示如下：

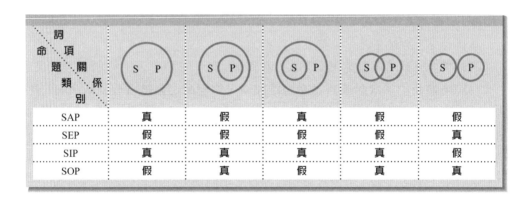

命題類別 ＼ 詞項關係	S P	S P	S P	S P	S P
SAP	真	假	真	假	假
SEP	假	假	假	假	真
SIP	真	真	真	真	假
SOP	假	真	假	真	真

　　可以把 A、E、I、O 之間的真假關係概括為四類，即反對關係、矛盾關係、差等關係和下反對關係。分述如下：

1.反對關係

　　指 A 與 E 之間的關係，它們之間不能同真，但可以同假。於是，若一個為真，則另一個必為假；若一個為假，則另一個真假不定。例如：已知「所有的科學家都不是思想懶漢」為真，可以邏輯地推知「所有的科學家都是思想懶漢」為假；但從「所有奇數都能被 3 整除」為假，卻不能邏輯地推知「所有的奇數都不能被 3 整除」究竟是真還是假。

2.矛盾關係

　　指 A 與 O、E 與 I 的關係，它們之間既不能同真，也不能同假，因而必有一真，也必有一假。於是，由一個為真，就可以推出另一個為假；由一個為假，就

可以推出另一個爲眞。例如：由「所有股票投資者都是百萬富翁」爲假，可以邏輯地推出「有些股票投資者不是百萬富翁」爲眞；由「有的哺乳動物是卵生的」爲眞，可以邏輯地推出「所有哺乳動物都不是卵生的」爲假。反之亦然。

有時我們也撇開眞假概念，用否定詞、等値把矛盾關係表述如下：

(1) SAP $\leftrightarrow$ ￢SOP

(2) SEP $\leftrightarrow$ ￢SIP

(3) SIP $\leftrightarrow$ ￢SEP

(4) SOP $\leftrightarrow$ ￢SAP

3.差等關係

亦稱「從屬關係」，指 A 與 I、E 與 O 之間的關係。這種關係存在於同質（同爲肯定或否定）的全稱命題和特稱命題之間，我們可以把它概括爲：

> 如果全稱命題眞，則相應的特稱命題眞；
>
> 如果特稱命題假，則相應的全稱命題假；
>
> 如果全稱命題假，則相應的特稱命題眞假不定；
>
> 如果特稱命題眞，則相應的全稱命題眞假不定。

例如：如果「所有的玫瑰花都是帶刺的」爲眞，則可以邏輯地推知「有些玫瑰花是帶刺的」爲眞；如果「有些大學生是道道地地的白痴」爲假，則「所有的大學生都是道道地地的白痴」爲假。但是，如果「所有的烏鴉都是黑的」爲假，則從邏輯上不能確切地推知「有些烏鴉是黑的」的眞假；同樣地，如果「有的股票投資者不是億萬富翁」爲眞，從邏輯上也不能確切地推知「所有股票投資者都不是億萬富翁」的眞假。

4.下反對關係

指 I 與 O 的關係，它們之間可以同眞，但不能同假。於是，由一個爲假，可以邏輯地推出另一個爲眞；從一個爲眞，不能確切地知道另一個的眞假。例如：已知「有些犀牛是爬行動物」爲假，則可以邏輯地推知「有些犀牛不是爬行動物」爲眞；但從「有些教授是社會知名人士」爲眞，卻不能邏輯地推知「有些教授不是社會知名人士」的眞假。

可以用下述簡圖來刻畫對當關係，這個圖傳統上被稱爲「對當方陣」或「邏輯方陣」。

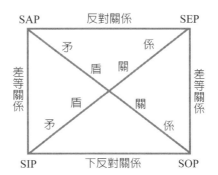

如果已經知道三個直言命題具有對當關係中的兩種關係，其中必有一種是矛盾關係，那麼可以推出它們之間所具有的另一種關係。例如：已知 SAP 與 SEP 是反對關係，SEP 與 SIP 是矛盾關係，請推出 SAP 與 SIP 之間是差等關係。

證明：

當 SAP 真時，根據反對關係，SEP 必假，再根據矛盾關係，SIP 必真。

當 SAP 假，根據反對關係，SEP 可真可假，再根據矛盾關係，SIP 可假可真。

當 SIP 真時，根據矛盾關係，SEP 必假；再根據反對關係，SAP 真假不定。

當 SIP 假，根據矛盾關係，SEP 必真；再根據反對關係，SAP 必假。

顯然，當 SAP 真時，SIP 必真；當 SIP 假時，SAP 必假；當 SAP 假，SIP 可真可假；當 SIP 真時，SAP 可真可假。所以，SAP 與 SIP 之間是差等關係。

一般把單稱命題作為全稱命題的特例來處理。但是，在考慮對當關係（即真假關係）時，單稱命題不能作為全稱命題的特例。如果涉及含同一素材的單稱命題，那麼以上所述的對當關係要稍加擴展：單稱肯定命題和單稱否定命題是矛盾關係；全稱命題與同質的單稱命題是差等關係；單稱命題與同質的特稱命題也是差等關係，但與不同質的特稱命題是下反對關係；單稱命題與不同質的全稱命題是反對關係。這種關係部分地可用下圖刻畫：

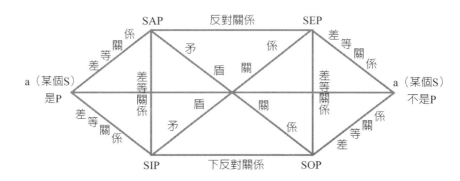

請看下面的例證：

桌子上有 4 個杯子，每個杯子上寫著一句話。第一個杯子：「所有的杯子中都有水果糖」；第二個杯子：「本杯中有蘋果」；第三個杯子：「本杯中沒有巧克力」；第四個杯子：「有些杯子中沒有水果糖」。

如果其中只有一句真話，那麼以下哪項為真？

A. 所有的杯子中都有水果糖。

B. 所有的杯子中都沒有水果糖。

C. 所有的杯子中都沒有蘋果。

D. 第三個杯子中有巧克力。

E. 第二個杯子中有蘋果。

第一個杯子上的話是一個全稱肯定命題，其形式是「所有的 S 都是 P」；第四個杯子上的話是一個特稱否定命題，其形式是「有些 S 不是 P」，它們兩者之間是矛盾關係：其中必有一真，也必有一假。既然在上面四句話中只有一句真話，真話必在這兩者之間，其他兩句都是假的，於是第二個杯子中沒有蘋果，第三個杯子中有巧克力，但我們仍然不能確定關於第一個杯子和第四個杯子的哪一句話是真的。所以，當關於四個杯子上的話只有一句為真時，在所給定的 5 個選項中，我們只能確定選項 D 是真，其他幾個選項都不能確定。

（三）直言命題中詞項的周延性 ● ● ●

在直言命題中，如果斷定了一個詞項的全部外延，則稱它是周延的，否則就是不周延的。

根據這個定義，可知直言命題中詞項的周延性有下述特點：

1. 只有直言命題的主項和謂項才有周延與否的問題，離開直言命題的一個單獨詞項，無所謂周延和不周延。例如：我們可以談論在直言命題「有些士兵是懦夫」中，詞項「士兵」和「懦夫」是否周延，但無法談論獨立存在的概念「筆記型電腦」、「機器人」究竟是周延還是不周延。對於後一種情形來說，周延與否的問題根本不會出現。

2. 主、謂項的周延性是由直言命題的形式決定的，而不是相對於直言命題所斷定對象本身的實際情況而言的。例如：不論主項 S 具體代表什麼，對於全稱命題

「所有 S 都是（或不是）P」來說，既然其中有「所有的 S……」出現，那麼，總是斷定了 S 的全部外延，因此 S 在其中是周延的；對於特稱命題「有些 S 是（或不是）P」來說，其中很明顯只涉及 S 的一部分外延，因此 S 在其中是不周延的。不論謂項 P 具體代表什麼，對於肯定命題「所有（或有些）S 是 P」來說，它只斷定了某個數量的 S「是 P」，並沒有具體說明究竟是全部的 P 還是一部分 P，根據邏輯上通常採取的「從弱原則」，P 在其中總是不周延的；對於否定命題「所有（或有些）S 不是 P」來說，該命題斷定了某個數量的 S「不是 P」，那麼 P 也一定不是這個數量的 S，即把所有 P 都排除在有這些 S 之外，所以 P 是周延的。

以上說明，主項或謂項的周延性是由直言命題的形式決定的，是直言命題的形式性質，周延性是一個只與直言命題的形式有關、而與主項和謂項所反映對象的實際情況無關的概念。因此，由於在「所有的美國籃球運動員都是億萬富翁」中，主項「美國籃球運動員」前面有量詞「所有的」，因而被斷定了全部外延，是周延的，即使實際情況並非如此；而在「所有等邊三角形都是等角三角形」中，只斷定了「等邊三角形」都是「等角三角形」，但並沒有明確斷定「等角三角形」是否都是「等邊三角形」，因此謂項「等角三角形」是不周延的，即使實際情況確實如此。

根據詞項周延性的上述定義及其解釋，我們有如下結論：

1. 全稱命題的主項都是周延的。

2. 特稱命題的主項都是不周延的。

3. 肯定命題的謂項都是不周延的。

4. 否定命題的謂項都是周延的。

把這四條結論應用於 A、E、I、O 四種命題之上，得到下表：

命題類型	主 項	謂 項
SAP	周延	不周延
SEP	周延	周延
SIP	不周延	不周延
SOP	不周延	周延

　　周延問題在處理整個直言命題推理時是非常重要的。演繹推理是一種必然性推理，它的結論是從前提中抽引出來的，結論的眞要由前提的眞來保證，因而結論所斷定的就不能超出前提所斷定的。這一點在直言命題推理中的表現，就是要求「在前提中不周延的詞項在結論中不得周延」，否則推理的有效性得不到保證，會犯各種邏輯錯誤。例如：從「所有的人都是動物」就不能得出「所有的動物都是人」，因爲在前一命題中，「動物」是肯定命題的謂項，不周延，而在結論中它是全稱命題的主項，是周延的，所以不能從前一命題推出後一命題。

二、直接推理

　　直接推理是從一個直言命題出發推出另一個直言命題結論的推理，分爲對當關係推理和命題變形推理。

（一）對當關係推理 ● ● ● ●

　　根據直言命題之間的對當關係進行的推理，叫做「對當關係推理」。有以下幾組有效的推理形式：

1.反對關係推理

(1) SAP → ￢SEP

　　例如：從「所有的人都享有基本人權」，可以推出「並非所有的人都不享有基本人權」。

(2) SEP → ￢SAP

　　例如：從「任何人都不能兩次踏進同一條河流」，可以推出「並非任何人都能夠兩次踏進同一條河流」。

2.差等關係推理

(1) SAP → SIP

　　例如：從「所有偶數都是能夠被 2 整除的」，可以推出「有些偶數是能夠被 2 整除的」。

(2) SEP → SOP

　　例如：從「沒有事物是常駐不變的」，可以推出「有些事物不是常駐不變的」。

(3) ¬SIP → ¬SAP

例如：從「並非有些文盲是科學家」，可以推出「並非所有文盲是科學家」。

(4) ¬SOP → ¬SEP

例如：從「並非有些花朵不是美麗的」，可以推出「並非所有花朵都不是美麗的」。

3.矛盾關係推理

(1) SAP → ¬SOP

例如：從「所有的人都有保護環境的義務」，可以推出「並非有些人沒有保護環境的義務」。

(2) SEP → ¬SIP

例如：從「所有運動員都不是素食主義者」，可以推出「並非有些運動員是素食主義者」。

(3) SIP → ¬SEP

例如：從「有些官員是貪汙腐敗分子」，可以推出「並非所有的官員都不是貪汙腐敗分子」。

(4) SOP → ¬SAP

例如：從「有的克里特島人不說謊」，可以推出「並非所有克里特島人都說謊」。

(5) ¬SAP → SOP

例如：從「並非所有的公民都是逃稅漏稅者」，可以推出「有些公民不是逃稅漏稅者」。

(6) ¬SEP → SIP

例如：從「並非所有國家都沒有發生狂牛症」，可以推出「有些國家發生了狂牛症」。

(7) ¬SIP → SEP

例如：從「並非有的臺大學生不是聰明人」，可以推出「所有臺大學生都是聰明人」。

(8) ¬SOP → SAP

例如：從「並非有些單身漢不是未結婚的男人」，可以推出「所有單身漢都是未結婚的男人」。

4.下反對關係

(1) ﹁SIP → SOP

　　例如：從「並非有些魚是能夠在陸地上奔跑的動物」，可以推出「有些魚不是能夠在陸地上奔跑的動物」。

(2) ﹁SOP → SIP

　　例如：從「並非有些金屬不是導電體」，可以推出「有些金屬是導電體」。

5.關於單稱命題與其他命題之間的推理

(1) SAP → a 是 P

　　例如：從「所有自然數都是整數」，可以推出「1212 是整數」。這是從全稱到個體的推理。

(2) a 是 P → SIP

　　例如：從「比爾‧蓋茲是億萬富翁」，可以推出「有的美國人是億萬富翁」。這是從個體到存在的推理。

　　至於單稱肯定命題和單稱否定命題之間的推理，以及單稱命題與 A、E、I、O 其他命題之間的推理，請讀者根據前面的擴充對當關係圖，自己去驗證。

（二）命題變形推理 ●●●●

　　命題變形推理是由一個直言命題出發，透過改變它的形狀，得到一個新的直言命題的推理。主要包括換質法、換位法和換質位法，以及這些方法的連續運用。

1.換質法

　　將一個直言命題由肯定變為否定，或者由否定變為肯定，並且將其謂項變成其矛盾概念，由此得到一個與原直言命題等值的直言命題，就是換質法。於是，換質法的程序和特點是：

(1) 改變原命題的質，即由肯定聯項改變為否定聯項，或者由否定聯項變為肯定聯項。

(2) 將原命題的謂項改變為它的矛盾概念或負概念。

(3) 仍然保持原命題的量項，並且主謂項的位置也保持不變。

(4) 所得到的新命題是與原命題等值的命題，其真假完全相同。

換質法有以下有效形式：

(1) SAP ↔ SE$\overline{P}$

例如：從「所有低科技產品都是沒有高附加值的」，經過換質，可以得到「所有低科技產品都不是有高附加值的」。

(2) SEP ↔ SA$\overline{P}$

例如：從「所有殺人犯都不是有投票權的公民」，經過換質，可以得到「所有殺人犯都是沒有投票權的公民」。

(3) SIP ↔ SO$\overline{P}$

例如：從「有些天鵝是黑色的」，經過換質，可以得到「有些天鵝不是非黑色的」。

(4) SOP ↔ SI$\overline{P}$

例如：從「有些政治家不是說謊者」，經過換質，可以得到「有些政治家是非說謊者」。

在我們的日常思維中，我們常常會遇到某個句子所表達的意思很重要，需要對它們予以強調，假如簡單地重複該句子，例如將它連續說幾遍或寫幾遍，當然不好，這時我們常常採用「換句話說」的說法。換質法就是在「換句話說」時用得著的方法。例如：

> 明天的會議很重要，所有員工都要出席會議，換句話說，所有員工都不能不出席，再換句話說，不准有的員工不出席。

2.換位法

將一個直言命題的主項和謂項互換位置，但讓它的質保持不變，原為肯定仍為肯定，原為否定仍為否定，並相應地改變量項，由此得到一個新的直言命題，這就是換位法。於是，換位法的程序或規則是：

(1) 調換原命題主謂項的位置，即將原命題的主項變成謂項，謂項變成主項。

(2) 不改變原命題的質，原為肯定仍為肯定，原為否定仍為否定。

(3) 在調換主謂項的位置時，在原命題中不周延的詞項在結論中不得周延。

換位法有以下有效形式：

(1) SAP → PIS

例如：從「所有的植物都是需要陽光的」，可以推出「有些需要陽光的東西

是植物」，但不能推出「所有需要陽光的東西都是植物」，因為在這後一個命題中，主項「需要陽光的東西」周延，而它在前提中是不周延的，違反換位規則，不正確。這叫做「限量換位」。

(2) SEP → PES

例如：從「所有的唯物論者都不是有神論者」，可以推出「所有有神論者都不是唯物論者」。這叫做「簡單換位」。

(3) SIP → PIS

例如：從「有些高科技產品創造了巨大的經濟效益」，可以推出「有些創造了巨大經濟效益的（產品）是高科技產品」。這也是「簡單換位」。

(4) SOP 不能換位，因為 SOP 換位為 POS，S 就由特稱命題的主項（不周延）變為否定命題的謂項（周延）了，違反換位規則，有可能由真命題得到假命題。

例如：從真命題「有些人不是大學生」，若換位就會得到假命題「有些大學生不是人」。

經換位法得到的新命題，並不一定與原命題等值，在很多情況下是不等值的，例如限量換位。

3.換質位法

對一個直言命題先換質，再換位，由此得到一個以原命題的謂項之矛盾概念為主項的新直言命題，這就是換質位法。換質位法是換質法和換位法的相繼運用，當然要分別遵守它們的程序和規則。有以下有效形式：

(1) SAP → SE$\overline{\text{P}}$ → $\overline{\text{P}}$ES

例如：從「所有未經反省的人生都是沒有價值的」，先換質，得到「所有未經反省的人生都不是有價值的」，再換位，得到「所有有價值的人生都不是未經反省的」。

(2) SEP → SA$\overline{\text{P}}$ → $\overline{\text{P}}$IS

例如：從「不想當元帥的士兵不是好士兵」，先換質，得到「不想當元帥的士兵都是不好的士兵」，再換位，得到「有些不好的士兵是不想當元帥的士兵」。

(3) SIP 不能換質位，因為換質後得到 SO$\overline{\text{P}}$，而 SO$\overline{\text{P}}$ 不能換位。

(4) SOP → SĪP̄ → P̄IS

例如：從「有些科學家不是受過正規高等教育的」，先換質，得到「有些科學家是未受過正規高等教育的」，再換位，得到「有些未受過正規高等教育的人是科學家」。

實際上，換質法和換位法可以結合進行，只要在換質、換位時遵守相應的規則即可。可以先換質，再換位，再換質，再換位……從一個全稱命題出發，經過連續的換質位，得到一個同質同量、以原命題謂項的矛盾概念為主項、以原命題主項的矛盾概念為謂項的直言命題，這種方法被稱為「戾換法」。例如：從「有生者必有死」，經過連續的換質位，得到「凡無死者必無生」；從「凡有煙處必有火」，經過連續的換質位，得到「凡無火處必無煙」。也可以先換位，再換質，再換位，再換質。例如：從「所有的植物都是含葉綠素的」，先換位，得到「有些含有葉綠素的東西是植物」，再換質，得到「有些含有葉綠素的東西不是非植物」。

回答下面這個題，需要同時考慮對當關係推理和命題變形推理：

哈佛大學的學生都是嚴格選拔出來的。其中，有些學生是共和黨員，但所有學生都不是 3K 黨的成員；有些學生學理科，有些學生學文科；很多學生愛好文學；有些學生今後將成為傑出人士。

以下命題都能夠從前提推出，除了：

A. 並非所有哈佛學生都不是共和黨員。

B. 有些非 3K 黨成員不是非哈佛學生。

C. 並非所有學文科的都是非哈佛學生。

D. 有些今後不會成為傑出人士的人不是哈佛學生。

E. 有些哈佛學生是非 3K 黨成員。

選項 A 可以根據對當關係推理，從「有些哈佛學生是共和黨員」推出來；選項 B 可以透過連續的換質位，從「所有哈佛學生都不是 3K 黨的成員」推出來；從「有些哈佛學生學文科」出發，透過連續的換位質，可以推出「有些學文科的不是非哈佛學生」，再根據對當關係，可以推出選項 C；從「所有哈佛學生都不是 3K 黨的成員」出發，先換質，再根據對當關係推理，可以推出選項 E。從「有些哈佛學生今後將成為傑出人士」出發，經過換質，可以推出「有些哈佛學生不是今後不會成為傑出人士的人」，而後者不能再換位為選項 D。所以，正確答案是 D。

三、三段論

（一）三段論的定義格與式 ●●●

三段論是由一個共同詞項把兩個直言命題連接起來，得出一個新的直言命題作爲結論的推理。例如：

　　所有成功人士都是專心工作者。

　　所有專心工作者都不是心猿意馬者，

　　所以，所有心猿意馬者都不是成功人士。

就是一個三段論推理。

顧名思義，三段論由三個直言命題構成，其中兩個是前提，一個是結論。結論的主項叫「小項」（用 S 表示），含有小項的前提叫「小前提」；結論的謂項叫「大項」（用 P 表示），含有大項的前提叫「大前提」；兩個前提共有的詞項叫「中項」（用 M 表示）。在上例中，「心猿意馬者」是小項，「成功人士」是大項，「專心工作者」是中項。相應地，「所有成功人士都是專心工作者」是大前提，「所有專心工作者都不是心猿意馬者」是小前提，「所有心猿意馬者都不是成功人士」是結論。

根據中項在前提中的不同位置，三段論分爲四個不同的格，可分別表示如下：

$$
\begin{array}{cccc}
M\text{—}P & P\text{—}M & M\text{—}P & P\text{—}M \\
S\text{—}M & S\text{—}M & M\text{—}S & M\text{—}S \\
\hline
S\text{—}P & S\text{—}P & S\text{—}P & S\text{—}P \\
\text{第一格} & \text{第二格} & \text{第三格} & \text{第四格}
\end{array}
$$

需要指出的是，日常思維中所表述的三段論常常是不那麼標準的，往往需要做一些調整工作，其方法是：1.區分結論和大、小前提；2.按大前提、小前提、結論的順序，調整三段論中三個直言命題的位置；3.確定大、小前提和結論的命題類型，並寫出它們的標準形式。例如：

　　在作案現場的不都是作案者。因爲有些在作案現場的沒有作案動機，而作案者都有作案動機。

這個三段論的結論是「在作案現場的不都是作案者」，化爲標準形式，即「有些在作案現場的（人）不是作案者」，其中「在作案現場的（人）」是小項，「作案者」是大項，「有作案動機（的人）」是中項。相應地，「有些在作案現場的（人）沒有作案動機」是小前提，「作案者都有作案動機」是大前提。經這樣整理後，它的形式結構是：

所有 P 都是 M

有些 S 不是 M

所以，有些 S 不是 P

因此，它是第二格的三段論。

根據組成三段論的三個直言命題的質與量，三段論有不同的式。在本節開頭的那個三段論中，大前提是 A 命題，小前提是 E 命題，結論也是 E 命題，因此該三段論是 AEE 式。再如，「所有的人都是有死的，蘇格拉底是人，所以，蘇格拉底是有死的」，這個三段論是 AAA 式，因爲在三段論中，單稱命題可以作爲同質的全稱命題的特例來處理。

那麼，三段論總共有多少可能的式呢？一個三段論，它的大前提可以是 A、E、I、O；當它的大前提是 A 時，它的小前提可以是 A、E、I、O；當它的大前提是 A、小前提是 A 時，它的結論可以是 A、E、I、O。這也就是說，三段論大、小前提以及結論的可能之排列組合可以是：4×4×4 = 64 個可能的式。詳列如下：

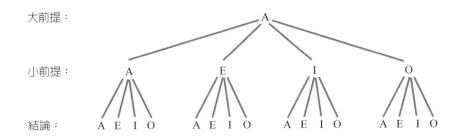

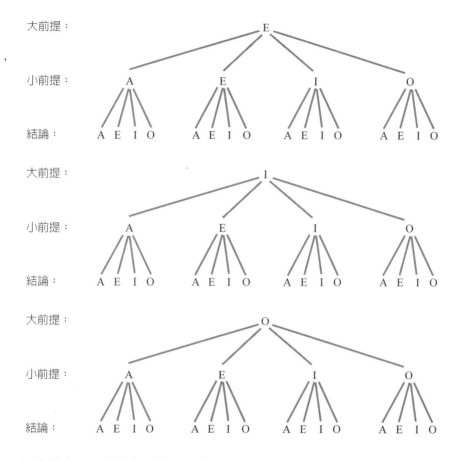

　　如前所述，三段論有四個不同的格，中項在這些格中的位置不同，也就是作為大前提和小前提的主謂項不同，因此這些前提就是由有不同主謂項的 A、E、I、O 構成的。於是，一個格共有 64 個可能的式，而三段論共有四個不同的格，於是三段論總共有 64×4 = 256 個可能的式。

　　那麼，究竟如何判定如此眾多的三段論式是不是有效的呢？並且哪些是有效式，哪些不是有效式？當然有很多的方法，本書只講解下面兩種方法：

1. 規則判定法，即先給出三段論必須遵守的一些推理規則，然後根據這些規則去判定一個具體的三段論是否有效。

2. 圖解判定法，即用歐拉圖（或范恩圖）去判定一個三段論是否有效。因為組成三段論的都是直言命題，於是可用歐拉圖去表示這三個直言命題中詞項的相互

關係，實際上也就是大項、中項和小項之間的外延關係。如果使三段論的兩個前提為真的歐拉圖也一定使該三段論的結論為真，則這個三段論就是有效的；反之，如果使三段論的兩個前提為真的歐拉圖有可能使該三段論的結論為假，則它的結論就不是必然得出的，該三段論因此也是無效的。正是在這種意義上，可以說歐拉圖為判定三段論是否有效提供了一種工具或方法。例如：

　　所有的綠葉植物（M）都是富含維生素的（P），所有的菠菜（S）都是綠葉植物，所以，所有的菠菜都是富含維生素的。

這個三段論可以圖解為：

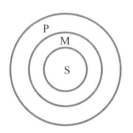

使得其前提為真的圖解也使得其結論為真，所以，該三段論是有效的三段論。

（二）三段論的一般規則 ●●●

　　一個三段論要成為有效推理，就必須遵守一些推演規則。推演規則分為一般規則和特殊規則。一般規則是對於三段論的四個格都適用的規則，有以下幾條：

規則1：在一個三段論中，有且只能有三個不同的詞項

　　這條規則實際上是三段論定義中的應有之義。如前所述，三段論由三個直言命題組成，每個直言命題含有兩個詞項，即主項和謂項，因而共有六個詞項。但由於結論的主項和小前提的一個詞項相同，結論的謂項與大前提的一個詞項相同，兩個前提中還有一個共同的中項，因此不同的詞項只能有三個。三段論實際上是透過中項分別與大項和小項發生的關係，從而推彙出關於小項與大項之間關係的結論。若沒有中項，就失去了連接大項和小項的橋梁或媒介，推不出任何確定的結論來。違反這條規則所犯的邏輯錯誤叫做「四詞項錯誤」。

　　明顯犯「四詞項錯誤」的情形很少，例如：人們一般不會從「地球是圓的」和「教室是方的」這兩個命題推出任何結論來。常見的違反這條規則的情形是：在大、小前提中作為中項的語詞看起來是同一個，但卻表達著兩個不同的概念，因而這個三段論事實上含有四個不同的詞項，也就沒有連接大項和小項的中項，不能必然地得出結論。例如：

　　莎士比亞戲劇不是一天能讀完的，《哈姆雷特》是莎士比亞戲劇，所以，

　　《哈姆雷特》不是一天能讀完的。

在這個三段論的前提中，作為中項的「莎士比亞戲劇」有不同的意義，在大前提中是指莎士比亞戲劇的全體，而在小前提中是指莎士比亞的一部戲劇，實際上表達了兩個不同的概念，因而不能發揮橋梁或媒介作用，不能必然地推導出結論。該三段論犯了「四詞項錯誤」。

規則2：中項在前提中至少要周延一次

　　如前所述，三段論是憑藉中項在前提中的橋梁、媒介作用得出結論的，即大項、小項至少有一個與中項的全部發生關係，另一個與中項的部分或者全部發生關係，如此才能保證大、小項之間有某種關係。否則，假如大、小項都只與中項的一部分發生關係，就有可能大項與中項的這個部分發生關係，而小項與中項的另一個部分發生關係，結果是大項和小項之間沒有確定的關係，得不出必然的結論來。違反這條規則所犯的邏輯錯誤稱為「中項不周延」。例如：

　　所有的藝術品都有審美價值，有些自然物品具有審美價值，因此，有些自然

　　物品也是藝術品。

在這個三段論中，中項「具有審美價值（的東西）」兩次都是作為肯定命題的謂項，因而都是不周延的，違反規則2，不能必然地得出結論。用歐拉圖來表示，使前提為真的歐拉圖有可能使結論為假：

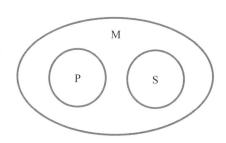

規則3：在前提中不周延的詞項，在結論中不得周延

三段論是一種演繹推理，其前提的真要保證結論的真，因此結論所斷定的就不能超出前提所斷定的。具體就周延問題來說，如果一個詞項在前提中不周延，但在結論中周延了，即結論所斷定的超出了前提所斷定的，結論真就不能由前提真來保證，就有可能出現前提真而結論假的情況，整個推理因此就不是有效的。因此，一個三段論要成為有效的，它的在前提中不周延的詞項在結論就不能周延。違反這條規則所犯的邏輯錯誤叫做「周延不當」，具體有「小項周延不當」和「大項周延不當」兩種形式。例如：

> 所有想出國留學的人都要學好外語，我又不想出國留學，所以，我不必學好外語。

在這個三段論推理中，大前提是一個肯定命題，因而大項「要學好外語」在大前提中不周延。但結論是一個否定命題，大項「要學好外語」在結論中周延。因此，這個三段論犯了「大項不當周延」的邏輯錯誤，無效。

應當注意的是，規則 3 只是說在前提中不周延的項在結論中不得周延，並沒有說在前提中周延的項在結論中也必須周延。既然對前提中周延的項沒有提出要求，這就意味著：在前提中周延的項，在結論中可以周延，也可以不周延。這兩種情形在邏輯上都是允許的，不會導致任何邏輯錯誤。這是因為，演繹推理不允許結論斷定得比前提多，但允許結論斷定得比前提少。

規則4：從兩個否定前提推不出任何確定的結論

如果兩個前提都是否定的，這就意味著大項和小項都與中項發生否定性的關聯，這樣就不能保證大項和小項由於與中項的同一個部分發生關係而彼此之間發生關係，中項無法產生連接大、小項的橋梁作用，大項和小項本身就可能處於各種各樣的關係之中，從而得不出確定的結論。例如：

> 所有的基本粒子都不是肉眼能夠看見的，
> 所有的昆蟲都不是基本粒子，
> _____
> 所有的昆蟲？

這個三段論得不出任何確定的結論。

規則5：

(1) 如果兩個前提中有一個是否定的，那麼結論是否定的。

(2) 如果結論是否定的，那麼必有一個前提是否定的。

關於 (1)，如果兩個前提中有一個是否定的，根據規則 4，另一個前提必須是肯定的，這就意味著：大項和小項中有一個與中項發生肯定性的關聯，另一個與中項發生否定性的關聯。於是，與中項發生肯定性關聯的那一部分和與中項發生否定性關聯的那一部分之間的關聯，必定是否定性的，所以結論必須是否定的。

關於 (2)，既然結論是否定的，大項和小項之間發生否定性關聯，並且這種關聯是透過中項的媒介作用建立起來的，因此這兩個詞項中必定有一個與中項發生肯定性關聯，另一個與中項發生否定性關聯。所以，前提必有一個是否定的。

以上五條三段論規則是基本的，並且是足夠的，用它們就足以把有效的三段論與無效的三段論區分開來。但為了明確和方便起見，有時還從它們證明、推導出一些規則，例如：

規則6：兩個特稱前提不能得結論

證明：我們用反證法，即假設兩個特稱前提能夠得結論，看能否從中推出矛盾或荒謬的結論。若能推出，說明該假設不成立。

設兩個特稱前提能夠得結論，根據規則 2，中項在前提中至少周延一次，由於特稱命題的主項不周延，肯定命題的謂項不周延，只有否定命題的謂項周延，因此前提中必有一個是否定的。又根據規則 5，前提有一個否定結論必否定，因此結論是否定的，結論的謂項即大項周延。再根據規則 3，在前提中不周延的項在結論中不得周延，因此大項必須在前提中周延，另一個前提也必須是否定的。而根據規則 4，兩個否定前提不能得結論。這說明「兩個特稱前提能夠得結論」這個假設不成立，所以，兩個特稱前提不能得結論。

規則7：如果兩個前提中有一個特稱，結論必然特稱

證明：我們用分情況證明法。兩個前提中有一個特稱，另一個必為全稱。由於沒有告訴我們這兩個前提究竟是肯定的還是否定的，這說明它們分別有可能是肯定的，也有可能是否定的。於是，這兩個前提有四種可能的組合：AI、AO、EI、EO。我們證明，在這四種情況下，如果能夠得結論，只能得出特稱的結論。

　　AI：這兩個前提中只有一個周延的項，根據規則 2，中項在前提中至少周延一次，因此這個周延的項只能做中項，餘下大項和小項在前提中不周延。又根據規則 3，它們在結論中必須不周延，小項是結論的主項，只有特稱命題的主項不周延，因此，結論必須是特稱的。

　　AO：這兩個前提中有兩個周延的項，即全稱命題的主項和否定命題的謂項，根據規則 4，前提有一個否定，結論必否定，因此，大項在結論中周延。又根據規則 3，大項在前提中必須周延。再根據規則 2，中項在前提中至少周延一次。於是，原來兩個周延的項一個做大項，一個做中項，餘下小項在前提中不周延，因此，小項在結論中必須不周延，結論只能是特稱的。

　　EI：其情形與 AO 相同，留給讀者。

　　EO：兩個否定前提不能得結論。

（三）三段論的特殊規則 ●●●

　　一般規則適用於三段論的各個格，用這些規則就足以把 4 個格的有效三段論和無效三段論區別開來。但是，在把這些應用於各個格時，由於各個格有自己的特殊情況，就會推演、衍生出只適用於本格的特殊規則。由於這些特殊規則的指令更加具體，因此更容易被執行；並且，從一般規則推演出這些特殊規則，也是一項有益的邏輯訓練。

第一格規則：

(1)小前提必須肯定。

(2)大前提必須全稱。

　　在證明這些規則之前，有必要先重申一下第一格的形式：中項是大前提的主項，小前提的謂項，即：

$$\frac{\begin{matrix} M \longrightarrow P \\ S \longrightarrow M \end{matrix}}{S \longrightarrow P}$$

　　證明：

(1)假設小前提不是肯定，而是否定的，因此結論必須否定，大項在結論中周

延；因為大項必須在大前提中周延，因此大前提必須否定；加上原假設小前提否定，有兩個否定前提，不能得結論。因此，如果要得結論，小前提不能否定，必須肯定。

(2) 既然已經證明小前提必須肯定，於是中項在小前提中不周延，因此它必須在大前提中周延，大前提必須全稱。

第二格規則：

(1) 兩個前提必須有一個否定。

(2) 大前提必須全稱。

在證明之前，同樣有必要先重申一下第二格的形式：中項是大、小前提的謂項，即：

$$\frac{\begin{array}{c} P \text{——} M \\ S \text{——} M \end{array}}{S \text{——} P}$$

證明：

(1) 在第二格中，中項是大、小前提的謂項，而中項至少要周延一次，並且只有否定命題的謂項周延，因此兩個前提中必須有一個否定。

(2) 已經證明兩個前提中有一個否定，因此結論必須否定，大項在結論中周延，因此大項必須在前提中周延；而大項是大前提的主項，只有全稱命題的主項才周延，因此大前提必須全稱。

第三格規則：

(1) 小前提必須肯定。

(2) 結論必須特稱。

根據第三格的形式，中項是大、小前提的主項，即：

$$\frac{\begin{array}{c} M \text{——} P \\ M \text{——} S \end{array}}{S \text{——} P}$$

　　證明：

(1)在第三格中，中項是大、小前提的主項。假設小前提否定，則結論否定，大項在結論中周延，因此它必須在前提中周延。大項是大前提的謂項，因此大前提必須否定。而兩個否定前提不能得結論，因此，小前提不能否定，必須肯定。

(2)既然已經證明小前提必須肯定，小項在前提中就不周延，因此它在結論中就不能周延，而它是結論的主項，所以結論必須是特稱的。

第四格規則：

(1)如果大前提肯定，則小前提必須全稱。

(2)如果小前提肯定，則結論必須特稱。

(3)如果有一個前提否定，則大前提必須全稱。

(4)如果大前提特稱，則兩個前提都必須肯定。

(5)如果小前提特稱，則大前提必須否定。

　　在證明這些規則之前，有必要先重申一下第四格的形式：中項是大前提的謂項，小前提的主項，即：

　　第四格規則(1)—(5)的證明是很容易的事情，我們把它們作為習題留給讀者。

　　前面說過，三段論共有 256 個可能的式，根據如上給出的三段論規則，我們可以把大部分可能的三段論式作為無效式排除掉，例如：當前提的組合是 EE，EO 或 OE 等時，根據「兩個否定前提不能得結論」的規則，所有帶這種前提的三段論式如 EEA，EEI，EEO，EEE，EOA，EOI，EOO，EOE 等等都不可能是有效的，都應該被排除掉。類似地，當前提的組合為 II，IO 或 OI 時，根據「兩個特稱前提不能得結論」的規則，所有帶這種前提的三段論式如 IIA，IIE，III，IIO，IOA，IOE，IOI，IOO 等等都不是有效的，都應該被排除掉。當然，根據三段論的其他規則，還可以排除掉許多無效的三段論式，最後所剩下的三段論有效式只有 24 個，列表如下：

第一格	AAA，AAI[*]，AII，EAE，EAO[*]，EIO
第二條	AEE，AEO[*]，AOO，EAE，EAO[*]，EIO
第三條	AAI，AII，EAO，EIO，IAI，OAO
第四條	AAI，AEE，AEO[*]，EAO，EIO，IAI

其中帶星號的叫做「差等式」，意思是：在兩個前提都是全稱的情形下，本來可以得全稱結論，卻根據差等關係得出了特稱結論。不過，差等式也屬於 256 個可能的式之列。

（四）用歐拉圖判定三段論的有效性 ●●●

前面說過，歐拉圖可以表示任意兩個概念之間的外延關係，而直言命題只不過是對兩個概念（主項或謂項）之間外延關係的一種斷定，因此，可以用歐拉圖去表示任一直言命題中主項和謂項之間的外延關係。而組成三段論的三個命題都是直言命題，因此，也可以用歐拉圖去表示三段論中各個詞項之間的外延關係。由於正確的三段論是一種必然性推理，前提的真足以保證結論的真，這一點表現在三段論圖解中，就是：當已經圖解兩個前提中各詞項之間的關係時，若結論中主項和謂項的關係已經被圖解出來，那麼，這個三段論就是一個有效推理，其前提的真足以保證結論的真；反之，當已經圖解作為前提中各詞項的關係時，結論中主項和謂項的關係還不確定，有多種不同的可能性，這就表明該結論不是從其前提邏輯地推導出來的，該三段論不是一個有效推理。例如：

以下兩題基於下述共同的題幹：

所有安徽赴京打工人員，都辦理了暫住證；所有辦理了暫住證的人員，都獲得了就業許可證；有些安徽赴京打工人員當上了警衛；有些業餘武術學校的學員也當上了警衛；所有的業餘武術學校的學員都未獲得就業許可證。

1.如果上述斷定都是真的，則除了以下哪項，其餘的斷定也必定是真的？

A.所有安徽赴京打工人員都獲得了就業許可證。

B.沒有一個業餘武術學校的學員辦理了暫住證。

C.有些安徽赴京打工人員是業餘武術學校的學員。

D.有些警衛沒有就業許可證。

E. 有些警衛有就業許可證。

2. 以下哪個人的身分，不可能符合上述題幹所作的斷定？

A. 一個獲得了就業許可證的人，但並非是業餘武術學校的學員。

B. 一個獲得了就業許可證的人，但沒有辦理暫住證。

C. 一個辦理了暫住證的人，但並非是安徽赴京打工人員。

D. 一個辦理了暫住證的業餘武術學校的學員。

E. 一個警衛，他既沒有辦理暫住證，又不是業餘武術學校的學員。

可以用歐拉圖把題幹中各個詞項之間的關係圖示如下：

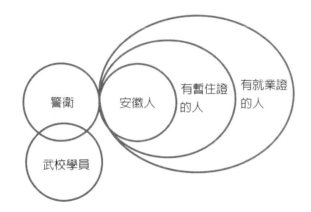

據此可以判定，問題 1. 的答案是 C，問題 2. 的答案是 D。又如：

> 所有傑出的舞蹈演員都是藝術家，有些傑出的畫家是藝術家。因此，有些傑
> 出的畫家也是舞蹈演員。

從結構上說，這個三段論的形式是：有些 S 是 M，所有 P 都是 M，所以，有些
S 都是 P。為了判定它是否有效，我們來看其歐拉圖的畫法，至少有 4 種不同的
畫法：

其三：   其四：

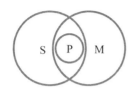

這就說明：當兩個前提為真時，結論中的主項 S 和謂項 P 可以處於各種不同的關係之中：沒有 S 是 P，或者，有些 S 是 P，因此得不出任何確定的結論，把任一命題作為這個三段論的結論都不具有必然性：當前提真時，該結論卻可能為假。再如：

> 魯迅在〈論辯的魂靈〉一文中，這樣揭露了頑固派的詭辯手法：「你說甲生瘡，甲是中國人，就是說中國人生瘡了。既然中國人生瘡，你是中國人，就是你也生瘡了。你既然也生瘡，你就和甲一樣。而你只說甲生瘡，不說你自己，你的話還有什麼價值！」

在詭辯派的論辯中，有兩個三段論，一個是：「甲生瘡，甲是中國人，所以，（所有）中國人生瘡。」這個三段論的形式是：M 是 P，M 是 S，所以，所有 S 都是 P。可以用歐拉圖揭示它的無效性：當前提真時，結論卻為假。

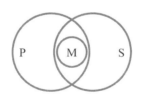

如果詭辯派繼續狡辯說：我並沒有說「所有中國人生瘡」，那麼他所說的是「有些中國人生瘡」，上面這個三段論就是正確的。但我們接著看第二個三段論：「（有些）中國人生瘡，你是中國人，所以，你也生瘡。」其形式是：有些 M 是 P，S 是 M，所以，S 是 P。可以用歐拉圖揭示它的無效性：當前提真時，結論可以為假。

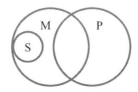

總之，從詭辯派的前提「你說甲生瘡」，無論如何也推不出他們的結論「你也生瘡」來。他們的整個推論是不合邏輯的，是十足的詭辯。又如：

　　以下哪一個推理凸顯了上述推理的荒謬性？

　　A. 所有技術人員都認真學習，小張是技術人員，所以，小張是認真學習的人。

　　B. 商品都有使用價值，空氣當然有使用價值，所以，空氣當然是商品。

　　C. 所有成功人士都要穿衣吃飯，我現在不是成功人士，所以，我現在不必穿衣吃飯。

　　D. 犯罪行為都是違法行為，違法行為都應受到社會的譴責，所以，所有犯罪行為都應受到社會譴責。

　　E. 所有的克里特島人都說謊，約翰是克里特島人，所以，約翰說謊。

題幹中的論證是一個有如下結構的三段論：

　　所有的 M 都是 P

　　所有的 S 都不是 M

　　所以，所有的 S 都不是 P。

可以用歐拉圖驗證，這是一個無效的三段論。選項 C 與題幹中的推理具有相同的形式，但其前提真而結論假，所以凸顯出題幹中推理的荒謬性。其他各選項都與題幹中的推理結構不同。答案是 C。

（五）三段論的非標準形式 ●●●

1.三段論的省略式

　　在日常思維中，由於某些命題屬於交流雙方共同的背景知識，故被省略，於是三段論表現為省略形式，常有下述三種省略形式：

(1) 省略大前提。例如有人在談到美國總統柯林頓的緋聞時說：「柯林頓也是人，他也有七情六慾嘛。」他說的這兩句話之間實際上有推理關係，而這種推理關係的建立需要補充另外一個大前提：「凡是人都有七情六慾。」

(2) 省略小前提。例如：「大學生的主要任務是學習而不是賺錢，所以你目前的主要任務也是如此，不要本末倒置啊！」這裡一眼就可看出，省略的前提是「你是一名大學生」。

(3) 省略結論。例如有人說：「我們的事業是正義的，而正義的事業是不可戰勝

的。」顯然，省略的是結論：「我們的事業是不可戰勝的。」從修辭上說，把這個結論省略之後，使那兩句話聽起來餘音繚繞，很有韻味。

但三段論的省略形式可能會出現問題，如被省略的前提實際上是不成立的，或者所使用的推理形式是無效的。在這兩種情形下，結論都沒有得到強有力的支持。因此，有時需要把省略三段論補充為完整的三段論，然後看其前提眞不眞，推理過程是否有效。在作這種補充時，往往存在多種選擇，這時應該堅持「仁慈原則」，即盡可能地把推理者設想為一個正常的、有理性的人，除非故意，他一般不會使用虛假的前提，一般不會進行無效的推理。作這種補充的具體程序和方法是：

(1) 查看究竟省略的是什麼，是前提還是結論？透過考慮兩個命題之間是並列關係還是推出關係，可以弄清楚這一點。

(2) 如果省略的是前提，確定省略的是大前提還是小前提：含結論主項的是小前提，含結論謂項的是大前提。

(3) 如果省略的是大前提，把結論的謂項（大項）與中項相連接，得到大前提；如果省略的是小前提，則把結論的主項（小項）與中項相連接，得到小前提。

(4) 如果省略的是結論，把小項與大項相連接，得到結論。

做了所有這些工作之後，再來看被省略的前提是否眞實，推理過程是否正確。

有些導演留大鬍子，因此，有些留大鬍子的人是大嗓門。

為使上述推理成立，必須補充以下哪項作為前提？

A. 有些導演是大嗓門。

B. 所有大嗓門的人都是導演。

C. 所有導演都是大嗓門。

D. 有些大嗓門的不是導演。

E. 有些導演不是大嗓門。

如果補充 A 或 D 或 E 到題幹，所構成的三段論的兩個前提都是特稱的，根據規則 6，都推不出結論；如果補充 B 到題幹，所構成的三段論犯了「中項兩次不周延」的錯誤。而如果補充 C 到題幹，得到的三段論是：

所有導演都是大嗓門，

有些導演留大鬍子，

所以，有些留大鬍子的是大嗓門。

這是有效三段論。所以，正確的答案是 C。

2.帶證式三段論

在一個三段論中，其兩個前提或其中之一可能本身還帶有一個省略的三段論，該前提是該省略三段論的結論。例如：

> 所有哲學系的學生都必須學習邏輯學，因為思維嚴謹、清晰對於研究哲學來說是十分重要的；所有哲學系的學生都是文科學生，所以，有些文科學生必須學習邏輯學。

這裡，大前提本身帶有一個證明，即一個省略的三段論，大前提就是這個省略三段論的結論，並且後者不太標準。經過整理和補充，這個省略三段論的完整形式是：

> 所有特別有助於訓練嚴謹與清晰思維的課程都是哲學系學生必須學習的，
>
> 邏輯學是特別有助於訓練思維的嚴謹與清晰的課程，
>
> 所以，邏輯學是哲學系學生必須學習的課程。

3.複合式三段論

一連串三段論的複合，其中前一個三段論的結論構成後一個三段論的前提。例如：

> 所有音樂家都是演藝人員，
>
> 所有低音歌手都是音樂家，
>
> 所以，所有低音歌手都是演藝人員。
>
> 有些主唱是低音歌手，
>
> 所以，有些主唱是演藝人員。
>
> 沒有火箭科學家是演藝人員，
>
> 所以，有些主唱不是火箭科學家。

4.連鎖三段論

把複合三段論的一系列中間結論都省略掉，只保留最後一個總結論，則構成連鎖三段論。例如：

> 所有動物都是生物，
>
> 所有昆蟲都是動物，

　　所有蜜蜂都是昆蟲，

　　所以，所有蜜蜂都是生物。

　　據稱，德國哲學家和邏輯學家萊布尼茲論證「人類靈魂不滅」時，就運用了包含下述 10 個前提的連鎖三段論：

(1) 人類靈魂是其活動是思維的東西；

(2) 其活動是思維的東西是其活動被直接領悟而不需要關於其部分的任何表象的東西；

(3) 其活動被直接領悟而不需要關於其部分的任何表象的東西是其活動不包含任何部分的東西；

(4) 其活動不包含任何部分的東西是其活動不是運動的東西；

(5) 其活動不是運動的東西就不是肉體；

(6) 不是肉體的東西就不占空間；

(7) 不占空間的東西就不受運動的影響；

(8) 不受運動影響的東西就不分解，因為分解就是部分的運動；

(9) 不分解的東西就不朽腐；

(10) 不朽腐的東西就永恆不滅。

　　所以，人類靈魂永恆不滅。

這個推理帶有 10 個前提，並且其中一個前提還帶有省略的證明。不過，從形式上看，應該承認這個連鎖推理是有效的，問題在於這 10 個前提是否都真實？如果有些前提不真實，究竟是哪些前提不真實？為什麼？回答這些問題，是一項相當艱巨的任務，還是留給讀者自己去思考吧。

Chapter **7**

有的投票人贊成
所有的候選人
——量化命題及其推理

命題邏輯只處理複合命題之間的推理關係，詞項邏輯只處理直言命題（即性質命題）之間的推理關係，它們都不能處理如下的關係命題及其相互之間的推理關係：

一、就年齡而言，郭勇大於王勇，王勇大於齊勇，所以，郭勇大於齊勇。

二、有的自然數小於等於所有的自然數，所以，所有的自然數都有自然數小於等於它。

也不能處理如下的量詞內部含連接詞結構的命題及其推理：

任何人要麼是男人要麼是女人，齊燕是一位女人，所以，齊燕不是一位男人。

因此，我們需要另外的分析命題和推理的方法，即把命題或推理分析爲包含個體詞、謂詞、量詞和連接詞等成分，以便能夠刻畫關係命題及其推理，以及量詞裡面含連接詞結構的命題及其推理。這就是謂詞邏輯所要做的事情。本講將要講授謂詞邏輯的最基本的內容。

一、個體詞、謂詞、量詞和公式

與詞項邏輯一樣，謂詞邏輯也要深入到一個簡單命題的內部，把該命題拆分爲不同的部分；但它不是像詞項邏輯那樣，對一個簡單命題作主謂式分析，即將其拆分爲主項、謂項、聯項、量項，而是把該命題拆分爲個體詞、謂詞、量詞，當然還要加上連接詞。

個體詞包括個體變項和個體常項。個體變項使用小寫字母 x，y，z 等等，它們表示某個特定的範圍內的某個不確定的對象。個體常項使用小寫字母 a，b，c 等等，它們表示某個特定範圍內的某個確定的對象。這裡所說的「某個特定的範圍」，用更專業的術語來說，叫做「論域」或「個體域」，即由一定對象所組成的類或者集合，論域規定了個體變項的取值範圍，因此也叫做個體變項的「值域」。論域通常是「全域」，即由世界上所有現實事物所組成的集合。在有特殊需要時，論域也可以不是全域，而是滿足一定條件的事物構成的集合，例如：「人的集合」「自然數的集合」。在給定論域之後，個體常項指稱論域中某個特定的物件，隨論域的不同，這些對象可以是 2、3、黃山、黃河、蔣介石；個體變項 x，y，z 則表示論域中某個不確定的個體，隨論域的不同，它們的值也有所不同。例如：如果論域是全域，個體變項 x 就表示某個事物；如果論域是「人的

集合」，則個體變項 x 就表示某個人；如果論域是「自然數的集合」，則個體變項 x 就表示某個自然數。

謂詞符號使用大寫字母 F，G，R，S 等等，經過解釋之後，它們表示論域中個體的性質和個體之間的關係。一個謂詞符號後面跟有寫在一對括號內、用逗號隔開的、適當數目的個體詞，就形成最基本的公式，叫做「原子公式」，例如：F(x)，R(x, y)，S(x, a, y)。一個謂詞符號後面跟有一個個體詞，則它是一個一元謂詞符號。一元謂詞符號經過解釋之後，表示論域中個體的性質。如果一個謂詞符號後面跟有兩個個體詞，則它是一個二元謂詞符號。依此類推，後面跟有 n 個個體詞的謂詞符號，就是 n 元謂詞符號。二元以上的謂詞符號，經過解釋之後，表示論域中個體之間的關係。例如：若以自然數集為論域，令 a 為自然數 5，R 表示「小於」，S 表示「…… – …… = ……」，那麼，R(x, y) 是說「x 小於 y」，S(x, a, y) 是說「x – 1 = y」。

量詞包括全稱量詞 ∀ 和存在量詞 ∃，它們可以加在如上所述的原子公式前面，形成所謂的「量化公式」，例如：

∀xF(x)，讀作「對於所有 x，x 是 F」。

∃xF(x)，讀作「存在 x，x 是 F」。

原子公式和量化公式還可以用命題連接詞連接起來，形成更複雜的公式，例如：

∀x(F(x) → G(x))

∃x∀y(F(x) ∧ R(x, y))

S(x, a, y) → ∀x(F(x) ↔ S(x, a, y))。

至此，我們可以把上面所說的東西正式陳述如下：

（一）謂詞邏輯的符號

1. 個體變項：x、y、z……

2. 個體常項：a、b、c……

3. 謂詞符號：F、G、R、S……

4. 量詞：∀（全稱量詞）、∃（存在量詞）

5. 連接詞：¬、∧、∨、→、↔

6. 輔助性符號：逗號「，」、左括弧「（」、右括弧「）」。

（二）謂詞邏輯的公式

1. 一個謂詞符號 F，後面跟有寫在一對括號內，用逗號隔開的、適當數目的個體變項 x、y、z 或個體常項 a、b、c 等，是原子公式。

2. 如果 A 是公式，則 ‾A 是公式。

3. 如果 A 和 B 都是公式，則 A∧B、A∨B、A→B、A↔B 是公式。

4. 如果 A 是公式，則 ∀xA、∃xA 是公式。

5. 只有按以上方式形成的符號串是公式。

量詞有其管轄的範圍，稱為「轄域」。如果量詞後面無括弧，則該量詞後面最短的公式，就是該量詞的轄域；如果量詞後面有括號，則處於括號內的公式構成該量詞的轄域。例如：在 ∀x(F(x) → G(x)) 中，全稱量詞 ∀x 的轄域是（F(x) → G(x)）；在 ∃x∀y(F(x) ∧ R(x, y)) 中，存在量詞 ∃x 的轄域是 ∀y(F(x) ∧ R(x, y))，全稱量詞 ∀y 的轄域是（F(x) ∧ R(x, y)）；在 S(x, a, y)→∀x(F(x)↔S(x, a, y)) 中，全稱量詞 ∀x 的轄域是（F(x)↔S(x, a, y)），S(x, a, y) 不在它的轄域之內。

有必要區分「一個公式中所出現的變項」和「一個變項在一個公式中的出現」。例如：在 ∃x(T(x) ∧ ∀y(H(y) → Z(x, y))) 中，總共出現了兩個不同的個體變項 x 和 y，但 x 出現了三次，y 也出現了三次。一個變項的某一次出現，如果處於量詞 ∀x 或 ∃x 的轄域之內，則稱該變項的這一次出現是「約束出現」，否則叫做「自由出現」。例如：在 ∀x(F(x) → G(x)) 中，x 的出現都是約束出現；在 ∃x∀y(F(x) ∧ R(x, y)) 中，x 和 y 的出現也都是約束變項；但在 S(x, a, y)→∀x(‾F(x)↔S(x, a, y)) 中，x 和 y 在 S(x, a, y) 中的出現不被任何量詞所約束，是自由出現；在 ∀x(‾F(x)↔S(x, a, y)) 中，x 是約束出現，y 是自由出現。一個變項，如果在一個公式中有約束出現，則稱它是「約束變項」；如果在一個公式中有自由出現，則稱它是「自由變項」。顯然，在一個公式中，一個個體變項可以既是約束變項又是自由變項。

一個含有至少一個自由變項的公式，叫做「開公式」，例如 F(x)，∃xR(x, y)。開公式的意義不確定，因而沒有確定的真假。一個不含任何自由變項的公式，叫做「閉公式」，例如 G(a)，∃x∀yR(x, y)。在給定論域之後，閉公式有確定的意義，因而也有確定的真假。

二、自然語言中量化命題的符號化

有了上面的符號工具之後，我們可以把自然語言中任意複雜度的性質命題和關係命題符號化，變成謂詞邏輯中的公式。

（一）直言命題的符號化 ●●●

與詞項邏輯對直言命題作主謂式分析不同，謂詞邏輯把直言命題形式上的主詞和謂詞都變成謂詞，另外找出了邏輯主詞，即個體變項 x，y，z 等。下面討論六種直言命題的符號化，不限定論域，即論域為全域——由世界上所有現實事物所構成的集合。

1. 全稱的直言命題應符號化為一個全稱蘊涵式

例如：SAP 應該符號化為：

$\forall x(S(x) \rightarrow P(x))$

讀作：「對於任一 x 而言，如果 x 是 S，則 x 是 P。」例如：令 SAP 為「所有臺大學生都是聰明的」，並用 S 表示「臺大學生」，用 P 表示「聰明的」，則該句子符號化為相應的公式後，其意思是：「對於任一 x 而言，如果 x 是臺大學生，則 x 是聰明的。」這正是「所有臺大學生都是聰明的」的原意。

類似地，SEP 應符號化為：

$\forall x(S(x) \rightarrow \neg P(x))$

讀作：「對於任一 x 而言，如果 x 是 S，則 x 不是 P。」例如：當把「所有的負數都不是自然數」符號化為相應的公式後，其意思是：「對於任一 x 而言，如果 x 是負數，則 x 不是自然數。」

注意，不能把 SAP 符號化為 $\forall x(S(x) \wedge P(x))$，因為當論域為全域時，此公式表示全域內的所有事物都是 S 並且都是 P。若把 S 和 P 分別理解為「臺大學生」和「聰明的」，則此公式表示論域中所有的東西都是臺大學生，並且都是聰明的。這是一個明顯為假的命題，因為桌子、椅子都在論域之內，但它們既不是臺大學生，也不是聰明的。同樣的道理，也不能把 SEP 符號化為 $\forall x(S(x) \wedge \neg P(x))$。

2. 特稱的直言命題應符號化為存在合取式

例如：SIP 應該符號化為：

$\exists x(S(x) \wedge P(x))$

讀作：「存在著這樣的 x，使得 x 是 S 並且 x 是 P。」例如：當「有的天鵝是白色的」變成相應的公式後，其意思是：「存在著這樣的 x，使得 x 是天鵝並且 x 是白色的。」這正是「有的天鵝是白色的」的原意。

類似地，SOP 應該符號化為：

$\exists x(S(x) \wedge \neg P(x))$

讀作：「存在著這樣的 x，使得 x 是 S 但 x 不是 P。」例如：當把「有些哺乳動物不是胎生的」變成相應的公式後，它的意思是：「存在著這樣的 x，x 是哺乳動物，但 x 不是胎生的。」

注意，特稱命題不能符號化為存在蘊涵式。例如：SIP 不能符號化為：

$\exists x(S(x) \rightarrow P(x))$

因為若可以這樣符號化的話，有可能使明顯為假的句子成為真的。令 SIP 為「有些長 8 個腦袋的人是聰明的」，這是一個明顯為假的命題。若令 S 表示「長 8 個腦袋的人」，P 表示「聰明的」，假設該命題的謂詞邏輯公式是 $\exists x(S(x) \rightarrow P(x))$，後者邏輯等值於 $\exists x(\neg S(x) \vee P(x))$，而這個公式是說：「存在著這樣的 x，或者 x 沒有長 8 個腦袋的人，或者 x 是聰明的。」這是一個真公式！因為全域中顯然有個體是沒有長 8 個腦袋的人，例如馬，也有個體是聰明的，例如愛因斯坦。

3.單稱的直言命題應符號化為原子公式

例如：「《紅樓夢》是一部中國文學經典」可以符號化為：

F(a)

讀作「a 是 F」，這裡「a」代表《紅樓夢》，「F」代表「一部中國文學經典」。

又如，「柯林頓不是美國歷史上最偉大的總統」可以符號化為：

$\neg$G(b)

讀作「b 不是 G」，這裡「b」代表柯林頓，「G」代表「美國歷史上最偉大的總統」。

有時候，我們也在一個特定的範圍內討論問題，例如：數學家在建構自然數算術理論時，他所談論的都是自然數，這時他就沒有必要把論域設定為全域，而只需要把它設定為「自然數的集合」。人類學家在建構關於人的理論時，他所談論的都是人，這時也只需要把論域設定為「人的集合」。在這種情況下，個體變

項就自動表示該特定論域中的某個不確定的對象，個體常項則表示該特定論域中的某個特定的對象，這樣，相應的符號公式就可以簡化。例如：當論域為「自然數集」時：

「所有的自然數都是整數」應符號化為 ∀xS(x)，這裡 S 代表「整數」；

「所有的自然數都不是負數」應符號化為 ∀x⌐P(x)，這裡 P 代表「負數」；

「有些自然數是奇數」應符號化為 ∃xF(x)，這裡 F 代表「奇數」；

「有些自然數不是偶數」應符號化為 ∃x⌐G(x)，這裡 G 代表「偶數」；

「3 是一個質數」應符號化為 H(a)，這裡 a 表示自然數 3，H 代表「質數」；

「133 不是一個能被 3 整除的數」應符號化為 ⌐H(b)，這裡 b 表示自然數 133，H 代表「能被 3 整除的數」。

當論域限定為某個特定論域時，有關命題的謂詞邏輯公式要簡單得多。不過，這種情況不具有一般性，除非特別說明，我們一般不限定論域，一律取全域為論域。

（二）關係命題的符號化 ●●●

關係命題是斷定對象之間具有某種關係的命題。例如：

1. 關公戰秦瓊。

2. $(x + y)^2 = x^2 + y + 2xy$

3. 約翰把一朵漂亮的玫瑰花獻給了瑪麗。

都是關係命題。

關係命題至少包括兩個要素：個體詞、關係謂詞。個體詞是表示具有某種關係的對象的語詞，如上面例子中的「關公」、「秦瓊」、「x」、「y」、「約翰」、「瑪麗」、「玫瑰花」等。關係謂詞是表示對象之間所具有的關係的語詞，如「戰」、「＝」、「把……獻給……」等。發生在兩個對象之間的關係叫做「二元關係」，依此類推，發生在 n 個對象之間的關係叫做「n 元關係」。例如：在上面的例子中，「戰」和「＝」都是二元關係，「把……獻給」是三元關係。上述三個命題可以分別符號化為：

1. F(a, b)

2. I(x, y)

3. G(a, x, b)

顯然，個體變項和個體常項的次序在這裡是十分重要的，R(a, b) 表示 a 與 b 有 R 關係，而 R(b, a) 則表示 b 與 a 有 R 關係，這兩者的不同常常就像「2 < 3」和「3 < 2」的不同一樣。

有些關係命題帶有量詞，量詞表示具有某種關係的對象的數量和範圍，如「有些」和「所有」等。例如：

　　1. 牛郎不愛有些愛織女的男人。

　　2. 織女愛每一個愛牛郎的人。

　　3. 有的投票人贊成所有的候選人。

它們可以分別符號化為：

　　1. $\exists x(M(x) \wedge L(x, a) \wedge \neg L(b, x))$

　　2. $\forall x(P(x) \wedge L(x, b) \rightarrow L(a, x))$

　　3. $\exists x(T(x) \wedge \forall y(H(y) \rightarrow Z(x, y)))$

1. 讀作：「存在這樣的 x，使得 x 是男人，並且 x 愛 a（織女），但 b（牛郎）不愛 x。」2. 讀作：「對於任一 x 而言，如果 x 是人並且 x 愛 b（牛郎），則 a（織女）愛 x。」3. 讀作：「存在這樣的 x，使得 x 是投票人，並且對於任一 y，若 y 是候選人，則 x 贊成 y。」

（三）關係推理的符號化 ●●●●

把一個推理符號化，也就是分別把推理的前提和結論符號化。例如：

　　所有的人都是有理性的，有些美國人是人，所以，有些美國人是有理性的。

使用謂詞邏輯的工具，可以把這個推理符號化為：

　　$\forall x(M(x) \rightarrow R(x)) \cdot \exists x(A(x) \wedge M(x)) / \therefore \exists x(A(x) \wedge R(x))$

所謂關係推理，就是以關係命題作前提和結論的推理。例如：

　　1. 有的投票人贊成所有的候選人，所以，所有的候選人都有人贊成。

　　2. 如果任何一條魚都比任何一條比它小的魚游得快，那麼，有一條最大的魚
　　　 就有一條游得最快的魚。

使用謂詞邏輯的工具，可以把這兩個推理符號化為：

　　1. $\exists x(T(x) \wedge \forall y(H(y) \rightarrow Z(x, y))) / \therefore \forall y(H(y) \rightarrow \exists x(T(x) \wedge Z(x, y)))$

　　2. $\forall x \forall y(F(x) \wedge F(y) \wedge D(x, y) \rightarrow K(x, y)) / \therefore (\exists x(F(x) \wedge \forall y(F(y) \rightarrow D(x, y))) \rightarrow$
　　　 $\exists x(F(x) \wedge \forall y(F(y) \rightarrow K(x, y))))$

由此可見，謂詞邏輯的符號表達能力是足夠強的，它不僅能夠表達所有的性質命題，而且能夠表達所有的關係命題，以及性質命題與關係命題相結合的推理。再如：

> 沒有一個華盛頓的追隨者喜愛任何獨裁者，任何華盛頓的追隨者喜愛至少一個林肯的追隨者，並且華盛頓確實有追隨者，所以，有的林肯的追隨者不是獨裁者。

其符號化形式是：

$\forall x(H(x) \rightarrow \forall y(D(y) \rightarrow \neg L(x, y)))$, $\forall x(H(x) \rightarrow \exists y(K(y) \wedge L(x, y)))$, $\exists x H(x)/$
$\therefore \exists x(K(x) \wedge \neg D(x))$

為了驗證一個推理是否有效，也可以把該推理轉化為一個蘊涵式，只要把該推理的前提合取起來作為蘊涵式的前件，把結論作為蘊涵式的後件，得到一個前提蘊涵結論的蘊涵式。該推理是有效的，當且僅當，該蘊涵式是一個永遠為真的公式。

（四）二元關係的邏輯性質和排序問題 ●●●●

不同的關係有不同的邏輯性質。這裡主要考慮二元關係的邏輯性質，即關係的自返性、對稱性和傳遞性：

一關係 R 是自返的，當且僅當，對任一 x 而言，x 與它自身有 R 關係，即：

$\forall x R(x, x)$

為簡便起見，我們這裡把所有不滿足這一條件的關係都叫做「非自返關係」。例如：「等於」、「與同一」是自返關係，而「大於」、「小於」、「欣賞」、「戰勝」、「知道」是非自返關係。

一關係 R 是對稱的，當且僅當，對任一 x 和 y 而言，如果 R(x, y)，則 R(y, x)。即：

$\forall x \forall y(R(x, y) \rightarrow R(y, x))$

也就是說，R 關係是對稱的，當且僅當，如果第一個對象與第二個對象有 R 關係，則第二個對象與第一個對象也有 R 關係。這裡把所有不滿足這一條件的叫做「非對稱關係」。例如：「等於」、「同學」、「相鄰」、「接壤」是對稱關係，而「愛」、「認識」、「相信」、「尊敬」、「大於」、「小於」是非對稱關係。從「紅霞愛陽光」絕對推不出「陽光愛紅霞」，因為「愛」是不對稱關

係。也正因為如此，才演繹出那麼多悲歡離合的故事，才產生出像《羅密歐與茱麗葉》、《紅樓夢》這樣的文學經典，也使得「愛」是一件值得去追求和值得去珍惜的事情。在這個意義上，也許我們應該感謝「愛」的不對稱性。

一關係 R 是傳遞的，當且僅當，對任一 x、y 和 z 而言，如果 R(x, y) 並且 R(y, z)，則 R(x, z)，即：

$$\forall x \forall y \forall z (R(x, y) \land R(y, z) \to R(x, z))$$

也就是說，關係 R 是傳遞的，當且僅當，如果第一個對象與第二個對象有 R 關係，並且第二個對象與第三個對象也有 R 關係，則第一個對象與第三個對象也具有 R 關係。例如：「大於」、「小於」、「在⋯⋯之前」、「在⋯⋯之後」是傳遞關係。我們把所有不滿足這一條件的關係都叫做「非傳遞關係」，例如：「朋友」、「認識」、「愛」、「戰勝」、「父子」。

如果根據一個關係，能夠在對象之間排出某種次序來，每個對象在這種次序中有一個唯一確定的位置，這樣的關係叫做「偏序關係」，它必定滿足非自返性、非對稱性和傳遞性。例如：「大於」、「小於」、「快於」、「在⋯⋯之前」、「在⋯⋯之後」、「在⋯⋯北邊」等等，都是偏序關係。

甲和乙任何一人都比丙、丁高。

如果上述為真，再加上以下哪項，則可得出「戊比丁高」的結論？

A. 戊比甲矮。

B. 乙比甲高。

C. 乙比甲矮。

D. 戊比丙高。

E. 戊比乙高。

解析：「比⋯⋯高」是一傳遞關係，要得到「戊比丁高」的結論，就需要戊比某個人高，而這個人又比丁高，符合條件的只有選項 E「戊比乙高」，由題幹知道，乙比丁高，最後得到戊比丁高。因此，正確的選項是 E。

有四個外表看起來沒有分別的小球，它們的重量可能有所不同。取一個天平，將甲、乙歸為一組，丙、丁歸為另一組，分別放在天平兩邊，天平是基本平衡的。將乙、丁對調一下，甲、丁一邊明顯要比乙、丙一邊重得多。可奇怪的是，我們在天平一邊放上甲、丙，而另一邊剛放上乙，還沒有來得及放上丁時，天平就壓向了乙一邊。

請你判斷，這四個球由重到輕的順序是什麼？

A. 丁、乙、甲、丙。

B. 丁、乙、丙、甲。

C. 乙、丙、丁、甲。

D. 乙、甲、丁、丙。

E. 乙、丁、甲、丙。

解析：從題幹可以得到三個關係命題：甲乙＝丙丁，甲丁＞丙乙，乙＞甲丙。由「甲乙＝丙丁」和「甲丁＞丙乙」，可以得到「丁＞乙」；由「甲乙＝丙丁」和新推出的「丁＞乙」，又可以得到「甲＞丙」；再加上「乙＞甲丙」，就可排出它們四者之間由重到輕的順序：丁、乙、甲、丙。因此，正確答案是 A。

某學術會議正舉行分組會議。某一組有 8 個人出席。分組會議主席問大家原來各自認識與否。結果是全組中僅有一個人認識小組中的三個人，有三個人認識小組中的兩個人，有四個人認識小組中的一個人。

若以上統計屬實，則最能得出以下哪項結論？

A. 會議主席認識小組中的人最多，其他的人相互認識的少。

B. 此類學術會議是第一次舉行，大家都是生面孔。

C. 有些成員所說的認識可能僅是電視上或報告會上見過而已。

D. 雖然會議成員原來的熟人不多，但原來認識的都是至交。

E. 經過這次會議，小組成員都相互認識了，以後見面就能直呼其名了。

解析：從題幹中的統計數字可以知道：統計中所說的「認識」是不對稱的，至少有些人不是相互認識，而只是單向認識，即一個人認識另一個人，後者卻不認識前者。最容易造成這種情況的是選項 C。從題幹中得不出選項 A、B、D；選項 E 也不一定成立，因為假設會議只有一兩天，有人又不愛發言，以後見面仍可能不能直呼其名。因此，正確答案是 C。

三、模型和賦值普遍有效式

前面給出了謂詞邏輯的符號和公式，下面對這些符號和公式進行解釋，賦予它們以意義和真假。這是透過模型和賦值來實現的。

謂詞邏輯語言的一個模型 U（亦稱「解釋」）包括下列因素：

（一）個體域 D，即由具有一定性質的個體所構成的集合。當給定個體域之後，全稱量詞 ∀x 表示個體域中的所有個體，存在量詞 ∃x 表示個體域中的有些個體。這就是說，全稱量詞、存在量詞和約束個體變項的意義都確定了。

（二）個體常項在個體域 D 中的值，即個體常項表示個體域中的某個特定個體。

（三）謂詞符號在個體域 D 上的解釋，即表示個體域中個體的性質或個體之間的關係。

如前所述，謂詞邏輯的一個閉公式只含有這樣一些成分，因此，當給定模型 U 後，閉公式的意義就確定了，因而其真假也就確定了。例如：令個體域為自然數集合 {1, 2, 3……}，個體常項 a 表示自然數「1」，F 表示「偶數」，R 表示自然數集上的「小於關係」，S 表示自然數集上的複合關係「……×……＝……」。於是：

F(a) 表示「1 是一個偶數」，是一個假命題；

∀x∃yR(x, y) 表示「對於任一自然數，都可以找到另一個自然數，前者比後者小」，也就是說，沒有最大的自然數，這是一個真命題；

∀xS(x, a, x) 表示「任一自然數與 1 相乘都等於該自然數本身」，這是一個真命題。

但是，當一個公式中含有自由變項，即該公式本身是一個開公式時，它的意義尚不確定，因而其真假也不確定。例如：∃yR(y, x) 表示有的自然數小於某個自然數。究竟小於哪個自然數呢？這一點尚不確定。為了確定該公式的真值，必須先確定該自由變項究竟指哪個自然數。這是經過指派（記為 ρ）來確定的。ρ 一次給謂詞邏輯語言中的所有自由變項指派個體域中的個體，但在一個具體的公式中只用到該指派的一部分，令自由變項 x，z 的指派值（記為 ρ(x)，ρ(z)）分別是 1 和 5，則：

∃yR(y, x) 是說：有的自然數小於 1，這是一個假命題；

∃yR(y, z) 是說：有的自然數小於 5，這是一個真命題。

當給定指派之後，含自由變項的開公式也有了確定的意義，因而也有了確定的真假。於是，在模型 U 和指派 ρ 之下，謂詞邏輯的所有公式都有了確定的意

義，也有了確定的眞假。也就是說，謂詞邏輯的語言得到了確定的解釋。通常把一個模型 U 和模型 U 上的一個指派合稱爲一個賦值，記爲 σ = < U, ρ >。

一次指派要給謂詞邏輯語言中的所有自由變項同時做指派，即使變動其中一個自由變項的指派，也會得到一個新的指派。顯然，對於自由變項 x，y，z……的指派不止一種，例如 $ρ_1$ 給 x 指派自然數 1，給 y 指派自然數 2，給 z 指派自然數 3；而 $ρ_2$ 給 x 指派自然數 5，給 y 指派自然數 6，給 z 指派自然數 7，如此等等。不同指派的數目甚至可以無窮多。由於賦值 σ = < U, ρ >，因而有多少個不同的指派 ρ，就會衍生出多少個不同的賦值 σ。

如果一個謂詞邏輯的公式，對於任何一個賦值它都爲眞，則稱該公式爲普遍有效式。普遍有效式是謂詞邏輯的規律，謂詞邏輯就是要找出所有的普遍有效式。

如果一個謂詞邏輯的公式，對於任何一個賦值它都爲假，則稱該公式是一個不可滿足式。不可滿足式是謂詞邏輯中的邏輯矛盾，是謂詞邏輯力圖排除的東西。

如果一個謂詞邏輯的公式，對於有些賦值爲眞，對於有些賦值爲假，則稱該公式是可滿足式，但非普遍有效式。

例如：下述公式都是謂詞邏輯的普遍有效式，都是謂詞邏輯的規律，可以用作有效推理的根據：

（一）$∀xF(x) → F(y)$

這是從一般到個別的推理：論域中所有個體是 F，蘊涵著論域中某個個體是 F。

（二）$F(y) → ∃xF(x)$

這是從個別到存在的推理：論域中某個個體是 F，蘊涵著論域中有的個體是 F。

（三）$∀x(F(x) ∨ ¬F(x))$

這是排中律在謂詞邏輯中的表現形式：論域中的任一個體或者是 F 或者不是 F。

（四）$¬∃x(F(x) ∧ ¬F(x))$

這是矛盾律在謂詞邏輯中的表現形式：論域中不存在個體既是 F 又不是 F。

（五）$∀xF(x) ↔ ¬∃x¬F(x)$

這表明全稱量詞可以用存在量詞來定義：所有 x 是 F，可以定義爲並非有些 x 不是 F。

（六）∃xF(x)↔¬∀x¬F(x)

　　這表明存在量詞可以用全稱量詞來定義：有些 x 是 F，等於說，並非所有 x 都不是 F。

（七）∀x(F(x) → G(x)) → (∀xF(x) → ∀xG(x))

　　這是全稱量詞對於蘊涵的分配律：如果對任一的 x 而言，F(x) 蘊涵著 G(x)，則可以推知：∀xF(x) 蘊涵著 ∀xG(x)。

（八）∀x(F(x) ∧ G(x))↔(∀xF(x) ∧ ∀xG(x))

　　這是全稱量詞對於合取的分配律：如果對任一的 x 而言，F(x) 並且 G(x)，則可以推知：∀xF(x) 並且 ∀xG(x)。

（九）∃x(F(x) ∨ G(x))↔(∃xF(x) ∨ ∃xG(x))

　　這是存在量詞對於析取的分配律：如果對任一的 x 而言，F(x) 或者 G(x)，則可以推知：∃xF(x) 或者 ∃xG(x)。

（十）∃x∀yR(x, y) → ∀y∃xR(x, y)

　　這是存在量詞與全稱量詞的交換律：如果有的 x 與所有的 y 有 R 關係，那麼，所有的 y 與有的 x 有 R 關係。例如：如果有的自然數小於等於所有的自然數（即有最小的自然數），那麼，所有的自然數都大於等於它。但（十）的逆公式不成立：例如：如果所有的自然數都有它比其小的自然數的話（即沒有最大的自然數，真命題），推不出：至少有一個自然數，所有的自然數都小於它（即有最大的自然數，假命題）。前件真後件假，所以（十）的逆公式為假。

四、非普遍有效性的解釋方法

　　一般性地去判定任一謂詞邏輯公式是否普遍有效，這是非常困難的。但是，要證明這樣一個公式是不普遍有效的，或者不是不可滿足的，即可滿足的，相比之下卻要簡單得多。這與謂詞邏輯公式的解釋相關，亦稱「解釋方法」或「模型方法」。

　　例 1：證明 ∀x∃yR(x, y) → ∃y∀xR(x, y) 不是普遍有效的。

　　實際上，這是要求為該公式找一個反模型，在該模型中此公式為假。由於它是一個蘊涵式，這就要求它的前件真而後件假。滿足這一要求的模型是：

　　個體域：自然數集合。

　　謂詞 R 的解釋：自然數集合上的小於關係。

在這一模型中，$\forall x \exists y R(x, y)$ 說的是「對於任一自然數，都可以找到大於它的另外一個自然數」，這等於說「沒有最大的自然數」，是一個真命題；而 $\exists y \forall x R(x, y)$ 說的是「存在一個自然數，它大於任意一個自然數」，這等於說「有一個最大的自然數」，是一個假命題。前件真而結論假，所以整個公式是無效的。

例 2：證明 $\exists x(B(x) \wedge \neg C(x)) \wedge \forall x(D(x) \rightarrow \neg C(x)) \rightarrow \forall x(D(x) \rightarrow B(x))$ 不是普遍有效的。

滿足要求的模型是：

個體域：人的集合。

B(x) 表示：x 是富人；

C(x) 表示：x 是億萬富翁；

相應地，$\neg C(x)$ 表示：x 不是億萬富翁；

D(x) 表示：x 是窮人。

根據這一模型，$\exists x(B(x) \wedge \neg C(x))$ 說的是「有的富人不是億萬富翁」，是真命題；$\forall x(D(x) \rightarrow \neg C(x))$ 說的是「所有窮人都不是億萬富翁」，是真命題；於是，$\exists x(B(x) \wedge \neg C(x)) \wedge \forall x(D(x) \rightarrow \neg C(x))$ 也是真命題；而 $\forall x(D(x) \rightarrow B(x))$ 說的是「所有窮人都是富人」，是一個假命題。前件真而結論假，所以，整個公式為假，不是普遍有效的。

證明某個公式不可滿足，實際上相當於證明該公式的否定普遍有效。如前所述，證明某一個謂詞邏輯公式的普遍有效性是很困難的事情，同理，證明某個謂詞邏輯公式不可滿足也是很困難的。不過，正像可以用解釋方法證明某個公式不普遍有效一樣，也可以用解釋方法證明某個公式並非不可滿足，即是可滿足的。我們仍用上面的兩個例子。

例 3：證明 $\forall x \exists y R(x, y) \rightarrow \exists y \forall x R(x, y)$ 是可滿足的。

滿足這一要求的模型是：

個體域：自然數集合。

謂詞 R 的解釋：自然數集上的≥關係。

在這一模型中，$\forall x \exists y R(x, y)$ 說的是「對於所有自然數來說，都可以找到某個自然數，前者 ≥ 後者」，是一個真命題；$\exists y \forall x R(x, y)$ 說的是「有一個自然數，所有的自然數都 ≥ 它」，這等於說「有一個最小的自然數」，是一個真命題，並

且這個自然數就是 1。於是，前件眞後件也眞，整個公式爲眞，因此它是可滿足的，可以爲眞。

　　例 4：證明 ∃x(B(x) ∧ ¬C(x)) ∧ ∀x(D(x) → ¬C(x)) → ∀x(D(x) → B(x)) 是可滿足的。

　　滿足要求的模型是：

　　個體域：桌子的集合。

　　B(x) 表示：x 是木桌；

　　C(x) 表示：x 是圓桌；

　　相應地，¬C(x) 表示：x 不是圓桌；

　　D(x) 表示：x 是方木桌。

根據這一模型，∃x(B(x) ∧ ¬C(x)) 說的是「有的木桌不是圓桌」，是眞命題；∀x(D(x) → ¬C(x)) 說的是「所有方木桌都不是圓桌」，是眞命題；於是，∃x(B(x) ∧ ¬C(x)) ∧ ∀x(D(x) → ¬C(x)) 也是眞命題；而 ∀x(D(x) → B(x)) 說的是「所有方木桌都是木桌」，也是一個眞命題。前件眞後件也眞，所以，整個公式爲眞，是可滿足的。

Chapter 8

太陽明天仍將從東方升起

——歸納推理和歸納方法

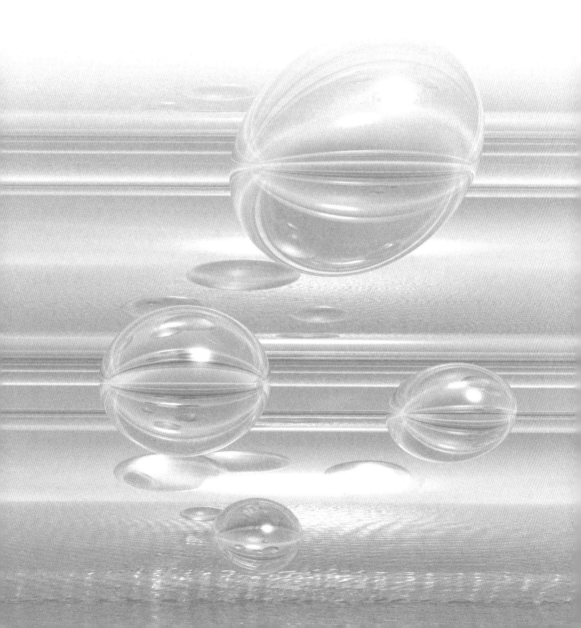

前三講所講的都是演繹推理，即假若所給定的前提是真實的，按照給定的規則進行推理，所推出的結論一定是真實的。問題是，那些真實的前提如何給定？或者說，那些真實的前提來自哪裡？我們的回答只能是：歸根結底，它們只能來自於人對這個世界的接觸、觀察和實驗，來自於人從這種接觸、觀察、實驗中所積累的感覺經驗材料，以及在這些材料基礎上所進行的歸納概括。因此，我們不僅需要有研究演繹推理的演繹邏輯，而且需要有研究歸納推理的歸納邏輯，這兩者結合才構成對人的實際認知過程和思維過程的相對完整的研究。本講將講授歸納邏輯的一些基本的內容。

一、什麼是歸納推理？

關於演繹推理和歸納推理的嚴格定義，實際上是存在爭議的，我們不去理會那些爭議，而在這兩者的比較和對照中，釐清「什麼是歸納推理」這個問題。

第一，從思維方向上看，演繹推理是指從一般性原理到個別性論斷，或者是從一般性原理到另一個一般性原理的推理。例如：

（一）所有的植物都需要陽光，向日葵是一種植物，所以，向日葵也需要陽光。

（二）如果誰想活得明白一點，誰就必須擁有足夠的資訊；誰都想活得明白一點，所以，誰都必須擁有足夠的資訊。

這裡，（一）是從一般怎麼樣推出個別怎麼樣，（二）卻是從一般怎麼樣推出一般怎麼樣。

而歸納推理則是指從個別性例證到一般性原理的推理，或者是從個別性論斷到另外的個別性論斷的推理。例如：

（一）我們都是瞎子。吝嗇的人是瞎子，他只看見金子看不見財富。揮霍的人是瞎子，他只看見開端看不見結局。賣弄風情的女人是瞎子，她看不見自己臉上的皺紋。有學問的人是瞎子，他看不見自己的無知。誠實的人是瞎子，他看不見壞蛋。壞蛋是瞎子，他看不見上帝。上帝是瞎子，他在創造世界的時候，沒有看到魔鬼也跟著混進來了。我也是瞎子，我只知道說啊說啊，沒有看到你們全都是聾子。

（二）從我記事的第一天起，太陽從東方升起，第二天，太陽從東方升起，第三天，太陽從東方升起一直到今天，太陽從東方升起，所以，太陽明天仍將從東方升起。

這裡，（一）從個別性論斷推出了一個全稱命題；（二）從一些個別性論斷推出了另一個個別性論斷。

不管怎樣，演繹推理不會從個別推出一般，歸納推理不會從一般推出個別。

第二，從前提和結論的關係來看，演繹推理的結論所斷定的隱含在前提之中，所以，結論所斷定的沒有超出前提所斷定的範圍，前提的真足以保證結論的真。例如：演繹推理例（一）中，既然大前提斷定「所有植物都需要陽光」，小前提斷定「向日葵是一種植物」，當然可以推出「向日葵也需要陽光」的結論了。這裡有一個傳統問題：演繹推理能不能產生新知識？我認為，問題在於如何定義「新知識」：如果是指邏輯上的「新知識」，即前提中所沒有直接或潛在地包含的知識，那麼，演繹推理不能提供這樣的知識，它的結論都是至少隱含在前提中的；如果是指心理上的「新知識」，即指原來不知道或應該知道但實際上不知道的知識，那麼，演繹推理能夠提供這樣的知識。比如說，從 A 透過一個漫長的邏輯推理鏈條能夠推出 B，但由於原來不知道這個推理鏈條，因此，也就不知道 B。於是，某個數學家作出了這樣一個推理或證明，他就作出了一個新的發現，給人類的知識寶庫增添了新的知識。我認為，「新知識」常常是在第二種意義上使用的，所以，演繹推理能夠提供新知識。

而歸納推理的結論超出了前提所斷定的範圍，其前提的真不能保證結論的真。例如：歸納推理例（一）中第一句話是結論，相當於「所有的人都有認知上的盲點」。這個結論是從對各種各樣的人的考察中得出的，由於前提並沒有窮盡地考察全部的人，而結論卻涉及所有的人，因此，結論所斷定的超出了前提。同樣地，在例（二）中，從 a、b、c 等等怎麼樣，不能邏輯地推出 e 怎麼樣，因為 e 可能與 a、b、c 等等不同。並且，在例（二）中，實際上隱晦地利用了一般性原理：「太陽總是從東方升起。」它是前提所不能保證的。當然，無論從邏輯意義上還是從心理意義上說，歸納推理都能夠產生新知識，形成對人類知識的擴展。

第三，從推理的性質上看，演繹推理是必然性推理，前提的真能夠保證結論的真；歸納推理是或然性推理，前提的真不能保證結論的真，而只對後者提供一定程度的支持。

綜上所述，可以得出一個對歸納推理的大致可接受的描述：歸納推理是從個別到一般或者從個別到個別的推理，其結論所斷定的超出了前提所斷定的範圍，因此，前提的真不能保證結論的真，歸納推理是一種或然性推理。

二、簡單列舉法

（一）什麼是簡單列舉法？ ● ● ●

簡單列舉法的內容是：在一類事物中，根據已觀察到的那部分對象都具有某種屬性，並且沒有遇到任何反例，從而推出該類所有對象都具有該種屬性的結論。它是由列舉屬於某個類的一部分對象如何，推出該類的所有對象都如何。其一般形式是：

S_1 是 P，

S_2 是 P，

⋮

S_n 是 P，

$S_1, S_2 \cdots S_n$ 是 S 類的部分對象，並且其中沒有 S_i（$1 \leq i \leq n$）不是 P，

所以，所有的 S 都是 P。

也可以這樣來表述：

迄今為止觀察到的所有 S 都是 P，

所以，所有 S，不論其是否已經被觀察到，都是 P。

如前所述，質數是只能被 1 和自身整除的自然數。下面是關於質數的簡單列舉推理：

$6 = 3 + 3$；

$8 = 3 + 5$；

$10 = 3 + 7 = 5 + 5$；

$12 = 5 + 7$；

$14 = 3 + 11 = 7 + 7$；

⋮

6、8、10、12、14 是大於 4 的偶數。

所以，所有大於 4 的偶數都可以寫成兩個質數之和。

在這個推理中，前提中考察了一部分大於 4 的偶數都具有可寫成兩個質數之和的性質，沒有遇到相反的情況，由此推出了「所有大於 4 的偶數都可以寫成兩個質數之和」這個一般性結論，該結論就是著名的「哥德巴赫猜想」。

樹木有年輪，從它的年輪可以知道樹木生長的年數。動物也有年輪，易於引人注意的是烏龜的年輪，從龜甲上的環數多少就可以知道牠的年齡。牛馬也有年輪，牠們的年輪在牙齒上，從牠們的牙齒可以知道牠們的歲數。最近，日本科學家發現人的年輪在腦中。這些事實說明，所有生物都有年輪。

簡單列舉法是或然的，因為它的結論超出了前提的範圍，前提的真不能保證結論的真。數學家華羅庚在《數學歸納法》一書中，對簡單列舉法的或然性作了很好的說明：「從一個袋子裡摸出來的第一個是紅玻璃球，第二個是紅玻璃球，甚至第三個、第四個、第五個都是紅玻璃球時，我們立刻就會猜想：『是不是袋子裡所有的球都是紅玻璃球？』但是，當我們有一次摸出一個白玻璃球時，這個猜想失敗了。這時，我們會出現另一個猜想：『是不是袋裡的東西全都是玻璃球？』當有一次摸出一個木球時，這個猜想又失敗了。那時，我們又會出現第三個猜想：『是不是袋裡的東西都是球？』這個猜想對不對，還必須繼續加以檢驗，要把袋裡的東西全部摸出來，才能見個分曉。」[1]

簡單列舉法結論的可靠性程度完全建立在列舉事例的數量及其分布的範圍上。因此，要提高它的結論的可靠性，必須至少遵循以下要求：在一類事物中，1. 被考察對象的數量要足夠多；2. 被考察對象的範圍要足夠廣；3. 被考察對象之間的差異要足夠大。通常把樣本過少、結論明顯為假的簡單列舉法稱之為「以偏概全」、「輕率概括」，例如下面兩個推論：有人論證說，「兒子都比老子偉大，例如世界上幾乎人人都知道愛因斯坦，但有幾個人知道愛因斯坦的爸爸呢！」有人則針鋒相對地反駁說：「老子都比兒子偉大，例如世界上幾乎人人都知道愛因斯坦，但有幾個人知道愛因斯坦的兒子呢！」

（二）變化形式：科學歸納法 ●●●●

簡單列舉法依靠的是觀察，它的結論依賴於觀察例證的數量、分布範圍和有沒有反例，只要有一個反例，全稱結論就被推翻。這實際上是笨人的辦法、懶人的辦法，它笨在重複，懶於思考，只知道積聚數量，擴大範圍，從實際操作的角度看既不經濟，浪費人力物力，有時候還會喪失大好機遇。例如：當在科學研究

---

[1] 華羅庚：《數學歸納法》，上海教育出版社，1963 年，第 3-4 頁。

過程中遇到某種反常或特例時，我們如果嚴格按簡單列舉法來行事，那反常或特例早就消失得無影無蹤。例證的數量和範圍真的如此重要嗎？為了知道麻雀的內部結構，要解剖多少麻雀才夠呢？為了知道人體的結構，需要解剖多少人體才夠呢？正如恩格斯所言，十萬部蒸汽機並不比一部蒸汽機更能說明熱能轉化為機械能。也如常言所說，一葉知秋；麻雀雖小，五臟俱全。

因此，我們需要跳出觀察的藩籬。當我們觀察到一些 S 具有性質 P 後，就開始思考，為什麼這些 S 會有性質 P 呢，並從田野進入實驗室和研究室，根據當時的科學原理和知識狀況，去弄清楚 S 和 P 究竟具有什麼樣的關聯，是偶然相關還是必然相關。如果我們經過科學研究得出結論說，S 和 P 之間必然相互關聯著，就像生物不可能長生不死一樣，這時儘管也許只研究了一個個例，仍然可以有把握地說「所有的 S 都是 P」。於是，觀察加上科學研究，就衍生出簡單列舉法的一種變化形式——所謂的「科學歸納法」，其形式如下：

S_1 是 P，

S_2 是 P，

$\vdots$

S_n 是 P，

$S_1, S_2 \cdots S_n$ 是 S 類的部分對象，其中沒有 S_i（$1 \leq i \leq n$）不是 P；

並且科學研究顯示，S 和 P 之間有必然關聯，

_____

所以，所有的 S 都是 P。

也可以這樣來表述：

迄今為止觀察到的所有 S 都是 P，並且科學研究顯示：

S 和 P 之間有必然相關聯，

_____

所以，所有 S，不論其是否已經被觀察到，都是 P。

例如：

1. 人們觀察了大量向日葵，發現它們的花總是朝著太陽。經過研究發現，向日葵莖部含有一種植物生長素，它可以刺激生長，又具有背光的特性。生長素常常在背著太陽的一面，使得莖部背光的一面生長快於向陽的一面，於是開在頂端的花就總是朝著太陽。所以，所有向日葵的花都朝著太陽。

2. 氣象工作者經過長期觀察發現，清晨有露水，這天就是晴天。為什麼有露水時就是晴天呢？他們研究了露水形成與天氣之間的關係。在晴天少雲的夜間，地面熱量散失很快，田野上的氣溫迅速下降。溫度一降低，空氣含水汽的能力也減小了，大地低層的水汽就紛紛附著在草上、樹葉上，凝成細小的水珠即露水。露水的形成需要一定的天氣條件，那就是大氣比較穩定，風小，天空晴朗少雲。如果夜間滿天是雲，雲層好像暖房的頂蓋，具有保溫的作用使地面的氣溫不容易下降，露水很難出現。此外，夜間有了風的吹動，能使上下空氣交流，增加地面空氣的濕度，又能使水汽擴散，露水也難以形成。在這種認識的基礎上，他們作出歸納概括：有露水時是晴天。

科學歸納法的特點是觀察加科學研究，其前提對結論的支持度有多高，結論有多可靠，取決於科學歸納法有多「科學」。由於極其複雜的原因，打著「科學研究」旗號的許多研究也有不科學，或不盡科學的時候，因此「科學研究」的結論也是可錯的、可以修正的。我們回想一下，各種媒體上經常給我們傳播一些多麼自相矛盾的「科學知識」，例如：有時候說，隔夜茶不能喝，喝了有害健康；有時候又說，研究顯示，隔夜茶可以喝，與喝非隔夜茶一樣；有時候說，吃肥肉會得與心臟、血管、血壓有關的疾病，不能吃；有時候又說，不吃肥肉不利於健康，如此等等。一個人要是完全照著他從媒體上獲得的「科學知識」去辦，唯一的結果就是──手足無措。之所以如此，是因為事物之間的關聯是非常複雜的，如果簡單地把一兩個因素孤立起來加以研究，匆匆得出一些結論，常常會被另外的一些研究所推翻。因此，我們對一切知識和結論，還是抱著一種健康的懷疑主義態度為好。

（三）極限形式：完全歸納法 ●●●

完全歸納法是從對一類對象的窮盡考察，得出關於該類對象的一般性結論的推理。從思維方向上說，它是從個別推出一般；在這一點上，它類似於歸納推理。但是，它的結論所斷定的卻沒有超出前提的範圍，因此，其前提的真能夠保證結論的真；在這一點上，它類似於演繹推理。但這裡還是按照「完全歸納法」這一名字所顯示的，將其歸入「歸納推理」的範疇。

完全歸納法的形式是：

S_1 是 P，

S_2 是 P，

$\vdots$

S_n 是 P，

$S_1, S_2 \cdots S_n$ 是 S 類的全部對象，並且其中沒有 S 不是 P，

所以，所有的 S 都是 P。

也可以這樣來表述：

依次考察了 S 類的每一個對象，發現它們都是 P，

所以，所有 S 都是 P。

據說，數學家高斯（C. F. Gauss）小時候就很聰明，他 10 歲讀小學時，數學老師出了一道題，$1 + 2 + 3 + \cdots\cdots + 97 + 98 + 99 + 100 = ?$ 即從 1 到 100 連加等於多少？高斯想了一想，發現從數列的開頭和末尾依次分別取一個數相加等於 101，即：

$$\left. \begin{array}{l} 1 + 100 = 101 \\ 2 + 99 = 101 \\ 3 + 98 = 101 \\ \vdots \\ 50 + 51 = 101 \end{array} \right\} \ 50 \text{ 個 } 101 \text{，即 } 101 \times 50 = 5050$$

高斯一會兒就把這道題給解決了，並且結論正確。

原則上，高斯能夠依次考察這 50 對數分別相加的結果，即對它們作窮盡的考察，儘管他肯定沒有這樣做。但如果他這樣做了，他就是在使用完全歸納法。

顯然，完全歸納法的適用範圍很小。它只適用於那些對象數目很小的類別，例如：某個班組、年級、學校、鄉鎮的所有人口。對它們作窮盡的考察，用完全歸納法得出一個全稱結論，比較容易。例如：我很容易就能知道，所有本學期選修邏輯導論課的學生的期末邏輯考試成績如何；由於考試成績是網路登入，學校教務部門也很容易知道，這個學期全校學生的期末考試成績如何。但是，假如所考察的那個類仍然是一個有窮類，但對象的數目很大，例如：由所有中國人所組成的類，其成員就有 13 億之多，儘管在理論上我們還是可以對這個類作窮盡的

考察，例如：作一次全國人口普查，但實際操作起來很困難，社會成本太大。更進一步，假如所要考察的對象類是一個無窮類，例如自然數類，原則上就不可能窮盡地檢查這個類，因為不管我們檢查到哪一步，總有無窮多的對象仍在那裡等待我們。對於這類對象，完全歸納法根本不適用。

三、排除歸納法

所謂排除歸納法，就是通常所謂的「尋求因果關係的邏輯方法」。它們是根據因果關係的一些特點而設計的，透過排除一些不相干的現象，從而得出剩下的現象之間有因果關係的結論。因此，我們需要先從因果關係說起。

（一）因果關係的特點 ●●●

因果關係是世界萬物之間普遍關係的一個方面，也許是其中最重要的方面。一個（或一些）現象的產生會引起或影響到另一個（或一些）現象的產生。前者是後者的原因，後者就是前者的結果。科學的一個重要任務就是把握事物之間的因果關係，以便掌握事物發生、發展的規律。

一般說來，因果關係的特點是：1. 恆常伴隨，指任何現象都有它產生的原因，也有它所產生的結果，原因和結果總是如影隨形、恆常伴隨的。沒有無因之果，也沒有無果之因。並且，相同的原因永遠產生相同的結果，但相同的結果卻可以產生於不同的原因等等。2. 共存性，指原因和結果總是在時空上相互接近的，並且總是共同變化的：原因的變化將引起結果的相應變化，結果的改變總是由原因的改變所引起。但因果之間的共存性也容易使人們倒因為果，或倒果為因，犯「倒置因果」的錯誤。例如：微生物入侵是造成有機物腐敗的原因，而有人誤認為有機物腐敗才導致微生物入侵，這是「倒因為果」。又如，發胖的人通常運動量很小，有人匆忙作出結論：由於發胖導致運動量減少，即發胖是運動量減少的原因。這是「倒果為因」。3. 先後性：一般說來，原因總是在先，結果總是在後。但是，也要注意「『在此之後』並非就是『因此之故』」，也就是說先後關係不等於因果關係。例如：閃電和雷鳴先後相繼，但閃電並不是雷鳴的原因，兩者有一個共同的原因：帶電雲塊之間的相互碰撞。如果把先後關係當作因果關係，就犯了「以先後為因果」的錯誤，這是許多迷信、錯誤信念的根源。4. 複雜多樣性，指因果關係是多種多樣的，固然有「一因一果」，但更多的時候

是「多因一果」，單獨來看，其中每一個原因都只是結果的必要條件，而不是充分條件。

因果關係的上述特點為我們尋找因果關係提供了嚮導和依據，也增加了它的難度。例如：因果關係具有先後性，一般總是先因後果。因此，我們在尋找一個現象的原因時，就應該到它的先行現象中去尋找，而不應該在它的後續現象中去尋找。再如，由於因果總是共存並且共變的，如果兩個現象之間沒有共變關係，就可以得出「它們之間沒有因果關係」的結論。排除歸納法實際上就是根據因果關係的這樣一些特點而設計的，其基本思路是：考察被研究現象出現的一些場合，在它的先行現象或恆常伴隨的現象中去尋找它的可能的原因，然後有選擇地安排一些事例或實驗，根據因果關係的上述特點，排除一些不相干的現象或假設，最後得到比較可靠的結論。具體包括由培根先行提出、彌爾後來系統總結的「求因果五法」：求同法、求異法、求同求異並用法、共變法和賸餘法。

（二）求同法 ●●●

求同法亦稱契合法，是指這樣一組操作：考察被研究現象出現的若干場合，找出此現象的先行現象；其中有些現象時而出現時而不出現，由於因果是恆常伴隨的，因此這些現象肯定不是被研究現象的原因；在這些場合中保持不變的、總與被研究現象共同出現的那個先行現象，就有可能與被研究現象有因果關係。用公式表示如下：

場合 1：有先行現象 A、B、C，有被研究現象 a；

場合 2：有先行現象 A、B、D，有被研究現象 a；

場合 3：有先行現象 A、C、E，有被研究現象 a；

所以，A（可能）是 a 的原因。

例如：下面的研究人員得出結論時使用了求同法：

來自於美國國家癌症研究所的研究人員宣布，他們發現了同性戀兄弟所共有的大量基因標記，這顯示同性戀具有基因根源。研究人員將他們的報告刊載於《科學》（1993 年 7 月 16 日）上。他們發現，他們研究的 40 對同性戀兄弟中，其中 33 對兄弟在他們的 X 染色體上共有某種 DNA 序列（男性只能從母親那裡遺傳 X 染色體）。該報告所暗含的推理是，如果具有某種共同的 DNA 序列的兄弟都是同性戀者，那麼這些序列就可以被認為是同性戀的基因標記。

對求同法的挑戰是：先行現象中表面的「同」可能掩蓋著本質的「異」，表面的「異」可能掩蓋本質的「同」，並且相同的先行現象可能不止一個，而有好多個等等。這些情況的出現都會對求同法的結論構成質疑。例如：一天晚上某人看了兩小時書，並且喝了幾杯濃茶，結果整夜沒睡好覺；第二天晚上，他又看了兩小時書，抽了許多菸，結果又失眠了；第三天晚上，他又讀了兩小時書，喝了大量咖啡，結果是再次失眠。按求同法，連著三個晚上失眠的原因似乎應該是「看兩小時書」。這個結論顯然是不對的。事實上，茶、菸、咖啡中的興奮性成分才是真正的原因。

（三）求異法 ●●●

求異法亦稱差異法，是指這樣一組操作：考察被研究現象出現和不出現的兩種場合，在這兩種場合都出現的那些先行現象肯定不是被研究現象的原因，而在被研究現象出現時出現、在被研究現象不出現時不出現的那個先行現象，則（可能）與被研究現象有因果關係。用公式表示為：

場合 1：有先行現象 A、B、C，有被研究現象 a；

場合 2：有先行現象 B、C，沒有被研究現象 a；

所以，A（可能）是 a 的原因。

例如：秋末冬初街道兩旁的響楊開始落葉，但在高壓水銀燈下面的響楊樹葉卻遲遲不落，即使在同一棵樹上也有這樣的情況。這是為什麼呢？人們很快想到這與高壓水銀燈照射有關。這個思維過程就使用了求異法。

求異法結論成立的條件是：在被比較的兩種不同場合之間，只有一個先行情況或伴隨情況不同。這在實際生活中很難碰到，但在科學實驗中卻可以做到。因此，求異法在科學研究中常被採用，對比實驗所根據的就是求異法。例如：

許多物種的睪丸在一年的大多數時間裡是封存不用的，只在一個特定交配的季節期間裡，精確地說是在雄性與雄性之間打鬥增加的那段時間裡，牠們才啟動並產生睪丸激素。儘管它們表現明顯，這些資料僅僅是相關的：打鬥發生的時候經常發現睪丸激素。

可以用刀來證明，委婉的說法是進行摘除實驗。將物種中的睪丸激素之源去除，好鬥程度便下降。注入合成睪丸激素使睪丸激素回到正常水準之後，好鬥便得以恢復。

這個摘除和恢復方法給出了荷爾蒙與好鬥之間存在關聯的證明。當然，這個證明方法在倫理學上可能受到譴責。

（四）求同求異並用法 ●●●

　　求同求異並用法亦稱契合差異並用法，是指這樣一組操作：先在正面場合求同，在被研究現象出現的幾個場合中，只有一個共同的先行情況；再在反面場合求同，在被研究現象不出現的幾個場合中，都沒有這個先行情況；最後，在正反場合之間求異，得出結論：這個先行情況與被研究現象之間有因果關係。用公式表示如下：

　　正事例組：有先行現象 A、B、C，有被研究現象 a；
　　　　　　　有先行現象 A、D、E，有被研究現象 a；
　　負事例組：有先行現象 F、G，沒有被研究現象 a；
　　　　　　　有先行現象 H、K，沒有被研究現象 a；
　　―――――――――――――――――――――――――
　　所以，A（可能）是 a 的原因。

　　例如：達爾文研究生物與環境的關係時，就是運用這種方法得出了生物的形態構造與其生活環境有因果關係的結論。他觀察到不同類的生物生活在相同的環境中，常常具有相似的形態構造。鯊魚屬於魚類，魚龍屬於爬行類，海豚屬於哺乳類，牠們是很不相同的動物，但是由於長期生活在水中，環境相同，所以外貌相似，身體都是梭形，都有胸鰭、背鰭和尾鰭。他又觀察到同類生物生活在不同的環境中常常呈現不同的形態構造。鼴鼠、狼、鯨和蝙蝠同屬於哺乳類動物，但由於生活條件不同，其形態構造也很不相同，鼴鼠形態構造適合於地下生活，狼適合於奔跑，鯨適合於游水，蝙蝠適合於飛翔。他在前兩類觀察的基礎上，進行比較，提出生物的形態構造與其生活環境有因果關係，即生活環境的相同或不同，是其形態構造相同或不同的原因。

　　再看下面這個眞實的例證：

　　A 型肝炎折磨著成千上萬的美國人；它在兒童中廣泛傳播，主要透過受汙染的食物和水進行傳播；它有時是致命的。預防它的理想方法是注射有效疫苗。但是一個巨大困難是，給何人注射 A 肝疫苗？要避免因測試對象的選擇而影響測試結果的可靠性，還要避免因測試而爆發 A 肝感染。研究人員

利用下述方法克服了這個困難：他們選擇在紐約州某縣某鎮的一個猶太人社區中進行測試。該鎮幾乎無人能夠逃過 A 肝的感染，該社區每年都流行 A 肝，近 70% 的人在 19 歲前就感染上 A 肝了。研究人員在該社區中招募了年齡 2-16 歲的 1037 名兒童，這些兒童沒有受到 A 肝感染——他們血液中沒有該病毒的抗體。一半兒童（519 人）注射了一種新的疫苗，這些注射了疫苗的兒童中沒有發現一例 A 肝。沒有注射疫苗的 518 個兒童中 25 個兒童不久被 A 肝病毒感染。人們由此找到了 A 肝疫苗。該項研究被稱為是「一個重大突破」，是「醫學上重要的進展」。

在此例中，研究人員所使用的就是求同求異並用法。先正面求同：在該社區能夠對 A 肝病毒免疫的年輕人中，只有一個條件是共同的：所有免疫者都接受了新的疫苗。再反面求同：在該社區未能夠對 A 肝病毒免疫的年輕人中，有一個條件是共同的：他們都沒有接受新的疫苗。最後再應用求異法：免疫者的事態和不免疫者的事態在每個方面均類似，只在一個方面不同：免疫居民被注射了疫苗。由此可得出結論：該疫苗確實是導致免疫的原因。

　　求同求異並用法不是求同法和求異法的相繼運用，它是吸收了求同法和求異法的某些特點而形成的一種獨立的方法，其可靠性要比單獨運用求同法或單獨運用求異法高。應用這一方法時，應該注意以下兩點：1. 正事例組與負事例組的組成場合越多，越能排除偶然的巧合的情形，結論的可靠性越高。2. 應選擇與正事例場合較為相似的負事例場合來進行比較。

（五）共變法 ●●●

　　根據因果關係的特點，原因和結果總是共存和共變的。因此，兩個現象之間如果沒有共變關係，則可以肯定它們之間沒有因果關係；相反地，如果兩個現象之間有共變關係，則它們之間就可能有因果關係。這就是共變法的思路，即每當某一現象發生一定程度的變化時，另一現象也隨之發生一定程度的變化，則這兩個現象之間（可能）有因果關係。用公式表示為：

有先行現象 A_1，有被研究現象 a_1；

有先行現象 A_2，有被研究現象 a_2；

有先行現象 A_3，有被研究現象 a_3；

A（可能）是 a 的原因。

　　例如：科學家在研究低溫下某些導體的性質時發現，在其他條件不變的情況下，這些導體的電阻隨導體溫度的下降而減小，當溫度降低到某一特殊值時，導體的電阻突然消失，這就是超導現象。由此可以得出結論：導體溫度降低與導體電阻減小之間有因果關係。

　　在日常生活和生產實踐中，共變法被人們廣泛地使用著。許多儀表如體溫計、氣壓表、水表以及電表等都是根據共變法的道理製成的。例如：物理學中的物體遇熱膨脹規律，就是應用共變法得來的。我們對一個物體加熱，在其他條件不變的情況下，當物體的溫度不斷升高時，物體的體積就不斷膨脹。因此可以得出結論：物體受熱與物體體積膨脹有因果關係。

　　應用共變法時至少要注意兩點：1. 只有在其他因素保持不變時，才能說明兩種共變現象有因果關係；2. 兩種現象的共變是有一定限度的，超過這個限度，就不再有共變關係。

（六）賸餘法 ●●●

　　賸餘法是指這樣一組操作：如果已知某一複雜現象是另一複雜現象的原因，同時又知前一現象中的某一部分是後一現象中的某一部分的原因，那麼，前一現象的其餘部分與後一現象的其餘部分有因果關係。可用公式表示為：

A、B、C、D 是 a、b、c、d 的原因，

A 是 a 的原因，

B 是 b 的原因，

C 是 c 的原因，

D 與 d 之間有因果關係。

　　應用賸餘法的一個成功例子是居里夫人對鐳的發現。她已知純鈾發出的放射線強度，並且已知一定量的瀝青礦石所含的純鈾數量。她觀察到一定量的瀝青礦石所發出的放射線要比它所含的純鈾所發出的放射線強許多倍。由此，她推測在瀝青礦石中一定還含有別的放射性極強的元素，並透過多年的艱苦實驗，從幾噸瀝青礦石中提煉出幾克這種新的放射性元素——鐳，並因此獲得諾貝爾化學獎。

　　應用賸餘法的另一個成功例子是海王星的發現：

1821 年，巴黎的波瓦爾德（Bouvard）發表了行星包括天王星的運動資料表。在準備天王星數據的時候，他遇到了巨大的困難：根據 1800 年以後得到的位置數據而計算出來的軌道，與根據該行星剛剛被發現之後所觀察到的資料所計算出來的軌道不協調。他的圖表建立在新近觀察的資料之上，其數據應該是可靠的。然而，在後來的幾年裡，根據該表而計算出來的位置與該行星觀察的數據存在不一致；到 1844 年差值總計達 2 分鐘弧度。由於所有其他已知行星的運動位置與計算出來的位置一致，天王星中出現的差值引發了大討論。

1845 年，當時還是年輕人的勒維烈（Leverier）著手解決該問題。他檢查了波瓦爾德的計算，發現計算是正確的。他感到，對該問題的唯一令人滿意的解釋是，在天王星周圍的某個地方存在一個干擾它運動的行星。到 1946 年中期，他完成了他的計算，9 月他寫信給柏林的迦勒（Galle），請求他在天空一特定位置尋找一顆新的行星。因為在德國已經繪製出了包含新的恆星的圖表，而勒維烈當時還沒有獲得這些圖表。在 9 月 23 日，迦勒開始尋找，在不到一小時的時間裡就找到了一個物體，而這個物體是新圖表中所沒有的。到第二晚，該物體發生略微的移動，這顆新行星在預測位置的 1 度內被發現，它後來被命名為「海王星」。該發現被認為是數理天文學中一個巨大的成就。[2]

　　賸餘法一般被用來判明事物的複雜的因果關係，而且必須在判明了被研究對象的全部原因中的一部分原因基礎上才能使用。因此，要在運用其他幾種求因果關係方法的基礎上使用。

---

[2]　See Iring M. Copi and Carl Cohen, *Introduction to Logic*, 10th edition, Prentice Hall, pp. 518-519.

四、類比推理

（一）類比推理 ● ● ◉

類比推理是根據兩個或兩類事物在一系列屬性上相似，從而推出它們在另一個或另一些屬性上也相似的推理。其一般形式是：

A（類）物件具有屬性 a、b、c、d，

B（類）物件也具有屬性 a、b、c，
_____

B（類）物件（可能）也具有屬性 d。

例如：17 世紀的荷蘭物理學家惠更斯透過把光和聲進行比較，發現兩者在一系列屬性上都相似，如兩者都有直線傳播、反射、折射等屬性，而已知聲在本質上呈現一種波動，因而推出光也應是一種波動。惠更斯由此提出了光的波動理論。

再如，著名的地質學家李四光，在對中國的地質結構進行了長期、深入的調查研究後發現，東北松遼平原的地質結構與中亞的地質結構極其相似。他推斷，既然中亞蘊藏大量的石油，那麼，松遼平原也很可能蘊藏著大量的石油。後來，大慶油田的開發證明了李四光的推斷是正確的。

並且，在下面的論證中也使用了類比推理：

我們應該看到，我們所居住的地球與其他行星，如木星、土星、火星、水星、金星，都很相似。儘管這些行星與太陽的距離都不相同，但它們與地球一樣，都是圍繞太陽運行，從太陽取光；其中數個行星與地球一樣，繞軸心自轉，這等於說，它們也有日夜之分。此外，其中有些行星有衛星，這些衛星與月亮一樣，都在沒有陽光的時候給這些行星光線。這些行星都與地球一樣，其活動受萬有引力支配。鑒於這種種相似，我們有理由相信，這些星球上也有各式各樣的生物存在，儘管我們暫時無法確證這一點。

類比推理能夠使人們舉一反三，觸類旁通，獲得創造性的啟發或靈感，從而找到解決難題之道。但它是一種或然性推理，其前提的真不足以確保結論真，即使前提真，結論也可能為假。因為事物之間固然有相似之處，但也有差別存在。於是，從兩個或兩類事物在某些地方相似，就不能必然地推出它們在另外的地方仍相似。類比結論的可靠性程度取決於許多因素，例如兩個或兩類事物之間相似

屬性的數量，它們之間相似方面的相關性，它們之間不相似方面的相關性，其中最重要的是它們的已知相同屬性與推出屬性之間的相關程度：其相關程度越高，類比結論的可靠性越大；其相關程度越低，類比結論的可靠性越小。兩者之間成正比。

人們通常把違背常識、結論明顯為假的類比稱為「不當類比」、「機械類比」或「荒唐類比」。例如：「外科醫生在給病人做手術時可以看 X 光片，律師在為被告辯護時可以閱卷，建築師在蓋房子時可以對照設計圖，教師備課可以看各種參考書，為什麼獨獨不允許學生在考試時看教科書及其相關的材料？」「婚前性行為可以說勢在必行。無論如何，在買鞋之前，你總不能不讓人先試一下鞋。」再如：歐洲中世紀有神學家論證說，宇宙是由許多部分構成的一個和諧整體，正如鐘錶是由許多部分構成的一個和諧整體一樣，而鐘錶有一個製造者——鐘錶匠，所以宇宙也有一個創造者，這就是上帝。

需要指出的是，類比推理可以用來反駁一個無效的推理論證形式，辦法是以其治人之道還治其人之身，即用與他類似的推理論證形式去推出他本人不願接受的結論，從而說明該形式的荒謬與無效。例如：假如有人推理說：「如果所有商品都是有價值的，那麼，所有有價值的東西都是商品。」你可以這樣去反駁他：「按照你的邏輯，如果所有的人都是動物，那麼，所有的動物都是人嗎？」如果有人這樣給自己找理由：「所有想出國的人都要學好外語，我又不想出國，所以，我不必學好外語。」你可以這樣來反駁他：「按你的邏輯，所有想出國的人都要吃飯，你又不想出國，所以你也不必吃飯。那麼，你靠什麼活下去呢？難道想餓死不成！」

（二）比喻論證

類比有時候不在推理意義上使用，而是在比喻（明喻或隱喻）意義上使用。有人這樣把 26 個英文字母都詮釋為「青春符號」，僅選四例：「A 是一座金字塔，是進取。青春永遠要爭第一，不做第二。只有銳意進取，青春才能煥發出巨大的能量，推動歷史車輪前進。」「H 是單槓，是運動。青春的第一標誌就是健康，而健康來自於不懈的運動。青春與運動是緊密連結的。」「N 是閃電，是激情。沒有激情的青春是乏味的，有激情才有創造力，激情像一道閃電，它使青春之光更加燦爛。」「S 是曲線，是優美。青春少年無論外表還是內心都是美的。

運動是美，安靜是美，歡樂是美，憂傷是美，希望是美，失望也是一種美，因爲你還年輕，一切都可以重新來過。」

　　比喻也可以用於論證中，叫做「比喻論證」，簡稱「喻證法」，即用比喻者之理去論證被比喻者（論點）之理。比喻者可以是眞實的事物，也可以是虛擬、誇張的事物；在比喻者和被比喻者之間，理相同，類相異。類相異，才能作比喻；理相同，才能進行推理，才能起論證的作用。比喻論證的一般形式是：

　　　　比喻者 A 隱含事理 P 並且 P 是可信的，

　　　　被比喻者隱含事理 Q 並且 Q 與 P 類似，

　　　　所以，被比喻者的潛在事理 Q 是可信的。

　　例如：在下面的話語中就使用了比喻論證：

> 　　若説：何以對付敵人的龐大機構呢？那就有孫行者對付鐵扇公主爲例。鐵扇公主雖然是一個厲害的妖精，孫行者卻化爲一個小蟲鑽進鐵扇公主的心臟裡去把她戰敗了。柳宗元曾經描寫過的「黔驢之技」，也是一個很好的教訓。一個龐然大物的驢子跑進貴州去了，貴州的小老虎見了很有些害怕。但到後來，大驢子還是被小老虎吃掉了。我們八路軍新四軍是孫行者和小老虎，是很有辦法對付這個日本妖精或日本驢子的。目前我們須得變一變，把我們的身體變得小些，但是變得更加扎實些，我們就會變成無敵的了。[3]

其中，用了兩個比喻：孫行者和鐵扇公主、小老虎和黔之驢，其隱含事理是：小而有力者可以戰敗大而表面厲害者。以此類推，只要我們把身體變得小些、變得更扎實些，我們就能戰勝大而表面厲害的日本侵略者。

（三）模擬方法 ●●●

　　在現代科學中，類比推理的重要應用就是模擬方法，即在實驗室中模擬自然界中出現的某些現象或過程，構造出相應的模型，從模型中探討其規律，然後

---

[3] 《毛澤東選集》第三卷，人民出版社，1953 年。

再把經反覆實驗檢驗的模型加以放大，成爲眞實的自然現象或人造物。其一般形式是：

實驗模型具有性質 a、b、c、d、e，

研製原型具有性質 a、b、c、d，
_____

所以，研製原型也（可能）具有性質 e。

例如：我們要建三峽工程，一爲制伏幾乎年年氾濫的洪水，二爲利用水能發電，根本解決能源供應的緊張與不足。所以，「高峽出平湖」曾經是孫中山、毛澤東、鄧小平的夢想，他們渴望達到「神女應無恙，當驚世界殊」的驚人效果。這樣一個耗資巨大的超級工程不可能不事先進行可靠性研究和論證。怎麼研究和論證？主要是運用模擬或模型方法，即盡可能地把所有相關因素都考慮進來，然後在實驗室中在模擬的三峽地區建一座微型三峽大壩，用各種方法對其實驗，積累實驗數據，用電腦進行資料分析，最後得出整體實驗結論，再把該實驗結論推至未來的實際的三峽大壩。

由模擬方法推出的結論不一定可靠。因爲無論人是多麼的小心謹慎，即使考慮得再事無巨細，大自然的鬼斧神工、造化神奇仍有可能超出人的認知能力甚至想像能力之外，她有可能仍在某個地方隱藏了她的祕密，從而在某個神不知、鬼不覺的時候，對膽大妄爲的人類實施懲罰和報復。人類在運用模型方法於三峽大壩這樣的巨大工程時，有可能在如下方面犯錯：一是仍然遺漏了某些特別關鍵的變量；二是對各個變量的作用模式和作用程度作了錯誤的估計；如此等等。

仿生學的出現更是有意識地系統應用類比方法的結果。仿生學是力圖大規模地向自然學習，從自然界獲取技術發明和技術創造的靈感，研究如何透過模仿生物的構造及其功能來建造先進技術裝置的科學。人類歷史上最著名的仿生創作就是飛機。人們看見鳥在天空自由自在地飛翔，特別羨慕那種境界和那種能力，也想飛翔，於是也給自己安上各種各樣的翅膀，雖然開始沒有成功，但最終還是在萊特兄弟手裡成爲現實。這裡所運用的一般形式是：

自然原型具有性質 a、b、c、d、e，

技術模型具有性質 a、b、c、d，
_____

所以，技術模型也（可能）具有性質 e。

顯然，這裡的結論也是或然的，有可能爲假，其道理與前面說過的一樣。

五、統計歸納法

在統計學中，某一被研究領域的全部對象，叫做整體；從整體中抽選出來加以考察的那一部分對象，叫做樣本。統計推理是由樣本具有某種屬性推出整體也具有某種屬性的推理，即從 S 類事物經考察的對象中有 n%（$0 < n < 100$）具有性質 P，推出在 S 類的所有對象中 n% 具有性質 P。其一般形式是：

S_1 是 P，

S_2 是 P，

S_3 不是 P，

S_4 是 P，

S_5 不是 P，

⋮

S_n 是 P，

$S_1, S_2, S_3 \cdots S_n$ 是從 S 類抽取的樣本，

其中有 n% 的物件具有屬性 P，

_____

所以，S 類的所有對象中（可能）有 n% 具有屬性 P。

請看下面的例證：

儘管城市居民也並非事事如意，但他們還是比農村同胞更少心理健康方面的問題。……該項調查徵詢了 6700 名成年人，他們分別居住在六個社區之中，這些社區大至 300 萬人口的城市，小到不足 2500 人的城鎮。其結果以被徵詢者的口述為基礎，包括失眠、現在和過去的神經崩潰等症狀。居住在人口超過 5 萬的城市中的居民，其所提及的症狀要比人口不足 5 萬的城鎮中的居民低幾乎 20%。

在這個例子中，對象整體是某個國家的城市和農村的居民；樣本是從六個社區中選取出來的 6700 名居民；要考察的特徵是心理健康與居住環境的關聯。所要論證的結論是：「城市居民比農村同胞更少心理健康方面的問題。」所使用的論據是：「一項調查顯示，居住在人口超過五萬的城市中的居民，其所提及的症狀要比人口不足五萬的城鎮中的居民低幾乎 20%。」這裡利用了抽樣統計得來的資料去證實該結論。

抽樣統計是一種推理方法，它根據樣本具有什麼性質，推出樣本所從屬的

整體具有什麼性質，這是一種從部分到全體的推理，其結論所斷定的超出了前提所斷定的範圍，前提的真不足以保證結論的真，推理只具有或然性。在這個意義上，抽樣統計是一種歸納推理。

統計結論的可靠性主要取決於樣本的代表性。只有從能夠代表整體的樣本出發，才能得到關於整體的可靠結論。一般從抽樣的規模、抽樣的廣度和抽樣的隨機性三個方面去保證樣本的代表性。更具體地說，1. 要加大樣本的數量，以便消除誤差；2. 要盡可能地確保樣本的代表性；3. 要不帶任何偏見地隨機抽樣。為了滿足這些要求，通常採用如下的抽樣方法：

1. 純隨機抽樣：在總數為 M 個個體的整體中抽選出 m 個樣本，其中每一個體均有同等的被抽選的機會，並且每一個體都是被單獨抽選出來的，不受先前或以後的抽選的影響。這就是純隨機抽樣。例如：要調查某超市內所售商品的品質，在品種總數為 1 萬個的貨物中，隨意抽取 100 種貨物進行檢查，發現合格率為 98.7%，由此得出結論：該超市的商品合格率為 98.7%。

2. 機械抽樣：把整體內的個體排成一定的順序，然後按固定間隔抽取樣本加以考察。這就是機械抽樣，亦稱等距抽樣或系統抽樣。例如：如果我們想查清楚某校在校學生的考試成績狀況，按學號順序抽取樣本，每隔 10 個號碼抽取一名學生，查看他的考試成績，然後彙總樣本狀況，進行統計計算，得出抽樣結論。

3. 分層抽樣：如果整體內的個體之間差別較大，我們就需要把整體分為若干性質近似的組或層，並根據各個組或群在整體中所占的比例分配抽樣配額，實施抽樣。這就是分層抽樣。例如：如果我們要調查臺北市民家庭收入在近 5 年內的變化情況，至少要把調查對象分成這樣幾個組或層——超高收入家庭、高收入家庭、中等收入家庭、低收入家庭、超低收入家庭，並且估算出各自所占的比例，分配抽樣配額，具體實施抽樣，並根據相應的權重，計算出最終的統計結論。

4. 整群抽樣：將調查整體分為若干群，以群為單位從整體中隨意抽取一些群作為樣本，並在樣本群中實施逐一考察。這就是整群抽樣。例如：我們要調查某出版社某年內出版的圖書品質，在 12 個月內隨意抽取 4 個月，例如：3、6、9、12 月，對每個月出版的圖書品質逐一檢查，然後得出抽樣統計結論：該出版社的圖書存在嚴重的品質問題，錯誤率達到 1.5‰。駭人聽聞！

　　抽樣統計最容易出差錯的地方在於樣本不具有代表性。最典型的例子是1936 年美國《文學文摘》就總統競選所作的民意調查。當時，羅斯福與蘭登競選總統。他們根據全國各地的電話簿，寄出了一千萬份樣品選票，對其中收回的200 萬份選票進行統計，其結果表明：蘭登占有明顯優勢。他們由此作出蘭登將當選的預測。而最終選舉結果卻是：羅斯福獲得 60% 的選票而勝出。《文學文摘》被迫宣布在 1937 年停刊。經過後來的分析，他們抽取的樣本數量不可謂不大，但問題是這些樣本不具有代表性。因為當時美國正處於經濟蕭條期，家裡有電話的都是較為富裕的家庭，占選民多數的較為貧困的家庭都沒有電話，而這些選民大多支持羅斯福。與《文學文摘》構成鮮明對照的是，當時初出茅廬的蓋洛普僅僅作了 5 萬人的調查，卻作出了準確的預測，由此奠定了蓋洛普民意調查的聲望，延續至今。

　　請看下面的 MBA 考題：

　　為了估計當前人們對管理基本知識掌握的程度，《管理者》雜誌在讀者中展開了一次管理知識有獎問答活動。答卷評分後發現，60% 的參加者對於管理基本知識掌握的程度很高，30% 左右的參加者也表現出了一定的水準。《管理者》雜誌因此得出結論，目前社會群眾對於管理基本知識的掌握還是不錯的。

　　以下哪項如果為真，則最能削弱以上結論？

　　A. 管理基本知識的範圍很廣，僅憑一次答卷就得出結論未免過於草率。

　　B. 掌握了管理基本知識與管理水準的真正提高還有相當的距離。

　　C. 並非所有《管理者》的讀者都參加了此次答卷活動，其信度值得商榷。

　　D. 從發行管道看，《管理者》的讀者主要是高學歷者和實際的經營管理者。

　　E. 並不是所有人都那麼認真。有少數人照抄了別人的答卷，還獲了獎。

解析：選項 B 與題幹結論無關，選項 A、C、E 對題幹結論構成輕度質疑，C、E 在質疑抽樣數據的可靠性和可信性，但比較而言，D 項的質疑最根本：因為題幹結論涉及「目前社會群眾」，而樣本是《管理者》雜誌的讀者，選項 D 指出，《管理者》的讀者主要是高學歷者和實際的經營管理者。由此可以看出，這些樣本相對於目前社會群眾來說，不具有代表性。因此，無論這次抽樣的統計結果是什麼，都不能直接推廣到整體上去。假如題幹結論不是涉及「目前的社會群眾」，而是只涉及《管理者》的讀者，抽樣結果是能夠支持結論的。

　　在當代社會中，各種數字、數據、報表滿天飛，頻頻出現在電視廣告、新聞報導、報刊通訊、雜誌文章和專門著作之中，例如：國民經濟增長速度，某個城市居民的收入水準，消費物價指數，空氣汙染指數，某電視節目的收視率，書店的暢銷書排行榜，某一商品的客戶滿意率，某一偏方對某一疾病的治癒率，全國吸菸人數及其在總人口中所占的百分比，吸食毒品、賣淫的人數及其增長速度，同性戀者在總人口中所占比例，愛滋病的流行趨勢，夫妻中在家裡對配偶施暴的人數以及男女各占的比例，如此等等。我們確確實實生活在一個「數字化」的社會或時代中。我們當然不能對這些數字、資料、報表進行無端的懷疑，但也實在應該對它們保持必要的警惕：人們是如何得到這些數字和資料的？關於那些看起來不太可能弄得太清楚、太準確的問題，他們為什麼會有那麼清楚、準確的數字或資料？他們獲得這些數位、資料的方法和途徑是什麼？這些方法和途徑可靠嗎？這些數字、資料的可信度高嗎？這是每一個有正常理性的人都必須經常問自己的問題。正如「謊言重複千百遍就會被誤以為是真理」一樣，一個人長期處於各種錯誤資訊的包圍之中，處在不可靠的數字、資料、報表的包圍之中，久而久之也會有意無意地把它們當作真實的東西加以接受，從而作出錯誤的判斷和決策。因此，對「精確」數字保持必要的懷疑，這是一種明智的、理性的態度。

六、歸納的證成

　　英國哲學家伯特蘭・羅素（Bertrand Russell）曾談到一個關於火雞的故事。在火雞飼養場裡，有一隻火雞發現：第一天，主人一打鈴後就給牠餵食。然而，作為一個卓越的歸納主義者，牠並不馬上作出結論，牠繼續蒐集有關主人打鈴與給牠餵食之間的關聯的大量觀察事實，而且，牠是在多種情況下進行這些觀察的：雨天和晴天，熱天和冷天，星期三和星期四牠每天都在自己的紀錄表中加進新的觀察陳述。最後，牠的歸納主義良心感到滿意，透過歸納推理得出了下述結論：「主人打鈴後就會給我餵食。」可是，事情並不像牠所想像的那樣簡單和樂觀。在聖誕節前夕，當主人打鈴後，牠跑出去覓食時，主人卻把牠抓起來並且宰殺、烹調之後，送上了餐桌。於是，火雞經過歸納概括而得到的結論就被無情地推翻了。那麼，愛作歸納的火雞最終被送上了餐桌，究竟怪誰呢？或者說，火雞究竟錯在哪裡呢？

　　這實際上是有關歸納的合理性問題。關於歸納，可以區分出三類問題：（一）心理學問題，著重探討歸納推理的起源，發現或得到歸納結論的心理過程和心理機制，以及對某個歸納結論所持的相信或拒斥的心理態度及其理由等。（二）邏輯問題，著重探討歸納結論與觀察證據之間的邏輯關係，或者說歸納過程的推理機制。（三）哲學問題，主要探討歸納推理是否能得必然性結論，如果不能得必然性結論，那麼它的合理性何在？如何爲它的合理性辯護？這叫做「歸納合理性及其證成問題」，它是由休謨在《人性論》第一卷（1739）及其改寫本《人類理解研究》（1748）中提出來的，因此亦稱「休謨問題」。這個問題迄今爲止仍沒有得到解決，以致有這種說法：「歸納法是自然科學的勝利，卻是哲學的恥辱。」[4]

　　休謨從經驗論立場出發，對因果關係的客觀性提出了根本性質疑，其中隱含著對歸納合理性的根本性質疑。這裡把他的論證概要地重構如下：（一）歸納推理不能得到演繹主義的證成。因爲在歸納推理中，存在著兩個邏輯的跳躍：一是從實際觀察到的有限事例跳到了涉及潛無窮對象的全稱結論；二是從過去、現在的經驗跳到了對未來的預測。而這兩者都沒有演繹邏輯的保證，因爲適用於有限的不一定適用於無限，並且將來可能與過去和現在不同。（二）歸納推理的有效性也不能歸納地證明，例如根據歸納法在實踐中的成功去證明歸納，這就要用到歸納推理，因此導致無窮倒退或循環論證。（三）歸納推理要以自然齊一律和普遍因果律爲基礎，而這兩者並不具有客觀眞理性。因爲感官最多告訴我們過去一直如此，並沒有告訴我們將來仍然如此；並且，感官告訴我們的只是現象間的先後關係，而不是因果關係；因果律和自然齊一律沒有經驗的證據，只不過出於人們的習慣性心理聯想。因此，休謨說：「習慣是人生的最大指導。」[5]

　　關於歸納問題，我所持的觀點包括否定的方面和肯定的方面。其否定的方面是：歸納問題在邏輯上無解，即對於「是否存在既具有保眞性又能夠擴展知識的歸納推理」這個問題，邏輯既不能提供絕對肯定的答案，也不能提供絕對否定的答案。在這個意義上，「休謨的困境就是人類的困境」[6]。這是因爲該問題是建

---

[4] 洪謙主編：《邏輯經驗主義》，商務印書館，1989 年，第 257 頁。

[5] 休謨：《人類理解研究》，關文運譯，商務印書館，1957 年，第 43 頁。

[6] W. V. Quine, *Ontological Relativity and Other Essays*, New York: Columbia University Press, 1969, p.72.

立在如下三個虛假的預設之上的：存在著不可修正的普遍必然的知識；把合法的推理局限於具有保眞性的演繹推理，即對演繹必然性的崇拜；只能在感覺經驗的範圍內去證明因果關係的客觀性和經驗知識的普遍眞理性。其肯定的方面包括：（一）歸納是在茫茫宇宙中生存的人類必須採取、也只能採取的認知策略，因此歸納對於人類來說具有實踐的必然性。（二）人類有理由從經驗的重複中建立某種確實性和規律性。（三）人類有可能建立起局部合理的歸納邏輯和歸納方法論，並且已部分地成爲現實。（四）歸納結論永遠只是可能眞，而不是必然眞。並且，本書作者還提出了一個全面的歸納邏輯研究綱領，包括發現的邏輯、（客觀）辯護的邏輯、（主觀）接受的邏輯、修改或進化的邏輯。[7]

除了傳統的歸納問題之外，還有所謂的「歸納悖論」，它們是休謨問題在現代歸納機率邏輯中的變形，也涉及歸納合理性及其辯護問題，一般與對某個全稱假說的確證、否證、相信、接受等等相關，指運用看似合理的歸納原則或歸納推理，得出了違反直覺的結論，或作出了互相矛盾的預測。主要的歸納悖論有以下三個：古德曼悖論、亨佩爾悖論和凱伯格悖論。關於這些悖論的詳述和討論，請有興趣的讀者參閱陳波的《邏輯哲學》中的有關章節，以及陳曉平的《歸納邏輯與歸納悖論》一書，具體見本書末尾的「參考書目和推薦讀物」。

現在回答本節開頭提出的那個問題：愛作歸納的火雞最終被送上了餐桌，怪誰？我的回答是：誰也不能怪。因爲歸納在本質上就是一種冒險，並且人類和其他動物在面對自然界時，除了在一定程度上冒險以外，沒有任何別的有效生存策略。英國哲學家波普爾（Karl Popper）說得好，按邏輯上的重言式去說話，例如關於明天的天氣，說「明天或者下雨或者不下雨」，永遠不會錯，永遠不會被證僞，但與此同時它也沒有傳達任何新訊息。一旦負載了哪怕一點新訊息，它就有可能被證僞；並且傳達的新訊息越多，被證僞的機會就越大；但是，假如它一旦被證實，產生的效果也最大，甚至有可能引起科學革命。波普爾指出，愛因斯坦與阿米巴原蟲的區別不在於一個犯錯另一個不犯錯，而是在於：愛因斯坦能夠會從錯誤中學習，並且從克服錯誤中不斷前進，而阿米巴原蟲卻往往與錯誤一起死

---

7 參見陳波：〈休謨問題和金岳霖的回答——兼論歸納的實踐必然性和歸納邏輯的重建〉，《中國社會科學》2001 年第 3 期。

亡。因此，我們不要怕證僞，不要怕犯錯，而是要善於從錯誤中學習。我認爲，在歸納問題上，我們可以合理地期待：人類有比火雞更好的命運。這是因爲世界本身存在著結構、秩序、規律，而不是毫無章法可言；由於人類具有火雞並不具有的理性能力，人類透過對這種結構、秩序、規律的把握，就能夠作出比火雞更好的歸納和預測，從而避免完全由自然來決定自己的命運。

Chapter ⑨

以嚴格性、精確性、系統性爲目標

—— 邏輯系統和後設邏輯

　　現代邏輯都是用人工語言和公理化方法所構造的形式系統，在這樣的系統中可以區分出一些不同層次的概念與問題，例如：對象語言和後設語言，邏輯語法和邏輯語義，內定理和後設定理，系統內的證明和關於系統的證明，對象理論和後設理論，邏輯和後設邏輯。這些區分不僅對於正確理解和掌握現代邏輯是關鍵性的，而且具有某種普遍的方法論意義，在數學、電腦科學、語言學和哲學等領域獲得了重要的應用。在這一講中，我們就來討論這些概念和問題。

一、什麼是邏輯系統？

　　什麼是邏輯系統？這是一個眞正的問題，並且很重要，有人專門編著了一部書[1]去有系統地討論它，不同的人會有不同的態度和不同的立場。我這裡只給出一個粗略的回答：邏輯系統是某種特殊形式的形式系統，其特殊性在於：邏輯通常被認爲是純粹形式的、題材中立的、普遍適用的；作爲邏輯系統的形式系統，通常被認爲具有某些特殊的性質，諸如可靠性和完全性。

　　關於邏輯、邏輯常項和邏輯眞理，傳統上提出了許多不同的識別標準，首先是哲學性的標準，例如說邏輯眞理是純粹形式的，它不涉及任何內容，因而是題材中立的；邏輯眞理是自明的，其眞理性來自於直覺和直觀，毋庸置疑；邏輯眞理是必然的、先驗的、分析的等等。邏輯則是邏輯眞理的一種有結構、有次序的集合。美國哲學家和邏輯學家蒯因曾談到邏輯眞理的三個顯著特徵：（一）行爲意義上的清楚明白性或潛在的清楚明白性，後者是說能夠透過一系列單獨看起來清楚明白的步驟，使其從清楚明白的邏輯眞理中推演出來。（二）題材中立性：邏輯並不偏向於辭典的哪一個特殊部分，也不對變元值的某一個領域更感興趣。（三）普遍性：邏輯是普遍適用的，它是包括數學在內的一切科學的工具。[2]其中得到比較廣泛認同的是題材中立性和普遍適用性。

　　題材中立性是關於邏輯或邏輯眞理的一個古老說法。一般認爲，邏輯撇開思維的具體內容，而專注於思維的形式結構，即爲各種具體思維內容所共同具有的

---

[1]　Dov M. Gabbay ed., *What is a Logical System?*, Oxford: Clarendon Press, 1994.

[2]　參見塗紀亮、陳波主編：《蒯因著作集》第三卷，中國人民大學出版社，2007年，第423-435頁。

連結方式。因此，邏輯是純粹形式的，或者說是題材中立的，它撇開各種具體推理的具體內容，而抽象出帶有某種普遍意義的形式結構，著重研究由這種形式結構所決定的命題之間的推理關係，因此沒有對這個世界作出任何實質性斷言。當然，若嚴格追究起來，純粹形式性或題材中立性這個標準也具有相當的模糊性。不過，我認爲，還是應該把它當作邏輯和非邏輯的一個劃界標準。

　　一旦承認了邏輯的題材中立性，邏輯的普遍適用性就是其自然結論。當我們討論某組概念之間的形式關係的某個邏輯普遍適用時，是說它適用於處理含該組概念的一切命題和推理，而不管這些命題和推理所涉及的實際內容是什麼，無論它們涉及經濟學、社會學抑或是生物學、電子學。例如：在三段論第二格 EAE式──

　　　所有的 P 都不是 M，

　　　所有的 S 都是 M，

　　　所以，所有的 S 都不是 P。

中，不論我們用什麼樣的具體詞項去代替 S、P、M，只要這些代入使得前提眞，其結論一定爲眞。在這種意義上，這個三段論式是普遍適用的。同樣的道理，命題邏輯普遍適用於一切含命題連接詞的推理，一階邏輯普遍適用於一切含個體詞、謂詞、量詞和連接詞的推理，模態邏輯也普遍適用於一切含模態詞的命題和推理。因此，無論是傳統邏輯還是現代邏輯，在普遍適用性上沒有差別。

　　「什麼是邏輯」與「什麼是邏輯常項」幾乎是同一個問題的不同說法。有人認爲，邏輯可以定義爲完全根據眞命題所含詞項的意義而研究眞命題的一門學科。[3] 即是說，邏輯眞命題是根據被稱爲邏輯常項的邏輯詞的意義和性質確立的。因此，如果我們先列出一個邏輯常項的清單，據此就可以劃分邏輯與非邏輯。如果要繼續追問選擇邏輯常項的依據與標準，那又是一個極有爭議的問題，在這本「十五講」裡，我們不去管它，只採用通常認定的觀點和做法。一般認爲，邏輯常項有狹義和廣義之分。

　　狹義的邏輯常項包括：（一）命題連接詞。基本的有五個：否定詞、合取詞、析取詞、蘊涵詞和等值詞。在漢語中，它們分別由「並非」、「並且」、

---

[3] 亨迪卡：〈邏輯哲學〉，《哲學譯叢》1982 年第 6 期，第 66 頁。

「或者」、「如果，則」、「當且僅當」這些詞表達；在邏輯中，分別用符號「ㄱ」、「∧」、「∨」、「→」、「↔」表示。（二）量詞，包括全稱量詞和存在量詞。在漢語中，通常用「所有」、「一切」表示全稱量詞，「有」、「有的」表示存在量詞；在邏輯中，分別用符號「∀x」和「∃x」表示，其中的∀稱為全稱量詞符號，∃稱為存在量詞符號，x稱為個體變元，它的值是某個確定的事物類的分子，這個類稱為個體域。（三）等詞，即表示同一的概念，在邏輯中用符號＝表示。只含（一）類常項的形式系統稱為「命題邏輯」，含有（一）、（二）兩類常項以及謂詞的系統稱為「一階邏輯」，亦稱「謂詞邏輯」、「量化理論」、「初等邏輯」等等。含有（一）、（二）、（三）類常項的形式系統稱為「帶等詞的一階邏輯」，相應地，只含（一）、（二），不含（三）類常項的形式系統稱為「不帶等詞的一階邏輯」。

除包括所有的狹義邏輯常項之外，廣義邏輯常項還包括：（一）高階量詞，意味著量詞不像在一階邏輯中那樣，只作用於給定論域中的個體，而是可以作用於個體的謂詞，即個體的集合和個體的 n 元組的集合，或者作用於謂詞的謂詞，也就是作用於個體的集合的集合等等。由此得到的邏輯系統叫做「二階邏輯」、「三階邏輯」等。把所有有窮階邏輯彙集在一起的系統叫做「類型論」。與一階邏輯相對照，這些系統被叫做「高階邏輯」。（二）由符號 ∈ 表示的屬於關係。一階邏輯加上 ∈ 構成的系統就是集合論。（三）必然、可能等模態詞。在一階邏輯基礎上加進「必然」和「可能」這兩個模態詞，就構成一階模態邏輯；在高階邏輯中加進這兩個模態詞，就構成高階模態邏輯；如此等等。

人們也常把邏輯系統說成是具有某種特殊性質（例如可靠性和完全性）的形式系統。一個形式系統是可靠的，當且僅當，它的所有定理都是真命題。由於相互矛盾的命題不可能都是真的，因此，一個可靠的系統中不包含邏輯矛盾。一個形式系統是完全的，當且僅當，在某個範圍內為真的命題都是它的定理。有人主張，凡是完全的形式系統是邏輯，不完全的形式系統則不是邏輯。英國邏輯學家涅爾（William Kneale）論證說：一個形式理論是不完全的，就表示它的基本概念不能完全形式化，而根據邏輯的純粹形式特性，就應該把它從邏輯的王國中排除出去。他實際上把完全性作為檢驗一個系統是否是「純粹形式的」標準，是把完全性這個精確概念與題材中立性這個模糊概念連接起來了。根據完全性標準，一階謂詞演算是邏輯，而集合論或高階謂詞演算不是邏輯而是數學，因為它們是

不完全的，並且是不可完全的。

　　在「什麼是邏輯」、「什麼樣的形式系統是邏輯系統」這個問題上，我比較贊同英國邏輯學家普賴爾（Arthur N. Prior）的下述看法：

> 我傾向於認為，「邏輯」一詞有嚴格的意義和寬鬆的意義。在嚴格的意義上，邏輯研究蘊涵和全稱的性質；在寬鬆的意義上，它關注所有領域內的一般推理原則。但是這種說法有一個困難。如我先前提到過的，甚至「所有有羽毛的動物都呼吸空氣」這個真命題也可以用作推理的原則，或者說我們不僅應該談論時間邏輯、義務邏輯、知識邏輯以及諸如此類的東西，甚至還應談論有機生命的邏輯？在原則上，我看不出為什麼不能這樣談論……
>
> 雖然我並不要求能夠說，這些東西有某種等級之分，例如：談論時間和時態的邏輯比談論有機生命的邏輯，在某種程度上更有意義。如果有鸚鵡那麼將永遠有鸚鵡，這個命題即使不能還原為量化理論中的特例（我本人認為不能如此還原），也仍然比「所有有羽毛的動物都呼吸空氣」這個真命題更像一個邏輯真理（或者甚至更是一個邏輯真理）。但是我並不認為，這裡有比下述說法更好的說法：某些題材比其他題材有更多的次序、更多的結構、更多的形式，即某些題材比其他題材更能憑藉形式符號演算來處理，並且在這些情形下比在其他情形下談論該事物的「邏輯」更為恰當。無論如何，重要之點在於：發現一給定領域是否能處理為邏輯，即把它作為一個演算的題材，並且發現它在多大程度上能作如此處理，唯一的途徑是試一試，並看結果如何。你不可能先驗地解決這個問題。[4]

二、邏輯系統的構成

（一）形式化方法 ●●●

　　形式化是構造形式系統的程序，具體包括以下步驟：

---

[4]　A. Prior, *Papers in Logic and Ethics*, London: Duckworth, 1976, pp.128-129.

1. 給出初始符號。這些符號預先不具有任何意義，任何其他符號要在形式系統內出現，必須透過初始符號來定義。

2. 給出形成規則。由初始符號可以形成無窮多的符號串，形成規則規定：什麼樣的符號串在該形式系統內是可以接受的，什麼樣的不是。

3. 給出公理，即在該形式系統中不加證明就被斷定或接受的公式集。

4. 給出變形規則。這些規則規定，如何從該系統內的公理得到其他的可被斷定或接受的公式，後面這些公式叫做「定理」。因此，變形規則又是從公理推出定理的規則，叫做「推導規則」。由公理根據變形規則得到定理的公式變換過程叫做「證明」。

經過以上 4 個步驟，我們就得到了一個形式系統。可以說，初始符號和形成規則構成了形式系統的語言，叫做「形式語言」；公理和變形規則構成了形式系統的演繹結構。所以，一個形式系統至少包括兩部分——形式語言和演繹結構，缺一不可。

值得特別加以強調的是以下兩點：

第一，形式化包括符號化，但不等於符號化。

符號化的第一種情形是：以使用自然語言為主，同時也使用某些特製的人工符號去表示所討論的理論中的特定概念、命題甚至定理。這可以叫做「初步的符號化」，在亞里斯多德那裡就已經做到了這一點。例如：亞里斯多德是這樣表述其三段論的：

如果 A 屬於所有的 B，並且 B 屬於所有的 C，則 A 屬於所有的 C。

這裡，A、B、C 是變項符號，它們可以被日常語言中的任何具體詞項來代替。波蘭邏輯學家烏卡謝維奇（Jan Lukasiewicz）正確地指出：「把變項引入邏輯是亞里士多德最偉大的發明之一。」[5] 之所以如此，是因為使用符號有諸多好處：

1. 把原先用具體例子表示的推理改用符號表示之後，能夠把人們的注意力從具體

---

5 烏卡謝維奇：《亞里士多德三段論》，李先焜、李真譯，商務印書館，1981 年，第 16 頁。

例子所表示的具體內容轉移到由符號所表示的一般的結構關係上，由此就把思維的普遍性和一般性帶進了思維過程。2. 原先用自然語言要說半天、寫半天的句子，一旦用符號以及由符號組成的公式來表示，其結構緊湊，書寫方便，大大加快了閱讀和思考的速度，提高了思維的效率。3. 由於自然語言中的詞項常常多義且歧義，其結構關係也比較鬆散，給思考造成了很大的干擾和麻煩；而符號的含義單一，其結構關係確定，於是，符號化思維提高了思維的嚴格性和精確性。由於這些好處的疊加和累計，使用符號還給我們的思維帶來了新的契機和新的可能性：原來用日常語言不能表述、也無法思考的問題，隨著新的符號工具的使用，成爲可以表述和思考的。例如：用古漢語來表述和思考現代數學問題，幾乎是不可能的。中國古代數學沒有找到一套合適的符號體系，被認爲是它後來停滯乃至落後的重要原因之一。

符號化的第二種情形是：將所討論的理論中的概念、命題、推理分別全部轉換爲人工符號、符號序列、符號序列的變換，並且這些符號及其序列還必須保持嚴格的結構關係。這可以叫做「嚴格意義的符號化」，即構造形式語言。

顯然，符號化特別是嚴格意義的符號化是形式化的前提，但是前者並不等於後者。初步的符號化距離形式化還十分遙遠，即使是嚴格意義的符號化，也只是形式化過程的一個步驟、一個環節，只是形式系統的一個構成要素，形式系統是由形式語言和演繹結構這兩部分構成的。因此，形式化包含符號化，但不等同於符號化。

第二，形式化包含公理化，但不等於公理化。

所謂公理化，是指把一個科學理論構造爲公理系統的演繹方法。它至少包含以下步驟：1. 從該理論的諸多概念中挑選出一組初始概念，該理論的其他概念都由初始概念透過定義引入，稱爲導出概念；2. 從它的一系列命題中挑選出一組公理，而其餘的命題都應用邏輯規則從公理推演出來，稱爲定理。應用邏輯規則從公理推出定理的過程稱爲證明，每一個定理都須經由證明而肯定。由初始概念、定義、導出概念、公理、證明和定理構成的演繹體系，稱爲公理系統。

很顯然，形式化的前提是公理化，但又不等同於公理化。這是因爲：有些公理系統的抽象域是先於對象而給定的，並且基本上是用自然語言加上特定的符號語言陳述的；而形式系統事先不假定任何論域，事後容許多種不同的解釋，並且全部是用人工構造的形式語言陳述的。所以，就其抽象化和符號化的程度而言，

形式化比一般的公理化要高得多。可以這樣說，形式化是嚴格的符號化與公理化相結合的產物，是公理化發展的高級階段。

下面我們以命題演算和謂詞演算為例，進一步說明什麼是形式系統，以及什麼是邏輯系統。

（二）命題演算P ●●●

1.P的形式語言L₁

任何一個語言至少包含兩個構成要素：一是字母表，它規定了本語言中所包含的全部字母，例如英語共有 26 個字母（漢語中沒有字母表，類似於字母的是一個個漢字）；一是一套語法規則，它規定如何由字母生成詞、由詞生成句子。一個形式語言恰好包含了這兩個構成要素：字母表和形成規則。字母表規定了一形式系統的初始符號，若要使用這些符號之外的符號，則要透過定義引進。由字母表內的初始符號可以形成各種符號序列（串），形成規則規定：哪些符號序列是合式的，哪些是不合式的。合式的符號串稱為合式公式，簡稱公式。

L_1 包含下列要素：

(1)初始符號

　　① p、q、r、s、p_1、q_1……

　　② ¬、∧、∨、→

　　③ 輔助性符號：（，）。

這裡，①類符號叫做命題變項，是一個無窮序列。②類叫做命題連接詞，簡稱連接詞。③類是輔助性符號，分別是左括號、右括號和逗號，用來給符號分組或把符號隔開。由① - ③類符號可以形成任意長度的符號串，如：p、qp、p(q)¬、p ∧ ¬q 等。

在陳述 P 的形式規則前，需要先引入幾種後設語言符號：

(1)用 π 表示 P 的任一命題變項，需要時也可用 π_1，π_2 表示。

(2)大寫的 X，Y，Z……表示 P 的任一符號串。

(3)大寫的 A，B，C……表示 P 的任一公式。

　　(2)形成規則

　　　　① 任一命題變項 π 是公式；

② 若 A 是公式，則 ﹁A 是公式：

③ 若 A 和 B 是公式，則（A∧B）、（A∨B）和（A→B）是公式。

④ 只有根據以上規則形成的 P 符號串，才是 P 的公式。

初始符號中沒有「↔」，下面透過定義將其引入，定義實際上發揮著縮寫的作用。

(3) 定義

$$(A \leftrightarrow B) =_{df} (A \rightarrow B) \land (B \rightarrow A)$$

爲了避免結構歧義，上面使用了括號。像算術中在沒有括號的情況下規定先乘除後加減一樣，我們現在也規定：公式最外層的括號可以省略；並且，連接詞的結合力隨下述次序而遞減：

﹁，∧，∨，→，↔

這就是說，在沒有括號的情況下，我們先看 ﹁，再看 ∧，再看 ∨，再看 →，最後看 ↔。據此可以省略掉一些括號。

2.P的演繹結構

P 的演繹結構包括兩部分：一是作爲演繹出發點的公理，一是指導演繹如何進行的變形規則。

(1) 公理

A_1　　$A \rightarrow (B \rightarrow A)$

A_2　　$(A \rightarrow (B \rightarrow C)) \rightarrow ((A \rightarrow B) \rightarrow (A \rightarrow C))$

A_3　　$A \land B \rightarrow A$

A_4　　$A \land B \rightarrow B$

A_5　　$A \rightarrow (B \rightarrow A \land B)$

A_6　　$A \rightarrow A \lor B$

A_7　　$B \rightarrow A \lor B$

A_8　　$(A \rightarrow C) \rightarrow ((B \rightarrow C) \rightarrow (A \lor B \rightarrow C))$

A_9　　$(A \rightarrow B) \rightarrow ((A \rightarrow ﹁B) \rightarrow ﹁A)$

A_{10}　　$﹁﹁A \rightarrow A$

這 10 條公理實際上都是公理模式，每條公理模式相當於無窮多條公理：凡是具有上述形狀之一的 L_1 公式都是公理。例如：

$p \rightarrow (q \rightarrow p)$

$(p \rightarrow q) \rightarrow ((r \rightarrow s) \rightarrow (p \rightarrow q))$

$\neg p \rightarrow ((q \land r) \rightarrow \neg p)$

都是公理 A_1。

(2) 變形規則

　　MP：從 A 和 A → B 推出 B

MP是「充分條件假言推理的肯定前件式」（*modus ponens*）的縮寫，又叫做「分離規則」。

3.P定理及其證明

P 中的一個證明是 L_1 的一個有窮非空的公式序列 $A_1, A_2 \cdots A_n$，使得對於每一 i（$1 \leq i \leq n$），A_i 或者是 P 的公理，或者是由序列前面的公式經使用 P 的變形規則而得到。如果公式 A 是 P 中構成證明的某個序列的最後公式，則稱 A 是 P 中的定理，記作 $\vdash_P A$，該序列則是 P 中關於 A 的一個證明。當總是在 P 中討論問題時，「$\vdash$」標記中的 P 可以省略；有時爲了書寫簡便，也把「$\vdash$」省略。

列舉 P 的如下一些定理：

[1] $A \rightarrow A$

[2] $(B \rightarrow C) \rightarrow ((A \rightarrow B) \rightarrow (A \rightarrow C))$

[3] $(A \rightarrow B) \rightarrow ((B \rightarrow C) \rightarrow (A \rightarrow C))$

[4] $(A \rightarrow (B \rightarrow C)) \rightarrow (B \rightarrow (A \rightarrow C))$

[5] $(A \land \neg A) \rightarrow B$

下面嚴格證明定理 [1] 和 [2]，以此說明證明的一般形式。

證 [1]：

(1) $(A \rightarrow ((A \rightarrow A) \rightarrow A)) \rightarrow ((A \rightarrow (A \rightarrow A)) \rightarrow (A \rightarrow A))$　　　　A_2

(2) $A \rightarrow ((A \rightarrow A) \rightarrow A)$　　　　A_1

(3) $(A \rightarrow (A \rightarrow A)) \rightarrow (A \rightarrow A)$　　　　(1)(2)MP

(4) $A \rightarrow (A \rightarrow A)$　　　　A_1

(5) $A \rightarrow A$　　　　(3)(4)MP

公式序列 (1)-(5) 構成 P 中的一個證明，因爲其中的 (1) 爲公理 A_2，(2) 爲公理 A_1，(3) 由 (1)(2) 經使用分離規則得到，(4) 爲公理 A_1，(5) 由 (3)(4) 經使用分離規則得到。每一步都符合P中關於證明的要求，因此，A→A就是P中的定理。

證 [2]：

(1) $(A \rightarrow (B \rightarrow C)) \rightarrow ((A \rightarrow B) \rightarrow (A \rightarrow C))$　　　　　　　A_2

(2) $((A \rightarrow (B \rightarrow C)) \rightarrow ((A \rightarrow B) \rightarrow (A \rightarrow C))) \rightarrow ((B \rightarrow C) \rightarrow$

　　$((A \rightarrow (B \rightarrow C)) \rightarrow ((A \rightarrow B) \rightarrow (A \rightarrow C))))$　　　　A_1

(3) $(B \rightarrow C) \rightarrow ((A \rightarrow (B \rightarrow C)) \rightarrow ((A \rightarrow B) \rightarrow (A \rightarrow C)))$　　$(1)(2)MP$

(4) $((B \rightarrow C) \rightarrow ((A \rightarrow (B \rightarrow C)) \rightarrow ((A \rightarrow B) \rightarrow (A \rightarrow C)))) \rightarrow$

　　$(((B \rightarrow C) \rightarrow (A \rightarrow (B \rightarrow C))) \rightarrow ((B \rightarrow C) \rightarrow ((A \rightarrow B) \rightarrow$

　　$(A \rightarrow C))))$　　　　　　　　　　　　　　　　　　　　A_2

(5) $((B \rightarrow C) \rightarrow (A \rightarrow (B \rightarrow C))) \rightarrow ((B \rightarrow C) \rightarrow ((A \rightarrow B) \rightarrow$

　　$(A \rightarrow C)))$　　　　　　　　　　　　　　　　　　　$(3)(4)MP$

(6) $(B \rightarrow C) \rightarrow (A \rightarrow (B \rightarrow C))$　　　　　　　　　　A_1

(7) $(B \rightarrow C) \rightarrow ((A \rightarrow B) \rightarrow (A \rightarrow C))$　　　　　　$(5)(6)MP$

　　由此可以看出，P 中的證明完全變成了符號公式之間的變換，變換只涉及符號的形狀，而絲毫不涉及這些符號的意義。這實際上表現了形式化方法的實質：完全撇開所使用的符號的意義，撇開該符號系統所適用的對象範圍，只憑藉明確給出的與符號的字形（結構）相關的語法規則構造形式系統，然後對如此構造的系統進行解釋。在如此構造的系統中，符號與符號的關係得到了最嚴格、最精確、最充分的刻畫。

（三）謂詞演算Q ●●●

　　謂詞演算 Q 是命題演算 P 的擴充，這就是說，Q 的形式語言（又叫做「一階語言」）L_2 是 P 的形式語言 L_1 的擴充，L_1 的所有要素都包含在 L_2 之中，並且 L_2 中還包含一些 L_1 中沒有的要素；Q 的演繹結構是 P 的演繹結構的擴充，P 的所有公理和變形規則都包含在 Q 之中，並且 Q 還包含著 P 中所沒有的公理和推理規則。下面完整地給出 Q 的形式語言 L_2 及其演繹結構。

1.一階語言L_2

(1)初始符號

　　① 個體變項：x_1，x_2，x_3

　　② 個體常項（可能空）：a_1，a_2，a_3

③ 謂詞符號：F，G，R，S，F_1，G_1

④ 函數符號（可能空）：f，g，f_1，g_1

⑤ 連接詞：¬，∧，∨，→

⑥ 量詞：∀

⑦ 輔助性符號：（，）。

這裡，連接詞和量詞構成 L_2 的邏輯符號，而個體變項、個體常項、謂詞符號、函數符號一起構成 L_2 的非邏輯符號。

(2) 形成規則

① 項的形成規則

A. 任一個體變項和個體常項是 L_2 的項；

B. 如果 f 是 L_2 的函數符號，並且 t_1, t_2 … t_n 是 L_2 項，則 $f(t_1, t_2 … t_n)$ 也是項。

C. 項僅由 (1) 和 (2) 生成。

② 公式的形成規則

A. 如果 F 是 L_2 的謂詞符號，並且 t_1, t_2 … t_n 是 L_2 項，則 $F(t_1, t_2 … t_n)$ 是 L_2 公式。

B. 如果 A 是公式，則 ¬A 和（∀x）A 也是公式，（∀x）A 中的 x 是任意的個體變項。

C. 如果 A 和 B 是公式，則（A ∧ B），（A ∨ B），（A → B）也是公式。

D. 公式僅由 (1)(2)(3) 生成。

項相當於一個語言中的詞，公式相當於一個語言中的句子，前面帶量詞的叫量化公式。在量化公式中，量詞後面的最短公式或寫在量詞後面的一對括號內的公式叫做該量詞的轄域。處在量詞轄域內的一切與量詞裡的變項相同的變項都被此量詞所約束，叫做約束變項；而不在任何量詞的轄域內，或雖在某量詞的轄域內但與該量詞內的變項不同的變項，則不為該量詞所約束，叫做自由變項。含有一個或多個自由變項的量化公式叫做開公式，不含任何自由變項的量化公式叫做閉公式。

如果透過定義在 L_2 中引入連接詞 ↔ 以及量詞 ∃ 將更為方便。

(3)定義

　　① $(A \leftrightarrow B) =_{df} (A \to B) \wedge (B \to A)$

　　② $(\exists x)A =_{df} \ulcorner(\forall x)\ulcorner A$

2.Q的演繹結構

(1)公理

　A_1　　$A \to (B \to A)$

　A_2　　$(A \to (B \to C)) \to ((A \to B) \to (A \to C))$

　A_3　　$A \wedge B \to A$

　A_4　　$A \wedge B \to B$

　A_5　　$A \to (B \to A \wedge B)$

　A_6　　$A \to A \vee B$

　A_7　　$B \to A \vee B$

　A_8　　$(A \to C) \to ((B \to C) \to (A \vee B \to C))$

　A_9　　$(A \to B) \to ((A \to B) \to A)$

　A_{10}　$A \to A$

　A_{11}　$(\forall x)A \to A(x/t)$，如果 t 在 A 中對 x 是代入自由的

　A_{12}　$(\forall x)(A \to B) \to (A \to (\forall x)B)$，如果 x 不在 A 中自由出現

(2)變形規則

　MP：從 A 和 A $\to$ B 推出 B

　UG：從 A 推出 $(\forall x)A$，其中 x 是任意的個體變項

　　Q 中的一個證明是 L_2 的一個有窮非空的公式序列 $A_1, A_2 \cdots A_n$，使得對於每一 i（$1 \le i \le n$），A_i 或者是 Q 的公理，或者是由序列前面的公式經使用 Q 的變形規則而得到。如果公式 A 是 Q 中構成證明的某個序列的最後公式，則稱 A 是 Q 中的定理，記作 $\vdash_Q A$，該序列則是 Q 中關於 A 的一個證明。

　　餘下的工作就是從 Q 公理和 Q 變形規則推出 Q 定理，在此從略。

三、後設邏輯研究

　　形式系統一經構造完成之後，本身立刻就成爲研究的對象，成爲對象理論。以形式系統爲對象的理論稱爲後設理論。如果後設理論的對象是邏輯形式系統，

特別是一階邏輯形式系統，則稱這種後設理論為後設邏輯。

形式系統內所使用的人工符號語言稱為對象語言，這種語言無法刻畫形式系統的性質，而且也不能說明自身的性質。為了完成這種說明和刻畫，就需要一種區別於對象語言的語言，稱為後設語言。後設語言往往是自然語言加上特定的符號語言，在後設理論研究中就要使用這種語言。

後設理論是從語法和語義兩個角度研究形式系統的性質的。語法處理形式系統內符號與符號之間的關係。邏輯語法包括兩部分：基本語法和理論語法。前者涉及形式系統的構造，它實際上規定了用形式化方法構造形式系統的程序：首先，給出該系統的字母表，其次是給出形成規則，再次是給出公理，最後是給出變形規則，剩下的工作就是根據變形規則從公理推出定理。理論語法則把構造好的形式系統本身作為研究對象，研究後者的一系列語法特性，諸如語法意義上的一致性、完全性、獨立性、可判定性等等。語法研究要使用語法後設語言，例如我們前面陳述一階語言 L_2 的形成規則、公理、變形規則時，談到 L_2 的合式公式，使用了大寫字母 A、B、C 等，這些就是語法語言，通常所謂「矛盾式」、「合式公式」、「證明」、「可證」、「定理」、「演繹」等是典型的語法概念，用語法語言陳述的定理叫語法定理。語義處理形式系統中符號和它所指稱、所刻畫的對象之間的關係。我們構造形式系統通常是有某種直觀背景和預定目的的，而此目的之實現必須憑藉形式系統的解釋。解釋把形式系統與一定的對象域連接起來，從而賦予形式系統內的初始符號和公式以一定的意義。至此為止，原本沒有任何意義的形式系統就成為反映一定的對象領域的一個有內容的形式理論，形式化的目的在這時就算最後達到了。一旦進入意義領域，就開始了對於形式系統的語義學研究。這是關於形式系統之後設理論研究的一個重要方面，它研究一形式系統是否具有語義的一致性（即可靠性）、完全性、範疇性等問題。語義研究要使用語義語言，例如：「真」、「假」、「重言式」、「滿足」、「普遍有效」、「解釋」、「模型」等是典型的語義概念，用語義語言陳述的定理叫語義後設定理。

在對形式系統作出解釋時，通常分兩步進行：首先，為該系統的形式語言指定論域，並給出形式語言內個體常項、函數符號、謂詞符號在該論域中所分別代表的特指個體、函數運算以及性質或關係，這些結合在一起組成一個結構。然後，在此結構的基礎上再指定個體變項所代表的個體，這稱為指派。一個結構

加上結構上的一個指派構成一個完整的語義解釋（亦稱賦值）。下面以一階語言 L_2 的解釋爲例，一般地說明結構、指派、滿足、解釋（賦值）、模型、眞、假、邏輯有效等重要的語義學概念。

L_2 的一個結構是一個有序對 $U = <D, \tau>$，其中

（一）D 是非空集合，稱爲結構 U 的個體域，記爲 |U|；

（二）τ 是定義在 L_2 的非邏輯符號集上的一個映射，使得：

　　1. 對於 L_2 中的個體常項 c，τ 指派 D 中的某個特定個體；

　　2. 對於 L_2 中的任一 n 元函數符號 f，τ 指派 D 中的 n 元運算；

　　3. 對於 L_2 中的任一 n 元謂詞符號 F，τ 指派 D 中個體的性質（當 n = 1 時）或個體間的 n 元關係（當 n > 1 時）。

L_2 的結構確定之後，L_2 的任何一個閉公式就有了確定的意義，並有了確定的眞假。但是，對於 L_2 的開公式，還需要對其中的自由個體變項作出解釋。於是，我們有：

結構 U 上的一個指派是指這樣一個映射

$\rho : \{x_1, x_2, x_3 \cdots \cdots\} \rightarrow |U|$

即是說，對 L_2 中的每一個個體變項 x_i（$i \geq 1$），ρ 指派 D 中的某個個體。

然後，把結構 U 和指派 ρ 組合起來，就得到 L_2 的一個完整的語義解釋：

一個 L_2 賦值（亦稱解釋）是指這樣一個有序對 $\sigma = <U, \rho>$，其中 U 是一個 L_2 結構，ρ 是 U 上的一個指派。

在賦值 σ 下，任一 L_2 項 t 或公式 A 都獲得了確定的值，我們用 $\sigma(t)$ 和 $\sigma(A)$ 表示 t 或 A 在賦值 σ 下的值。若用 uσ 表示非邏輯符號 u 在 $\sigma = <U, \rho>$ 下的值，也就是由 U 中的 τ 指定給 u 的值，則任一 L_2 項 t 在賦值 σ 下的值 $\sigma(t)$ 可遞歸定義如下：

1. 對於 L_2 的任一個體變項 x_i，$\sigma(x_i) = \rho(x_i)$，$i \geq 1$。

2. 對於 L_2 的任一個體常項 a_i，$\sigma(a_i) = (a_i)\sigma$，$i \geq 0$。

3. 對於 L_2 中的 $f(t_1, t_2 \cdots t_n)$，$\sigma(f(t_1, t_2 \cdots t_n)) = (f)\sigma(\sigma(t_1), \sigma(t_2) \cdots \sigma(t_n))$，其中 f 是 L_2 中的 n 元函數運算，$t_1, t_2 \cdots t_n$ 是 L_2 的任一項，$n \geq 0$。

由於公式的值是眞值，我們用 $\{1, 0\}$ 代表眞值集，其中 1 代表眞，0 代表假。於是，任一 L_2 公式 A 在賦值 σ 下的值 $\sigma(A)$ 可遞歸定義如下：

1. $\sigma(F(t_1, t_2 \cdots t_n)) = T$ 當且僅當 $<\sigma(t_1), \sigma(t_2) \cdots \sigma(t_n)> \in (F)^\sigma$，即是說，在 D

中 σ(t₁), σ(t₂) ⋯ σ(tₙ) 具有 (F)^σ 關係。

2.σ(ㄱA) = 1 當且僅當 σ(A) = 0。

3.σ(A ∧ B) = 1 當且僅當 σ(A) = σ(B) = 1。

4.σ(A ∨ B) = 1 當且僅當或者 σ(A) = 1 或者 σ(B) = 1。

5.σ(A → B) = 1 當且僅當 σ(A) = 0 或者 σ(B) = 1。

6.σ((∀x)A) = 1 當且僅當每一個與之 i 等價的賦值 σ′，σ′(A) = 1。

這裡，兩個賦值 σ 和 σ′ 是 i 等價的，是指對於每個 j ≠ i，都有 σ(xⱼ) = σ′(xⱼ)。也就是說，賦值 σ 和 σ′ 除可以對個體變元 xᵢ 指派不同的值（即 σ(xᵢ) 和 σ′(xᵢ) 可以不同）以外，對其他任何個體變項，σ 和 σ′ 都指派相同的值。

在這樣的賦值 σ 之下，L₂ 的每一公式都具有了確切的含義，並且具有了確定的真值。如果有賦值使一個公式為真，我們稱該公式為可滿足的；如果一公式對於任意結構中的任意指派（即任意賦值）都是真的，我們稱此公式為常真公式，或普遍有效式，或永真式。反之，如果一公式對於任意結構中的任意指派都是假的，即沒有任何賦值使其為真，則稱它為矛盾式，或不可滿足式，或永假式。顯然，常真公式總是可滿足的，而矛盾式則總是不可滿足的。

於是，一個形式系統內的公式相對於某些確定的或任意的解釋（賦值），就被區分為 (1) 可滿足的，(2) 不可滿足的，(3) 邏輯有效的（邏輯有效的公式都可滿足）。通常把使某一公式為真的那個（或那些）解釋稱為該公式的模型，因此，凡可滿足的公式至少有一個模型；凡不可滿足的公式沒有任何模型；凡邏輯有效的公式有不止一個模型。同理，相對於某些或任意的解釋來說，公式集也可以區分為 (1) 可滿足的，(2) 不可滿足的，(3) 邏輯有效的。一公式集是可滿足的，當且僅當，至少有一個特定的解釋使得此公式集中的所有公式同時為真；一公式集是不可滿足的，當且僅當，沒有任何解釋使得該公式集的所有公式同時為真；一公式集是邏輯有效的，當且僅當，任意的解釋都使得該集內的所有公式同時為真。同理，使得一公式集為真的解釋被稱為該公式集的模型，因此可滿足的公式集有模型，不可滿足的公式集無模型，邏輯有效的公式集有不止一個模型。

對於一個形式系統，我們通常要問下面這些問題：

1.形式系統是否具有一致性（或相容性）？

　　一致性有語法和語義兩種含義。語法一致性是指：並非任一合式公式都在這一系統內可證；對於其語言中含有否定號「￢」的系統來說，這種說法等價於：不存在這樣的合式公式 A，A 和 ￢A 都在這一系統內可證。語義一致性是指：一切在這一形式系統內可證的公式都是真的。或者說，該形式系統至少有一個模型。語義一致性又叫做可靠性（soundness）。因此，一致性（無論它是語法的還是語義的）不僅是指一形式系統中沒有邏輯矛盾，而且是指它不可能產生矛盾。附帶指出，從語義一致性可推出語法一致性。

2.形式系統是否具有完全性？

　　完全性也有語法和語義兩種含義。語法完全性又有強的和弱的兩種意義。強完全性是指屬於一形式系統的每一公式或者是可證的，或者是不可證的；弱完全性是指，如果把一形式系統中不可證的公式加到公理之中，該系統必將導致矛盾。語義完全性則是指：一形式系統內所有與真命題相應的公式都在這一系統內可證。

3.形式系統是否具有可判定性？

　　可判定性是與可行方法的概念分不開的。所謂可行的方法，就是每一步都由某種事先給定的規則規定了的並且在有窮步內結束的方法。所謂可行可判定，是指對一類問題有一可行方法，對任給該類中的問題，能在有窮步內確定它是否有某個性質，或者任給一對象能在有窮步內確定它是否屬於該類。例如：對於形式系統，下述問題一般都是可行可判定的：任一符號是不是系統內的初始符號；任一符號的有窮序列是不是系統內的公式；任一公式是不是公理；任一公式是不是從給定公式根據變形規則得到；任一公式的有窮序列是不是一個證明。但是下述問題，如任一公式是否可證、是否為一定理，任一公式是否常真、是否普遍有效，任一公式是否可滿足，卻不是對每一個形式系統都是可行可判定的。

4.形式系統的公理集是否具有獨立性？

　　獨立性就是相對於給定的變形規則的可推演性。一公式集合 M 是獨立的，如果 M 中的任一公式 A 都不能根據給定的推演規則從 M 中其他公式推演出來。

5.形式系統是否具有範疇性？

範疇性只是相對於有模型並且有兩個以上模型的形式系統而言的。具體來說，它是指一個形式系統的所有模型都是同構的。而兩個模型同構則是指：兩個模型的論域中的元素及其關係能夠保持一一對應。

在形式系統的上述後設邏輯特性中，一致性是最重要的特性，它涉及一個形式系統是否能夠成立的問題：因為不一致的形式系統包含邏輯矛盾，而按照邏輯定律，從邏輯矛盾可以推出任一命題，這就意味著在該系統內可接受的（真）語句和不可接受的（假）語句之間沒有任何區別，而這會毀掉一切科學，因此這樣的系統是沒有價值的。一致性之外的其他後設邏輯特性是次一級的：完全性涉及一個系統的推演能力，獨立性涉及一形式系統選擇公理時是否經濟，它們都帶有某種審美的意味。不過，完全性具有特別的意義，能夠把某一範圍內的真命題全部推演出來的（即完全的）系統當然是最適用、最理想的。因此，既一致又完全的系統一直是邏輯學家追求的目標。

已經證明，命題演算和謂詞演算就是這樣的系統，它們都是既可靠又完全的。

四、形式化方法的意義

第一，形式化方法為科學研究提供了一種新的視角和新的思考方式。

把語言、定理、理論區分為不同的層次，並要求在較高的層次（n＋1）上去討論、敘說或斷定較低層次（n層）的一般性質，這是形式化研究的一個極其重要的成果。這一成果的方法論意義就在於，要求我們大力拓展後設理論研究，這裡的「後設」（meta-）是指「在……之後」、「次一層的」或「超越」的意思。後設研究就是以某一理論自身作為研究對象的次一層的研究，關於對象理論的各種研究及其結果構成後設理論，還可以對後設理論本身進行研究，構成後設—後設理論……這種後設研究與對象理論內部的研究相比，意義更為重大，因為後者只是在對象理論之內解難題、補漏洞，以使對象理論更趨成熟和完善，它並不對對象理論本身、對這些難題本身的價值提出懷疑，這就很難導致對象理論研究在根本性前提上實現重大層次躍遷。而後設研究則把鋒芒對準對象理論本身，它使我們能在更廣闊的視野中，重新審查對象理論的對象、性質、根基及其正當性、

有效性等等，從而不斷地調整或修正對象理論的研究，使對象理論研究減少盲目性，以便更爲成功和有效。因此，由形式化衍生出的這種後設研究方式，爲包括自然科學和哲學社會科學在內的其他學科提供了一種新的視野和新的路徑。許多學科領域已經明顯受到了這種研究方式的影響，數學領域有後設數學，哲學領域內後設研究方興未艾，例如：後設哲學、後設倫理學、後設美學等，其中後設倫理學最爲完善，幾乎成爲當代倫理學研究中最主要的傾向和派別。

第二，形式化方法有助於提高一個理論的嚴格性和精確性。

非形式化的理論常常是用自然語言或者自然語言再加上某種特定的符號語言表述的，而自然語言本身具有一些缺陷，例如：不精確、語義模糊、充滿歧義、語法關係很不嚴格，這就使得用它表述的概念和命題很可能被誤解和誤用；並且，用自然語言表達的推理常常是結合內容和意義的，在形式上很不嚴格，有可能發生這樣的情況：在推理過程中暗中假定或使用了另外一些其正確性有待證實的前提或規則，而後者往往成爲思維謬誤的一個泉源。上述現象在形式化系統中是不可能出現的，這是因爲：（一）形式系統的語言排除了任何模糊性和歧義性。形式系統一開始就陳述它的字母（初始符號），這種字母是特製的符號語言，除了用自己的形狀表達結構訊息外，不再具有任何意義，因而是單義的；並且，它明確規定了由字母生成詞（項）、由詞生成句（公式）的句法規則，這些規則是遞歸定義的，明確規定了在做了一步之後下一步如何做。（二）形式系統內的證明或推導是極其嚴格的，以 Q 的「證明」概念爲例：「Q 中的一個證明是一個公式的有窮序列 $A_1, A_2 \cdots A_n$，其中每一 A_i（$1 \leq i \leq n$）或者是一公理，或者是一已證的定理，或者是由先前的公式經使用變形規則得到。」因此，這就排除了使用任何暗含前提或未明確陳述的規則的可能性。（三）形式系統一般能在有窮步內判定：一個符號是否爲初始符號，一個符號序列是否爲公式，一個公式是否爲公理，一個公式是否能從給定公式利用變形規則得到，一個有窮長的公式序列是否爲一證明。即使形式系統使用了非初始符號、非公式、非公理、非系統的變形規則，利用判定程序也很容易查明並立即排除。因此，模糊和歧義（不精確），使用暗含的前提和未明確陳述的規則（不嚴格）的錯誤，在形式系統中是不會出現的。形式系統在精確性和嚴格性方面堪稱典範，把一個成熟的科學理論表述爲這樣的形式系統，當然是極有好處的。

第三，形式化有助於揭示一個理論的概念、範疇、命題的潛在邏輯含義以及

相互之間的潛在邏輯關係，從而促使理論研究走向深入。

在非形式化理論中，通常也要分析相關概念、範疇的潛在邏輯含義，也要進行推理，釐清相應命題之間的邏輯關係，以把這些概念、範疇、命題構成有機的理論體系。但是，這種分析和推理的鏈條常常是很短的，最多也就是三、四個層次或三、四步。而在形式化系統中，推理的鏈條在原則上可以無限延伸，因而可以得出無數條新定理，這就可能造成下述結果：原先沒有意識到或模糊地意識到的邏輯含義和邏輯關係現在被明確地、充分地揭示出來了；原先以爲沒有邏輯關係的，現在被證明是有關係的；或者，原先認爲邏輯上一致、相容的，現在可能揭示出其潛在的邏輯矛盾；如此等等。這樣一來，科學研究無疑就被大大向前推進了。例如：義務、允許、禁止、承諾、應該等概念是倫理學所要研究的，新興的道義邏輯就是以包含這些概念的語句的邏輯特性和推理關係爲對象的，它導出了許許多多有關這些概念的新定理，這些定理有助於對模糊的倫理學概念精確地加以規定，並且把它們潛在的含義和關係闡發清楚。並且，道義邏輯還觸及一些深刻的倫理學問題，例如：義務、允許、禁止與必然、可能、不可能的關係，義務的相對性和條件性，義務和倫理規則的關係，倫理規則集的層次性，義務衝突及其克服等等。所以，道義邏輯一方面爲倫理學研究提供了工具，另一方面又深化了倫理學研究。

第四，形式化有助於不同觀點的比較和辨識，爲不同觀點之間的交流、討論、批判提供了前提和基礎。

當一種觀點以一種大而統之、簡而化之的方式提出時，幾乎不能與其他觀點比較，因爲它不具有確定的形式，彈性較大，就像一條滿身黏液的泥鰍一樣把捉不住。但一旦利用形式化方法使其精確化和嚴格化之後，就可以進行相互比較和相互批判，弄清楚它們之間的真實關係。例如：哲學家們對於時間有各種各樣的看法和觀點。例如：認爲時間是有始有終的，或有始無終的，或無始有終的，或無始無終的，又認爲時間是不可分的，或無限可分的，連續的或離散的，還認爲時間是一維決定的，或多維非決定的等等。作爲哲學邏輯一支的現代時態邏輯，就從上述各種不同的哲學觀點出發，構造了各種不同的時態邏輯，例如：線性時態邏輯、枝形時態邏輯、無端點線性（或者枝形）時態邏輯、稠密無端點線性（或者枝形）時態邏輯、離散無端點線性（或者枝形）時態邏輯，這些不同的時

態邏輯分別刻畫著不同的時間觀，但由於這些邏輯是嚴格構造的形式系統，因而它們之間的關係是十分清楚的，而這在直觀、樸素的觀點中是根本做不到的。

實際上，形式化方法代表著一種極度精確的思維，在需要精確的地方我們要儘量精確，這時候形式化方法就有其用武之地。但是，我們並非時時、處處都需要如此程度的精確性，也不是時時、處處都能夠達到如此程度的精確性。因此，形式化方法也是一種有很大局限性的方法，具體表現在：

其一，適用範圍的狹窄性。

這主要是指：（一）並不是一切理論都能夠被形式化。只有那些發展得比較成熟、邏輯關係比較清晰的理論才可能形式化，而那些發展得很不成熟、邏輯關係十分混亂的理論是沒法形式化的。（二）並不是一個理論的一切方面都能夠形式化。形式化只適於考察一個理論中概念或命題的形式方面和以嚴格意義上的邏輯方面爲內容的那些問題，具體來說，它只能在下述三點上產生作用：1. 更嚴格、更精確地限定概念、命題的含義，2. 更清晰地展示概念、命題之間的邏輯關係，3. 盡可能多地展開它們的邏輯推論，以揭示概念、命題的潛在邏輯含義。形式化對除此之外的其他方面是無能爲力的。

其二，研究結果的嘗試性。

這是指，應用形式化方法所得到的形式理論，只是一種暫時性和嘗試性的理論。雷謝爾（N. Rescher）指出：「這是毫無疑義的，科學理論從來不具有最終的和絕對的確定性，總是受到新的事實材料的反駁或修正；科學理論總是由新的和反駁性的觀察所左右。同樣地，運用形式化方法所建立的任何系統，如果與新發現的事實不相符合，即導致了迄今爲止未預見到而直觀上又是不可接受的結果，就會被推翻。的確，無論這種理論和我們對所研究領域的非形式理解多麼一致，不一致的可能性永遠不會完全被排除。我們的邏輯的和概念的預見力從來不會如此敏銳，以致概念的系統化理論可能導致不可接受的結果，這樣一種偶然性會從可能性的領域中消失。」[6] 馬里奧‧邦格（Mario Bunge）也指出，形式化確實使哲學理論增加了嚴格性和精確性，但精確性並不能保證正確性，而是使我們易於發現錯誤並改正它；精確性也不能保證深度和重要性，而是使我們有可能對哲學

---

[6] N. Rescher, *Topics in Philosophical Logic*, Dordrecht: Reidel, 1968, pp.332-341.

理論進行合理的檢查，以診斷問題和困難的確切來源，同時也爲它們的解決提供方法。[7]

其三，作用程度的有限性。

這是指，形式化方法並不是法力無邊的，它對於某些問題是無能爲力的。具體來說，對於足夠複雜的形式系統 S 而言，（一）如果 S 是邏輯上無矛盾的，則 S 必然是不完全的，即並非所有的眞命題都在 S 中可證；（二）必然是不可判定的，即不存在可以用來判定其中的任一命題是否可證的算法；（三）它的眞概念在本系統中是不可定義的。哥德爾不完全性定理、丘奇—圖靈的不可判定性定理和塔斯基的眞概念不可定義性定理，分別表達了形式系統上述三個方面的局限性。這三大定理以嚴格的數學證明的形式，充分揭示了由形式化方法得到的形式系統的局限性，因此被稱爲局限性定理。

---

[7] 參見馬里奧·邦格：《科學的唯物主義》，張相輪譯，上海譯文出版社，1989 年，第 4 頁。

換一個角度來思考……

——變異邏輯：一些另類系統

一、什麼是變異邏輯？

　　在前面第九講中談到了命題演算和謂詞演算，它們共同構成所謂的「一階邏輯」，這種邏輯是所有其他邏輯的基礎，在當代邏輯學科體系中取得了「經典」的地位，亦稱「經典邏輯」。與後來出現的各種邏輯系統相比，經典邏輯至少含有下述假定或預設：

（一）外延原則，即它在處理語詞、語句時，只考慮它們的外延，並認為語詞的外延是它所指稱的對象，語句的外延是它所具有的真值；如果在某一複合語句中用具有同樣指稱但有不同含義的語詞或語句去替換另一語詞或子語句，該複合陳述式的真值保持不變。這就是著名的「外延論題」。與此相連結，一階邏輯是建立在實質蘊涵之上的邏輯。所謂實質蘊涵，就是把一條件句的真假看作其各個構成句的真值函項。具體來說，條件句「如果 p，則 q」為真，當且僅當並非 p 真而 q 假，這就是說，除開 p 真 q 假的情況下該條件句為假之外，在其他情況——p 真 q 真、p 假 q 假、p 假 q 真——之下，它都是真的。

（二）二值原則，即任一命題或真或假，非真即假，非假即真；沒有任何命題不具有真假值，也沒有任何命題具有除真假之外的其他值。這就是說，在一階邏輯中不存在真值空缺或真值間隙。順便指出，二值原則是古典的矛盾律和排中律的結合，後兩者一起刻畫了傳統的真概念。二值原則、矛盾律、排中律是所有二值邏輯系統所依據的後設規則，而不僅僅是這些系統的一個內定理。例如：「p ∨ ¬p」本身並不就是排中律，它僅僅是排中律在命題演算中的一個表現形式。排中律在其他二值邏輯中還有另外的表現形式，例如：在謂詞演算中是「（∀x）（Fx ∨ ¬Fx）」，在模態邏輯中是「□ p ∨ ¬ □ p」。所以，我們不能把作為所有二值系統的後設規則的二值原則、矛盾律、排中律與作為二值系統內定理的矛盾律、排中律相混淆，後面這些稱呼純粹是出於方便。塔斯基早已指出這一點：「從我們的定義（指形式化語言中的真定義——引者）中可以推演出各種普遍性的定律。尤其可以借助於定義證明矛盾律和排中律——它們完全足以表達亞里士多德真理概念的特徵，即我們能夠證明在兩個互相矛盾的語句中有一個且僅有一個是真的。不要將這些語義學定律與那些與其相關的邏輯規

律即矛盾律和排中律看作是同一的。後者屬於語句演算，也就是邏輯的最基本部分，其中根本不包含『眞的』這個詞項。」[1]

（三）由假得全原則，指經典邏輯中這樣的定理：A ∧ ￢A → B，意思是從邏輯矛盾推出任一命題。這個原則有時也被稱爲「擴展律」：不一致性可以擴展到一個理論中的每一個句子。通常，我們把一個句子集的邏輯封閉集（logical closure）定義爲從這個句子集邏輯地推出的所有句子的集合，並且稱任何一個邏輯封閉的句子集爲一個理論。因此，一個理論包含它的所有邏輯後承。如果一個理論不同時包含一個句子和該句子的否定，我們就說該理論是一致的；如果一個理論包含每一個句子，我們就說它是不足道的（trivial）。從由假得全原則可知：任何一個不一致的理論都是不足道的。

（四）採用實無窮抽象法，即把無窮當作已經完成的一個整體，而不只是一個潛在的無窮延伸的過程，於是在經典邏輯中就可以研究本質上是非構造性的對象。

（五）存在假定，即它的個體域非空，量詞毫無例外地具有存在含義，並且單稱詞項總是指稱個體域中的某個個體。如果語句和論證中出現了無所指的空詞項，則人爲地給它們指定外延：空集合。這是爲了確保經典邏輯中的語句有且僅有一個眞值：或者眞或者假。

從不同的側面考察，還可以概括出經典邏輯的一些不同的特徵。「變異邏輯」就是透過修改經典邏輯的某個或某些假定或預設所得到的邏輯系統，與標準的邏輯系統（即一些命題邏輯和謂詞邏輯的系統）相比，它們是一些供選擇的另類的邏輯系統（alternative systems）。這些系統至少在某些定理上與經典邏輯不一致：經典邏輯的某些定理不再是它們的定理，它們的某些定理也不是經典邏輯的定理。例如：某些多值邏輯去掉了經典邏輯所預設的二值原則，允許語句取眞、假之外的其他值，從而使得經典邏輯中的矛盾律和排中律不再成立；相干邏輯挑戰了經典邏輯的實質蘊涵及其邏輯後承概念；直覺主義邏輯挑戰了經典邏輯的實無窮假定、二值原則和邏輯觀；自由邏輯挑戰了經典邏輯的存在假定和二值

---

1 塔斯基：《真理的語義學概念和語義學的基礎》，見塗紀亮主編《語言哲學名著選輯：英美部分》，三聯書店，1988 年，第 262 頁。

原則。下面，我們簡單地介紹這樣一些邏輯系統，包括多值邏輯、相干邏輯、直覺主義邏輯、次協調邏輯。

二、多值邏輯

可以這樣說，多值邏輯是由波蘭邏輯學家烏卡謝維奇開創的。他在研究亞里斯多德邏輯時，碰到了「明天將要發生海戰」這樣的涉及未來偶然性的句子。他認為，在說這句話的時候，它既不是真的也不是假的，只是可能的或不定的。在1920 年發表的一篇論文中，他這樣寫道：

> 我可以無矛盾地推測，明年的某個時刻，例如 12 月 21 日中午，我將現身華沙，它目前既不能被肯定地確定，也不能被否定地確定。所以，我將在那個給定的時間現身華沙，是可能的，但不是必然的。按照這一假定，「明年 12 月 21 日中午我將現身華沙」目前既不能是真的，也不能是假的。因為如果它現在就是真的，我未來現身華沙就成了必然的，而這與那個推測相矛盾。另一方面，如果它現在是假的，我未來現身華沙就成了不可能的，這也與那個推測相矛盾。所以，所考慮的這個命題目前既不真也不假，必定具有不同於「0」或「假」和「1」或「真」的第三值。我們可以用「1/2」表示這個值。它代表「可能的」，作為第三個值與「真」「假」並列。這就是導出三值命題邏輯系統的思想源頭。[2]

於是，在烏卡謝維奇看來，一個命題可以取三個值：T（真）、F（假）、I（不定）。按照下述原則，他建立了三值邏輯系統：

（一）三個真值按照真性減小次序排列為 T、I、F。

（二）如果一個命題的值已知，則其否定式的值是該命題的值的「對立面」：

（三）合取式的值是它的各變項中真值最小的一個。

（四）析取式的值是它的各變項中真值最大的一個。

（五）「p → q」的值與「p ∨ q」的值接近但不相同：當 p 和 q 的值都為 I 時，

---

2 轉引自 N. Rescher, *Many-valued Logic*, McGraw-Hill Book Company, 1969, pp.22-23.

「p → q」為 T，但「p ∨ q」的值為 I。這也許是為了確保「p → p」的值恆為 T。

（六）「p↔q」的值與「（p → q）∧（q → p）」的值相同。

關於五個基本真值連接詞 ¬、∧、∨、→、↔，我們有如下的真值表：

p	¬p	p\q q	T I F	T I F	T I F	T I F
			p∧q	p∨q	p→q	p↔q
T	F	T	T I F	T T T	T I F	T I F
I	I	I	I I F	T I I	T T I	I T I
F	T	F	F F F	T I F	T T T	F I T

我們把烏卡謝維奇的三值邏輯記為 L_3，把經典邏輯記為 CL。L_3 有下列特點：

（一）¬(A ∧ B)↔(¬A ∨ ¬B) 和 ¬(A ∨ B)↔(¬A ∧ ¬B) 這兩個德摩根律仍然成立。這表明，其中∧可由和∨定義，∨也可由和∧定義。

（二）A ∨ B 並不等值於 ¬A → B，而等值於 (A → B) → B。於是，由 ¬ 和→，就可以定義出另外三個連接詞：

A ∨ B = _{df} (A → B) → B

A ∧ B = _{df} ¬(¬A ∨ ¬B)

A↔B = _{df} (A → B) ∧ (B → A)

（三）若把重言式定義為永真式，則 L_3 重言式必為 CL 重言式。這是顯然的。設 A 為 L_3 重言式，我們只需在 L_3 關於 A 的真值表中刪去中間值 I 的輸入及相應的真值輸出，就得到 CL 關於 A 的真值表。因為前者是重言式，後者必為重言式。

（四）CL 重言式在 L_3 中不會為假，卻可以取中間值 I。所以，CL 重言式在 L_3 中並不一般地成立。這是因為，不論其中變項代表什麼命題，一個重言式都必須為真。特別地，二值邏輯的排中律 A ∨ ¬A 在 L_3 中不成立。若按語義表述，經典排中律意味著：任一命題要麼真要麼假，不存在第三種可能。它有如下推論：

推論 1　A 和 ¬A 兩者中至少有一真。

推論 2　A 爲眞當且僅當 ￢A 爲假。

在 L₃ 中，排中律及其推論 1 肯定不成立，因爲當 A 取 I 值時，A ∨ ￢A 也取 I 值。但推論 2 卻可以成立，這從「￢p」的眞値表也可以看出。

（五）L₃ 中分別僅含連接詞 ￢，∧，∨ 的公式，當其所有變項都取值 I 時也必取 I。這表明，這類公式不可能是矛盾式，也就是說，不論其中變項取什麼值，該公式不可能恆取值爲假。特別地，二值邏輯中的矛盾律 ￢(A ∧ ￢A) 在 L₃ 中不成立。經典矛盾律是指下列要求：應把「A ∧ ￢A」作爲邏輯矛盾加以排除；或者，應把「￢(A ∧ A)」作爲邏輯眞理加以接受。它有如下推論：

推論 1　A 和 ￢A 兩者必有一假。

推論 2　A 和 ￢A 不能同時爲眞。

推論 3　有關某命題同時既採取某個眞值又採取另一個不同眞值的說法爲假。

在 L₃ 中，經典矛盾律及其推論 1 和推論 3 不成立，但推論 2 卻可以成立。這也可以從「￢p」的眞値表中看出來。

沃依斯伯格（Mordchaj Wajsberg）在 1931 年的一篇論文中證明，烏卡謝維奇的三值邏輯 L₃ 可以用如下方式公理化 [3]：

公理：

A_1 $A \rightarrow (B \rightarrow A)$

A_2 $(A \rightarrow B) \rightarrow ((B \rightarrow C) \rightarrow (A \rightarrow C))$

A_3 $(￢B \rightarrow ￢A) \rightarrow (A \rightarrow B)$

A_4 $((A \rightarrow ￢A) \rightarrow A) \rightarrow A$

變形規則：

MP：從 A 和 A → B 推出 B

既然命題可以取眞、假之外的第三個值，爲什麼不能取第四個、第五個、甚至無窮多個值呢？烏卡謝維奇循此思路，把他的三值邏輯推廣到三值以上，甚至是無窮多值的情況。現在約定：把一個公式寫在兩個斜槓之間表示這個公式的眞值，例如：/p/ 表示 p 的眞值；並且，這些眞值用 0 和 1 之間的實數表示。烏卡

3　轉引自 N. Rescher, *Many-valued Logic*, McGraw-Hill Book Company, 1969, p.8。

謝維奇根據下述算術規則給出連接詞的眞值表：

$/\neg p/ = 1 - /p/$

$/p \wedge q/ = \min [/p/, /q/]$

$/p \vee q/ = \max [/p/, /q/]$

$$/p \to q/ = \begin{cases} 1, & \text{當 } /p/ \leq /q/ \\ 1 - (/p/ + /q/), & \text{當 } /p/ > /q/ \end{cases}$$

這就是說，$\neg p$ 等於 1 減去 p 的眞值；$p \wedge q$ 的眞值取 p 和 q 的眞值中數目較小的那個；$p \vee q$ 的眞值取 p 和 q 的眞值中數目較大的那個；如果 p 的眞值小於等於 q 的眞值，則 $p \to q$ 的眞值等於 1；如果 p 的眞值大於 q 的眞值，則 $p \to q$ 的眞值等於 1 減去 p 和 q 的眞值之和。至於 $p \leftrightarrow q$ 的眞值，則根據定義 $(p \leftrightarrow q) =_{df} (p \to q) \wedge (q \to p)$ 間接得出。

烏卡謝維奇的無窮值邏輯可用如下方式公理化：

公理：

A_1 $A \to (B \to A)$

A_2 $(A \to B) \to ((B \to C) \to (A \to C))$

A_3 $((A \to B) \to B) \to ((B \to A) \to A)$

A_4 $(\neg B \to \neg A) \to (A \to B)$

變形規則：

MP：從 A 和 $A \to B$ 推出 B

三值邏輯和其他多於三值的邏輯系統，完全可以對眞值連接詞有不同於上面的 L_3 的定義方式，於是就會出現不同於 L_3 的其他三值邏輯系統，以及其他更多值的邏輯系統。這些系統出於不同的考慮，服務於不同的目的。例如：德國邏輯學家賴欣巴赫（H. Reichenbach）選取具有下表所示性質的完全否定 ~ 和蘊涵 →作爲基本連接詞：

p	~p	$p \to q$ p / q	T	I	F
T	I	T	T	I	F
I	T	I	I	I	I
F	T	F	I	I	I

並且取下述唯一一條推理規則：

MP：從 A 和 A → B 可推出 B

構成了三值系統 R →。

如果把重言式重新定義為不取值 F 的公式，則 CL 重言式集不會有任何改變，因為在 CL 中一公式不取值 F，它必取值 T。但在 R →中，其重言式集卻大大擴充，雖然 CL 重言式還是 R →重言式，但有些 R →重言式卻可能不是 CL 重言式。

例如：在 R →中，考慮排中律的否定〜(p ∨〜p)，我們有：

$$|\sim(p \vee \sim p)| = \begin{cases} T \ 當 \ |p \vee \sim p| = \begin{cases} I \\ F \end{cases} \\ I \ 當 \ |p \vee \sim p| = T \end{cases}$$

即〜(p ∨〜p) 不取值 F，故按新的重言式定義，此公式為重言式，但它顯然不是 CL 重言式。有論者指出，「這一結論表示：多值邏輯不僅有與經典邏輯不同的解釋，它還可以有經典二值邏輯不具備的推理作用。例如：對於 R →，由於它的公理可以取值 T 或 I，它就可以保證，當作為推理前提的命題取中間值時，推理能夠無矛盾地進行。這樣，R →就可以用來作量子力學的推理工具。」[4]

綜上所述，多值邏輯是由拋棄經典邏輯的二值原則而創立的，它允許命題取真、假之外的其他值如「不定」等，甚至允許命題在 [0，1] 區間內任取有窮多值甚至無窮多值。若其中命題可取值的數目為 n，則稱相應的邏輯為 n 值邏輯。顯然，經典邏輯是 n = 2 的邏輯。到目前為止，多值邏輯已經在語言學、哲學、硬體設計、人工智慧和數學中獲得廣泛而又重要的應用。

三、相干邏輯

構造相干邏輯的哲學動機來自對實質蘊涵和嚴格蘊涵的哲學批評。有的邏輯學家認為，下列公式作為推理規律是不可接受的：

（一）A → (B → A)

（二）¬A → (A → B)

---

[4] 蔡曙山：〈多值邏輯的哲學意義〉，《貴州社會科學》1991 年第 12 期，第 21 頁。

（三）□ A → (B → A)

（四）◇ A → (A → B)

其中（一）和（二）叫做「實質蘊涵怪論」，是經典邏輯中的重言式或者定理，其意思分別是：真命題被任何命題蘊涵；假命題蘊涵任何命題。例如：由於「2 + 2 = 4」是真命題，因此，「如果雪是白的，則 2 + 2 = 4」和「如果雪是黑的，則 2 + 2 = 4」也是真命題；由於「1 + 1 = 3」是假命題，因此，「如果 1 + 1 = 3，則太陽每天從西邊升起」和「如果 1 + 1 = 3，則太陽每天從東邊升起」也是真命題。（三）和（四）叫做「嚴格蘊涵怪論」，卻是某些模態邏輯系統中的定理，其意思分別是：必然命題被任何命題所嚴格蘊涵；不可能命題嚴格蘊涵任何命題。如果把實質蘊涵與推出關係視為同一，實質蘊涵怪論表明：語句之間的推出關係僅僅根據語句的真值就能成立；如果把嚴格蘊涵與推理關係視為同一，嚴格蘊涵怪論表明：語句之間的推出關係僅僅根據相應語句的模態性質如必然性、可能性、不可能性等就能成立。

有些邏輯學家批評說，通常我們進行推理時，不僅要求前提和結論之間有真值上的關聯，而且要求前提和結論之間有某種共同的意義或內容，正是這種共同的意義內容潛在地引導、控制著從前提到結論的思想流程，使得我們可以由前提想到或推出結論。除非一個人思維混亂或精神不正常，他通常不會從「2 + 2 = 4」推出「雪是白的」，也不會從「2 + 2 = 5」推出「雪是黑的」，因為這裡前提和結論在內容、意義上完全不相干。有些邏輯學家試圖去刻畫推理的前提和結論之間的這種共同的意義內容。顯然，各種不同推理的意義內容是千差萬別的，邏輯學家不是百科全書，不可能什麼都懂，他們實際上無法顧及這些差異懸殊的具體內容，最多只能去尋找、刻畫這種內容相關性的形式表現。相干邏輯學家認為，命題之間的內容共同性是由變元的共同出現來保證的，由此提出了著名的相干原理：如果 A 相干蘊涵 B，則 A 和 B 至少有一個共同的命題變元；或者說，A 與 B 相干之必要條件是，A 和 B 具有共同的命題變元。

相干性必然衍生出獨立性，即兩個語句之間是否存在推理關係，與這兩個語句單獨所具有的任何性質如真、假以及模態性質如必然性、可能性、不可能性等等無關。這是因為，推理是兩個（或兩組）語句之間的一種關係，這種關係是否成立，不單單取決於這兩個（或兩組）語句獨自具有的性質，而是取決於這兩個（或兩組）語句之間共有的某種意義內容或形式上的關聯。因此，我們可以不知

道 A、B 本身的眞假，也可以不知道 A、B 本身的模態性質，卻仍有可能知道 A 是否能推出 B。這就是說，A 與 B 之間的推出關係獨立於 A、B 單獨所具有的任何邏輯性質。這種看法是符合我們的日常直觀的，因爲眞語句之間可能具有推出關係，也可能沒有；假語句之間可能具有推出關係，也可能沒有；假語句（作爲前提）與眞語句（作爲結論）之間可能具有推出關係，也可能沒有；必然語句之間、可能語句之間、不可能語句之間以及它們相互之間可能具有推出關係，也可能沒有。我們不能因爲某個（某組）語句是不是眞的、假的、必然的或可能的，就斷定由它能否推出另外某個（或某組）語句。

1956 年，阿克曼（R. M. Ackermann）構造了兩個基於相干蘊涵的相干邏輯系統 π' 和 ε'。1959 年，安德森（A. R. Anderson）和貝爾納普提出了相干邏輯的 R 系統，它是由相干蘊涵（用「A → B」表示）和眞值連接詞構造而成的，其構造如下：

公理：

A_1 $A \rightarrow A$

A_2 $(A \rightarrow B) \rightarrow ((B \rightarrow C) \rightarrow (A \rightarrow C))$

A_3 $(A \rightarrow (A \rightarrow B)) \rightarrow (A \rightarrow B)$

A_4 $A \rightarrow ((A \rightarrow B) \rightarrow B)$

A_5 $A \wedge B \rightarrow A$

A_6 $A \wedge B \rightarrow B$

A_7 $(A \rightarrow B) \wedge (A \rightarrow C) \rightarrow (A \rightarrow B \wedge C)$

A_8 $A \rightarrow A \vee B$

A_9 $B \rightarrow A \vee B$

A_{10} $(A \rightarrow C) \rightarrow ((B \rightarrow C) \rightarrow (A \vee B \rightarrow C))$

A_{11} $A \wedge (B \vee C) \rightarrow (A \wedge B) \vee C$

A_{12} $(A \rightarrow \neg A) \rightarrow \neg A$

A_{13} $(A \rightarrow \neg B) \rightarrow (B \rightarrow \neg A)$

A_{14} $A \rightarrow \neg \neg A$

變形規則：

MP：從 A 和 A → B 推出 B

∧＋：從 A 和 B 推出 A ∧ B

　　在 R 中，如上所述的相干原理成立，並且是 R 系統的根本特徵。這就是說，如果 A → B 是 R 的定理，則 A 和 B 至少有一個共同的命題變元，或者說，在推導出 B 的過程中，真正使用了而不僅僅是經過了 A。為了更清楚地說明相干原理，有必要提到 R 中一個後設定理的推論：如果 A 是 R 的定理，則公式 A 中的每一個命題變元不可能只出現一次。根據這個推論，下述「實質蘊涵怪論」的相干蘊涵變形都不是 R 的定理：

A → (B → A)

A → (B → B)

(A → B) → (B → B)

(A → B) → (A → A)

$\urcorner$A → (A → B)

A → ($\urcorner$A → B)

(A ↔ $\urcorner$A) → B

B → (A ∨ $\urcorner$A)

A ∨ (A → B)

　　由於 R 系統引入了相干蘊涵，A → B 當且僅當 A 與 B 存在著意義上的相互關聯，因而在 R 系統中就排除了像「真語句被任一語句所蘊涵」等蘊涵怪論，排除了「不相干謬誤」。所謂不相干謬誤，就是由一個語句推出另一個意義上毫不相關的語句，也就是說導出了違反 R 之相干原理的定理。R 認為，「$\urcorner$A，A ∨ B ⊢ B」（析取三段論）作為推演規則是不可接受的，因為一旦接受它為推演規則，在 R 中就可推出蘊涵怪論「(A ∧ $\urcorner$A) → B」（邏輯矛盾相干蘊涵任一語句），即在 R 中導致不相干謬誤。

　　但是，相干蘊涵仍然是有缺陷的，它雖然試圖反映語句之間意義、內容上的關係，卻沒有反映語句之間的必然關係。因而，相干邏輯系統 R 雖免除了不相干謬誤，卻無法避免模態謬誤。如果一個必然語句由一些實然語句推演出來，則推演過程就犯了模態謬誤。R 有下列定理：

A → ((A → B) → B)

(A → (B → C)) → (B → (A → C))

A → ((A → A) → A)

最後一個公式是說：如果 A 為實然真語句，則由一邏輯真理「A → A」得到的

結論 A 是實然眞的。但在一般模態邏輯中，常要求一必然語句的推論是必然眞的，R 不能滿足此要求。

安德森和貝爾納普於 1958 年和 1962 年提出了另一個相干邏輯系統——衍推邏輯系統 E，它是由修改阿克曼 1956 年提出的 π′ 得到的。將如上所述的 R 系統的公理 A₃ 換成如下公式：

$$(A \to ((D \to E) \to C)) \to ((D \to E) \to (A \to C))$$

就得到系統 E。在 E 中，一個重要的概念是衍推（entailment），這裡用「⇒」表示。衍推是一個語句與另一個語句之間的二元關係，它是可演繹關係的逆。具體來說，衍推關係有如下兩個特點：(1) 衍推關係試圖反映語句之間的必然關係。如果 A⇒B，則這種衍推關係獨立於語句 A 與語句 B 之實際情況，與語句 A 之假和語句 B 之眞無關。在 E 中下述推演是可靠的：如果 A 眞，則可安全地衍推 A；假設 B 與 A 毫無關係，設 A 眞，這並不表示 A 可由 B 導出，也不表示在任何蘊涵的意義上，B 蘊涵 A，或者 B 衍推 A。如果 A⇒B，則 A → B 必然爲眞。這是衍推邏輯的一個基本觀點。(2) 衍推關係試圖反映語句之間在內容、意義上的相互關聯。如果 A⇒B，則 A 與 B 相干，也就是說，A 與 B 存在著共同的意義內容，或者說，A 與 B 具有共同的語句變元。因此，衍推關係試圖結合嚴格蘊涵與相干蘊涵，既反映語句之間的必然關係，又反映語句之間在內容上的關係，也就是說反映語句之間在內容、意義上的必然關係，這種關係是獨立於語句之眞假與模態的。內爾森（E. J. Nelson）指出：「蘊涵（即衍推）是意義之間的必然關係。」[5]

由於衍推既要求相干又要求必然，所以衍推系統 E 就是一個相干的嚴格蘊涵系統，這是 E 不同於 R 的主要之處。一方面，E 是相干邏輯，相干原理在 E 中成立，即是說，若 A⇒B 是 E 之定理，則 A 和 B 之間至少具有一個共同的語句變元。並且，與 R 一樣，析取三段論（即 ¬A，A ∨ B ⊢ B ）不在 E 中成立。另一方面，E 是模態邏輯，若 A⇒B 是 E 的定理，則 A → B 必然爲眞；若從一邏輯規律可彙出結論 C，則 C 必然爲眞。在 E 中有這樣一個基本定理：

$$(B \Rightarrow C) \Rightarrow (((B \Rightarrow C) \Rightarrow A) \Rightarrow ((A \Rightarrow A) \Rightarrow A))$$

---

5 E. J. Nelson, "Intentionalrelations", *Mind*, n. s. 39, 1930, pp.440-453.

A⇒A 是一邏輯眞理。定理說，如果我們由一眞語句（B⇒C）可衍推 A，則由 A⇒A 可衍推 A；這就是說，A 必然爲眞，當且僅當，A 是一個邏輯眞理的後承。因此，當在 E 中把 □ A 定義爲（A⇒A）⇒A 時，E 就具有類似於模態邏輯系統 S4 的模態結構。E 的定理可以分爲兩種類型：一類是不含模態詞「□」（必然）、「◇」（可能）的，另一類含有模態詞。可以證明，E 既免除了不相干謬誤，又免除了模態謬誤。

現在的問題是：如何評價相干邏輯？相干邏輯和衍推邏輯是否充分反映和刻畫了它們聲稱要刻畫的命題之間在內容或意義方面的相關性呢？本書把這樣的問題留給有興趣的讀者。

四、直覺主義邏輯

直覺主義是一套關於數學基礎的哲學理論，其主要代表人物是布勞維爾（L. E. J. Brouwer），他創造性地繼承了康德的先驗直觀理論，把對時間的先驗直覺作爲數學的基礎。在他看來，數學是獨立於經驗的人類心靈的自由創造，它獨立於邏輯和語言；先驗的、原始的二一性（two-oneness）直覺構成了數學的基礎。這種初始直覺把每一個生活瞬間分解爲質上不同的部分，僅當其餘的一切被時間分隔開時才重新結合起來。這種直覺使人認識到作爲知覺單位的「一」，然後透過不斷的「並置」（juxtaposition），創造了自然數、有窮序數和最小的無窮序數，任何邏輯結構都不可能獨立於這種數學直覺。他還持有如下的基本觀點：

（一）不承認實無窮，只承認潛無窮。所謂實無窮，是把無窮視爲現實的、完成了的整體，例如由所有自然數所構成的集合（自然數集），一線段上所有點的集合（實數集）。所謂潛無窮，只是把無窮看作是一種無休止擴展或延伸的可能性或過程，而不是一種實際得到的整體，例如作爲極限概念的無窮大和無窮小。由此，布勞維爾及其追隨者把從潛無窮引申出來的自然數論作爲其他數學理論的基礎。

（二）排中律不普遍有效。在布勞維爾看來，這至少是出於兩個原因：一是對於有窮論域來說，原則上可以利用逐個考察論域內的個體來驗證它是否滿足 A 或者非 A，因此排中律有效；但對於無窮論域來說，這樣的考察是不可能進行和完成的，故排中律無效。二是他對「眞」、「假」等概念的特殊

理解：一命題爲眞，是指能夠找到一個在有窮步內結束的證明，後者證明它爲眞；一命題爲假，是指能夠在有窮步內證明它爲假，即假設它爲眞在有窮步內將導致荒謬或矛盾。按這樣的理解，排中律在數學中等於說：每一個數學命題或者是可被證明的，或者假設爲眞將導致矛盾（即可被否證）。但是，數學中不僅有未被證明爲眞或爲假的命題，而且有不可證明的命題，因此排中律失效。

（三）存在等於被構造，數學對象的存在以可構造出該對象爲前提。布勞維爾及其追隨者不贊成使用反證法，即爲了證明某個東西存在或某個命題成立，先假設它不存在或不成立，由此導致荒謬或矛盾，這就等於證明了它存在或成立。他們要求，要證明某個數學對象存在，只有兩個辦法，或者具體給出該數學對象，或者給出找到該數學對象的程序或算法；證明某個命題，要具體給出該命題如何成立的證明。因此，他們不贊成使用間接的存在證明，也不承認不能具體給出的純存在定理。

布勞維爾及其追隨者建構了展現其構造性觀點的邏輯 —— 直覺主義邏輯，其中邏輯連接詞和量詞的意義如下：

（一）$A \wedge B$ 的證明 p 是一對證明 p_1 和 p_2，使得 p_1 是 A 的證明，p_2 是 B 的證明。

（二）$A \vee B$ 的證明是一個構造，它選擇 A 和 B 中的一個公式，並給出所選公式的證明。

（三）$A \rightarrow B$ 的證明 p 是一個構造，對於 A 的任何一個證明 q，它都指出一個 B 的證明 p(q)，並能驗證 p(q) 是 B 的一個證明。

（四）$\neg A$ 的證明就是關於 $A \rightarrow (0 = 1)$ 的證明，即可以由任意一個關於 A 的證明得到矛盾的構造。

（五）$(\exists x)A(x)$ 的證明是一個構造，它可從所討論的論域中選出一個對象 a 並得到 A(a′) 的一個證明，這裡 a′ 是 a 的一個名稱。

（六）$(\forall x)A(x)$ 的證明是一個構造，對於所討論的論域中的任意對象 a，有一個 A(a′) 的證明 p(a)，這裡 a′ 是 a 的一個名稱。

這裡，對於「$A \rightarrow B$」的直覺主義理解，要求 A 與 B 之間有一個過程，當把這個過程與證明 A 的過程配合起來之後，可以證明 B 眞。安德森和貝爾納普在把「$A \rightarrow B$」翻譯到相干邏輯系統 R 和 E 中去時，引入了命題量詞，把「$A \rightarrow B$」定義爲：

(∃p)(p ∧ ((A ∧ p) → B))

意思是說，A 直覺蘊涵 B，當且僅當，A 與某些真命題一起相干蘊涵 B。梅耶爾（R. K. Meyer）發展並簡化了上述思想，他使用命題常項 t（真）代替命題量化，把「A → B」定義為「A ∧ t → B」（A 和真命題相干蘊涵 B）。

直覺主義邏輯的命題演算部分構造如下：

公理：

A₁　A → (B → A)

A₂　(A → (B → C)) → ((A → B) → (A → C))

A₃　A ∧ B → A

A₄　A ∧ B → B

A₅　A → (B → A ∧ B)

A₆　A → A ∨ B

A₇　B → A ∨ B

A₈　(A → C) → ((B → C) → (A ∨ B → C))

A₉　(A → B) → ((A → ⌐B) → ⌐A)

A₁₀　⌐A → (A → B)

變形規則：

MP　從 A 和 A → B 推出 B

在直覺主義邏輯中，經典邏輯的下述定理不成立：

（一）A ∨ ⌐A

（二）⌐⌐A → A

（三）(⌐A → ⌐B) → (B → A)

（四）(⌐A → B) → (⌐B → A)

（五）(⌐A → B) → ((⌐A → ⌐B) → A)

（六）⌐(A ∧ B) → (⌐A ∨ ⌐B)

這裡，（一）是排中律。直覺主義者認為，排中律只在有窮個體域中成立，在無窮個體域中不成立。（五）是反證律：如果假設某個命題不成立，將導致荒謬或矛盾，這就證明此命題成立。由於直覺主義者不允許間接證明，因此不接受反證法。由於（二）、（三）、（四）與反證律有關，也不被接受。（六）是一個德摩根律的一半，因此該德摩根律在直覺主義邏輯中不成立。

不過，在直覺主義邏輯中，經典邏輯的下述定理仍然成立：

（七）$\urcorner(A \wedge \urcorner A)$

（八）$A \rightarrow \urcorner\urcorner A$

（九）$\urcorner\urcorner\urcorner A \rightarrow \urcorner A$

（十）$(A \rightarrow B) \rightarrow (\urcorner B \rightarrow \urcorner A)$

（十一）$(A \rightarrow \urcorner B) \rightarrow (B \rightarrow \urcorner A)$

（十二）$\urcorner\urcorner(A \vee \urcorner A)$

（十三）$\urcorner(A \vee B) \leftrightarrow (\urcorner A \wedge \urcorner B)$

（十四）$(\urcorner A \vee \urcorner B) \rightarrow \urcorner(A \wedge B)$

這裡，（七）是矛盾律，（十二）是排中律的否定的否定。直覺主義者從構造性觀點出發，認為排中律雖然沒有被證明為真，但也沒有被證明導致荒謬；它是一個不導致荒謬的命題。相反地，誰要是說排中律荒謬，他便陷入荒謬。這就是布勞維爾所說的「排中律荒謬的荒謬」。

由於直覺主義邏輯具有構造性特點，加上一些經典邏輯的規律如（一）～（五）在其中不成立，因此它是一種不同於經典邏輯的變異邏輯。但由於所有直覺主義邏輯的定理都是經典邏輯的定理，因此，直覺主義邏輯又是經典邏輯的一個真部分，它是比經典邏輯要求更多、因而推演能力更弱的一種邏輯。儘管對直覺主義邏輯有種種批評，但它幾乎是唯一被一部分數學家所使用並導致實際的數學成果的一種變異邏輯。

五、次協調邏輯

次協調邏輯（Paraconsistent Logic）是在研究悖論的過程中提出來的。已有的各種解決悖論的方案在整體上不太成功，在學術圈內逐漸滋長了另一種傾向，即轉而對悖論持肯定的態度，認為悖論也許是我們的思維甚至是外在世界中固有的，是永遠擺脫不掉的。因此，對於悖論的正確態度，也許不是拒斥它，而是學會與它相處；當出現矛盾或悖論時，更合理的辦法也許是仍然讓它們留在理論體系，但把它們「圈禁」起來，不讓它們任意擴散，危害我們所創立或研究的理論整體，使它們成為「不足道」的。這種觀點顯然與認為矛盾律至高無上的經典邏輯不相容，與傳統的真理觀也不相容。於是，有些研究者如普里斯特（G.

Priest）就選擇了下述途徑：修改傳統的真理論，修改不允許任何矛盾、主張從矛盾可以推出任意命題的經典邏輯，去建立所謂的「次協調邏輯」，在其中能夠容納有意義、有價值的「真矛盾」，但這些矛盾並不能使系統推出一切，導致自毀。於是，這些新邏輯具有一種次於經典邏輯但又遠遠高於完全不協調系統的協調性。[6]

次協調邏輯家們認為，如果在一理論 T 中，一語句 A 及其否定 ⌐A 都是定理，則 T 是不協調的；否則，稱 T 是協調的。如果 T 所使用的邏輯包含前面提到的「由假得全」原則，即從互相否定的兩公式可推出一切公式，則不協調的 T 一定是不足道的（trivial）。因此，通常以經典邏輯為基礎的理論，如果它是不協調的，則它一定是不足道的。這一現象顯示，經典邏輯雖可用於研究協調的理論，但不適用於研究不協調但又足道的理論。巴西邏輯學家達科斯塔（N. C. A. da Costa）在 20 世紀 60 年代創立了次協調邏輯，構造了一系列次協調邏輯 C_n（$1 \leq n \leq w$），以用作不協調而又足道的理論的邏輯工具。對次協調邏輯系統 Cn 的特徵性描述包括下述命題：

（一）矛盾律 ⌐(A ∧ ⌐A) 不普遍有效。

（二）從兩個相互否定的公式 A 和 ⌐A 推不出任意公式，即是說，矛盾不該在系統中任意擴散，矛盾不等於災難。也就是說，應該讓經典邏輯的定理 A ∧ ⌐A → B 在次協調邏輯中失效。

（三）應當容納與（一）和（二）相容的大多數經典邏輯的推理模式和規則。

上述（一）和（二）表明了對矛盾的一種相對寬容的態度，（三）則表明次協調邏輯對於經典邏輯仍有一定的繼承性。

達科斯塔的次協調邏輯 C_n（$1 \leq n \leq w$）系列具體構造如下：

公理：

A_1　$A \rightarrow (B \rightarrow A)$

A_2　$(A \rightarrow B) \rightarrow ((A \rightarrow (B \rightarrow C)) \rightarrow (A \rightarrow C))$

A_3　$((A \rightarrow B) \rightarrow A) \rightarrow A$

---

[6] G. Priest, "Paraconsisitent Logics"，in Dov M. Gabbay, F. Guenthner eds., *Handbook of Philosophical Logic*, Second Edition, vol. 6, 2002; *In Contradiction, A Study of the Trans-consistent*, Martinus Nijhoff Publishers, 1989.

A_4　$A \wedge B \to A$

A_5　$A \wedge B \to B$

A_6　$A \to (B \to A \wedge B)$

A_7　$A \to A \vee B$

A_8　$B \to A \vee B$

A_9　$(A \to C) \to ((B \to C) \to (A \vee B \to C))$

A_{10}　$B^{(n)} \to ((A \to B) \to ((A \to \neg B) \to \neg A))$

A_{11}　$A^{(n)} \wedge B^{(n)} \to (A \to B)^{(n)} \wedge (A \wedge B)^{(n)} \wedge (A \vee B)^{(n)}$

A_{12}　$A \vee \neg A$

A_{13}　$\neg \neg A \to A$

變形規則：

MP：從 A 和 A → B 推出 B

這裡，對任意公式 A，A 的定義如下：

$A^1 = A^0 = \neg (A \wedge \neg A)$

$A^{k+1} = (A^k)^0$，即 $\neg (A^k \wedge \neg A^k)$

$A^{(n)} = A^1 \wedge A^2 \wedge A^3 \wedge \cdots \wedge A^n$

在任一個次協調邏輯系統 C_n（$1 \leq n \leq w$）中，下述經典邏輯的定理或推理模式不成立：

(1) $\neg (A \wedge \neg A)$

(2) $A \wedge \neg A \to B$

(3) $A \to (\neg A \to B)$

(4) $(A \leftrightarrow \neg A) \to B$

(5) $(A \leftrightarrow \neg A) \to \neg B$

(6) $A \to \neg \neg A$

(7) $(\neg A \wedge (A \vee B)) \to B$

(8) $(A \to B) \to (\neg B \to \neg A)$

　　若以 C_0 為經典邏輯，則系列 $C_0, C_1, C_2, \cdots C_n, C_w$ 使得對任正整數 i，有 C_i 弱於 C_{i-1}，C_w 是這一系列中最弱的演算。已經為 C_n 設計出了合適的語義學，證明 C_n 相對於此種語義是可靠的和完全的，並且命題邏輯系統 C_n 還是可判定的。

　　我認為，可以基於某些實用的理由去為次協調邏輯辯護。在科學史上，我

們並不會因為在某一理論或假說中發現矛盾，就說這個理論崩潰了，將它加以拋棄，而是採取如下兩種策略：一是立即設法去解決這個矛盾，從而發展和完善該理論；如果暫時無法解決這個矛盾，則把它擱置起來，繼續去發展該理論，也許該理論發展到某一階段時，該矛盾就被消化和解決掉了。另外，在我們的法律體系中，也不會因為發現了某些法律條文的相互衝突和矛盾，就宣布整套法律體系作廢。相反地，法律的頒布、修改等等都要經過一定的程序。在該套法律沒有被修改之前，它依然有效，仍要被實施，如果遇到特殊情形則作特殊處理。這就意味著，我們應該以某種方式限制矛盾律的作用，並且不能允許從邏輯矛盾推出一切命題，從而使相關理論崩潰。在把允許矛盾當作一種暫時性的實用策略的意義上，我認為，次協調邏輯有其合理性。不過，不能由此認為，矛盾律不是普遍有效的，我們的思維中應該允許邏輯矛盾合法存在。相反地，我強烈地認為，邏輯矛盾終歸是要被消除的東西。

Chapter **11**

你不可能在所有時刻
欺騙所有的人

——廣義模態邏輯

一、馮‧賴特的廣義模態邏輯構想

既然是「十五講」，我們就不必那麼拘謹，在講馮‧賴特（G. H. von Wright）的相關思想之前，先說說他這個人吧。

馮‧賴特是 20 世紀著名的邏輯學家和哲學家，已於 2003 年 6 月 4 日去世。從 1996 年開始，我與這位重要人物有了密切交往，甚至建立了某種私人友誼。1997 年 9 月至 1998 年 9 月，我在芬蘭赫爾辛基大學跟從他做訪問學者一年；我接到他的最後一封信是 2003 年 2 月 20 日，距他去世僅 132 天。我在論著中曾這樣描述他：

> 馮‧賴特，1916 年 6 月 14 日出生於芬蘭赫爾辛基一個說瑞典語的貴族家庭。1934 年入赫爾辛基大學，1937 年大學畢業後攻讀博士學位。1941 年獲哲學博士學位。1946 年任赫爾辛基大學教授。在 1939 年和 1947 年兩度赴英國劍橋大學，前一次是作為研究生訪學，後一次是應邀作學術講演，在此期間與在劍橋任教的維根斯坦發生密切交往，並深獲他的信任。1947 年，當維根斯坦辭去劍橋教授職位時，他推薦馮‧賴特繼任，並獲得批准。當時馮‧賴特年僅 31 歲。在任職三年多之後，馮‧賴特辭職返回芬蘭，任赫爾辛基大學哲學系教授。1951 年，維根斯坦去世，指定馮‧賴特為他的三位遺囑執行人之一。此後，馮‧賴特先後擔任過美國康乃爾大學教授，芬蘭科學院研究教授、院長等職。其研究領域涉及歸納邏輯、哲學邏輯、倫理學、一般價值和規範的理論、行動理論、人文學科方法論、文化哲學、心靈哲學、維根斯坦研究等。先後用英語、德語、芬蘭語、瑞典語等語種出版專著、論文集近 30 種，其中有些著作又被譯為法語、俄語、義大利語、西班牙語、日語、漢語等語種出版，其學術研究的特點是融通分析哲學和歐洲大陸哲學。他是哲學邏輯和維根斯坦研究方面公認的國際權威，但其思想卻具有濃厚的人文主義意味，特別是中晚期更是明顯偏向人文主義研究。正如哈伯瑪斯所評價的，他是一位「處於分析傳統和詮釋學傳統之間的人物」。他的研究成果產生了廣泛的國際性影響，並給他帶來很高的國際性聲譽：先後被授予近 20 個博士或名譽博士學位，是 15 個國家、地區或跨國科學院的院士，並曾任國際哲學學院主

席，國際科學史和科學哲學聯合會邏輯、方法論和科學哲學分會會長。1989 年，美國《在世哲學家文庫》出版了《馮‧賴特哲學》卷，此書編者指出：「本叢書的馮‧賴特哲學卷不需要任何辯護。在過去幾十年中，馮‧賴特已經成為世界範圍內哲學家關注的中心。」

透過研讀他的著述，我也逐漸理清了馮‧賴特的學術理路和思想進程：早年受其博士學位導師、當時的芬蘭哲學領袖埃洛凱拉（Eino Kaila）的影響，信奉邏輯經驗主義，研究歸納機率邏輯。他用充分條件和必要條件等術語重新闡釋了培根、彌爾等人提出的排除歸納法，這種新表述已經進入當代的許多邏輯教科書。在 50 年代前後研究邏輯真理時，偶然發現量詞、模態詞、道義詞、時態詞、認知態度詞之間的類似，由此提出廣義模態邏輯的系統構想，並創立了道義邏輯、優先邏輯這樣一些新的邏輯分支。在研究道義邏輯的過程中，認識到義務、允許、禁止等一方面與道德規範和法律規範相關，另一方面與人的行動和行為相關，由此導致他對倫理學、一般價值和規範理論和行動理論的研究。對後面這些理論研究的結果，又進一步導致他研究人文社會科學方法論與自然科學方法論的關聯與區別，提出了因果論解釋模式和意向論解釋模式之間的二元對立，並重點研究了意向論解釋模式。晚年，他又研究心靈哲學和文化哲學，作為公共知識分子向社會發言，對工業技術文明整體上持批評態度，倡導一種人文主義的生活方式。此外，作為維根斯坦的遺囑執行人，他在維氏遺著的搜尋、整理、編輯、出版等方面做了大量工作，並對其思想做了一些研究，為他在國際哲學界贏得了廣泛聲譽和重要地位。

從閱讀他的著作和與他的個人接觸中，我對馮‧賴特教授獲得了這樣的個人印象：整個說來，馮‧賴特不是像尼采和叔本華那樣在學術領域內鋒芒畢露、橫衝直撞的鬥士，不是那種給人以情感的衝擊和心靈的震撼的思想家，而是一位穩健、儒雅、勤勉的學者，一位分析型技術型的哲學家，一位學術圈裡的紳士，其睿智、深邃、平和猶如晚年的歌德。在評述他人觀點時，他相當周詳和平實，很少做驚人之論；對自己的思想則給予全面、細緻、常常是技術化的論證。感覺起來，他的寫作風格就像一道山澗小溪，流淌得非常自然、平靜、舒緩，沁人心脾，啟人深思。讀他的書也許不會活化你的血液，卻會給你「潤物細無聲」的春雨般的滋潤。——這就

是我所獲得的關於馮·賴特的真實感受。[1]

順便說一下，我對馮·賴特的人格特質和學術工作的評價，得到馮·賴特本人的極大認可，他在其自傳中引用了上述某些文字。

還有必要預先澄清一些概念。在邏輯學中，像「必然」、「可能」、「不可能」這樣的詞叫做「模態詞」，分別用符號「□」、「◇」、「¬◇」來表示；含有模態詞的命題叫做「模態命題」。像「應該」、「允許」、「禁止」這樣的詞叫做「道義詞」，分別用大寫字母「O」、「P」、「F」表示，含道義模態詞的命題叫做「道義命題」。英語中的句子都有時態因素，如「過去」、「將來」以及「過去一直」和「將要永遠」，通常用大寫字母「P」、「F」、「H」、「G」表示，含上述時態因素的命題叫做「時態命題」。至於像「知道」、「相信」這樣的認知動詞，用大寫字母「K」（英文詞 know 的首字母）、「B」（英文詞 believe 的首字母）表示，含有認知動詞的命題叫做「認知命題」。由於道義詞、時態詞和認知動詞等等在一些重要特性上與模態詞相類似，它們一起被叫做「廣義模態詞」。

我們現在可以談一談馮·賴特關於廣義模態邏輯的構想。1949 年初的某一天，當時任劍橋大學哲學教授的馮·賴特在散步時，忽然想到：模態詞「可能」、「不可能」和「必然」之間的關係，完全類似於量詞「有些」、「無一」、「所有」之間的關係。例如：

（一）$\forall x A(x) \leftrightarrow \neg \exists x \neg A(x)$

（二）$\exists x A(x) \leftrightarrow \neg \forall x \neg A(x)$

（三）$\forall x \neg A(x) \leftrightarrow \neg \exists x A(x)$

（四）$\forall x A(x) \leftrightarrow \exists x \neg A(x)$

（五）$\forall x A(x) \rightarrow A(x/t)$，若 t 對於 x 代入自由

（六）$A(x/t) \rightarrow \exists x A(x)$，若 t 對於 x 代入自由

（七）$\forall x A(x) \rightarrow \exists x A(x)$

這裡，（一）和（二）表明，全稱量詞和存在量詞可以相互定義：「所有 x 滿

---

[1] 參見陳波：《馮·賴特》，東大圖書公司，1998 年。

足公式 A」等值於「並非有些 x 不滿足公式 A」，「有些 x 滿足公式 A」等值於
「並非有些 x 不滿足公式 A」。如果在（一）～（七）中，把「∀x」換成「□」，
把「∃x」換成「◇」，並且把「A(x)」或「A(x/t)」換成「p」，新得到的（一）～
（七）的變體仍然成立。例如：「□ p」等值於「￢ ◇ ￢p」，「◇ p」等值於
「￢ □ ￢p」，如此等等。

　　稍後，馮・賴特還發現，不僅量詞和模態詞之間存在類似，而且在它們與
道義概念「應該」、「允許」、「禁止」之間，以及與認知概念「證實」、「不
確定」、「證偽」之間，也存在著相應的類似。於是，至少應該有四個獨立的邏
輯學分支：存在邏輯即量詞邏輯、真勢邏輯（alethic logic）、道義邏輯（deontic
logic）和認知邏輯（epistemic logic）。他於 1951 年出版《模態邏輯》一書。這
本僅 90 頁的小冊子包含以下四個基本觀點：（一）在模態詞和量詞之間存在著完
全的類似；（二）利用這種類似，可以把適用於部分量詞理論的判定程序推廣到
各種模態邏輯系統中；（三）可以利用分配典範定義模態邏輯中的邏輯真理；（四）
探討模態概念的不同解釋，以便建立包括道義、認知、價值論概念在內的一般模
態理論。上述觀點或做法一再重複出現於馮・賴特的哲學邏輯研究中，成為他的
哲學邏輯工作的一大特色。

　　因此，馮・賴特給出了下表中除時間論之外的部分：

模態詞的理論 ＼ 模態詞的解釋	□	◇
存在論	所有	有些
真理論	必然	可能
道義論	應該	允許
認識論	知道	不知道其否定
時間論	將要永遠	將要
	過去一直	過去

　　在這一思想的激勵下，道義邏輯、認知邏輯（知道邏輯、相信邏輯、問題
邏輯、斷定邏輯等）、時態邏輯等廣義模態邏輯分支後來得到迅速發展，模態
邏輯本身則被叫做（真性）模態邏輯。所有這些邏輯都是在經典邏輯的基礎上，
加入新的邏輯常項，加入新的公式，以及與這些常項相關的新的公理和推理規

則而構成的系統，所有的經典邏輯定理都是這些系統的定理，此外還包含許多與新常項有關的定理。因此，相對於經典邏輯而言，這些邏輯被叫做「擴充邏輯」（extended logics），相應的邏輯系統被叫做經典邏輯系統的「擴充系統」（extended systems）。

　　不過，應該強調指出，廣義模態邏輯並非自馮・賴特才開始。實際上，早在亞里斯多德那裡，就開始了對模態邏輯的系統研究。在〈解釋篇〉中，亞氏研究了模態命題及其相互之間的眞值關係；在〈前分析篇〉中，用於研究模態三段論的篇幅遠遠大於研究直言三段論的篇幅。在歐洲中世紀，對廣義模態邏輯也有比較系統的研究。馮・賴特只是在現代邏輯的語境中，有系統地闡發了廣義模態邏輯的構想，並身體力行，做出了一些實際的工作，例如創立了道義邏輯，產生了較大的影響。

二、模態詞和模態邏輯

　　模態詞「必然」（□）、「可能」（◇）、「不可能」（¬◇）可以附著在一個完整命題（簡單命題或複合命題）之前，修飾、限制該命題，這時叫做「從言模態」（*de dicto* modality）。例如：

　　（一）必然地（如果物體受到摩擦，物體就會生熱）。

　　（二）可能地（明天既颱風又下雨）。

　　（三）不可能（人拔著自己的頭髮上天）。

分別可以符號化爲：

　　（一）□ (p → q)

　　（二）◇ (r ∧ s)

　　（三）¬◇ t

　　模態詞也可以插入句子成分之間，修飾主詞和謂詞之間的連結方式，這時叫做「從物模態」（*de re* modality）。例如：

　　（四）所有的人都必然是有理性的。

　　（五）有些臺大學生可能成為國家棟梁。

　　（六）所有生物都不可能長生不死。

分別可以符號化爲：

（四）∀x(P(x) → □ R(x))

（五）∃x(B(x) ∧ ◇ D(x))

（六）∀(S(x) → ＿ ◇ M(x))

　　從言模態屬於模態命題邏輯的研究範圍，從物模態則屬於詞項邏輯和謂詞邏輯的研究範圍。無論是模態命題邏輯還是模態謂詞邏輯，都是在經典邏輯的基礎上，用模態詞□和◇對後者的語言作必要的擴充，並引入與□和◇相關的公理和變形規則而構成的，因而都是經典邏輯的擴充系統。本書只簡單講解模態命題邏輯，下面給出它的一個一般性定義，其中「∈」表示某個元素屬於某個集合：

　　D1　一個模態命題邏輯 S 是經典命題邏輯重言式集的擴集，擴集滿足以下條件：

　　（一）□ (α → β) → (□ α → □ β)∈S；

　　（二）S 在分離規則下封閉：若 α∈S，α → β∈S，則 β∈S；

　　（三）S 在弱必然化規則下封閉：若 α 是重言式，則□ α∈S；

　　（四）S 在必然化規則下封閉：若 α∈S，則□ α∈S。

　　若一個模態系統滿足（一）～（三），則稱它是古典模態邏輯；若一個模態系統滿足（一）、（二）和（四），則稱它為正規模態邏輯。是否具有必然化規則（記為 N），是正規系統區別於非正規系統的主要標誌。N 是說：如果一個公式是某系統內可證公式，則它是邏輯必然的。只滿足上面（一）、（二）和（四）的模態系統是正規的，並且是極小正規的，其他正規系統都是在極小正規系統上做某種添加得到的。

　　下面給出的模態系統都以分離規則（MP）和必然化規則作推理規則，並以下面的某些公式作公理：

A$_0$　　*所有命題邏輯的重言式*

A$_1$　　◇ α↔ ＿ □ ＿α

K　　□ (α → β) → (□ α → □ β)

D　　□ α → ◇ α

T　　□ α → α

4　　□ α → □□ α

E　　◇ α → □◇ α

B　　α → □◇ α

Tr　$\Box\,\alpha \leftrightarrow \alpha$

這裡，A_1 表示「可能 α」等值於「並非必然非 α」；**K** 表示「必然」對「蘊涵」的分配律：如果必然地 α 蘊涵 β，那麼，必然 α 蘊涵必然 β；**D** 表示凡是必然的都是可能的；**T** 表示凡是必然的都是現實的。**4**、**E**、**B** 涉及模態詞的重疊。**4** 表示如果必然 α，則必然必然 α；**E** 表示如果可能 α，則必然可能 α；**B** 表示如果 α 是真的，則必然可能。**Tr** 表示必然 α 等值於 α。加入 **Tr** 的系統含有模態詞，但其模態詞實際上是多餘的，因為含模態詞的命題實質上等於不含模態詞的命題，這樣的模態系統「坍塌」（collapse）為非模態系統。

由此可以定義一批模態邏輯系統如下（其中粗體字母表示某個公式的名稱，非粗體字母表示相應系統的名稱）：

$A_0 + A_1 +$ **K** $+$ MP $+$ N $=$ K $=$ 極小正規模態邏輯系統

K $+$ **D** $=$ D

K $+$ **T** $=$ T $=$ 哥德爾 / 費斯 / 馮・賴特系統

K $+$ **T** $+$ **4** $=$ S_4

K $+$ **T** $+$ **B** $=$ B $=$ 布勞維爾系統

K $+$ **T** $+$ **4** $+$ **B** $=$ **K** $+$ **T** $+$ **4** $+$ **E** $=$ S_5

K $+$ **Tr** $=$ 不足道系統

在這些系統中，常見的正規模態命題邏輯系統是 K、D、T、B、S_4 和 S_5。

在如上構造的模態邏輯系統 T 以及比 T 強的系統中，可以證明如下的模態對當方陣所示的各種關係：

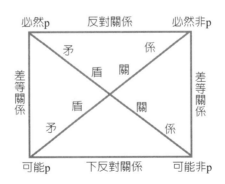

根據這個對當方陣，各種模態命題之間有以下推理關係：

（一）「必然 p」推出「並非必然非 p」。

（二）「必然非 p」推出「並非必然 p」。

（三）「必然 p」推出「可能 p」。

（四）「並非可能 p」推出「並非必然 p」。

（五）「必然非 p」推出「可能非 p」。

（六）「並非可能非 p」推出「並非必然非 p」。

（七）「必然 p」等值於「並非可能非 p」。

（八）「必然非 p」等值於「並非可能 p」。

（九）「可能 p」等值於「並非必然非 p」。

（十）「可能非 p」等值於「並非必然 p」。

（十一）「不可能 p」等值於「必然非 p」。

請看下面的例題：

例 1：一把鑰匙能打開天下所有的鎖。這樣的萬能鑰匙是不可能存在的。

以下哪項最符合題幹的斷定？

A. 任何鑰匙都必然有它打不開的鎖。

B. 至少有一把鑰匙必然打不開天下所有的鎖。

C. 至少有一把鎖天下所有的鑰匙都必然打不開。

D. 任何鑰匙都可能有它打不開的鎖。

E. 至少有一把鑰匙可能打不開天下所有的鎖。

解析：答案是 A。因為「不可能一把鑰匙能打開天下所有的鎖」等值於「必然地並非一把鑰匙能打開天下所有的鎖」，後者又等值於「必然地任何鑰匙都有它打不開的鎖」，即選項 A：「任何鑰匙都必然有它打不開的鎖。」

例 2：美國先總統林肯說過：「最高明的騙子，可能在某個時刻欺騙所有的人，也可能在所有時刻欺騙某些人，但不可能在所有時刻欺騙所有的人。」

如果林肯的上述斷定是真的，那麼下述哪項斷定是假的？

A. 林肯可能在某個時刻受騙。

B. 林肯可能在任何時候都不受騙。

C. 騙子也可能在某個時刻受騙。

D. 不存在某個時刻所有的人都必然不受騙。

E. 不存在某一時刻有人可能不受騙。

解析：答案是 E。選項 A 和 C 都可以從「騙子可能在某個時刻欺騙所有的人，也可能在所有時刻欺騙某些人」推出；D 等於是說「在所有時刻有些人可能受騙」，顯然也可從題幹中推出；B 可以從「不可能在所有時刻欺騙所有的人」推出；E 等於是說「在所有時刻所有人都必然受騙」，這與題幹所說的「不可能在所有時刻欺騙所有的人」相矛盾，因此 E 是假的。

例 3：依次取 n 個（n > 1）自然數組成一有窮數列，其中的奇數數列和偶數數列顯然都比該自然數數列短。但是，假如讓該自然數數列無限延長，則其中的奇數數列和偶數數列就會與自然數數列本身一樣長。由此我們可以作出結論：在有窮的世界裡，部分必定小於整體；在無窮的世界裡，部分可能等於整體。

下面哪一項不可能是上面結論的邏輯推論？

A. 在有窮的世界裡，部分可能小於整體。

B. 在無窮的世界裡，部分必然不等於整體。

C. 在無窮的世界裡，整體可能等於部分。

D. 在有窮的世界裡，整體必定大於部分。

E. 在無窮的世界裡，並非部分不可能等於整體。

解析：答案是 B。既然在有窮的世界裡，部分必定小於整體，根據從「必然」推「可能」的規則，顯然可以推出「部分可能小於整體」；根據「小於」「大於」關係的性質，顯然也可推出「整體必定大於部分」。既然在無窮的世界裡，部分可能等於整體，顯然可以推出「整體可能等於部分」；根據「必然」和「不可能」的關係，也可以推出「並非部分不可能等於整體」；但無論如何，不可能推出其矛盾命題「部分必然不等於整體」。所以，從題幹不可能得到的邏輯結論是選項 B。

構造模態謂詞邏輯有兩種方法：一是以謂詞演算作基礎，加入模態詞 □ 和 ◇ 以及上面列舉的某個或某些模態公式，得到模態謂詞邏輯系統，這叫做量化邏輯的模態擴充。前面已經把謂詞演算記為 Q，則 Q + K，Q + K + D，Q + K + T，Q + K + T + B，Q + K + T + 4，Q + K + T + 4 + B 就分別是相應於模態命題邏輯系統 K、D、T、B、S_4 和 S_5 的模態謂詞邏輯系統。二是以模態命題邏輯系統作基礎，用謂詞演算的語言和公理對它們作擴充，得到模態謂詞邏輯系統，這叫做模態命題邏輯的量化擴充。這兩種辦法得到的最終結果是等價的。有些正規模態

謂詞邏輯系統中包含著名的巴坎（Bacan Marcus）公式：

BF　　$(\forall x) \square F(x) \rightarrow \square (\forall x)F(x)$

通常把這些系統記法中的 Q 省略掉，簡記為 K + **BF**，D + **BF**，T + **BF**，S_4 + **BF**，S_5 + **BF** 等。

三、可能世界語義學

　　萊布尼茲最先提出了「可能世界」概念，並基於這一概念闡發了一些重要思想。他認為，一個事態 α 是可能的，當且僅當 α 不包含邏輯矛盾。一個由事態 α_1, α_2, α_3 … 形成的組合是可能的，當且僅當 α_1, α_2, α_3 … 推不出邏輯矛盾。由無窮多的具有各種性質的事物所形成的可能的事物的組合，就是一個可能世界。有許許多多的可能世界，例如現實世界就是一個可能世界，它是由上帝選擇的一個最豐富、最完美的可能世界。

　　萊布尼茲進而利用可能世界去討論必然性、可能性、偶然性等問題，他認為：

　　L_1　一命題是必然的，當且僅當它在所有可能世界中都是真的；

　　L_2　一命題是可能的，當且僅當它在有些可能世界中是真的。

他還把真理分為兩大類：推理的真理和事實的真理，推理的真理就是在所有的可能世界中都真的真理，因而是必然的；事實的真理是只在現實世界中為真的真理，因而是偶然的。

　　20 世紀 50-60 年代，鑒於模態邏輯發展的迫切需要，以克里普克為代表的一批邏輯學家從萊布尼茲的上述思想出發，發展了一種模態語義理論即可能世界語義學。

　　什麼是可能世界？主要有兩種定義或說明方式：一種是：「可能世界包括我們能想像的任何世界，也就是我們能想像的任何一個世界都是可能世界。我們的現實世界只是可能世界中的一個。」例如：《西遊記》所描寫的那個世界就是一個可能世界，其中寫了孫悟空、豬八戒、沙和尚這三位弟子護衛唐僧師父到西天取經的故事；神話、小說、科幻作品、童話等等所描寫的世界都是可能世界。另一種是：可能世界是邏輯上一致的世界，即任何不包含邏輯矛盾的世界都是可能世界。這是邏輯學所要求的可能世界，不滿足這一要求的可能世界是不可理喻

的，不能作爲刻畫其他邏輯概念的基礎。現實世界則是我們構想其他可能世界的根據和基礎，給出不同於現實世界的其他可能世界通常有以下幾種方法：在某個可能世界中，（一）某一現實事物不存在，或者某一非現實事物存在；或者（二）某物所具有的性質不同於此物在現實世界中具有的性質；或者（三）某些事物之間的關係不同於這些事物在現實世界中的關係；或者（四）某些現實發生的事件在其中不發生，或者某些現實不發生的事件在其中發生；如此等等。

相對於經典語義學和萊布尼茲的思想而言，可能世界語義學作了幾個重大的改進，具體來說：

第一，它使命題的眞假相對化。由於經典語義學（隱晦地）是相對於現實世界而言的，因此其公式的眞假只是在現實世界中的眞假，它就沒有必要特別指明此公式在現實世界中眞，彼公式在現實世界中假，而可以抽象地、一般地談論公式的眞假。而在模態邏輯中，我們所面對的是各種各樣的可能世界，它們之間是有某種差異的：一個體可以在一個可能世界中存在，但並不在另一個可能世界中存在；一事件可以在一個可能世界中發生，但不在另一個可能世界中發生。於是，描述或反映該個體或事件的命題就有可能在一個可能世界中眞，但在另一個可能世界中假。這樣，我們不再能夠抽象地一般地談論一個命題的眞假，命題的眞假是相對於特定的可能世界而言的，給一個命題賦值必須注明是在哪個可能世界之中。

第二，它使必然性、可能性概念相對化。由於必然性、可能性概念是由命題的眞假定義的，既然後者是相對於特定的可能世界而言的，前者因此也就是相對於特定的可能世界而言的。我們不能再抽象地、一般地談論必然性、可能性，而只能談論在某一特定的可能世界中的必然性和可能性；我們不能再一般地說某一命題是必然的或可能的，而只能說，某一命題在某一特定的可能世界中是必然的或可能的。

第三，它使可能世界之間具有一定的關係，叫做「可通達關係」（accessibility relation）。命題 α 在一個可能世界中是必然的，不再要求它無限制地在所有的可能世界中眞，而只要求它在該可能世界可通達的所有可能世界中是眞的。如果某些可能世界與該世界沒有可通達關係，即使 α 在那些可能世界中假，α 在那個世界中仍然可以是必然的；但是，假如 α 在該世界可通達的有的可能世界中假，則 α 在該世界中就不再是必然的。世界 w_i 可以通達到世界 w_j，記

為 w_iRw_j，其直觀意思是：w_i 可以演變為 w_j，w_j 相對於 w_i 來說是可能的，如目前有核武器的世界可以演變為沒有核武器的世界，也可以演變為使地球毀滅的世界。在可能世界語義學中，R 實際上是 w 的元素之間的一種真值關係，用可能世界語義學的專業術語來說，它滿足下面兩個條件：

$V(\Box\ \alpha, w_i) = 1$，當且僅當，$\forall w_j(w_iRw_j \rightarrow V(\alpha, w_j) = 1)$；

$V(\Diamond\ \alpha, w_i) = 1$，當且僅當，$\exists w_j(w_iRw_j \land V(\alpha, w_j) = 1)$。

這兩個定義已經把如上所述的萊布尼茲對必然性和可能性的說明弱化了，用更通俗的話來說，其意思是：

L_1'　$\Box\ \alpha$ 在可能世界 w_i 上是真的，當且僅當，在 w_i 可通達的所有可能世界 w_j 上，α 是真的；

L_2'　$\Diamond\ \alpha$ 在可能世界 w_i 上是真的，當且僅當，在 w_i 可通達的有些可能世界 w_j 上，α 是真的。

可能世界語義學利用模型方法將上述思想形式地刻畫出來，在此從略。

可能世界語義學為模態邏輯提供了十分適用的語義工具，它可以合理地刻畫各種模態命題如「必然 α」、「可能 α」、「不可能 α」等等的真值條件，從而也就能夠刻畫這些命題之間的推理關係，並且也能夠討論模態邏輯系統的各種後設邏輯特性，如可靠性和完全性等，這樣就把模態邏輯奠定在一個合理且堅實的基礎上，它的發展由此進入到一個新的階段。在當代邏輯學體系中，模態邏輯已經獲得了「新經典邏輯」的地位。

可能世界語義學還在哲學邏輯的廣大領域，例如：在道義邏輯、時態邏輯、認識論邏輯、反事實條件句邏輯、一般內涵邏輯等等中獲得了成功的應用，當然要作一些必要的改變。它甚至還適用於經典邏輯，也可以把經典邏輯語義學作為特例包含在其自身之中。這恰好符合我們對於可能世界的直觀理解：可能世界就是不包含邏輯矛盾的世界，也就是經典邏輯規律在其中成立的世界。

可能世界語義學的意義甚至遠遠超出了邏輯領域，而在當代哲學中獲得廣泛應用。可以這樣說，在分析和探討意義和指稱問題、真理問題以及某些認識論問題，例如：先驗命題與後驗命題、分析命題與綜合命題、必然命題與偶然命題的傳統區分時，不接觸到可能世界語義學的概念和思想，在當代哲學中幾乎是不可能的。

四、道義邏輯

如前所述，在邏輯學中，把「義務」、「允許」、「禁止」這樣的詞叫做「道義模態詞」，含道義模態詞的命題叫做「道義命題」。所謂「道義邏輯」，就是研究道義命題的邏輯特性及其推理關係的邏輯學分支。

在日常語言中，道義模態詞的表述形式是多種多樣的，例如：

（一）義務：應該，必須，一定要，不得不，有……的義務等等。

（二）允許：可以，准予，有權等等。

（三）禁止：不准，不得，不許，無權等等。

與模態詞「必然」、「可能」、「不可能」等等一樣，道義詞既可以加在簡單命題上面，也可以加在複合命題上面，修飾一個完整的命題，這時它們是「從言模態」；也可以插入量化命題的主謂詞之間，修飾主詞和謂詞之間的連結方式，這時它們是「從物模態」。於是，道義命題有多種多樣的表述方式。例如：

（一）公民應該依法納稅。

（二）允許大學生在校期間結婚。

（三）禁止在公共場所大聲喧譁。

（四）允許人犯錯，但不允許人犯法。

（五）如果故意傷人，則應該負刑事責任。

（六）一個人應該做到：富貴不能淫，貧賤不能移，威武不能屈。

我們用大寫字母「O」（obligate）表示「義務」一類的道義詞，用「P」（permit）表示「允許」一類的道義詞，用「F」（forbid）表示「禁止」一類的道義詞，則上述命題可以符號化為：

（一）Op

（二）Pq

（三）Fr

（四）Pp $\land$ ⌐Pq

（五）p $\rightarrow$ Oq

（六）O(p $\land$ q $\land$ r)

我們還可以用「Op」或「Pp」去定義「Fp」：

D_1 Fp $=_{df}$ O⌐p

D$_2$　Fp = $_{df}$ ⌐Pp

它們分別是說：「禁止 p」等於說「應該非 p」；「禁止 p」等於說「不允許 p」。

　　道義命題與模態命題有一個重要的差別。對於模態命題，下面兩個蘊涵式成立：

　　（一）□ p → p

　　（二）p → ◇ p

它們分別是說：從「必然 p」可以推出 p，從 p 可以推出「可能 p」。這相當於說：凡是必然的都是現實的，凡是現實的都是可能的。這顯然符合我們的直覺。

　　但是，如果把 (1) 中「□」置換為「O」，把 (2)「◇」置換為「P」，則下面兩個蘊涵式不成立：

　　（三）Op → p

　　（四）p → Pp

它們分別是說：凡是應該做的事情都做了，凡是做了的事情都是允許做的。它們所刻畫的是道德理想世界中的情形，而我們的現實世界肯定不是在道德上理想的：我們並沒有做或沒有能力去做許多應該做的事情；我們卻做了一些在道德或法律上不允許做的事情。因此，有必要把上面兩個公式弱化：

　　（五）O(Op → p)

　　（六）O(p → Pp)

它們分別是說：應該做的事情都做了，這是應該的；做的事情都是允許做的，這也是應該的。顯然，這樣的說法符合我們的直覺，是可以接受的。

　　在經典命題邏輯的基礎上，用「O」、「P」對其語言進行擴充，並增加與「O」、「P」相關的公理和推理規則，則可構成各種道義命題邏輯的系統。

　　公理：

A$_0$　所有經典命題邏輯的重言式

A$_1$　Pα ↔ ⌐O⌐α

A$_2$　O(α → β) → (Oα → Oβ)

A$_3$　Oα → Pα

A$_4$　Oα → OOα

A$_5$　POα → Oα

A$_6$　O(Oα → α)

A_7　$O(PO\alpha \rightarrow \alpha)$

變形規則：

MP：從 α 和 $\alpha \rightarrow \beta$ 推出 β

O- 必然化規則：從 α 推出 $O\alpha$

這裡，A_1 說：「允許 α」等值於「並非應該非 α」；A_2 說：如果「$\alpha \rightarrow \beta$」是應該的，那麼，「應該 α」蘊涵「應該 β」；A_3 說：「應該 α」蘊涵「允許 α」；A_4 說，「應該 α」蘊涵「『應該 α』是應該的」；A_5 說：「允許『應該 α』」蘊涵「應該 α」；A_6 說：「『應該做的事情都做了』是應該的」；A_7 說：「『允許做應該做的事情都做了』是應該的」。O- 必然化規則是說，若 α 是系統內的定理，則 α 是應該的。

選取以上兩個變形規則，並選取上面的某些公理，可以構造出不同的道義邏輯系統，分別定義如下：

$OK = A_0 + A_1 + A_2$

$OT = A_0 + A_1 + A_2 + A_6$

$OS_4 = A_0 + A_1 + A_2 + A_4 + A_6$

$OB = A_0 + A_1 + A_2 + A_6 + A_7$

$OS_5 = A_0 + A_1 + A_2 + A_4 + A_5$（對於 OS_5，A_6、A_7 是定理）

令 S 是上述任一個系統，S_+ 可以定義如下：

$S_+ = S + A_3$

在 OT 以及比 OT 更強的道義邏輯系統中，下列道義命題對當方陣成立：

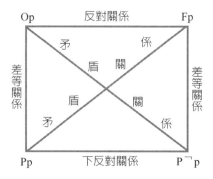

根據這個對當方陣，各種道義命題之間有以下推理關係：

（一）「應該 p」推出「不禁止 p」。

（二）「禁止 p」推出「不應該 p」。

（三）「應該 p」推出「允許 p」。

（四）「不允許 p」推出「不應該 p」。

（五）「禁止 p」推出「允許非 p」。

（六）「不允許非 p」推出「不禁止 p」。

（七）「應該 p」等值於「不允許非 p」。

（八）「禁止 p」等值於「不允許 p」。

（九）「允許 p」等值於「不禁止 p」。

（十）「允許非 p」等值於「不應該 p」。

（十一）「禁止 p」等值於「應該非 p」。

僅舉例說明（三）、（六）、（九）：從「子女應該贍養父母」推出「允許子女贍養父母」；從「不允許大學生不遵守法律」推出「不禁止大學生遵守法律」；「允許一部分人先富起來」與「不禁止一部分人先富起來」可以互推。

　　道義邏輯的語義學仍然是可能世界語義學，只不過其中的可能世界是道德上可能的世界，道義命題的真值條件可以定義如下：

　　$O\alpha$ 在道德可能世界 w_i 上是真的，當且僅當，α 在所有比 w_i 在道德更為理想的世界 w_j 上是真的。

　　$P\alpha$ 在道德可能世界 w_i 上是真的，當且僅當，α 在有些比 w_i 在道德更為理想的世界 w_j 上是真的。

　　$F\alpha$ 在道德可能世界 w_i 上是真的，當且僅當，α 在所有比 w_i 在道德更為理想的世界 w_j 上是假的。

　　根據這些語義定義，可以刻畫道義命題之間的推理關係，也可以討論相應的道義邏輯系統的後設邏輯特性，如可靠性和完全性等。

五、時態邏輯

　　時態邏輯是研究時態命題的邏輯特性及其推理關係的邏輯分支。它試圖把涉及時間因素的命題之間的推理系統化，從而為涉及時間命題的精確討論和嚴格推理提供工具。

　　時態命題就是含有時態詞的命題，其特點是：它們的眞值依賴於說出它們的時間，隨說出時間的不同而變化。例如：

　　（一）香港過去是英國的殖民地。

　　（二）中國正在崛起為世界大國。

　　（三）吳為將去英國牛津大學做訪問學者。

　　如果我們用大寫字母「P」（past）表示「過去」，用「F」（future）表示「將來」，「現在 p」則直接寫成 p，則上面三個命題可以符號化爲：

　　（一）Pp

　　（二）q

　　（三）Fr

　　利用 P 和 F 的組合，我們可以把其他時態命題符號化。例如：

　　（四）余湧已經是著名大學的教授。

可以表示爲 PPp，在英文中是現在完成時態。

　　（五）焦國威那時將已經獲得博士學位。

可以表示爲：FPp，在英文中是將來完成時態。

　　在此基礎上，再加上眞值連接詞 ﹁、∧、∨、→、↔，我們就能表示其他的包含時態因素的命題。例如：

　　（六）小李今年下半年將結婚，但現在還沒有房子。

　　（七）印度在 2008 年奧運會上或者將獲得金牌，或者將獲得銀牌，或者將獲得銅牌。

　　（八）如果你將來想做政治家，那麼你現在要多參加社會運動。

可以分別符號化爲：

　　（六）Fp ∧ q

　　（七）Fp ∨ Fq ∨ Fr

　　（八）Fp → q

　　在時態邏輯中，我們還可以透過定義，引入兩個新的時態詞：

D₁　$Gp =_{df} \urcorner F \urcorner p$

D₂　$Hp =_{df} \urcorner P \urcorner p$

它們的意思是：「將要永遠 p」等於說「並非將要非 p」，「過去一直 p」等於說「並非過去非 p」。於是，以下兩個命題：

（九）地球將要永遠圍繞太陽轉。

（十）太陽過去一直是從東方升起。

可以分別符號化爲：

（九）Gp

（十）Hq

如果一個命題是永遠爲眞的，則可以用「Hp ∧ p ∧ Gp」（即過去一直 p，並且現在 p，並且將要永遠 p）來表示。邏輯眞理和數學眞理大概是永恆的，於是我們有：「H(2 + 2 = 4) ∧ (2 + 2 = 4) ∧ G(2 + 2 = 4)」，「H(p ∨ ￢p) ∧ (p ∨ ￢p) ∧ G(p ∨ ￢p)」。

在經典命題邏輯的基礎上，加入新的初始符號，如 G、H、F、P，加入新的常項 1（眞）和 0（假），加入新的公式，例如若 α 是公式，則 Gα、Hα、Fα、Pα 是公式，加入新的公理和變形規則，就可以得到不同的時態邏輯系統，它們刻畫了時間關係的不同特性。下面給出一組時態邏輯系統的公理和推理規則，由它們可以構造不同的時態邏輯系統：

公理：

A_0　所有古典命題邏輯的重言式

A_1　(a) $G(\alpha \rightarrow \beta) \rightarrow (G\alpha \rightarrow G\beta)$

　　　(b) $H(\alpha \rightarrow \beta) \rightarrow (H\alpha \rightarrow H\beta)$

　　　(c) $\alpha \rightarrow GP\alpha$

　　　(d) $\alpha \rightarrow HF\alpha$

A_2　(a) $G\alpha \rightarrow GG\alpha$

　　　(b) $H\alpha \rightarrow HH\alpha$

A_3　(a) $(F\alpha \wedge F\beta) \rightarrow (\alpha \wedge F\beta) \vee F(\alpha \wedge \beta) \vee (\beta \wedge F\alpha)$

　　　(b) $(P\alpha \wedge P\beta) \rightarrow (\alpha \wedge P\beta) \vee P(\alpha \wedge \beta) \vee (\beta \wedge P\alpha)$

A_4　(a) $G0 \vee FG0$

　　　(b) $H0 \vee PH0$

A_5　(a) $G\alpha \rightarrow F\alpha$

　　　(b) $H\alpha \rightarrow P\alpha$

A_6　(a) $F\alpha \rightarrow FF\alpha$

　　　(b) $P\alpha \rightarrow PP\alpha$

A_7　(a) $\alpha \wedge H\alpha \rightarrow FH\alpha$

　　(b) $\alpha \wedge G\alpha \rightarrow PG\alpha$

A_8　(a) $F\alpha \wedge FG\neg\alpha \rightarrow F(HF\alpha \wedge G\alpha)$

　　(b) $P\alpha \wedge PH\neg\alpha \rightarrow P(GP\alpha \wedge H\neg\alpha)$

A_9　$H(H\alpha \rightarrow \alpha) \rightarrow H\alpha$

A_{10}　(a) $FG\alpha \rightarrow GF\alpha$

　　(b) $PH\alpha \rightarrow HP\alpha$

變形規則：

MP：從 α 和 $\alpha \rightarrow \beta$ 推出 β

TG：從 α 推出 $G\alpha$ 和 $H\alpha$

這裡，不同的時態邏輯公理刻畫了時間的不同性質。由這些公理和推理規則可以定義出一批時態邏輯系統 L_n：

$A_0 + A_1(a\text{—}d) + MP + TG = K_t = L_0$

$L_0 + A_2(a) = L_1$

$L_1 + A_3(a, b) = L_2$

$L_1 + A_3(b) = L_{樹}$

$L_2 + A_4(a, b) = L_3$

$L_2 + A_5(a, b) = L_4$

$L_0 + A_6(a)$ 或 $A_6(b) = L_5$

$L_2 + A_5(a, b) + A_6(a) = L_Q$

$L_2 + A_7(a, b) = L_6$

$L_2 + A_8(a, b) = L_7$

$L_2 + A_5(a, b) + A_6(a) + A_8(a, b) = L_R$

$L_2 + A_9 = L_8$

$L_2 + A_9 + (\alpha \wedge G\alpha \rightarrow H0 \vee PG\alpha) = L_w$

$L_1 + A_5(a, b) + A_{10}(a, b) = L_9$

時間邏輯的語義學也是可能世界的語義學，其中的可能世界是時間點的集合，時態命題的真值條件可以定義如下：

$P\alpha$ 在某個時間點 t_i 上是真的，當且僅當，α 在有些比 t_i 早的時間點 t_j 上是真的。

Fα 在某個時間點 t_i 上是真的，當且僅當，α 在有些比 t_i 晚的時間點 t_j 上是
真的。

Hα 在某個時間點 t_i 上是真的，當且僅當，α 在所有比 t_i 早的時間點 t_j 上是
真的。

Gα 在某個時間點 t_i 上是真的，當且僅當，α 在所有比 t_i 晚的時間點 t_j 上是
真的。

根據這些語義定義，可以刻畫時態命題之間的推理關係，也可以討論相應的
時態邏輯系統的後設邏輯特性，如可靠性和完全性等。

六、認知邏輯

在當代邏輯學和哲學中，還拓展了對認知動詞和所謂的「命題態度詞」
的系統研究。認知動詞有「知道」（know）、「看見」（see）、「聞起來」
（smell）、「覺得」（feel）等，而命題態度詞有「認為」（think）、「希望」
（hope）、「擔憂」（fear）、「要求」（want）、「但願」（wish）、「相
信」（belief）、「猜測」（guess）、「考慮」（consider）等等。這兩類動詞都
需要語法賓格，但它們之間有一個重要區別：前者要求跟在後面的東西是真的或
現實存在的，跟在後者後面的東西卻可能是假的或虛幻的。例如：由「知道 p」
可推出「p 是真的」，但由「相信 p」不能確定 p 的真假；由「看見 x」可推知「x
是存在的」，但由「要求 x」卻不能推知「x 是存在的」。但有時也將這兩類詞
之間的區別模糊化，例如：把「知道」、「相信」等都叫做認知動詞，或者把這
兩類詞都叫做命題態度詞。

對含認知動詞的命題的邏輯特性，和推理關係進行研究的邏輯叫做「認知
邏輯」，早期的著作有亨迪卡（Jaakko Hintikka）的《知識和信念——兩個概念
的邏輯導論》（1960），齊碩姆（R. M. Chisholm）的《知道的邏輯》（1963）
和雷歇爾（N. Rescher）的《哲學邏輯論集》（1968），它們基本上都只考慮單
個的認知主體。但是，真正的認知過程必然牽涉到多個認知主體的互動，牽涉到
「群體知識」、「公共知識」、「默認知識」和「明顯知識」等等在認知過程中
的作用，非常複雜。關於多主體認知邏輯，可以參看費金（R. Fagin）等人合著
的《關於知識的推理》（1995）一書。由於與電腦科學和人工智慧密切相關，認
知邏輯，特別是多主體認知邏輯，目前是邏輯學研究的熱門項目之一。

（一）知道邏輯

「知道」是一個多義詞，至少有下述含義：1. 表示人們對命題的認知態度，而不直接涉及該命題是否實際上為眞。在這種含義下，從「知道 p」到「p 眞」的推理不成立。2. 表示認知主體意識到某些事情是眞的。在這種含義下，從「知道 p」到「p 眞」的推理成立。這反映了柏拉圖的觀點「知識即眞理」。3. 並不總是包含意識到知道什麼。4. 意指可靠的知道和理性的知道。在這種含義下，從「知道 p」和「知道 p → q」可推出「知道 q」。知道邏輯所處理的是 1. 和 4. 意義上的「知道」。

知道邏輯在經典命題邏輯的基礎上引入一個二元連接詞 K（英文詞 know 的首字母），K（x, p）表示「認知主體 x 知道命題 p」。下面給出一個只涉及單個認知主體的知道邏輯系統 KL：

公理：

A_0　　所有經典命題邏輯的重言式

A_1　　$K(x, \alpha) \wedge K(x, \alpha \to \beta) \to K(x, \beta)$

A_2　　$K(x, \alpha) \to \alpha$

A_3　　$K(x, \alpha) \to K(x, K(x, \alpha))$

A_4　　$\neg K(x, \alpha) \to K(x，\neg K(x, \alpha))$

變形規則：

MP：從 α 和 $\alpha \to \beta$ 推出 β

K- 必然化規則：從 α 推出 $K(x，\alpha)$

這裡，A_1 表示一個認知主體的知識在邏輯蘊涵下封閉，其直觀解釋是：「如果你知道 α，並且知道 $\alpha \to \beta$，則你知道 β」。這是一個很強的條件。A_2 表示一個認知主體所知道的命題都是眞的，因為它反映了柏拉圖的觀點「知識即眞理」，也可以叫做「柏拉圖公理」。A_3 和 A_4 是關於知識的「內省公理」：A_3 表示一個認知主體知道他知道什麼；A_4 表示一個認知主體知道他不知道什麼。可以說，這樣的認知主體非常有「自知之明」：知道其所知，也知道其所不知。

在 KL 中，可用下面的定義引入一個新符號 C：

D_1　　$C(x, \alpha) =_{df} \neg K(x, \neg \alpha)$

可以把 C(x, α) 直觀地解釋為：據 x 所知，α 是可能的；或者，x 了解 α，這是可信的。KL 系統中有關於 C 的一些定理，例如：

$$K(x, α \to β) \to (C(x\ α) \to C(x\ β))$$

$$K(x, α) \land C(x, β) \to C(x, α \land β)$$

KL 是一個很強的知道邏輯系統，它相當於模態邏輯系統 S_5，因此，其語義學可以用可能世界語義學形式來表達，當然要作某種變通。

（二）相信邏輯 ●●●

「相信」也是一個多義詞，「x 相信 p」至少有以下含義：1. x 像他所相信的命題 p 那樣去行動，即如果 x 像 p 所表達的那樣去做，則表明 x 相信。這是行為主義的解釋。2. x 傾向於 p 或明確贊成 p：如果他被適當地提問，他會表明他同意或認可 p。3. x 承擔義務地接受或認可 p：若從 x 同意的一些命題可推出 p，即使 x 未能認識到這種推出關係，甚至他不承認這種關係，x 也有義務去相信 p。這叫做「暗中承擔義務的信念」。相信邏輯所處理的「相信」是介於 1. 和 3. 之間的。

為了建立一個合理的相信邏輯系統，雷歇爾提出了如下的合理性標準：

B_1　一個認知主體永遠不會相信一個自相矛盾的命題，用符號表示：

$$\square \neg p \vdash \neg B(x, p)$$

B_2　如果命題 p 是兩個命題 q 和 r 在下述意義上的「明顯後承」，即從 q 和 r 出發，只透過 n 個推理步驟（n = 1, 2, 3，或某個其他的小數目）可推出 p，那麼，由 B(x, q) 和 B(x, r) 可推出 B(x, p)。用符號表示：

如果 q，r $\vDash$ p，那麼 B(x, q)，B(x, r) $\vdash$ B(x, p)

B_3　除非 q 是 p 的明顯後承，我們永遠不能從 B(x, p) 推出 B(x, q)。用符號表示：

除非 p $\vdash$ q，對所有的 x，絕不會有 B(x, p) $\vdash$ B(x, q)

以上的合理性標準，借助於「明顯後承」（$\vDash$）這一關鍵概念，揭示了普通的邏輯推理關係與信念命題之間的推理關係的區別和連結，規定了相信邏輯中的根本性指導原則：什麼樣的推理關係是允許的，什麼樣的推理關係是不允許的。雷歇爾以這些合理性標準為依據，構造了一個在經典命題邏輯中引入一致性原則、合

取的構成和分解原則、極小推理能力原則的相信邏輯系統。[2]

與知道邏輯類似，相信邏輯通常在經典命題邏輯的基礎上，引入一個二元連接詞 B（英文詞 belief 的首字母），B(x, p) 表示「認知主體 x 相信命題 p」。下面給出一個只涉及單個認知主體的相信邏輯系統 BL：

公理：

A_0　所有經典命題邏輯的重言式

A_1　$B(x, \alpha) \wedge B(x, \alpha \to \beta) \to B(x, \beta)$

A_2　$\neg B(x, \perp)$

A_3　$B(x, \alpha) \to B(x, B(x, \alpha))$

A_4　$\neg B(x, \alpha) \to B(x, \neg B(x, \alpha))$

變形規則：

MP：從 α 和 $\alpha \to \beta$ 推出 β

B- 必然化規則：從 α 推出 $B(x, \alpha)$

這裡，A_1 表示一個認知主體的信念在邏輯蘊涵下封閉，其直觀解釋是：「如果你相信 α，並且相信 $\alpha \to \beta$，則你相信 β」。A_2 表示一個認知主體不會相信邏輯上完全假的東西（$\perp$ 為常項，表示假）。A_3 和 A_4 是關於信念的「內省公理」：A_3 表示若一個認知主體 x 相信 α，則他相信「他相信 α」這回事；A_4 表示若一個認知主體 x 不相信 α，則他相信「他不相信 α」這回事。可以說，這樣的認知主體在信念問題上非常有「自知之明」：他十分明白，什麼是他所相信的，什麼是他所不相信的。

BL 也是一個很強的相信邏輯系統，它相當於模態邏輯系統 S5，可以在可能世界語義學上作某種變通來表達其語義學。

---

[2]　See Nicholas Rescher, *Topics in Philosophical Logic*, D. Reidel Publishing Company, 1968, pp.46-48.

Chapter 12

意會：「說話聽聲，
鑼鼓聽音」
——自然語言邏輯

　　所謂「自然語言邏輯」，簡稱「語言邏輯」，是指透過自然語言的指謂性和交際性來研究自然語言中的推理的邏輯學科。自然語言的每一語言單位都要指稱或謂述一定的對象。這裡，「指稱」是說某個語言單位和某個特定的對象存在一種對應關係，以至前者是後者的名稱；「謂述」是說某個語言單位對某個或某些對象的性質、狀態、特徵等有所描述。自然語言還是人類所專有的並且是最重要的交際工具，人們運用它去互通訊息，交流思想，協調工作，組織社會生活，維持社會的存在和發展。因此，自然語言具有表達和交際兩種職能，其中交際職能是自然語言最重要的職能，也是自然語言的生命力之所在。

　　研究自然語言邏輯的動力來自兩個方面：

　　一是語言哲學對於意義理論的研究。研究者在最初的觀念論、指稱論、真值條件論、證實論等等理論之外，逐漸發展出一種使用論。例如：弗雷格早就指出，不要孤立地詢問一個詞的意義，而要在語句的上下文中去追尋一個詞的意義。後期維根斯坦指出，語言的意義在於它的使用。研究證明，要弄清楚語言表達式的真實意義，我們就要弄清楚該語言表達式是由誰說的，對誰說的，在什麼情景下說的，說聽雙方所共有的背景知識，說聽雙方的交際意圖等等。按照這樣的思路，發展出了言語行為理論、會話含義學說、自然語言的語用學等等理論。這些理論哲學味比較濃，與人們的日常語言直覺比較接近。

　　二是來自於電腦科學和人工智慧的發展需要。要實現人機對話，使電腦至少能夠部分地替代人的工作，就要求它能夠運用自然語言與人進行順暢的交流，能夠理解自然語言訊息，並且對這些訊息進行邏輯處理。這就提出了下述任務：要對自然語言訊息進行邏輯分析，以便電腦也能夠識別和處理，這就出現「自然語言理解」和「知識表示」等問題；並且，在知曉交際者的背景及其交際意圖的情況下，電腦還要能夠進行適當的推理或計算，做出適當的交際應對策略等等。由於要交給電腦去處理和完成，由此發展的理論，其符號化、形式化程度比較高，技術性比較強。這種特色的理論有蒙太格語法、廣義量詞理論、話語表現理論、情景語義學、動態語義學、類型—邏輯語法、自然語言理解的加標演繹系統等等。

　　本講只粗略討論第一種類型的自然語言邏輯，關於那些與電腦科學和人工智慧關係密切的自然語言邏輯理論，請讀者閱讀相關文獻[1]。

一、語言的意義在於它的使用

　　前面各講所討論的各種邏輯，至少有這樣兩個特點或者說缺陷：

（一）範疇性，即它們所處理的邏輯對象都屬於確定的類型或範疇，所設計的邏輯運算都有非常清晰的意義，不允許絲毫的不確定和模糊。但現實的對象卻有模糊的邊界，其邏輯運算很少截然分明，常常有很多居間者，例如：「否定」有「並非」（not）、「罕見」（rarely）、「很少」（seldom）等差別，量詞有「全部」、「任一」、「每一個」、「絕大多數」、「大多數」、「少數」、「很少幾個」等不同。

（二）無內容性，即它們都只考慮語言表達式的結構關係，而很少考慮它們之間的意義內容及其差別，由此造成兩個結果：在它們看來類似的東西，在實際的語言中卻是有差別的；在它們看來有差別的東西，在實際的語言中卻是類似的。其結果就是它們嚴重偏離日常使用的自然語言。有的邏輯學家指出：「我們早就深信，來源於弗雷格、羅素、塔斯基以及通常數理邏輯著作中的標準邏輯觀，完全沒有產生哲學家、語言學家和電腦科學家及其他人所期望的作用。許多想法只適用於數學（甚至這一點我們也有所懷疑），但不適用於日常所使用的語言。」[2]

　　之所以如此，是因為以上邏輯都只考慮語言表達式的抽象意義，而不考慮使用語言的環境（簡稱語境）、使用語言的人以及人的意向對語言意義的影響。一旦把後面這些因素納入考慮的範圍之內，我們就從語言的抽象意義進入到它們在一定的語境中所表現出的具體意義和社會意義。後期維根斯坦所提倡的使用論，

---

[1]　See Johan Van Benthem and Alice ter Meulen eds., *Handbook of Logic and Language*, Amsterdam: Elsevier, 1997. 鄒崇理：《自然語言邏輯研究》，北京大學出版社，2000 年；《邏輯、語言和訊息——邏輯語法研究》，人民出版社，2002 年。蔣嚴、潘海華：《形式語義學引論》，中國社會科學出版社，1998 年。

[2]　J. Barwise and J. Perry, *Situation and Attitudes*, Cambridge: The MIT Press, 1983, p.x.

奧斯汀（J. L. Austin）、塞爾（J. Searle）等人所發展的言語行為理論，史陶生（P. F. Strawson）所倡導的日常語言邏輯，格賴斯（H. P. Grice）所主張的會話含義學說，以及巴威斯（Jon Barwise）等人所發展的情景語義學，都是這種考慮語言表達式的具體意義和社會意義的意義理論。

後期維根斯坦提出一個重要觀點：「一個詞的意義就是它在語言中的使用。」他還提出了著名的語言遊戲說：「我也將把語言和行動（指與語言交織在一起的那些行動）組成的整體叫做『語言遊戲』」，「『語言遊戲』一詞的用意在於突出下面這個事實，語言的述說乃是一種活動，或是一種生活形式的一個部分」。[3] 維根斯坦的「意義使用論」和「語言遊戲說」的主旨是：強調語言及其意義的社會性、約定性、合乎規則性，以及意義的豐富性和多變性，拒斥作為抽象實體或心理實體的「意義」概念。這是一個非常深刻的洞見。

奧斯汀、塞爾等人所發展的言語行為理論的核心主張是：說話就是做事。他們認為，言語行為是意義和人類交際的最小單位，從本質上說，它是一種社會行為，人們使用語言的目的不僅僅限於述事說理、描情狀物，更重要的是意圖改變或影響對方的信念、態度和行為。因此，說話、作文也是在從事一種行為，目的在於取得特定的效果。言語行為理論有一個發展過程，已經建立了相應的邏輯系統，例如「語力邏輯」（illocutionary logic）。

史陶生在〈論指謂〉（1950）一文中，區分了語詞和語句本身、對它們的使用和對它們的表達這三者，明確地把語境、說話者的意向、預設以及各種社會歷史文化因素等等引進到對於語詞和語句的意義分析中。在《邏輯理論導論》（1952）一書中，更明確地提出，在研究形式邏輯的同時，也要研究日常語言的邏輯，因為形式邏輯中的邏輯常項和它們的日常語言類似物有很大的差異，形式邏輯的推理形式與日常語言中的推理也有很大的差異，後者值得專門地加以研究。

常言說：「說話聽聲，鑼鼓聽音。」美國語言學家格賴斯所發展的會話含義學說，旨在把握人們說話時的言外之意和弦外之音，後者不僅與話語的一般的意義相關，更重要的是與人們說話時的語境和說話者的意圖相關，也就是與人們的

3　維根斯坦：《哲學研究》，李步樓譯，商務印書館，1996 年，第 31、7、17 頁。

話語的具體意義或語用意義相關。後人對格賴斯的理論提出了各種修正、補充、發展和完善的方案。在這些方案的基礎上，正在發展以準確把握會話含義爲目的的關於語用推理的邏輯理論。

在所有這些理論的基礎上發展出的各種形式的或非形式的邏輯理論，再加上由電腦科學和人工智慧所導致的對自然語言的邏輯分析方案，我們統統歸之於「自然語言邏輯」名下。

二、語境、預設與蘊涵

（一）語境 ●●●

語境（context）指言語交際所發生的具體環境，有廣義和狹義之分。

狹義的語境僅指一個符號、一個語句或一段話語出現的上下文，即與所要分析的符號、語句、話語前後毗連的符號、語句或話語。例如：「長假期間，小張夫婦倆玩起了自駕遊，他們已經到了拉薩了。眞令人羨慕啊！」根據上下文，話中的「他們」就是指小張夫婦。

廣義的語境則有不同的理解，有的很寬，有的很窄。一般包括言語交際的參與者（即說話者和聽話者），言語交際的主題，言語交際的時間、地點及其相關情景，說話者和聽話者之間共有的背景知識等等。一般來說，語境中包括語言因素和非語言因素。前者是指書面語的上下文，或口頭表達的前言後語；後者包括說話者和聽話者，話語的「情景」和「背景」。其中「話語情景」包括：交際的主題和參與者，交際的時間和地點，交際的正式程度等等。而「話語背景」可以包括：交談雙方的身分、相互關係及熟悉程度；交際雙方共有的常識或知識；特定文化的社會規範，特定文化的會話規則等等。

據我所知，下面的示意圖所給出的幾乎是對語境的最廣義的理解[4]：

---

[4] 索振羽：《語用學教程》，北京大學出版社，2000年，第23頁。

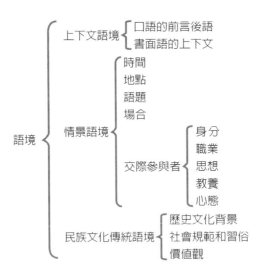

這些語境因素對於自然語言的表達式（語詞、語句）的意義有著極其重要的影響，具體表現在：

1. 自然語言的詞語常常是多義的、歧義的、模糊的，但我們日常所進行語言交際活動大致都能成功進行，很少發生誤解或曲解現象，這就是因為語境因素在起作用，它們補充了字面訊息的不足，消除了詞語的多義性、歧義性和模糊性，甚至會使詞語發生轉義乃至反義，由此嚴格規定了言語的意義。例如：「小店關門了」，可以表示「小店打烊了」，也可以表示「小店歇業了」，這兩者意思很不一樣，語境會告訴我們究竟是哪一種意思。「他連我也不認識」，可以隱晦地表示「我是一位重要角色，他居然不認識我」，也可以隱晦地表示「我認識很多人，他是誰，連我都不認識，別人就更不認識了」。究竟是哪一種意思？語境因素會告訴我們，從而有利於我們作出準確的理解。

2. 自然語言的句子常常是依賴語境的，這就是說，一個句子表達什麼意義，不僅取決於其中所使用的詞語的一般意義，而且還取決於說出這句話的語境，這在包含指示代詞、人稱代詞、時間副詞的句子中特別明顯。要弄清楚這些句子的意義和內容，就要弄清楚這句話是誰說的、對誰說的、什麼時候說的、什麼地點說的、針對什麼說的等等。例如：「他昨天去英國牛津大學講學去了」，其中「他」指誰，「昨天」指哪一天，我們只能求助於話語語境。

3. 語言表達式的意義在語境中會出現一些重要的變化，以至偏離它通常所具有的

意義（抽象意義），而產生一種新的意義即語用意義，也就是通常所謂「言外之意」「弦外之音」。例如：在臧克家的一首名詩《有的人》的開頭，有這樣的句子：「有的人活著／他已經死了／有的人死了／他還活著」。在這首詩中，語詞「死」「活」已經偏離它本來的生物學意義，而獲得了一種新的象徵意義。再如，「你真壞！」這句話在不同的語境中意義很不相同：假如是女士對男士說，則含打情罵俏、嗔怪之意；也可以在正式場合用來斥責做了壞事的成年人。

（二）預設 ●●●

預設（presupposition）分爲語義預設和語用預設。

1.語義預設

語義預設是一個命題及其否定都要假定的東西，是一個命題能夠爲眞或爲假的前提條件。如果我們用 S 代表一個特定的語句，非 S 表示它的否定形式，T 表示它的預設，則可以這樣定義預設：S 預設 T，當且僅當，若 S 眞則 T 眞，並且，若非 S 眞 T 也眞。也就是說，句子 S 在語義上預設句子 T，當且僅當，句子 T 眞是句子 S 有眞假的先決條件。

語義預設包括：

(1) 存在預設，例如：

1-1 中國的第一位諾貝爾獎獲得者是女性。

1-2 發現行星軌道橢圓性的那個人悲慘地死去。

1-1 預設了「中國有第一位諾貝爾獎獲得者」，1-2 預先「有人發現了行星軌道的橢圓性」。預設爲眞，是上面兩個句子有眞假的先決條件。否則，這兩個語句沒有認知方面的意義。

(2) 事實預設，例如：

2-1 包公鐵面無私使貪官汙吏心驚膽戰。

2-2 在從北京大學獲得碩士學位之後，劉曉光放棄了去美國哈佛大學讀博士學位的機會，直接去了一家跨國公司就職。

2-1 預設了一個事實：「包公鐵面無私」，2-2 預設了另一個事實：「劉曉光從北京大學獲得了碩士學位」。以敘事性動詞如「遺憾」、「認識到」、「知

道」、「對……感到驚奇」等作謂詞的命題，常常含有事實預設，例如：「我對某些科學家英年早逝感到痛心」，該句預設「某些科學家英年早逝」。

(3) 種類預設。一個形如「x 是 F」的命題，預設個體 x 在謂詞 F 的值域之內，這種預設稱為「種類預設」。謂詞的值域就是對斷定這個謂詞具有意義的所有那些個體的集合，例如：「是聰明的」的值域就是由可以思想（或具有心靈）的所有對象組成的集合。

　　語義預設有這樣一些特點：第一，預設決定於人們通常接受的邏輯規律，例如：「劉偉昨天參觀了北京世界公園」預設「北京有一個世界公園」。第二，如果一命題的預設為假，則該命題本身無意義，或者說無真值。例如：「所有的鬼都是青面獠牙的」和「有些鬼不是青面獠牙的」，這兩個互相否定的句子都預設了「有鬼」。如果無鬼，則關於鬼的任何談論都沒有真假方面的意義，也就是說，沒有認知方面的意義。第三，對一命題加以否定或提出疑問都不會否定其預設，換句話說，如果一命題為假，或懷疑一命題的真假，反而更說明其預設為真。第四，預設會受到命題焦點（即一命題中被強調的部分）的影響，命題焦點不同，預設就會發生變化。若以著重點表示強調，則「約翰勾引瑪麗」預設「有人勾引瑪麗」；而「約翰勾引瑪麗」預設「約翰對瑪麗作了某事」；「約翰勾引瑪麗」則預設「約翰勾引某人」。第五，預設會受命題中某些詞語影響而「觸發」出來，這些觸發預設的詞語叫做預設觸發語。國外有人收集了 31 種預設觸發語。[5]

　　語義預設實際上是對預設作真值分析，存在著許多缺陷：第一，從真值角度看，無論一命題是真是假，其預設總為真。但語言事實是：這種預設關係在一定語境裡可被取消。例如：「我知道瑪麗來過」預設「瑪麗來過」，但「我不知道瑪麗來過」卻無此預設。預設在某些特定語境中可被取消，這說明預設是一種語用關係。第二，真值預設關係在複合命題中難以準確表現。

　　有人假設複句的預設就是各分句預設的總和，即由 n 個分句組成的複句的預設 ＝ 分句 1 的預設 ＋ 分句 2 的預設 ＋ …… ＋ 分句 n 的預設。但這個假設是不正確的，因為有時由於上下文的關係，分句與分句的預設不僅無法相加，反而相互抵消了。例如：說「小張的妻子很漂亮」預設「小張有妻子」，但如果再加上一

句「只可惜前不久她和他離婚了」，原先的預設就被取消。這說明預設對語境因素十分敏感，歸根到底是一個語用問題，需要應用語用分析。

2.語用預設

語用預設是關於言語行為的預設或命題態度的預設。恰當的語用預設至少要滿足兩個條件：合適性和共知性。

為了實現語用預設，需要滿足一定的語境條件，如參與者的年齡、性別、身分，他們之間的親緣、地位關係，相關者的狀況以及其他客觀情景等等。只有滿足這些條件，才能指望一定語境中的言語行為是適當的。例如：母親對女兒說：「瑪麗，請清掃那個房間！」母親的請求（或者說命令）是以一系列語用預設為先決條件的：比如，請求清掃的房間是母親和女兒都明白的房間；這個房間已經髒了或者亂了，需要清掃；母親知道女兒能夠做這件事……如果實際的語境不具備這些條件，母親的請求就是不適當的。

此外，語用預設必須是交際雙方所共知的，預設的這種共知性是更為重要的。如果其預設不共知，則一方的意思就可能不被另一方所理解，交際就無法進行，就像一位宇宙科學家無法與一位農民討論「黑洞」現象一樣。如果話語 A 只有當命題 B 為交談雙方所共知時才是恰當的，則 A 在語用上預設 B。請看下面的談話：

A：來了沒有？

B：還沒有呢！我也等得急死了。

A：快兩個月了，不會出什麼事吧？

B：不會，不會，以前也有過這種情況。

A：但願如此。

A 和 B 在談論什麼？僅從字面無法得知，必須訴諸語境因素：A、B 是什麼身分，他們在談論什麼話題，有一些什麼樣的背景訊息等等。這些因素為談話雙方 A 和 B 所共知的，所以他們之間能夠流暢地交流；我們不知道這些語境訊息，故我們不知道他們在談些什麼。

預設除在命題、話語中出現外，也出現在問句中。例如：「你已經停止打你的老婆了嗎？」就預設了一個事實：聽話人過去經常打自己的老婆。

（三）蘊涵 ●●●

邏輯上的「蘊涵」概念可以用來分析詞語之間的語義關係，有時候把這種應用叫做「語義蘊涵」。一個句子的意義相當於一組命題的集合，其中有些命題是離開語境從該語句推出來的命題，叫做該語句的語義蘊涵命題：句子 A 語義蘊涵句子 B，當且僅當，根據句子成分之間的意義關係，從 A 能夠邏輯地推出 B，即不會 A 真而 B 假。例如：設語句 S 是「約翰擁有三頭牛」，則：

S_1 約翰擁有某些牛。

S_2 約翰擁有某些動物。

S_3 約翰擁有某些東西。

S_4 某人擁有三頭牛。

S_5 某人擁有某些牛。

S_6 某人擁有某些動物。

S_7 某人擁有某些東西。

都是 S 的蘊涵命題。一個語句的所有這些蘊涵命題的集合，就表達了該語句的意義。

並且，下面的各對句子之間有蘊涵關係：

1. 我父親是模範勞工。

1-1我爸爸是模範勞工。

2. 約翰買了三匹馬。

2-1約翰買了三隻動物。

3. 張三是一位單身漢。

3-1張三是一個未結婚的男人。

利用蘊涵概念，還可以定義句子之間的許多語義關係，如同義關係、對立關係、分析性、矛盾性等等。

兩個句子是同義的，當且僅當，它們具有完全相同的一組蘊涵命題；或者說，它們兩者相互蘊涵，即一個為真，另一個必真。例如：

4. 愛因斯坦和羅素是同時代人。

4-1羅素和愛因斯坦是同時代人。

在任何時候，都不可能 4. 真而 4-1 假，或者 4-1 真而 4. 假，它們兩者相互蘊涵，因而是同義句。

　　兩個句子是對立的，當且僅當，其中一個句子蘊涵著另一句子的否定。例如：戰國時期的思想家韓非曾談到，有一位既賣矛又賣盾的楚人，譽其盾曰：「吾盾之堅，物莫能陷也。」又譽其矛曰：「吾矛之利，於物無不陷也。」這位楚人所說的這兩句話就是互相對立的，因為「不可陷之盾，與無不陷之矛，不可同世而立」，它們相互蘊涵著對方的否定。

　　如果一個句子的否定句是矛盾式，或者說是自相矛盾的，則它本身就是分析性的，或者說是同義反覆。例如：「單身漢是男人」的否定句是「單身漢不是男人」，從後者加上「單身漢」這個詞的義素，既可以推出「未婚成年男子是男人」，又可以推出「未婚成年男子不是男人」矛盾，因此該語句本身就是分析性的。

三、言語行為理論

（一）言語行為理論的要旨 ●●●

　　言語行為理論的要旨可用一句話來概括：「說話就是做事。」話語不僅是說話者說出的有意義的表達，而且是他做出的有目的的行為。了解一個人所說的話語，不僅要知道他說了些什麼，而且要知道他想用所說的話語做些什麼，以及實際上做了些什麼，這就牽涉到交際意圖。奧斯汀和塞爾都明確表達了這一觀點。例如：奧斯汀指出：「我們要更一般地考慮下述意義，在這些意義上，說什麼可能就是做什麼，或者在說什麼的時候我們在做什麼（並且還可能考慮到那種不同的情況，在這種情況下，我們是透過說什麼而做什麼）。」[6]塞爾也指出：「我認為在任何語言交際中都必須包含有一個言語行為。」[7]為了弄清楚透過說話而

---

[6] J. L. Austin, *How to Do Things with Words*, Harvard University Press, 1962, p.91. 此書的摘譯見陳啟偉主編：《現代西方哲學論著選讀》，北京大學出版社，1992年，第618-640頁。

[7] 塞爾：《什麼是言語行為？》，見馬蒂尼奇編《語言哲學》，牟博等譯，商務印書館，1998年，第230頁。

做的事情，我們不得不考慮說話者的意向、說話者和聽話者共有的背景知識，以及相關的規則、社會慣例和社會建制。

言語行爲理論認爲，人類交際和意義的基本單位（或最小單位）是言語行爲。人們使用語言的目的並不僅僅限於述事說理、描情狀物，更重要的是意圖改變或影響對方的信念、態度和行爲等等。從這個角度看，人類交際的基本單位並不是如過去一般所認爲的那樣，是符號、詞句或其他表達手段，而是完成一定的行爲，例如：陳述、請求、提問、命令、感謝、道歉、祝賀等等。言語行爲的特點是說話人透過說一句話或若干句話來執行一個或若干個言語行爲，目的在於取得特定的效果。因此，言語行爲不僅「言有所述」，而且「言有所爲」，意欲「收言後之果」。我們要理解和把握一個說話者在特定的言語環境中說出一句話語的眞實意圖，就不能停留在對其進行邏輯—語義的分析上，而要把它看作是一個言語行爲，只有這樣，我們才能對該話語的意義有全面和準確的把握。因此，言語行爲不僅是人類交際的基本單位，而且是意義的基本單位。

我認爲，言語行爲理論家的一個最大貢獻是：把一個長久被忽視的語言現象突顯出來：說話就是做事，做事意在取效。他們由此明確區分了語句的字面用意與「言外之意」（語力），並且凸顯了各種語境因素和社會性因素如意向、規則、社會慣例在確定句子意義時的作用。他們所論及的現象在我們的日常語言交際中是如此司空見慣，以致先前被研究者們完全忽視，從未納入其研究視野之中。特立獨行者的艱辛探索，別具慧眼者的當頭棒喝，對於歷史進程和學術發展的意義，在這裡表現得特別明顯。

（二）奧斯汀論關於言語行爲的三分法 ● ● ●

奧斯汀於 1930-1940 年代開始思考言語行爲問題。他認爲，記述或描述只是語言的一種功能，即描述性功能；完成行爲則是語言的另一種功能，即施爲性（performative）功能，並且是一種更爲重要的功能，它在語言實踐中得到更加廣泛的應用。而語言功能又表現在說話方式上，因此，研究語言功能必須從說話方式的分類開始。正是從這一思想出發，奧斯汀提出了行爲性話語（施爲句）與記述性話語（記述句）的區分。不過，到 1955 年奧斯汀放棄這種二分法，而提出了言語行爲的三分法：以言表意行爲（locutionary act）；以言行事行爲

（illocutionary act）；以言取效行為（perlocutionary act）。**8** 下面，我們只概要式考察三分法。

1.以言表意行為

在日常言語交際中，聯詞造句、串字成音以表達一定思想的行為，就是以言表意行為。按照言語行為理論，「說什麼就是做什麼」，這裡「說什麼」的活動就屬於以言表意的活動。例如：假如我說「天在下雨」，「請打開窗戶」，這種說話行為都是以言表意。奧斯汀進一步把以言表意行為看成是三種行為的複合，即發音行為（phonetic act）、措辭行為（phatic act）和表意行為（rhetic act）。說話要發出聲音，這就是發音行為，發出的聲音叫做「音素」（phone）。說話時說出的詞要屬於某種語言，詞與詞之間的連結應符合一定的語法規則，這些詞被說出時還有一定的語調。如此發出這些詞的聲音的行為就是措辭行為，所發出的聲音叫做語素（pheme）。此外，說出的詞還要有一定的意義，指稱一定的對象，即是說，說話時要把語素、意義和指稱結合在一起，這種行為就是表意行為，所說出來的東西叫做「意素」（rheme）。

奧斯汀認為，發音行為不一定是措辭行為。例如：猴子能發出類似於「go」的聲音，但不能說牠會說英語的「go」。鸚鵡能夠學舌，但牠並不懂得牠所學說的這些聲音本身所負載的含義。此外，當一個人模仿、重複另一個人的話語時，該話語也就降格為發音行為，這時只有模仿準不準的問題，而不存在所說的意思對不對的問題。還有，一醫生為檢查一病人的喉嚨，要他發「啊——」音，該病人遵囑發出「啊——」音，病人所完成的只是發音行為，而不是措辭行為。但是，要說出一定的話語，一定要發聲，因此，措辭行為包括發音行為。奧斯汀還認為，用直接引語說出某個人的話語就是說出他的措辭行為，而用間接引語說出某個人的話語就是說出他的表意行為。發音行為、措辭行為和表意行為三者合

---

8 關於「locutionary act」、「illocutionary act」、「perlocutionary act」這三個術語，許國璋先生譯為「以言表意行為」、「以言行事行為」和「以言取效行為」，周禮全先生譯為「語謂行為」、「語力行為」和「語效行為」，索振羽在《語用學教程》中譯為「敘事行為」、「施事行為」和「成事行為」，還有其他眾多的不同譯法，如「言內行為」、「言外行為」和「言後行為」，迄今仍無定論。躊躇再三，我還是選用了許國璋先生的譯法。

在一起，就構成以言表意行為。或者說，一個人同時完成了這三種行為，他也就完成了以言表意行為。用奧斯汀的話來說，以言表意行為就是「說出某些聲音，說出某些具有一定結構關係的詞語，而這些詞語又都具有某種『意義』，在『意義』一詞的那種受歡迎的哲學含義上，即具有某種含義和指稱」[9]。即是說，一個人說出一個具有確定意思和指稱的句子，就是完成一件以言表意行為。他在《如何以言行事》一書中，曾毫不含糊地把以言表意行為與說出一個陳述句看作是一回事。

2.以言行事行為

以言行事行為是奧斯汀言語行為理論的核心，他在《如何以言行事》一書中花了大量篇幅對之進行討論。「我們可以說，實施一個以言表意行為，一般地是，而且本身也是，實施一個（我所謂的）以言行事行為。為了確定在實施什麼樣的以言行事行為，我們必須確定我們在以什麼方式使用下列表達方式：

提出或回答一個問題，

給出某些訊息、一個保證或警告，

公布一個判決或意圖，

發布判決，

作出一項任命、申訴或批評，

作出一種辨認或給出一個描述，

以及其他各種類似的行為。」[10]

這種言語行為是指，說話人說出某句話的同時就完成了一定的行為。例如：當說話人說「我允諾……」時，就完成了一個允諾行為；當說「……是真的嗎？」時，就完成了一個詢問行為。並且，說話人在說出某句話時還帶有一定的用意或意圖，奧斯汀將其稱為「illocutionary force」（譯為「語力」）。[11]

只有充分考慮到說話人說某句話的用意或意圖，考慮到說出該話語時所帶

---

[9]　J. L. Austin, *How to Do Things with Words*, Harvard University Press, 1962, p.94.

[10]　Ibid.，pp.98-99.

[11]　英語詞「force」兼有「力量」和「用意」的意思，在漢語中很難找到一個詞與之對譯。因此，本書在涉及這個詞的地方，根據文意需要，二者擇一使用。

有的某種力量，我們才能對所說出的話語的意思有眞正的理解和把握，反之則不然。奧斯汀提出了確定以言行事行爲的標準：

(1) 它是在言語中完成的，而不是言語的結果。在談到以言表意行爲和以言行事行爲的區別時，奧斯汀用「act of saying something」（說某事的行爲）表示前者，用「act in saying something」（在說某事中〔完成的〕行爲）表示後者。並且，他還將以言行事行爲用公式表示爲：

   In saying X, I was doing Y.（在說 X 時，我正在做 Y）

   令 X＝我答應我明天來，Y＝允諾，並代入上式，則有：

   在說「我答應我明天來」時，我正在作出允諾。

這裡，說「我答應……」是以言表意，而「我正在作出允諾」是以言行事。因此，以言行事行爲是在以言表意行爲中完成的。奧斯汀生造的詞「illocutionary」就是「in-locutionary」，其中的 in 就是公式中「in saying」中的 in，有言內行事之意，表示 Y 是存在於 X 之中的言語行爲。

(2) 它總可以被釋義，並且總可以透過加上一行爲話語公式（a performative formula）而變得明確化。例如：「我問你生活得好不好？」，「我命令你把門關上」，「我勸告你把菸戒掉」等。可以代入行爲話語公式中的以言行事的動詞有：報告（report）、陳述（state）、斷言（assert）、告訴（tell）、命令（order）、允諾（promise）、威脅（threat）、警告（warn）、邀請（invite）、請求（request）、建議（suggest 或 propose）、勸告（advise）、詢問（ask）、提供（offer）、感謝（thank 或 appreciate）等等。說出一個含有上述行爲動詞或可加上這類動詞作主要動詞的話語，就是在完成一件以言行事的行爲。

(3) 它總是符合約定俗成的社會慣例。這並不僅僅指語音和語義結合的那種任意性和約定性，而是說：以言行事行爲並不是說出的話語所表達的理性內容的邏輯後果或心理後果，相反地，實現以言行事行爲是根據某種社會慣例，因爲對於某個人在特定環境下所使用的一個特定表達式，這種社會慣例賦予其一種特殊的價值。例如：在西方社會，牧師在教堂舉行婚禮時說出「某男與某女正式結爲夫妻」時，以此宣布這兩個人結爲夫婦。這句話之所以能發揮這種作用，是因爲這樣一些因素：他以牧師的身分充當證婚人，並在教堂舉行婚禮這種特殊場合下說出它，根據西方的風俗習慣（一套約定俗成的社會

慣例），那兩人從此結為合法夫妻。假如在大街上遊玩時，某對男女的一位朋友說「我宣布你們倆結為夫妻」，這句話並不會使這兩個人成為合法夫妻，因為它不符合西方社會的慣例。

關於以言行事行為和以言表意行為的關係，奧斯汀認為，在大多數場合下，這兩者是結合在一起的，因為要完成一個以言行事行為，必須透過完成一個以言表意行為，換言之，要使用一個含有語力的言語行為去行事，必須說出有一定意義的語句。例如：要表示祝賀，必須先說出一個有祝賀意思的語句。他說：「一般說來，以言表意行為以言行事行為是同一種抽象。凡是真正的言語行為都兼有這兩者。」[12] 但是，兩者還是有區別的。在有些場合，以言表意行為可以蛻化為單純的發音行為，例如說夢話，這時它就不能以言行事。奧斯汀認為，從言語行為中區分出以言行事行為這層含義，能幫助我們理解語言的各種具體功能，並揭示言語行為的本質，從而正確處理意義和真假問題。

3.以言取效行為

奧斯汀指出：「對某件事的說出往往 —— 或者甚至通常總是 —— 對聽話者、說話者或其他人的感情、思想或行為產生某種效果……我們把完成這種行為稱為完成了以言取效行為。」[13] 可以看出，以言取效行為包含三個要素：(1) 說話者說出某句話；(2) 對聽話者或其他人的思想、感情或行為產生某種影響，如嚇唬住他，使他高興，讓他去做某件事；(3) 在 (1) 和 (2) 之間有因果關係。表示以言取效行為的動詞有：說服（persuade）、鼓動（inspire）、恫嚇（intimidate）、欺騙（deceive）、激怒（irritate）、使……滿意（satisfy）、使……留下印象（impress）、使……窘迫（embarrass）、誤導（mislead）、道歉（apologize）、祝賀（congratulate）等。

奧斯汀強調指出，以言取效行為是透過以言表意行為完成的，而不是在以言表意行為之中完成的。因此，他將其用公式表示為：

By saying X I did Y.（透過說 X，我做了 Y。）

為精確起見，該公式最好改為：

By saying X and doing Y, I did Z.（透過說 X 和做 Y，我做了 Z。）

---

[12] J. L. Austin, *How to Do Things with Words*, Harvard University Press, 1962, p.146.

[13] Ibid., p.101.

例如：若令 X = 我答應我明天來，Y = 允諾，Z = 使我的朋友放心，代入上式，則有：透過說「我答應我明天來」並（由此）作出一個允諾，我使我的朋友放心。

奧斯汀生造了英文詞「perlocutionary」表示「以言取效」，其中的「per」就是上面公式中的「by」（透過）。所謂以言取效，就是透過說 X 和做 Y 而得到結果 Z。

奧斯汀指出，以言行事行為與以言取效行為有實質性區別。(1) 各自的公式顯露出不同的特徵。請注意，在以言行事行為的公式「透過說 X，我做了 Y」中，說 X 和做 Y 是同時完成的，可以寫成 X = Y。例如：令 X = 我要槍斃她，Y = 威脅，代入上式：在我說「我要槍斃她」時，我正在發出一個威脅。根據以言取效行為的公式「透過說 X 和做 Y，我做了 Z」，其中的 Z = X + Y。仍令 X = 我要槍斃她，Y = 威脅，並且令 Z = 我使她感到驚恐，代入上式：透過說「我要槍斃她」並（由此）發出一個威脅，我使她感到驚恐。(2) 對當下語境的依賴程度不同。以言行事行為是一種規約行為，與一套慣例、習俗相一致，對當下語境的依賴程度很小，甚至沒有；而以言取效行為不是規約行為，對當下語境極其敏感，並且必定產生或大或小的效果或影響。

4.三種言語行為的相互關聯

奧斯汀指出，上述三種言語行為往往可以從形式上加以區別：

以言表意行為：他說……（He said that...）

以言行事行為：他證明了……（He argued that...）

以言取效行為：他使我確信了……（He convinced me that...）

並且更重要的是，上述三種言語行為不是由說出三句不同的話語所完成的三種不同的行為，而是在說出同一句話語時所同時完成的三種不同的行為，這三者之間無嚴格的先後之分，而只是一種按邏輯順序的排列。假定在正常情況下，我用響亮有力的語調對你說「你腳下有一條蛇」，並且由於我的話而使你感到驚慌。顯然，我已經完成了三種不同的言語行為：(1) 我已經說出我的話——以言表意；(2) 我在說出這句話時，已經告訴你某件事——以言行事；(3) 我透過說出這句話，已經讓你感到驚慌——以言取效。因此，三種言語行為是在說一句話時同時完成的。

在上述三種言語行為中，奧斯汀重點關注的是第二種，即以言行事行為。

根據以言行事行為的語力（illocutionary force），將其分為 5 種類型：(1) 裁決式（verdictives），行使判決，如「宣判無罪」（acquit）；(2) 執行式（exercitives），行使權力或施加影響，如「任命」（appoint）；(3) 承諾式（commissives），承擔義務或表明意圖，如「發誓」（swear）；(4) 表態式（behabitives），表明態度，如「憐憫」（commiserate）；(5) 闡釋式（expositives），闡明理由，解釋爭論，說明用法和指稱，如「分析」（analyze）。

（三）塞爾對言語行為理論的發展

塞爾從多方面對奧斯汀理論作了批評和改進，例如他對言語行為重新作了分類：

奧斯汀的三分法	塞爾的四分法
以言行事行為	發話行為
發話行為	
措辭行為	
表意行為	命題行為
以言行事行為	以言行事行為
以言取效行為	以言取效行為

塞爾研究的重點是以言行事行為。他認為，此種行為包含兩個要素：一是命題性成分，一是說出該命題時的「語力」（illocutionary force），即說話者在說出該命題時所攜帶的意圖或力量。若用 p 表示任一命題，用 F 表示語力，則以言行事行為的一般公式是：F(p)。

塞爾舉了下面的例子：

1. 約翰將離開這個房間嗎？

2. 約翰將離開這個房間。

3. 約翰，離開這個房間！

4. 但願約翰離開這個房間。

5. 如果約翰離開這個房間，我也離開這個房間。

在這 5 個句子中，含有共同的命題內容，即「約翰離開這個房間」，只是給它附加了不同的語力：在 1. 中是「詢問」，在 2. 中是對未來的「斷定」（預測），

在 3. 中是「命令」，在 4. 中是「願望」，在 5. 中是（有條件的）「允諾」。這些不同的語力使得 1. 到 5. 完成不同的以言行事行為。

塞爾指出：「完成以言行事的行為就是去從事一種由規則支配的行為方式。我將指出，像提問、陳述這樣的受規則支配的行為方式，十分相似於棒球中的打壘、象棋中的跳馬那樣的受規則支配的行為方式。因此，我打算透過陳述一套完成一個特殊種類的以言行事行為的必要且充分的條件，來解釋以言行事行為的概念，並且為使用標記那種以言行事行為表述的表達式（或句法手段）引出一套語義規則。」[14]

塞爾區分了兩類規則：調節規則（regulative rule）和構成規則（constitutive rule）。調節規則用於調節先前存在的行為形式，這些行為的存在在邏輯上獨立於這些規則。例如：禮儀規則用於調節人與人之間的關係，而這些關係是獨立於禮儀規則而存在的。構成規則不僅調節而且規定新的行為形式，這些行為在邏輯上依賴於這些規則的存在而存在。例如：橄欖球的規則不僅調節了橄欖球比賽，而且還創造了這種運動的可能性並對這種運動加以規定。橄欖球運動是由符合這些規則的行為構成的，離開這些運動，橄欖球運動就不會存在。

塞爾認為：「一種語言的語義學被視為一系列構成規則的系統，並且以言行事的行為就是按照這種構成規則完成的行為。」[15] 他根據言語行為在 12 個方面的差別，將其劃分為 5 類：斷定式（assertives）、指令式（directives）、承諾式（commissives）、表情式（expressives）、宣告式（declaratives）。

1975 年，塞爾發表《間接言語行為》一文 [16]。他指出，要理解間接言語行為這個概念，首先要了解施為句的「字面用意」，即正常的言語交際者在一定的語境中立即可理解的說話人說這句話的意圖，再由「字面用意」去推知說話者賦予該句子的「語力」（即說話意圖或話語力量），也就是該句子間接表達的「言外之意」。例如：「你能為我做這件事嗎？」這句話的「字面用意」是「詢問」，但它實際上要表達的間接用意是「請求」。間接言語行為理論就是要解決下述問

---

[14] 塞爾：《什麼是言語行為？》，見馬蒂尼奇編《語言哲學》，牟博等譯，商務印書館，1998 年，第 230-231 頁。

[15] 同上書，第 233 頁。

[16] 同上書，第 317-345 頁。

題：說話人如何透過「字面用意」來表達間接的「語力」，或者說，聽話人如何從說話人的「字面用意」去推斷出其間接的「言外之意」。塞爾提出了實施或理解間接言語行為的 4 條依據：

1. 言語行為理論，特別是關於以言行事行為及其語力的理論，從而了解人們如何以言行事。

2. 會話合作的一般準則，特別是要了解由恪守或違反合作原則或準則而產生的會話含義。

3. 說話人和聽話人共有的背景訊息，包括語言訊息和非語言訊息。

4. 聽話人的理解和推理能力。

　　塞爾的間接言語行為理論基於以下假設：

1. 顯性施為句可透過句子中的施為動詞看出說話人的語力（意圖或力量）。

2. 多數句子實際上是隱性施為句，例如：陳述句表達「陳述」，疑問句表達「詢問」，祈使句表達「命令」等言語行為。

3. 句子本身表達的這些言語行為稱作「字面用意」，它與間接的「語力」相對，後者是基於「字面用意」而作出的推斷。

4. 間接言語行為可分為規約性的（conventional）和非規約性的（non-conventional）兩大類。

　　規約性的間接言語行為，透過對句子的「字面用意」作一般性推斷而得出該句子的間接「語力」，也就是根據該句子的句法形式，按習慣可立即推斷出其間接「語力」。請看下面的漢語例子[17]：

　　1. 你能把門關上嗎？

　　2. 我能不能請你關一下門？

　　3. 你最好在進屋時把門關一下。

　　4. 你進屋時是不是忘記關門了？

　　5. 你進屋時忘記了一件事。

　　6. 房裡好冷啊！原來是誰忘記關門了。

---

[17] 周禮全主編：《邏輯——正確思維和成功交際的理論》，人民出版社，1994 年，第 419 頁。

7.我經常教你在進門以後要做什麼？（父母對孩子說）

8.你進門以後做什麼？怎麼又把我的話忘了？

9.誰怕把尾巴夾住了？

10.誰的尾巴那麼長呀？

這些以「詢問」、「建議」、「提醒」、「描述」、「埋怨」等形式出現的句子，實際上都在表達「命令」或「請求」。之所以採用如此委婉的形式，是出於對聽話者的尊重，也就是出於禮貌。這一說法對於整個的間接言語行為都成立：間接言語行為是出於禮貌。禮貌要求在發出指令時顯得特別重要，因此，塞爾重點考察了間接指令的 6 種類型 [18]。

非規約性間接言語行為卻主要依靠說話雙方共知的語言訊息和所處的語境來推斷句子的間接語力，即「言外之意」。這是間接言語行為理論考察的重點。請看下例：

學生 X：讓我們今晚去看電影吧。

學生 Y：我得溫習功課以準備考試。

很顯然，X 可以推知 Y 說這句話的「言外之意」（語力）是「我今晚不能去看電影」。按塞爾的分析，其推導過程如下：

步驟 1　我對 Y 提出一個建議，他作出這樣一個陳述來回答我，其大意是他不得不溫習功課以備考。──一些關於會話的事實

步驟 2　我假設 Y 在會話中是與我合作的，因而他的話是想要說得貼切的。──會話合作準則

步驟 3　一種貼切的回答必須是一種接受、否決、反建議以及進一步的討論等等。──言語行為理論

步驟 4　但他的字面表述不是其中的一種，所以它不是一種貼切的回答。──從步驟 1 和 3 推知

步驟 5　因此，大概他意謂的東西要比他說出的東西更多。假定他的話是貼切的，那麼他的「言外之意」（語力）必然與他字面上的意思不同。──從

---

[18] See J. Searle, *Expression and Meaning: Studies in the Theory of Speech Acts*, Cambridge University Press, pp.36-39.

步驟 2 和 4 推知（這是關鍵的一步。一個聽者如果沒有某種策略去發現言外之意與字面意思的差別，他就找不到理解間接言語行為的途徑。）

步驟 6　我知道按正常情況準備應付一次考試需占用那個晚上的大量時間，而且我也知道按正常情況去看電影需占用那個晚上的大量時間。——事實背景訊息

步驟 7　因此，他大概不能夠在一個晚上既去看電影又去溫習功課以準備考試。——從步驟 6 推知

步驟 8　接受一項建議或其他任何承諾的準備條件，是指完成命題內容條件中所斷言的行為所具備的那種能力。——言語行為理論

步驟 9　因此，我知道他已經說出了其大致含義是他不能接受那個建議的某句話。——從步驟 1、7、8 推知

步驟 10　因此，他說那句話的言外之意（語力）大概是否決這個建議。——從步驟 5 和 9 推知

以上的分析試圖在邏輯上重建由學生 Y 所說的話推出該句話的語力（意圖或力量）的過程，其優點是精確、嚴格，其缺陷當然是煩瑣。人們從一段話語推出其語力的過程要比這裡分析的直接、簡便得多，常常是在瞬間完成的。但即使是這樣的分析，也沒有窮盡其中的所有相關要素和步驟，該類推導過程不具有必然性，其結論可能是錯的。

四、合作原則、會話含義和語用推理

（一）交際合作原則 ●●●

1957 年，格賴斯發表〈意義〉一文，把「意義」分為「自然意義」和「非自然意義」，「會話含義」是「非自然意義」中的一種。1967 年，格賴斯在哈佛大學威廉·詹姆斯（William James）講座發表了三次講演，其中第二講「邏輯與會話」1975 年發表於《句法和語義學：言語行為》第三卷。[19] 在這篇講演中，格賴斯提出了交際合作原則，包括一個總則和四個準則。總則亦稱「合作原

---

[19] 見馬蒂尼奇編：《語言哲學》，牟博等譯，商務印書館，1998 年，第 296-316 頁。

則」，其內容是：在你參與會話時，你要依據你所參與的談話交流的公認目的或方向，使你的會話貢獻符合這種需要。仿照康德把範疇區分為量、質、關係和方式四類，格賴斯提出了如下四組合作準則：

　　1. 數量準則：在交際過程中給出的訊息量要適中。

　　　a. 給出所要求的訊息量；

　　　b. 給出的訊息量不要多於所要求的訊息量。

　　2. 品質準則：力求講真話。

　　　a. 不說你認為假的東西。

　　　b. 不說你缺少適當證據的東西。

　　3. 關聯準則：說話要與已定的交際目的相關聯。

　　4. 方式準則：說話要意思明確，表達清晰。

　　　a. 避免晦澀生僻的表達方式；

　　　b. 避免有歧義的表達方式；

　　　c. 說話要簡潔；

　　　d. 說話要有順序性。

　　有時也會出現違反準則的情況，大致有以下幾種情況：1.「故意說謊」，即說話者故意違反準則且設法讓對方不能察覺，在這種情況下會導致誤解和受騙，交際不能成功進行。2.「無可奉告」，即談話對象不願合作，這種情況在記者採訪、審訊犯人時經常遇到。3.「規則衝突」，即談話對象願意合作，但是若遵守一條準則，就會違背另一條準則。這種情況常常發生在品質準則和數量準則之間。4. 說話人故意違反準則，而這種違反又能夠被對方所覺察到，在這種情況下，聽者能夠從話語中推導出「言外之意」，「弦外之音」，也就是格賴斯所謂的「會話含義」（conventional implicature）。粗略地說，一個語句 p 的會話含義，就是聽話人在實際語境中根據合作規則由 p 得到的那個或那些語句。於是，合作原則又可以用作從說出的話語中推導其會話含義的語用規則，這些原則具有邏輯推理規則的意義。

（二）會話含義的推導

　　根據合作原則及各條子準則，利用各種語境因素，從話語的字面意義推出其隱含的會話含義的過程，叫做「語用推理」。其中既包含演繹的因素，也包括

很多歸納、猜測的成分，是一種或然性推理，前提眞結論不一定眞。根據列文森（S. L. Levinson），從說話人 S 說的話語 p 推出會話含義 q 的一般過程是：

    1. S 說了 p；

    2. 沒有理由認爲 S 不遵守準則，或至少 S 會遵守整體合作原則；

    3. 說了 p 而又要遵守準則或整體合作原則，S 必定想表達 q；

    4. S 必然知道，談話雙方都清楚：如果 S 是合作的，必須假設 q；

    5. S 無法阻止聽話人 H 考慮 q；

    6. 因此，S 意圖讓 H 考慮 q，並在說 p 時意味著 q。[20]

    下面考察一些因違反某個會話準則而產生會話含義的情況：

1. 違反數量準則。例如：某教授寫信推薦他的學生任某項哲學方面的工作，信中寫道：「親愛的先生：我的學生 c 的英語很好，並且準時上我的課。」根據量的準則，應該提供所需要的訊息量；作爲教授，他對自己學生的情況十分熟悉，但他在信中只用一句話來介紹學生的情況。讀信人自然明白：教授認爲 c 不宜從事這項哲學工作。

2. 違反品質準則，有誇張、反諷、隱喻、歸謬等等情形。例如：「您多麼了不起呀！大英雄，大美人，空前絕後，萬世之楷模，偉大，偉大，偉大得不能再偉大了！」誰都知道，這不是在讚揚某個人，而是對其自高自大的反諷。再如：A 說：「我能夠解決哥德巴赫猜想。」B 則說：「那我也能夠發明一臺永動機。」這裡，B 的意思是：A 不可能解決哥德巴赫猜想，就像他本人不可能發明一臺永動機一樣。

3. 違反關聯準則。例如：a 站在熄火的汽車旁，b 向 a 走來。a 說：「我沒有汽油了。」b 說：「前面拐角處有一個修車鋪。」這裡 a 與 b 談話的目的是：a 想得到汽油。根據關聯準則，b 說這句話是與 a 想得到汽油相關的，由此可知：b 說這句話時暗示「前面的修車鋪還在營業並且賣汽油」。再如，在一次聚會上，A 說：「你看，某某女生打扮得像一位妖精。」B 說：「你聽，樂隊演奏的音樂多麼溫馨動人。」B 改變話題的隱含意思是：A 的說話方式不太禮貌和文明，與聚會的氣氛不協調。

---

[20] See S. C. Levinson, *Pragmatics*, Cambridge University Press, 1983, p.113.

4. 違反方式準則。例如：故意囉唆，衍生言外之意。在曹禺的話劇《日出》中，當交際花陳白露聲稱不願意見銀行家潘經理時，旅館茶房福生對她說了下面一段囉唆話：

> 可是，小姐，……你聽著，……這是美風金店六百五十四塊四，永昌綢緞公司三百五十五塊五毛五，旅館二百二十九塊七毛六，洪生照相館一百一十七塊零七毛，久華昌鞋店九十一塊三，這一星期的汽車七十六塊五——還有——

其隱含的意思是：你這位交際花負債累累，不見銀行家潘經理，你還能夠混下去嗎？

再看京劇《沙家濱》中的一段經典對話：

> 刁德一：日本鬼子人地生疏，兩眼一抹黑。這麼大的沙家濱，要藏起個把人來，那還不容易嗎！就拿胡司令來說吧，當初不是被你阿慶嫂在日本鬼子的眼皮底下，往水缸裡這麼一藏，不就給藏起來了嗎！
>
> 阿慶嫂：噢，聽刁參謀長這意思，新四軍的傷病員是我給藏起來了。這可真是呀，聽話聽聲，鑼鼓聽音。照這麼看，胡司令，我當初真不該救您，倒落下話把兒了！
>
> 胡傳魁：阿慶嫂，別……
>
> 阿慶嫂：不……
>
> 胡傳魁：別別別……
>
> 阿慶嫂：不不不！胡司令，今天當著您的面，就請你們弟兄把我這小小的茶館，裡裡外外，前前後後，都搜上一搜，省得人家疑心生暗鬼，叫我們裡外都不好做人哪！（把抹布摔在桌上，撣裙，雙手一搭，昂頭端坐，面帶怒容，反擊敵人）
>
> 胡傳魁：老刁，你瞧你！
>
> 刁德一：說句笑話嘛，何必當真呢！

在這場戲中，聰明的阿慶嫂乾脆把刁德一的話中話（會話含義）挑明了，然後利用胡、刁之間的心結，利用胡的顢頇和愚鈍，來保護自己。

格賴斯談到了語用含義的五個特點：1. 可取消性：在給原話語附加上某些話語之後，它原有的語用含義可被取消。在上面的例子中，若 b 在說了「前面拐角處有一個修車鋪」之後，又補上一句「不過它這時已經關門了」，原有的語用含義「你可以從那裡買到汽油」被取消了。2. 不可分離性：會話含義依附於話語的語義內容，而不是話語的語言形式，故不能透過同義詞替換把會話含義從話語中分離出去。3. 可推導性：聽話人可以根據話語的字面意義和合作原則及各條子準則，推出該話語的會話含義。上面已舉例說明這一點。4. 非規約性：語用含義不能單獨從話語本身推出來，除考慮交際合作原則之類的語用規則之外，還要假定通常的邏輯推理規則，並需要把上文語句、交際雙方所共有的背景知識作為附加前提考慮在內。5. 不確定性：同一句話語在不同的語境中可以產生不同的語用含義。

（三）禮貌原則 ●●●

後來，不少語言學家、邏輯學家、哲學家對格賴斯的理論進行修正和發展，例如列文森提出了新的「三原則」（量原則、訊息量原則、方式原則）[21]，被稱為「新格賴斯會話含義理論」；利奇（G. Leech）提出了「禮貌原則」；中國學者又對利奇的「禮貌原則」進行修改、補充，提出「得體原則」，由禮貌準則、幽默準則和克制準則組成[22]。

利奇提出禮貌原則是為了解決下述問題：為什麼人們在言語交際中一定要遵守合作原則？既然要遵守合作原則，為什麼人們在言語交際中常常不用直接的方式遣詞達意，而總是用間接的方式聲東擊西？為什麼只讓對方拐彎抹角地意會，而不願向對方坦率地言傳？回答是：出於禮貌。禮貌原則結構如下：

A. 得體準則：（在強制和承諾中）減少有損於他人的觀點。

　　a. 儘量少讓別人吃虧。

　　b. 儘量多使別人得益。

---

[21] See Levinson, S. C. *Pragmatics*, Cambridge University Press, 1983; "Pragmatics and the Grammar of Anaphora", *Journal of Linguistics*, vol.27, No.2.

[22] 參見索振羽：《語用學教程》，北京大學出版社，2000 年，第 73-126 頁。

B. 寬宏準則：（在強制和承諾中）減少表達利己的觀點。

　　a. 儘量少使自己得益。

　　b. 儘量多讓自己吃虧。

C. 讚譽準則：（在表態和斷言中）減少表達對他人的貶損。

　　a. 儘量少貶低別人。

　　b. 儘量多讚譽別人。

D. 謙遜準則：（在表態和斷言中）減少對自己的表揚。

　　a. 儘量少讚譽自己。

　　b. 儘量多貶低自己。

E. 一致準則：（在斷言中）減少自己與別人在觀點上的不一致。

　　a. 儘量減少雙方的分歧。

　　b. 儘量增加雙方的一致。

F. 同情準則：（在斷言中）減少自己與他人在感情上的對立。

　　a. 儘量減少雙方的反感。

　　b. 儘量增加雙方的同情。[23]

　　由於禮貌原則是用來補充、援救合作原則的，而合作原則在從話語推導其語用含義的過程中可以充當邏輯推理規則，因此禮貌原則也可在捕捉語用含義的過程中充當推理規則。請看下面兩例：

　　A：你看，她穿的衣服多好看啊！

　　B：嗯，她的衣服顏色不錯。

　　*B：我覺得，她的衣服一點也不好看。

　　A：那位女士多美啊！

　　B：她的身材還不錯。

　　*B：我沒看出她美在什麼地方。

在上面兩例中，答話人雖然不同意說話人的觀點，但採取了部分同意的策略，儘量減少雙方的不一致。相比之下，兩例中的 *B 都是不大合適的答話，有違禮貌原則。

---

23 See G. N. Leech, *Principles of Pragmatics*, London and New York: Longman, 1983, p.132.

可以用幾個參數，把本講所討論的自然語言邏輯的幾個關鍵性概念的特徵，圖示如下 [24]：

會話含義　＞　規約含義　＞　預設　＞　蘊涵

←──────────────────────────────────────→

語用學	語義學
非真值條件	真值條件
語境依賴的	語境獨立的
說話者和聽話者	無涉說話者和聽話者
可取消的	不可取消的

這裡所說的「規約含義」，不是從會話準則那種高層次的語用原則推導出來的，而是簡單地根據規約（convention）附屬於特定的詞項或話語。例如：「但是」和「並且」有相同的真值條件，「但是」卻具有附加的規約含義，即兩個連接成分之間存在某種對立。

---

[24] See W. Frawley, *Linguistic Semantics*, Lawrence Erlbaum Associates, Inc., 1992, p.17.

Chapter 13

且聽莊子大談「辯無勝」

——論證的識別和建構

　　在日常思維中，儘管我們也出於思維訓練或者娛樂的目的，不問前提的真假而進行推理，例如進行假設推演或者解邏輯智力思考題，但在大多數情況下，我們是有目的地進行推理，這個目的就是證明或者反駁。所謂「證明」，就是從真實的或者以為真實的或者至少是可接受的理由出發，運用一定的推理形式，經過一定的推理過程，去確定另一個論斷的真實性，這個論斷常常是論證者本人所主張的。所謂「反駁」，就是從真實的或者以為真實的或者至少是可接受的理由出發，運用一定的推理形式，經過一定的推理過程，去確定另一個論斷的虛假性，這個論斷常常是論敵所主張而論證者本人所反對的。證明和反駁都是論證，其目的在於說服：說服自己或者他人接受某個論斷的真，或說服自己或者他人接受某個論斷的假。因此，論證是帶著目的而被使用的推理，因而是活生生的推理，並且還是各種推理形式的綜合運用，通常比單個推理形式更複雜。順理成章地，研究推理的邏輯學也應該去研究論證，也就是證明和反駁。

一、論證的識別

　　一個論證，是運用真實的或者至少是可以接受的理由，去論證某個論斷的真實性或虛假性的思維過程及其語言表述形式。從結構上看，一個論證中包含著下列要素：

（一）論題，即論辯雙方共同談論的某個話題，雙方在這個話題上可能具有完全相反的觀點。例如：「是否應該用法律的形式禁止婚外情？」就是一個論題，圍繞這個論題至少可以形成相互抵觸的兩種不同的觀點。但有些時候，論題本身就是論證者要加以證明的觀點，即論題本身就可以是論點，例如「論和為貴」。

（二）論點，即論證者在一個論證中所要證明的觀點，它可以是描述性的，即表明世界是怎樣的；也可以是指示性的，即表明世界應該如何、何者為好何者為壞等等。論點常常放在論證的開頭，論證者一開始就表明自己的觀點；但論點也是一個論證所要得出的結論。所以，論點既是論證的起點，也是論證的終點。

（三）論據，相當於推理的前提，指的是論證者用來論證其論點的理由、根據。論據可以是一般性原理，也可以是事實性斷言、統計數據等等。一般要求論據必須真實，至少是論證雙方共同接受的。

（四）論證方式，即論據對於論點的支持方式，表現為某種推理形式或某些推理形式的複合。由於推理形式可以是演繹的，也可以是歸納的，所以，論證方式可以是演繹的，也可以是歸納的，還可能是謬誤的。

（五）隱含的前提或假設。論證常常隱晦地利用了一些前提或假設，相應地也隱晦地使用了一些推理形式，而沒有把它們統統明明白白地說出來或寫出來。但當我們要對一個論證的可靠性作出評估時，則需要把它們考慮進來。

　　一個較為複雜的論證的各個論據（前提）與論點（結論）構成的整個支持關係，構成一個論證鏈條或者網狀結構。這個論證鏈條或者論證網絡中的任何一個單個的支持關係，都是這個複雜論證中的步驟。結論有主結論與子結論之分。主結論就是一個論證鏈條或網絡中的最終結論，而論證鏈條或網絡中除主結論之外的任何一個步驟的結論，都是子結論。與子結論和主結論的區分相關的，是主論證和子論證的區分。子論證就是由子結論與其支持前提構成的論證，它們是論證鏈條或網絡上的步驟；主論證是由主結論及其支持前提構成的論證，是一個論證的主幹部分。

　　基於上述，在識別一個論證的結構時，常常要作下面的考慮：

　　第一，確定所要論證的論點，即論證者所明確主張的觀點。

　　第二，確定論證的結論，包括子結論和主結論。結論之前經常會有一些標誌詞，所以找出論證中的結論標誌詞是確定論點的重要線索。這樣的標誌詞通常包括：「所以」、「由此可見」、「因此」、「由此推出」、「顯然」、「可以推斷」、「相應地」、「我們認為」、「我們相信」、「這表明」、「可以推出」、「這證明」、「隨之而來的是」、「這意味著」、「因為這個原因」、「這蘊涵著」、「因為這些原因」、「其結論是」、「可以做出結論」、「其結果是」、「這允許我們推出」、「如此說來」、「這指向了下述結論」、「總而言之」，如此等等。跟在這些標誌詞之後的往往就是結論。

　　第三，確定論證的論據（前提）。與論點類似，也可以找到一些前提的標誌詞，透過它們便可以確定論證的前提。這樣的標誌詞通常包括：「因為」、「如果」、「假設」、「鑒於」、「根據」、「從……中推出」、「其理由是」、「其原因是」、「其根據是」、「如……表明的」、「如……顯示的」、「出於……的考慮」、「從……可以推出」、「從……可以演繹出」，如此等等。跟在這些標誌詞之後的或占據其省略號位置的往往就是前提、理由或論據。

第四，確定論證所隱含的前提和假設。如前所述，隱含的前提和假設也是完整的論證的構成要素，其作用不可忽視。

在柯匹的《邏輯導論》第一章中，舉了這樣一個例子：

> 大數學家哈代論證說：阿基米德將永遠被記住，而埃斯庫羅斯會被遺忘，因為一種語言會消亡，而數學理念不會消亡。

柯匹指出，對該論證的充分分析表明，要合邏輯地得出該論證的結論，至少需要下列前提或推理步驟：

（一）一種語言會消亡。

（二）埃斯庫羅斯的偉大劇作使用一種語言。

（三）故埃斯庫羅斯的成果終究會消亡。

（四）數學理念不會消亡。

（五）阿基米德的偉大工作使用數學理念。

（六）故阿基米德的成果不會消亡。所以，阿基米德將被永記，而埃斯庫羅斯將被遺忘。[1]

可以看出，在這個論證中，至少有兩個隱藏的前提或假設，這就是（二）和（五），或許因其明顯性而被省略，但它們的確實性卻值得懷疑。

隱含的前提和假設具有如下特點：（一）它們是隱藏的，沒有被明確陳述出來；（二）它們被論證者認為是理所當然的；（三）它們是得出結論的必要條件；（四）其本身可能為假。隱含於論證之後的前提和假設主要包括兩種類型：一種是背景性假設，一種是隱含的前提。背景性假設往往涉及論證者的價值觀或價值偏好。例如：某人論證說：「應該節食。面對美味大吃大喝，雖然可以逞一時口舌之快，卻容易造成身體過胖，由此帶來各種疾病，如高血壓、高血脂、高血糖等，嚴重影響人的壽命和生存品質。」在這個論證中，至少隱藏著論證者如下的價值偏好：健康比盡情享用美食更重要；長壽很重要；要注意生存品質。這些價值偏好之間是否有矛盾、衝突的地方？隱含的前提實際上涉及論證者的知識背景，論證者有時候為了掩飾其論據的不可靠而不明確地將其陳述出來。例如：有人論證說：「類人猿和其後的史前人類所使用的工具很相似。最近在東部非洲考

---

[1] 歐文・M. 柯匹、卡爾・科恩：《邏輯學導論》（第 11 版），張建軍等譯，中國人民大學出版社，2007 年，第 15 頁。

古所發現的古代工具，就屬於史前人類和類人猿都使用過的類型。但是，發現這些工具的地方是熱帶大草原，熱帶大草原有史前人類居住過，而類人猿只生活在森林中。因此，這些被發現的古代工具是史前人類而不是類人猿使用過的。」為了使這個論證有說服力，還必須假設這樣一點：「即使在相當長的環境生態變化過程中，森林也不會演變為草原。」但這一假設可以受到質疑。

二、論證的圖解

　　在考慮了論證的各構成要素及其關聯方式之後，我們可以用圖解法將論證的結構圖示出來，以便對論證的結構有一個直觀的把握。

（一）線形結構 ●●●
　　請看下面的論證：
　　因為出現在非洲人種身上的線粒體變種最多，科學家推斷，非洲人種的進化史最長，這顯示非洲人種可能是現代人類的起源。

解析：該論證包含如下要素：

論點：Ⓒ 非洲人種可能是現代人類的起源。

論據：①出現在非洲人種身上的線粒體變種最多。②非洲人種的進化史最長。

　　這個論證的結構較為簡單，主結論有一個，兩個論據有這樣的支持關係：②支持①，①是子結論，反過來作為理由直接支持總結論。若用 Ⓒ 表示總結論，則這個論證的結構可圖示如下：

　　買賣人的器官，如心臟、腎臟、角膜等，應被視為非法。允許買賣器官不可避免地導致只有富人才負擔得起移植費用的狀態，這是因為，無論何種稀缺的東西作為商品買賣，其價格總是會攀升。這是由供求規律決定的。

解析：該論證包含如下要素：

論點：ⓒ 買賣人的器官，如心臟、腎臟、角膜等，應被視爲非法。

論據：①允許買賣器官不可避免地導致只有富人才負擔得起移植費用的狀態。②無論何種稀缺的東西作爲商品買賣，其價格總是會攀升。③這是由供求規律決定的。

這個論證的結構較爲簡單，主結論有一個，三個論據有這樣的支持關係：①由②支持，是②的子結論，②由③支持，是③的子結論。而總結論則由①提供直接支持。這個論證的前提與結論之間的關係是演繹的。若用 ⓒ 表示結論，則這個論證的結構可圖示如下：

③
↓
②
↓
①
↓
ⓒ

（二）協同式結構 ●●●

莊子在〈齊物論〉中提出了如下的關於「辯無勝」的論證：

> 既使我與若辯矣，若勝我，我不若勝，若果是也，我果非也邪？我勝若，若不吾勝，我果是也，若果非也邪？其或是也，其或非也邪？其俱是也，其俱非也邪？我與若不能相知也，則人固受其黮闇，吾誰使正之？使同乎若者正之，既與若同矣，惡能正之！使同乎我者正之，既同乎我矣，惡能正之！使異乎我與若者正之，既異乎我與若矣，惡能正之！使同乎我與若者正之，既同乎我與若矣，惡能正之！然則我與若與人俱不能相知也，而待彼者邪？[2]

---

[2] 陳鼓應注譯：《莊子今注今譯》，中華書局，1983 年，第 88 頁。

用現代白話文來說，莊子的意思是：假使我和你辯論，你勝了我，我沒有勝你，你果然對了嗎？我果然錯了嗎？我勝了你，你沒有勝我，我果然對了嗎？你果然錯了嗎？是我們兩人中一對一錯呢，還是我們兩人都對或都錯呢？我和你都不知道。凡是人都有偏見，我們請誰來評判是非呢？假使請意見與你相同的人來評判，他既然與你意見相同，怎麼能夠評判？假使請意見與我相同的人來評判，他既然與我意見相同，怎麼能夠評判？假使請意見與你我都不同的人來評判，他已經跟你我相異了，怎麼能夠評判？假使請意見與你我都相同的人評判，他既然與你我相同了，怎麼能夠評判？那麼，你和我及其他人都不能評判誰是誰非了，故辯論分不出勝負。

解析：該論證的結構要素如下：

論點：ⓒ 辯論分不出勝負。

論據：①辯論的勝負需要裁判來裁決。

②沒有人能夠當這樣的裁判。

③你我不能當這樣的裁判。

④與你意見相同的人不能當裁判。

⑤與我意見相同的人不能當裁判。

⑥與你我意見都不同的人不能當裁判。

⑦與你我意見都相同的人不能當裁判。

在這個論證中，總結論「辯無勝」由理由①和②協同支持，其中任何一個理由都不能單獨推出該結論。而理由②又作為子結論，由子理由③④⑤⑥⑦協同支持。於是，該論證是一個二層結構，每一層分別都是協同式結構。我們把該論證結構圖示如下：

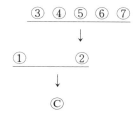

（三）收斂式結構 ●●●

請看下面的論證：

搖滾樂對大學生的學習產生著惡劣的影響。對書籍的熱忱，被對搖滾歌星的痴迷所取代。一旦沉溺到搖滾樂激烈喧囂的聲浪之中不能自拔，怎麼能設想他們還會去孜孜研讀柏拉圖以來的鴻篇巨制？這種音樂，如毒品一般，帶給人的是幼稚的、轉瞬即逝的暈眩，這一點，書本和教室從來無法提供。此外，與演員一樣，學生們被音樂重重包圍，對時間的流逝渾然不覺，學習只好被擠到腦後。

搖滾樂還不僅僅是在爭奪學生們的精力。事實上，學生們已越來越訴諸搖滾樂。社會公認的搖滾歌星，變成了年輕人心目中的新式英雄。然而，這些歌星提供的解決方案簡單無用。今天繁複的疑難困惑，靠五分鐘激情是斷難釐清闡明的。儘管如此，學生們仍對那些腰纏萬貫的音樂匠人的隻言片語頂禮膜拜，而把功課和教授拋在了一邊。

解析：該論證的要素如下：

論點：Ⓒ 搖滾音樂對大學生產生著惡劣的影響。

論據：①書籍需要學生們潛心鑽研，但它們無法與搖滾樂的通俗易懂、激昂猛烈相競爭。②搖滾音樂引發的興趣，使對學習的興趣相形見絀。③在回答關於人生和世界的各種問題時，學生們訴諸音樂中的簡單歌詞，卻忽視了教授們的深刻思想。

這是一個結構較為簡單的論證，主結論只有一個，三個論據分別都支持這個結論的得出，它們組合在一起，對論點提供了更強的支持，也可以說，共同向著結論收斂。可圖示如下：

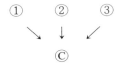

（四）複合式結構 ●●●

例如：

> 反對克隆人有三個理由。首先，不安全。雖然克隆技術近幾年發展迅速，但目前克隆動物的成功率還只有 20%，貿然用到人身上，克隆出畸形、殘疾、夭折的嬰兒，是對人的健康和生命的不尊重和損害。科學界普遍認為，由於對細胞核移植過程中基因的重新編輯和表達知之甚少，克隆人的安全性沒有保障，必須慎之又慎。其次，可能影響到基因多樣性。克隆人的「閘門」一旦開啟，人們很有可能會以多種多樣的理由來要求克隆人或「製造」克隆人，出現所謂的「滑坡效應」或「多米諾骨牌效應」。第三，有損人的尊嚴。根據公認的人是目的而非工具以及每個人都享有人權和尊嚴的倫理原則，生命科學界和醫療衛生界自然也要遵循。克隆人恰恰違背了這些原則。[3]

解析：該論證的要素如下：

論點（主結論）：ⓒ 反對克隆人。

論據：①克隆人不安全。

②克隆人可能影響到基因多樣性。

③克隆人有損人的尊嚴。

④雖然克隆技術……

⑤科學界普遍認為……

⑥克隆人的「閘門」……

⑦克隆人違背某些公認的倫理原則。

這些論點（結論）和論據構成如下圖所示的支持關係：

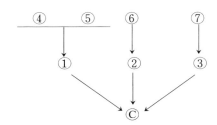

3　沈銘賢：〈從克隆人之爭看生命倫理學〉，《新華文摘》2004 年第 5 期。（＊編按：「克隆人」為英語 Human Cloning 音譯，又譯為「複製人」。）

再看一個更為複雜的例子，其中 ⓒ 表示結論，① ② ③等表示理由：

ⓒ 大爆炸理論正在瓦解。①根據傳統知識，宇宙起源於大爆炸——200 億年前的一次巨大的、完全對稱的爆炸。問題是②天文學家經過觀測進一步證實：現存的巨大星系團因為體積太大，完全不可能在僅僅 200 億時間中形成。對人造衛星所收集的新材料的研究，以及較早前的地面測量顯示③星系聚集成巨大的帶狀物延續了數十億光年，並且④星系在真空中分散開來跨越了億萬光年。因為⑤據觀測，星系移動的速度遠不及光速，數學家證明⑥聚集成這麼大的物質團必須要至少 1000 億年時間——是假設的大爆炸時間的五倍。②像那麼大的一種結構現在看來不可能在 200 億年時間中形成……①大爆炸理論推出，物質均勻地散布在宇宙中。從完成聚散過程的速度看，②這麼巨大的星系團無法這麼快地形成。

解析：這段話中包含下列論證要素：

論點（主結論）：ⓒ 大爆炸理論正在瓦解。

有兩個理由協同地支持這一主結論：

理由①：根據傳統知識，宇宙起源於大爆炸——200 億年前的一次巨大的、完全對稱的爆炸。①另有一個稍微不同的表述。

理由②：天文學家經過觀測進一步證實：現存的巨大星系團因為體積太大，完全不可能在僅僅 200 億年時間中形成。②有另外兩個稍微不同的表述。

理由②得到以下 4 個子理由的協同支持：

子理由③：星系聚集成巨大的帶狀物延續了數十億光年。

子理由④：星系在真空中分散開來跨越了億萬光年。

子理由⑤：據觀測，星系移動的速度遠不及光速。

子理由⑥：數學家證明聚集成這麼大的物質團必須要至少1000億年時間——是假設的大爆炸時間的五倍。

於是，上述論證的結構可以圖解如下：

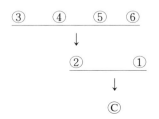

　　實際上，以上的解析寫出來是不必要的，可以在段落中直接表明哪個是結論，哪些是理由，然後用相應的圖解表明它們之間的結構關係。例如：

　　ⓒ看來，用動物實驗進行科學研究的做法並不是不必要的或靠不住的；①在使用脊椎動物進行實驗之前，那個實驗的草案必須經過包括一個獸醫和一個公眾成員在內的一個公共機構委員會進行的再審查，並且②在研究期間，動物的健康狀況和被照顧的情況需要得到定期的檢查。③研究者需要健康的動物進行科學研究和醫學研究，因為④不健康的動物可能導致錯誤的研究結果。這強烈要求⑤科學家去弄清楚他們使用的任何動物是否健康並且是否得到了精心的飼養。此外，⑥用動物進行研究是昂貴的，因為⑦科學研究的資金受到限制，⑧只有高品質的研究才能透過有力的競爭獲得對研究的支持。

解析：在這個論證中，其結論就是開頭的第一個陳述。有4個前提直接支持這個結論，其中的兩個前提又是分結論，逐次得到語段中所斷言的其他前提不同方式的支持：

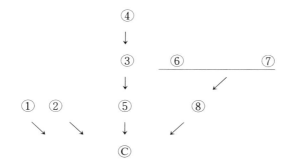

三、論證的評估

　　有的論者提出，正確提出問題對於評估論證是十分重要的。在評估某段論證之前，應考慮以下問題：（一）論題和論點是什麼？（二）理由是什麼？（三）哪些詞句的意義模糊不清？（四）價值衝突和隱含假設是什麼？（五）描述性隱含假設是什麼？（六）推理當中有沒有謬誤？（七）證據有多好？（八）是否存在競爭性理由？（九）論證所用統計推理是否錯誤？（十）省略了什麼樣的有意義的訊息？（十一）什麼樣的合理的結論是可能的？這裡的問題（一）、（二）、

（四）、（五）屬於論證的識別問題，其他問題都與論證的評估有關。

我認為，在評價論證時，應主要考慮下列問題：

（一）論證中的論題及關鍵性概念是否清楚、明白？ ●●●

除非弄清楚論證中關鍵性詞句的含義及其在使用環境中的意義，否則無法對論證作出評價。然而，有些作者疏於給出術語的定義，並且許多關鍵術語歧義叢生，稍不注意就會受騙上當。因此，有必要找出一段論證中的關鍵性詞句，並且問這樣的問題：它們通常或可能是什麼意思？它們實際上是什麼意思？它們的這種使用合適嗎？然後就可以依次區分出論證中的 1. 關鍵性詞語，2. 定義較為充分的關鍵性詞語，3. 可作別種解釋的關鍵性詞語，4. 在論證的論題中出現的關鍵性詞語。

> 我們對待吸毒，應該像對待言論和宗教信仰一樣，將其視為一種基本的權利。吸毒是一種自願行為。沒有人非得去吸毒，就像沒有人非得去讀某本書一樣。如果州政府打算限制毒品消費，它只能對其公民強行壓服——其方法類似於保護兒童免遭引誘，或限制奴隸對自己的生命實行自決。

此段論證的關鍵性詞語包括「吸毒」、「基本權利」、「自願行為」、「限制毒品消費」，以及「對其公民強行壓服」等等，要對作者的觀點作出回應，有必要對「吸毒」一詞加以必要的限定與說明。

（二）前提和隱含前提是否真實或至少是可接受的？ ●●●

真實前提是得出真實結論的必要條件，但這一條件卻不是那麼容易保證的。有時候，前提可能只是某種常識性說法，但常識並不總是那麼可靠。有一個說法很有道理：在常識裡可能隱藏著一個時代的偏見。有時候，前提可能是大多數人的看法，但真理並不以信仰者的多少為依歸。有時候，前提可能是某位權威的意見和看法，但權威並非在一切時候、一切情況下都是權威。除此之外，在論證中常常會暗中使用一些未明確陳述的前提和假設，它們的可靠性更要受到質疑。因

此，一切並不都是那麼理所當然，顯而易見，很多東西可以並且應該受到批判性思維的檢驗。

（三）前提和結論之間是否具有語義關聯？●●●

我們通常進行推理或論證時，前提和結論之間總是存在某種共同的意義內容，使得我們可以由前提想到、推出結論，正是這種共同的意義內容潛在地引導、控制著從前提到結論的思想流程。除非一個人思維混亂或精神不正常，他通常不會從「2＋2＝4」推出「雪是白的」，也不會從「2＋2＝5」推出「雪是黑的」，因為這裡前提和結論在內容、意義上沒有相關性，完全不相干，儘管「如果2＋2＝4那麼雪是白的，2＋2＝4，所以，雪是白的」是一個形式有效的推理。這就表明，有些邏輯上有效的推理形式，作為日常思維中的論證卻可能是壞的論證，例如根據同一律，從p當然可以推出p，但若以p為論據去論證p，即使不是循環論證，也至少犯有「無進展謬誤」。因此，當我們作論證評價時，常常要考慮前提與結論、論據與論點之間的這種內容相關性，要求它們之間既有內容的關聯，又不能在內容上相互等同，否則就沒有論證之必要了。

（四）論證中前提對結論的支持強度如何？●●●

一個論證中前提對結論的支持程度，可以分為以下幾種：

演繹有效的：如果一個推理的前提真則結論必真，或者說前提真則結論不可能假，則這個推理就是演繹有效的。儘管從假的前提出發也能進行合乎邏輯的推理，其結論可能是真的，也可能是假的，但從真前提出發進行有效推理，卻只能得到真結論，不能得到假結論。只有這樣，才能保證使用這種推理工具的安全性。這種有效性（亦稱「保真性」）是對於正確的演繹推理的最起碼要求。如果一個論證只包括從論據到論點的演繹有效的推理，則它是一個演繹有效的論證，論據的真必然導致論點的真。除了在數學等精確科學中出現外，這樣的論證在日常思維中並不多見。

歸納強的：有許多推理或論證儘管不滿足保真性，即前提的真不能確保結論的真，但前提卻對結論提供了小於100%、但大於50%的證據支持度，這樣的推理或論證仍然是合理的，並且被廣泛而經常地使用著。這樣的推理或論證可以稱之為「歸納強的」。否則，如果一個推理或論證，其證據支持度小於50%，則

可以稱它是「歸納弱的」。歸納弱的推理仍有一定的合理性和說服力，但其說服力是十分有限的。一般所說的簡單列舉法、類比法等作為論證方法時，從邏輯上看都是歸納弱的。

謬誤的：指以完全違反邏輯的手法從前提推出了結論，在下面的「謬誤」一節中將重點討論此類推理或論證。

（五）論證是否具有可接受性、說服力和感染力？

說話有是否恰當和合適的問題，眞話不一定都是恰當的。同樣地，論證也有是否恰當、合適和是否具有說服力、感染力的問題。因為論證的目的是說服讀者或聽眾，論證是否恰當和合適取決於論證想要說服的（潛在的）讀者或聽眾是誰，或者是什麼類型的。如果你要說服的潛在對象是學術共同體內的同行，那麼，使用通俗的非學術語言就是不恰當的，而使用非常嚴格的專業化語言就是恰當的。如果你要說服的對象是有文化的一般大眾，使用過於學術化的語言，甩名詞、摳字眼、拘泥於文縐縐的表達方式，常常是不恰當的。近年來，中國中央電視臺科教頻道的「百家講壇」節目取得成功，有些講演人甚至成為「學術超男」、「學術超女」，受到觀眾的熱烈追捧，與他們的講演方式切合了觀眾的口味和需求有很大關係：既能給觀眾一些他們感興趣、對他們有所幫助的訊息，這些訊息也能夠被他們理解和接受，並且使他們感到有意思。如果你論證的潛在受眾是中國農民，那麼你的表達方式就必須非常明白曉暢、通俗易懂。毛澤東是一位政治人物，他的任務是說服群眾接受他的觀點和主張，發動群眾跟著他一起走，他的論證的潛在受眾顯然是非常廣泛的，他的表達方式洋溢著鮮明的「毛式風格」：

> 中國古代有個寓言，叫做「愚公移山」，說的是古代有一位老人，住在華北，名叫北山愚公。他的家門南面有兩座大山擋住他家的出路，一座叫做太行山，一座叫做王屋山，愚公下決心率領他的兒子們要用鋤頭挖去這兩座大山。有個老頭子名叫智叟的看了發笑，說是你們這樣做未免太愚蠢了，你們父子數人要挖掉這樣兩座大山是完全不可能的。愚公回答說：我死了以後有我的兒子，兒子死了，又有孫子，子子孫孫是沒有窮盡的。這兩座山雖然很高，卻是不會再增高了，挖一點就會少一點，為什麼挖不平呢？愚公批駁了智叟的錯誤思想，毫不動搖，每天挖山不止。這件事感動了上帝，他就派了

兩個神仙下凡，把兩座山背走了。現在也有兩座壓在中國人民頭上的大山，一座叫做帝國主義，一座叫做封建主義。中國共產黨早就下了決心，要挖掉這兩座山。我們一定要堅持下去，一定要不斷地工作，我們也會感動上帝的。這個上帝不是別人，就是全中國的人民大眾。全國人民大眾一齊起來和我們一道挖這兩座山，有什麼挖不平呢？

解析：這個論證所使用的論證方式是比喻論證：援引中國古代的寓言故事——愚公移山，說明只要堅持不懈、持之以恆，就能夠像愚公及其子孫們感動上帝，搬掉堵在他們屋前的太行山和王屋山一樣，也能感動中國人民，搬掉壓在他們頭上的帝國主義和封建主義這兩座大山。應該說，這樣的論證方式是通俗的和明白的。

英國邏輯學家蘇珊哈克（Susan Haack）指出，評估論證可以從如下三個角度進行：1. 邏輯的角度，即論證的前提和結論之間是否存在適當的連結；2. 實質的角度，即前提和結論是否都真；3. 修辭的角度，即論證能否說服和吸引聽眾。[4] 我上面提出的 5 個問題實際上分別涉及這三個角度：問題（一）、（二）、（三）涉及實質的角度，問題（四）涉及形式的角度，問題（五）涉及修辭的角度。

看一個 MBA 考試中有關論證評價的考題：

贊成死刑的人通常給出兩條理由：一是對死的畏懼將會阻止其他人犯同樣可怕的罪行；二是死刑比其替代形式——終身監禁更省錢。但是，可靠的研究表明：從經濟角度看，終身監禁比死刑更可取，人們認為死刑省錢並不符合事實。因此，應該廢除死刑。

從邏輯上看，下面哪一項是對題幹中論證的恰當評價？

A. 該論證的結論是可接受的，因為人的生命比什麼都寶貴。

B. 該論證具有邏輯力量，因為它的理由真實，人命關天。

C. 該論證沒有考慮到贊成死刑的另外一個重要理由，故它不是一個好論證。

D. 廢除死刑天經地義，毋需討論。

E. 人生最可寶貴的是生命，它賦予每個人的只有一次。

解析：答案是 C。贊成死刑的人給出了兩條理由，而題幹中的論證只考慮了其中

4　蘇珊·哈克：《邏輯哲學》，羅毅譯，商務印書館，2003 年，第 21 頁。

的一個理由，對另一個理由完全置之不理。因此，其反駁沒有足夠的邏輯力量，不是一個好的論證。其他幾個評價都不得要領。

四、論證的建構

人們不僅需要反駁謬誤，更重要的是要揭示真理；不僅要否定論敵的觀點，更要傳播自己的主張，而這都需要以論證的形式進行，論證需要遵守一定的規則。根據不同的需要或標準，可以列出不同的論證規範。[5] 這裡主要從認識論角度列出以下幾條論證規則：

（一）論題的可信度必須比論據低，並且論題本身必須清楚、確切，在論證過程中要保持同一•••

這是對論題或論點本身的要求。一般來說，一個論證之所以有必要進行，是因為某論點很重要，但其真實性或可接受性不明顯，受到人們的懷疑，於是需要用一些更真實、更可接受的命題作論據，以合乎邏輯的方式推出該論點的真實性或可接受性。相反地，如果論點的可信度比論據還高，那就沒有必要用該論據去論證該論點，倒是有必要去用該論點去支持該論據，論證過程要完全倒過來，原有的整個論證因此不成立。

只有論題本身是清楚、確切的，論證活動才能做到有的放矢，富有成效。否則，會犯「論旨不清」的錯誤，後者常常是由於其中所涉及的關鍵性概念、命題的意義不清造成的。例如：一隻松鼠站在樹上，兩個獵人圍繞牠轉了一圈。他們動時，松鼠也跟著他們動。這時，一個獵人說，他們已經圍繞松鼠轉了一圈，因為他們已經圍繞松鼠繞了一條封閉的曲線；而另一個獵人卻說，他們沒有圍繞松鼠轉一圈，因為他們始終只看到松鼠的正面，沒有看到牠的其他各面。兩人爭得不可開交，顯然，他們對「一圈」這一概念有不同的理解，不解決這一分歧，無論怎麼爭論，都不會有確定的結果。所以，美國哲學家詹姆士（William James）在《實用主義》一書中談到這一例證時說道：「我對他們說，『哪一方才是對的』，要視乎你們實際上怎樣理解『繞著松鼠來跑』這句話。如果你的意思

5　參見劉春傑：《論證邏輯研究》，青海人民出版社，1999 年，第 156-158 頁。

是，從牠的北面跑向它的東面，再跑向牠的南面，然後跑向牠的西面，再返回牠的北面，那麼，那個人的確繞著松鼠來跑，因為他沒錯是依這個方式來移動他的位置。反過來說，如果『繞著來跑』的意思是，先跑到松鼠的前面，再跑到牠右邊，然後跑到牠背後，又再跑到牠左邊，最後又跑到牠前面，那麼，那個人就不算繞著松鼠來跑，因為從始至終，松鼠的肚子都向著那個人。只要分清楚這兩個意思，根本就不用再爭論下去。你們可以雙方都錯，也可以雙方都對，全在乎你們怎樣了解『繞著來跑』這幾個字。」[6]

由於論證是用論據去論證論題，有時候論據的真實性本身又需要論證。於是，在一個主論證中會出現若干分論證，分論證中有時又會有分論證，最後有可能出現這樣的情況：論題是 A，在論證 A 時要涉及 B，B 要牽涉到 C，C 又牽涉到 D，D 又牽涉到 E，而 E 可能與 A 毫無關係，它們之間相差何止「八千里路雲和月」！出現這種情況時，就出現了「轉移論題」或「偷換論題」的邏輯錯誤，有時候甚至是離題萬里。

（二）前提必須是真實的，或者至少是論辯雙方共同接受的 ● ● ●

因為從不真實的前提出發，不能在邏輯上強制對方接受結論（論點）的真。然而，由於認識過程的複雜性，一個命題是不是真實的，有時候是很難說清楚的，但只要論證雙方都認定該前提是真實的，或者是可以接受的，它就可以用來充當論據，邏輯也會強制論辯雙方去接受從那些共同接受的前提推出的結論。例如：在中世紀神學家之間，也可以合乎理性、合乎邏輯的討論「上帝是否存在」的問題，並對之給出各種各樣的論證。在我們不信上帝的人看來，這些論證可能同樣都毫無說服力，但在神學家們看來，其中有些論證有較大的說服力，有些論證有較小的說服力，有些論證則在他們看來也沒有說服力。他們賴以評判的依據就是他們所共同接受的一些知識，例如：關於《聖經》的知識等等。因此，在論證中，前提不一定、常常也不必就是真實的知識，而只要求是論辯雙方共同接受的知識，因為論辯是在這些人之間進行的，論證的說服對象也是這些人。違反上述規則所犯的邏輯錯誤，叫做「論據虛假」、「預期理由」、「論據不為雙方所認可」等。

---

[6] William James, *Pragmatism*, New York: Dover Publication, Inc., 1995, p.17.

由於論證的目的是說服某些人去接受、承認論點的真，因此在挑選論據時，就要選擇那些能為待說服對象所理解、接受的真命題作為論據，否則就如同對牛彈琴，達不到論證的目的和效果。

（三）論據必須是彼此一致和相容的 ●●●

如果論據本身不一致，即論據本身包含 p ∧ ¬p 這樣的矛盾命題，或者可以推出這樣的矛盾命題。根據如前所述的命題邏輯，p ∧ ¬p → q 是一重言式，即邏輯規律。這個公式是說，矛盾命題蘊涵任何命題，換句話說，從邏輯矛盾可以推出任一結論。顯然，可以作為任何一個結論的論據的東西，就不能是某個確定結論的確切的、強有力的論據。因此，一組不一致或自相矛盾的命題不能做論據。本書第一講談到，古希臘智者普羅泰戈拉與他的弟子歐提勒士之間發生過「半費之訟」，使用近乎相同的推理形式，卻得出了完全相反的結論。究其原因，是因為他們的前提中包含著不一致：一是承認合約的至上性，一是承認法庭判決的至上性，哪一項對自己有利就利用哪一項，而這兩者是相互矛盾的。

（四）論證中所使用的推理形式必須是演繹有效的，或者是歸納強的。否則，論證不可靠，會犯「推不出來」或「不據前提的推理」的邏輯錯誤 ●●●

所謂「不據前提的推理」，是指雖然羅列了一些數據、命題，但它們與結論的推出沒有關係，結論是不合邏輯地從那些數據、命題推出來的，如：

古代，一家有祖孫三代，爺爺經過寒窗苦讀，由農民子弟考中狀元，做了大官；不料他的兒子卻游手好閒，一事無成；但他的孫子卻考上了探花。於是，爺爺就經常抱怨他的兒子，說他們家就他一個人不爭氣。但他的兒子卻說：「你的父親不如我的父親，你的兒子不如我的兒子，我比你還爭氣！」

解析：一個人是否爭氣，主要看他自己的作為，而與他父親、兒子的作為沒有多大關係。因此，那位兒子所引用的證據與他要證明的結論「我比你還爭氣」不相干。

再如，有人寫了這樣一封推薦信：「我敢肯定，博比最適合得到工程師獎學金。他經過艱苦的努力獲得了他的高分數，不像其他申請者那樣不怎麼費力就得

到了高分數。博比愛好體育並且很容易相處。特別是，他的父親和祖父都是該獎學金的獲得者。」信中所列舉的理由與結論幾乎毫無關係。又如：「素食主義是有害健康和不衛生的實踐。如果所有人都是素食者，那麼經濟就會遭受嚴重的影響，許多人將失去工作。」、「不，我不會爲你買一臺電鋸。如果我買了電鋸，你又會要我買圓鋸，然後又會要我買打孔機，很快你又會要我買並且裝備一個工作間。我們負擔不起。」

「推不出來」也是一種「不據前提的推理」，它有許多表現形式。例如：「凡是大科學家都是聰明人，臺大學生都是聰明人，所以，臺大學生都會成爲大科學家。」這是三段論第二格 AAA 式，中項不周延，是無效的。因爲一個人最終是否成爲大科學家，聰明與否固然是一個重要因素，但卻不是唯一的因素，是否足夠勤奮、是否有好的機遇等等，也是獲得成功的必不可少的條件。

（五）論證的表述方式要有足夠的親和性和感染力 ●●●

也就是說，在做論證時，在考慮到聽眾和讀者的接受程度的情況下，話要說得漂亮，文章要寫得漂亮。

五、對一個論證的反駁

一個推理或論證要得出眞實的結論，必須滿足兩個條件：一是前提眞實；二是推理過程合乎邏輯，或者說推理形式是有效的。於是，要反駁或削弱某個結論，通常有這樣幾種方式：

（一）直接反駁該結論，可以舉出與該結論相反的一些事實（舉反例），或從眞實的原理出發構造一個推理或論證，以推出該結論的否定。

（二）反駁論據，即反駁推出該結論的理由和根據，指出它們的虛假性。

（三）指出該推理或論證不合邏輯，即從前提到結論的過渡是不合法的，違反邏輯規則。

在這三種反駁方式中，直接反駁結論是最強的，而駁倒了對方的論據和論證方式，並不等於駁倒了對方的結論，因爲對方完全可以更換論據或論證方式去重新論證該結論。無論如何，如果這後兩種情形成立，對方結論的眞至少是沒有保證的，從而被削弱。

在各種能力型邏輯考試中，有大量反駁型或削弱型考題，此處從略。

Chapter **14**

以看似講理的方式

——謬誤：有缺陷的推理

　　對謬誤的研究有一個深遠的傳統，可以說肇始於邏輯之父 —— 亞里斯多德。他的六篇邏輯著作集成《工具論》中，〈前分析篇〉討論了推理形式方面的謬誤，《修辭學》討論了講演中的謬誤，另有專論謬誤的〈辨謬篇〉，其中對謬誤作了初步分類，分析了 13 種謬誤，提出了一些解決謬誤的方法。從此之後，在中古阿拉伯世界、歐洲中世紀一直到近代，謬誤論幾乎成為標準邏輯教科書中不可缺少的內容。在中國先秦邏輯和古印度因明中，也有很多關於謬誤的研究，謬誤分別被稱為「悖」、「謬」、「虛」、「妄」、「過」等等。只是隨著現代數理邏輯的興起，謬誤論退居幕後，很少受到關注。但是，隨著上世紀 60 至 70 年代在邏輯教學領域開始的「非形式邏輯」或「批判性思維」運動的興起，隨著邏輯研究對人的實際認知過程和思維過程的日益關注，謬誤研究重新走上臺前，成為邏輯學的熱門研究領域之一，不同學科的眾多研究者介入或投身這一研究之中。這是因為，儘管我們的目標是追求真理，但是真理常常是在與謬誤的辯駁中成長起來的，因此，我們不得不關注謬誤。

一、謬誤和詭辯

　　所謂「謬誤」，通常指與真理相反的虛假的、錯誤的或荒謬的認識、命題或理論，這是其廣義；我們下面僅取其狹義，指在推理或論證過程中所犯的邏輯錯誤。從詞源上說，英語詞「fallacy」（謬誤）就是指「有缺陷的推理或論證」。前面說過，一個推理和論證要得出真實的結論，必須滿足兩個條件：一是前提真實，二是從前提能夠合乎邏輯地推出結論。但前提真實這個條件，涉及命題的實際內容，涉及語言、思想和世界的關係，是邏輯學管不了的。但前提和結論之間的邏輯關係，卻是邏輯學應該管也能夠管的。謬誤常常出現在前提與結論的邏輯關係上，它是指那些看似正確、具有某種心理的說服力，但經仔細分析之後卻發現其無效的推理或論證形式。

　　謬誤的具體形式很多，有人曾概括出 113 種之多。如此多的具體謬誤可以分為不同的類型，例如：有人將符號學中「語形學、語義學和語用學」的三分法移植到謬誤研究中，將謬誤也區分為三種：語形謬誤、語義謬誤和語用謬誤；有人將謬誤區分為形式謬誤、實質謬誤和無進展謬誤。但較為普遍接受的做法是將謬誤區分為「形式謬誤」和「非形式謬誤」兩大類，再將後者分為若干個小類。本書採用最後一種分類。

　　所謂「形式謬誤」，是指邏輯上無效的推理、論證形式。例如命題邏輯中的否定前件式：如果 p 則 q，非 p，所以，非 q。例如：「如果李鬼謀殺了他的老闆，則他就是一個惡人；李鬼沒有謀殺他的老闆，所以，李鬼不是一個惡人。」謀殺行為固然足以使某個人成為惡人，但惡人並不局限於謀殺者，還有許多其他的作惡形式。因此，從「李鬼沒有謀殺某個人」不能推出「李鬼不是惡人」。此推理無效。再如詞項邏輯中的中項不周延：「有些政客是騙子，有些騙子是竊賊，所以，有些政客是竊賊。」如此等等。

　　所謂「非形式謬誤」，是指結論不是依據某種推理形式從前提推出，而是依據語言、心理等方面的因素從前提推出，並且這種推出關係是無效的。我們把非形式謬誤分為「歧義性謬誤」、「假設性謬誤」和「關聯性謬誤」三大類，它們是下面討論的重點。

　　如果有意識地運用謬誤的推理形式去證明某個明顯錯誤的觀點，以便誘使人受騙上當，從中不當謀利，這就是詭辯。德國哲學家黑格爾指出：「『詭辯』這個詞通常意味著以任意的方式，憑藉虛假的根據，或者將一個真的道理否定了，弄得動搖了，或者將一個虛假的道理弄得非常動聽，好像真的一樣。」[1] 因此，詭辯是一種故意違反邏輯規律和規則，為錯誤觀點所進行的似是而非的論證和辯護。請看下面的例證：

　　兩個 15 歲中學生找到他們的老師，問道：「老師，究竟什麼叫詭辯呢？」

　　老師稍稍考慮了一下，然後說：「有兩個人到我這裡來做客，一個人很乾淨，另一個人很髒，我請這兩個人洗澡，你們想想，他們兩個人中誰會洗呢？」

　　「那還用說，當然是那個髒人。」學生脫口而出。

　　「不對，是乾淨人，」老師反駁說，「因為他養成了洗澡的習慣，而髒人卻覺得自己沒有什麼可洗的。再想想看，是誰洗澡了呢？」

　　「乾淨人。」兩個青年改口說。

　　「不對，是髒人，因為他需要洗澡。」老師反駁說，然後再次問道：「如此看來，我的客人中誰洗澡了呢？」

1　黑格爾：《哲學史講演錄》第 2 卷，三聯書店，1957 年，第 7 頁。

「髒人！」學生喊著重複了第一次的回答。

「又錯了，當然是兩個人都洗了。」老師說，「因為乾淨人有洗澡的習慣，而髒人需要洗澡。怎麼樣？到底誰洗澡了呢？」

「那看來是兩個人都洗了。」青年人猶豫不決地回答。

「不對，兩個人都沒有洗，因為髒人沒有洗澡的習慣，乾淨人不需要洗澡。」

「有道理，但是我們究竟該怎樣理解呢？」學生不滿地說，「您每次都講得不一樣，而且似乎總是有道理！」

「正是如此。你們看，這就是詭辯：以看似講理的方式行不講理之實。」

二、歧義性謬誤

（一）概念混淆 ●●●

自然語言中的詞語常常是多義的，或者說是語義模糊的。如果人們在論證過程中，有意無意地利用這種多義性和模糊性，去得出不正確的結論，就會犯「概念混淆」的邏輯錯誤。

例如：「凡有意殺人者當處死刑，劊子手是有意殺人者，所以，劊子手當處死刑。」這個推理是不成立的，因為劊子手不是一般的「有意殺人者」，而是「奉命有意殺人者」。又如：三個秀才進京趕考，路上遇到一個算卦的，於是三人合算一卦，算命先生伸出了一個指頭，並說「一」，然後不置一語。這個「一」實際上窮盡了所有可能：三個考生一起考上；一起考不上；只有一個考上；只有一個考不上。無論什麼結果出來，算命先生都是對的，他所利用的就是卦語「一」的模糊性或不確定性。再如：「螞蟻是動物，所以，大螞蟻是大動物」，「這是一頭小象，而那是一條大蚯蚓，所以，這頭小象比那條大蚯蚓小」。這裡，大、小是相對的概念，螞蟻的「大」、動物的「大」、某頭象的「小」等等是相對於不同的類別而言的，不能加以混淆。

（二）構型歧義 ●●●

指由於句子語法結構的不確定而產生的一句多義，這包括語詞結合關係不

明，動賓關係不明，代詞所指不明，定語修辭不明，狀語修辭不明，施受關係不明等等。

例如：「李明與王剛相擁抱，因為他明天就要出國到美國留學去了。」究竟誰要去美國留學？是李明還是王剛？不太清楚，該句子有歧義，因而可表達不同的命題。再如：一算命先生給人算卦說：「父在母先亡。」由於標點不同，這句話有兩種含義：1. 父親健在，母親已亡；2. 父親在母親前面去世。如果加上時態因素，它可以表示對過去的追憶，對現實的描述，對未來的預測，因此就有 6 種不同的含義：1. 父母親都去世了，但母親先去世；2. 父母親都去世了，但父親先去世；3. 父親健在，但母親已去世；4. 母親健在，父親已去世，即父親先於母親去世；5. 父親將在母親之前去世；6. 母親將在父親之前去世。這已經窮盡了全部可能的情況，相當於邏輯上的重言式，永遠不會錯。算命先生就是以此類把戲騙人錢財的。

（三）錯置重音 ●●●

同一個句子，由於強調其中的不同部分，會衍生出不同的意義。例如：「我們不應該背後議論我們朋友的缺點」，這句話以平常的語氣說出，是一個意思；如果重讀其中的「背後」二字，則會有「我們可以當面議論我們朋友的缺點」之意；如果重讀其中的「我們的朋友」，則會有「我們可以背後議論不是我們朋友的人的缺點」之意；如此等等。如果有意利用重讀、強調等手法，傳達不正確的、誤導人的訊息，就犯了「錯置重音」的謬誤，這在商品廣告或合約條款中特別常見，例如：在廣告中以特別醒目的大號字標出一個特別低的價格，在旁邊則用小號字印上「起」；或者，在合約中用一大堆小號字、誰也不懂的專業術語、冗長累贅的表達方式標明各種限制條件，當顧客真的光顧該店，或簽署合約後，會大呼上當。

（四）合舉 ●●●

指把整體中各部分的屬性誤認為是該整體的屬性，或者把個體的性質當作是這些個體之彙集的性質，由此作出錯誤的推論。

例如：由一部機器的每一個零件都品質優良，推出該機器本身也品質優良；

由一輛公共汽車比一輛計程車耗油更多，推出所有公共汽車的總耗油量一定比所有計程車的總耗油量多；由某些農戶去年栽種某種農產品，賺了很多錢，推論出：如果所有農戶都去生產這種農產品，也同樣能夠賺很多錢。再如：由一個足球隊的每一個球員都很優秀，推出該足球隊一定很優秀；由組成森林的每棵樹都不怎麼壯觀，推出那片森林也不怎麼壯觀；由每條溪流都很細小，推出由這些溪流所匯成的江河也很細小；如此等等。

合舉謬誤的另一種表現形式是「越多越好」：某個東西很好，因此越多越好；某件事情很好，因此越多越好。例如：維生素有利於身體健康，因此除正常食物吸收之外，每天再多吃一些維生素片劑更好；某種藥物吃兩片有效，因此吃三片、四片甚至更多片會更有效。顯然，任何事情都是有限度的，超過限度，不僅不會更好，反而會產生很多副作用，甚至是傷害。

（五）分舉 ●●●

與合舉剛好相反，是指由一整體具有某種屬性，推出該整體中的每一個體也具有某種屬性。例如：由美國是當今世界上最富裕的國家，推出每一個美國人都是富人；由某人在一重要單位工作，推出該人也一定是一位非常重要的人物；由去年全國農業遭災，推出某地或某戶農民家庭也歉收。再看下面兩個推理：「魯迅的著作不是一天能夠讀完的，〈孔乙己〉是魯迅的著作，因此，〈孔乙己〉不是一天能夠讀完的。」「人是由猿猴進化而來的，張三是人，因此，張三也是由猿猴進化而來的。」它們都犯了分舉的謬誤。

分舉謬誤的另一種表現形式是「越少越好」：某種東西有副作用，因此越少越好；某件事情有不好的效果，因此越少越好。例如：由於在現代社會人們很容易發胖，導致胖人很多，給生活帶來麻煩，於是整個社會的審美傾向偏好瘦型，有所謂「骨感美人」的說法。於是，有些女性以為人越瘦越好，近乎瘋狂地節食，認為脂肪、澱粉容易導致發胖，因此吃得越少越好，以至患了厭食症，結果對身體造成比發胖更嚴重的危害。

三、假設性謬誤

所謂「假設性謬誤」，就是指在論證或推理過程中暗中利用了某些不當的假定、預設，並依賴它們得出錯誤的結論。

（一）複雜問語 ●●●

　　問句當然是問不知道的東西，但任何問句都有它所假定的東西，於是，任何問句都包括兩部分：一是該問句已經假定的內容，叫做該問句的預設；另一是所問的東西。如果一個問句中包含虛假的預設，這樣的問句實際上含有某種陷阱，叫做「複雜問語」。例如：如果向一個男人發問：

　　你已經停止打你的老婆了嗎？

就預設了一個事實：這個男人經常打自己的老婆。對「複雜問語」無論作出肯定的回答還是否定的回答，都接受了那個預設。因此，回答此類問語的最好方法是指出其中那個預設為假。例如：一般人回答上述問題的正確方法是：我根本沒有打過老婆，何談停止不停止！

　　回答問語的另一個辦法是迴避，即重複該問句的預設，如：

　　三國時，大將軍鐘會去看望當時的名士嵇康。嵇康脫光衣服正在打鐵，不理會鐘會。當鐘會看了一會兒正要離開時，嵇康問道：「何所聞而來？何所見而去？」鐘會答道：「聞所聞而來，見所見而去。」

解析：鐘會的回答只是重複了嵇康問話中的預設，沒有新的內容。但它是一個很有意思的回答，所以流傳下來了。在外交場合和禮儀場合，對於不便回答或不好回答的問題，就可以採取迴避的手法，它比單純的拒絕顯得更有禮貌，也更有修養。

　　有時人們把兩個問題合成一個問題，也叫做「複雜問語」。例如：「是否贊成對這個案子追加投資兩千萬元？」「是否贊成對婚外情者處一年以上有期徒刑？」這都是把多個問題合成一個問題處理的例子。實際上，為了討論富有成效，讓各種意見得到充分表達的機會，上述問題應該分開議處：「是否贊成對這個案子追加投資？」在這個問題上取得一致後，再來討論第二個問題：「該追加多少？」同樣地，先討論「是否應該用法律形式來制止婚外情？」如果回答是肯定的，再討論第二個問題：「對婚外情者該給什麼樣的法律制裁？」

（二）非白即黑 ●●●

　　亦稱「錯誤的兩刀論法」或「虛假的二難推理」。這是指在本來有其他選項的情況下，卻要求人們作出非此即彼的選擇。這就像在黑與白之間本來有很多中間色，卻非要人們或者選擇黑或者選擇白。

例如：美國在遭受 911 恐怖襲擊之後，對整個世界擺出了一副異常強硬的姿態：「或者與我們站在一起反恐，那麼你是我們的朋友；或者不與我們站在一起反恐，那麼你就是我們的敵人。」還有一則汽車銷售廣告：「或者你開 Lynx，或者你根本不開車！」「足球教練的世界不是圓的，它只有兩條邊——或者贏或者輸，或者好或者壞，或者讚揚或者挨罵，或者大拇指或者小指頭。」「如果一個教授有能耐，即使給他笨學生他也能夠取得成功；如果他沒有能耐，即使給他好學生他也會失敗。所以，他的學生究竟是聰明還是笨，對他來說是無關緊要的。」

（三）以全概偏 ●●●

亦稱「偶性謬誤」。在我們的日常思維中，我們會使用許多一般性概括或者說通則，它們說明情況一般是怎樣的。例如：「人是有理性的」、「偷竊是不道德的」、「鳥會飛」等等，但如果把這些在正常條件下為真的說法當作是無條件真的，則就犯了以全概偏的錯誤。例如：「這個國家是民主國家，它宣稱所有的人都生而自由平等，並且不能剝奪他們的自由。所以，這個國家應該停止監禁罪犯和瘋子。」「弄痛一個人是壞事情，所以，牙醫簡直是在犯罪！」「人是有理性的，張教授的那個痴呆兒是人，所以，張教授的那個痴呆兒是有理性的。」後面這個推理並不能說明「人是有理性的」這個一般性說法是假的。所以，有邏輯學家說：「沒有一個謬誤比下面的謬誤為害更大：將一個在許多情況下不算誤導的陳述句，當作是毫無條件地永遠是真的。」

（四）以偏概全 ●●●

亦稱「特例概括」、「輕率概括」、「逆偶性謬誤」。

例如：古時宋國有一位農夫，偶然遇到一隻兔子撞在樹上死去，他不費力氣就撿到了牠。他認定，此等好事還會發生，於是他扔下農具、不再耕種，一直守在樹旁，希望再撿到撞死的兔子。這就是成語「守株待兔」的故事，該位農夫因為特例概括而成為千古笑柄。再如：魯迅曾談到：「一個旅行者走進了下野的有錢的大官的書齋，看見有許多名貴的硯石，便說中國是『文雅的國度』；一個觀察家到上海來一下，買幾種猥褻的書和圖畫，再去尋尋奇怪的物事，便說中國是

『色情的國度』。」[2] 今天的旅行者仍然有魯迅所說的這些毛病。

下面的談論都是在「以偏概全」：「911 恐怖襲擊是幾個阿拉伯人做的，他們都是伊斯蘭教徒，因此，信仰伊斯蘭教的阿拉伯人對我們不友好，我們要堅決防範和打擊伊斯蘭教恐怖主義！」「在我們班，你不會講德語，我不會講德語，王剛不會講德語，李白不會講德語，余湧不會講德語，所以，我們班沒有人會講德語。」「當許新與辯論隊一起上臺時，王教授安慰她說：缺一堂課沒有關係，充分發揮才智，好好辯論。所以我說，王教授根本不在乎我們這些人是否去聽他的課。」「報紙上除了有關性和犯罪的事情之外，簡直什麼內容也沒有！舉例來說，昨天的晚報第一版就有五條犯罪的新聞。」

（五）混淆因果 ●●●

這包括「虛假原因」、「以先後為因果」、「因果倒置」等。

例如：「自從 1840 年以來，所有在 20 的倍數的偶數年當選的美國總統都是死於任上：哈里森，1840 年；林肯，1860 年；加菲爾德，1880 年；麥金利，1900 年；哈丁，1920 年；羅斯福，1940 年；甘迺迪，1960 年。所以，在 1980 年當選的美國總統也會死於任上。」「你的老闆擁有比你更多的詞彙，這就是為什麼他是老闆、你是員工的原因。」「在某些國家，無神論傳播很廣，自殺率也很高，所以，失去對上帝的信仰就是導致自殺的原因。」這都是以偶然的巧合或現象的同時並置為原因，屬於虛假原因。

「閃電之後常常接著打雷和下雨，所以，閃電是打雷和下雨的原因。」「在 ×× 來我這裡之後，我的某件貴重物品就找不到了。肯定是被他偷走了！」這是「以先後為因果」的謬誤，儘管原因總是在結果之先發生，但先發生的現象不一定就是原因，最多只能列為可能的原因，究竟是不是真正的原因，還要做許多的調查研究工作。

「我們只會懲罰那些專制獨裁的無賴國家，我們懲罰了伊拉克，所以，伊拉克先前是專制獨裁的無賴國家。還有少數幾個國家在我們打算懲罰的名單上，因此，這幾個國家也是專制獨裁的無賴國家。」不管事實究竟如何，這樣的推理和

---

[2] 《魯迅雜文、小說、散文全集》第 3 卷，中國致公出版社，2001 年，第 955 頁。

論證卻是無效的，有那麼一點驕橫和蠻不講理的味道，是在強加事物之間的因果關係。「聰明人常常都能夠成功致富，所以，如果你想讓我進入聰明人的行列，最好的辦法是給我一大筆財產。」這是明顯的因果倒置。還有，某種疾病常常表現出某些症狀，有些庸醫經常把症狀當原因，不去治病根，而只治那些症狀。這也是因果倒置的一種類型。

（六）虛假類比 ● ● ●

指把兩類很不相同的事物強作類比，從而得出荒謬的結論。

例如：「為什麼我們要因為人的行為而懲罰他們？他們所做的事情都是他們的本性的表達，他們禁不住要這樣做。我們難道要對石頭下落、洪水上漲感到憤怒嗎？」這是典型的虛假類比，因為人與其他自然物有一個明顯的區別：其他自然物沒有意識和自我意識，更沒有所謂的自由意志，它們的一切行為都是自然行為；但人卻有意識和自我意識，有自由意志，在很多情況下有很多的選擇，並不是非做某件事情不可，如果他選擇了做壞事，他就需要承擔招致懲罰的後果，以此教育他本人並且警示他人。

再如：歐洲中世紀有神學家為了論證上帝存在，提出了所謂的「設計者」論證：宇宙是由許多部分構成的一個和諧整體，正如鐘錶是由許多部分構成的一個和諧整體一樣，而鐘錶有一個製造者——鐘錶匠，所以宇宙也有一個創造者，這就是上帝。這是虛假類比，因為鐘錶是一個人工產品，並且是一個有限物；而宇宙是自然本身，沒有時空邊界，是無限的。這兩者之間存在巨大差別，屬於不同類別，不可比。

中國古代墨家曾提出「異類不比」的原則，他們把「木與夜孰長？智與粟孰多」之類的問題斥為荒謬，因為木頭占據空間，夜晚涉及時間，智慧屬於精神範疇，粟米屬於物質範疇，不同類，不可比。如果硬要把它們拿來相比，就犯有「機械類比」或「荒唐類比」的謬誤。

（七）預期理由 ● ● ●

指用本身的真實性尚待證明的命題充當論據，沒有證明的作用。

例如：在崑曲《十五貫》中，糊塗知縣就是用想當然的方式判案，是典型的預期理由：

看她豔若桃李，豈能無人勾引？年正青春，怎會冷若冰霜？她與奸夫情投意合，自然要生比翼雙飛之心。父親阻攔，因之殺其父而奪其財。此乃人之常情。這案情就是不問，也早已明白八九了。

再如：美國第二次攻打伊拉克的一個重要理由是：伊拉克有大規模殺傷武器，這些武器掌握在這個邪惡國家的政權手中，會對世界和平和人類生存帶來威脅。因此，要對這個邪惡國家實施預先打擊。但當美國成功占領伊拉克之後，花許多時間查伊拉克，也沒有找到大規模殺傷武器的任何蹤影。攻打伊拉克的那個理由屬於典型的預期理由，把「想當然」當成了「所以然」，美國也為此付出了很大的代價，其道德形象在人們的心中大打折扣。

（八）理由虛假 ●●●

指在論證中用虛假的理由充當論據，這類錯誤被稱為「基本錯誤」。因為無論是證明還是反駁，都是從人們認為真的東西或者是至少可接受的命題出發，在人們都是理性的、都講道理這個假設之下，利用邏輯的強制力，去證明某個另外的命題的真或者假，希望由此改變人們的信念狀態：由原來不相信或不接受某個命題，改為相信或接受它；或由原來相信或接受某個命題，改為不相信或不接受它。例如：「所有的猴子都是人變的，金絲猴是猴子，所以，金絲猴是人變的。」「你說所有的人都是會死的，但據我所知，張果老、嫦娥都吃過長生不死藥，他們就能長生不死；我是賣長生不死藥的人，我擔保，凡是吃過我的長生不死藥的人都會長生不死。所以，你的那種說法是假的。」這樣的論證根本不能證明它的結論，根本沒有論證的作用，凡是有正常理性的人都不會把此類論證當一回事，當然，個別的愚夫愚婦除外。

四、關聯性謬誤

所謂「關聯性謬誤」，是指從語言、心理上有關，但在邏輯上無關的前提出發進行推理，以至前提與結論的推出不相干，因此更正確的說法是「不相干謬誤」。

（一）訴諸人身 ●●●

　　即透過對論敵的人格、品質、處境等等的評價來論證他的某種言論為假，或者至少是降低其言論的可信度。顯然，一個人的人格、品質、處境與他觀點的正確與否之間沒有直接的邏輯關係。這種謬誤包括：

1.人身攻擊

　　「你們不要相信他的話，他因亂搞男女關係受過處分，並且經常說謊。」這等於在人們要喝井水之前給井裡下毒，所以也叫做「給水井投毒謬誤」。「目前的經濟政策導致這個國家國力在迅速地下滑。這主要是由於一些前政府的官員、顧問以及一些不良學者相互勾結在一起。這些人自私自利，自以為是，完全不受人民和議會的監控。」這段話沒有說明現行經濟政策究竟在哪裡有問題，這些問題如何導致經濟衰退，而只是一些對相關人士的攻擊性言辭，並不能論證他的觀點。

2.處境人身攻擊

　　即利用論及某個人處於某個特定的位置，證明他的觀點就一定錯。例如：「某位立法委員是一位大學教授，因此他肯定代表大學教授講話，而大學教授在這個社會中是極少數人，因此，他是在為極少數人的利益說話。」「該銀行總裁堅持認為，富人的個人所得稅不應該提高。對於一個有巨額收入並且貪婪地渴望獲得更多的人，你還能指望他有什麼別的觀點呢？」「某位記者並不出生於農村，家裡也沒有親人、親戚在農村，他不了解農村的真實狀況，他關於農民、農村、農業所說的話完全不可信。」

　　上述謬誤的另一種表現形式是「你也是」謬誤，即透過指出對方言行方面的某種矛盾，來證明對方的觀點不正確。看下面的對話：「甲：抽菸有害健康，你應該戒菸。乙：嘿！看誰在說話呢！你不是正在抽菸嗎！」

3.惡意詆毀

　　指不去論證對方觀點的對錯，而用一些惡毒的言辭詆毀對方的人格和人品。例如：德國哲學家黑格爾曾經談到一個例子：在市集上，一位女顧客對一位女商販說：「喂，老太婆，你賣的雞蛋是臭的呀！」女商販聽後雷霆大怒：「什麼？我的雞蛋是臭的？你敢這樣說我的蛋？我看你才臭呢！你，要是你爸爸沒有在大路上被虱子吃掉，你媽媽沒有和法國人相好，你奶奶沒有死在醫院裡，你就該為

你花花綠綠的圍巾買一件合身的襯衫啦！誰不知道，這條圍巾和你的帽子是從哪裡來的。要是沒有軍官，你們這些人才不會像現在這樣打扮呢！要是太太們多管管家務，你們這些人都該蹲牢房了。還是補一補你襪子上的那個破洞去吧！」對於這樣的言語，我們只需引用魯迅的一句話就夠了：「辱罵和恐嚇絕不是戰鬥！」

（二）訴諸情感 ●●●

即用激動眾人感情的辦法來代替對某個論題的論證。

不論述自己的觀點何以成立，而是以譁眾取寵來取勝，叫做「訴諸公眾」。例如：「我所主張的只不過是大多數公眾的觀點，你反對我，就是在與公眾作對。不信你問一問在場的人？」

不去陳述某個觀點成立的理由，而是促使別人同情持有這種觀點的人，以圖僥倖取勝，叫做「訴諸憐憫」。例如：有的犯罪嫌疑人在法庭上痛哭流涕地說道：「我上有年邁的失去自理能力的老母，下有兩個正在上小學的孩子，如果給我判刑，投入監獄，他們該怎麼辦呀！」

訴諸情感的另一種形式是「誘導性定義」，指炮製一個定義，裡面充滿了暗示性、情感性、偏向性的詞彙，試圖由此說服別人接受某種觀點。例如：美國夏威夷州立法院就一個取消該州墮胎法的議案舉行聽證會，議員們發生激烈辯論，有一名不具姓名的工作人員替立法議員起草了一份「就墮胎問題與選民答話」，請他們傳閱，內容如下：

> 各位：你們問我對墮胎有什麼看法？這裡我清清楚楚地回答你們。
>
> 如果「墮胎」是指謀殺毫無自衛能力的，剝奪我們最年幼的公民的權利，鼓勵我們無知的青少年濫交，反對自由生存和幸福的話，那麼我向各位保證，我永遠反對墮胎。願上帝幫助我們。
>
> 但是，如果「墮胎」指的是給予我們的公民平等的權利而不論他們的膚色、性別和種族，取消殘害無助婦女的壞制度，使青年都有機會得到愛護，以及給予公民天賦權利去以良知行事，那麼，身為一個愛國的和有人道精神的人，我向各位保證，我永遠都替你們爭取這些基本的權利，絕不放棄。

多謝你們問我對這個問題有什麼看法。讓我再次保證，我一定堅持自己的立場。[3]

美國邏輯學家柯匹在《邏輯導論》一書中指出：

> 訴諸情感論證是某些宣傳家和蠱惑人心的政客的手段。它之所以是謬誤，是因為它用表達性語言和其他手段以博取情感，激起興奮、憤怒或憎恨，而不是致力於提出證據和理性論證。阿道夫希特勒的講演，激發德國聽眾達到一種狂熱愛國狀態，可以作為一種經典範例。愛國是一種可敬的高尚情感，透過不適宜地訴諸它來操控聽眾，在智力上是低劣的——薩繆爾約翰森挖苦地說：「愛國主義是惡棍的最後避難所。」
> 最為嚴重的訴諸情感可以在商業廣告中找到，那裡的運用幾乎達到出神入化的境地。廣告的產品都明顯地或偷偷地與我們渴望的或惹人好感的事物相連結。早餐的麥片粥與健美年輕、體魄健壯和精力充沛相連結；威士忌與豪華和成就相連結；啤酒與高度冒險相連結；汽車與浪漫、富有和性感相連結。廣告產品描繪出的男人一般都是英俊而傑出，女人精明而迷人——或者幾乎一絲不掛。我們這個時代廣告藝術家聰明和持之以恆足以使我們全部都在某種程度上受了影響，儘管我們決心抵制。幾乎各種想像不到的手段都可以用來支配我們的注意力，甚至滲透到我們的潛意識之中。我們不斷地被各種訴諸情感謬誤所操縱。[4]

（三）訴諸權威 ● ● ●

嚴格地說，是「訴諸不適當的權威」。例如：在相對論問題上聽一聽愛因斯坦怎麼說當然是必要的，並且是有說服力的。但是，由於權威並非時時、處處、事事都是權威，如果在關於經濟危機的處置上也引用愛因斯坦的意見來論證某種

---

[3] 參見歐文・M. 柯匹、卡爾・柯恩：《邏輯學導論》（第 11 版），張建軍等譯，中國人民大學出版社，2007 年，第 129-130 頁。

[4] 同上書，第 169 頁。

觀點，如「愛因斯坦都這麼說，你竟敢不同意？」就犯了訴諸權威的錯誤。這種錯誤在廣告中十分常見，一些文藝、體育明星常常被拉來為商品做廣告，例如：賣某個牌子的汽車、飲料、護膚品、禮品等等。難道這些明星在這些事情上也是行家！

這裡有一個最明顯的訴諸權威的例子：在歐洲中世紀，亞里斯多德及其學說享有崇高的地位。一位經院哲學家不相信人的神經在大腦裡會合的結論，一位解剖學家請他去參觀人體解剖，他親眼看到了這一事實，解剖學家問他：「你這回應該相信了吧？」他卻這樣答道：「你這樣清楚明白地使我看到了這一切，假如亞里斯多德的著作裡沒有說人的神經在心臟中會合的話，那我一定會承認這是真理了。」

在援引名人、權威的說法作為論據時，應該認真思考一下：儘管他們在有些領域是權威，但就你正在討論的問題而言，他們是不是真正的權威？假如引用姚明的說法去證明某個經濟學命題，就犯了「訴諸不適當權威」的謬誤。

（四）訴諸強力 ●●●

指不正面陳述理由去論證某個觀點成立或不成立，而是透過威脅、恫嚇甚至使用棍棒和武力，去迫使對方接受自己的觀點或放棄他本人的觀點。所謂「秀才遇到兵，有理說不清」，「強權勝於公理」，「打棍子、扣帽子、抓辮子、裝袋子」等都是訴諸強力的謬誤。在一個不正常的社會，或者在一個社會的某個不正常的時期，例如：中國的「文化大革命」時期，容易發生這種現象。例如：「你承認還是不承認自己是小偷？不然你就別想從這裡活著出去！」這就是造成司法案件中許多屈打成招的原因。20 世紀，義大利有一位法西斯哲學家曾這樣說：「我們可以有很多不同的工具來澈底說服對方，講道理是其中一種，大棒子是另外一種。一旦對方真正給說服了，用什麼工具也就無所謂了。」使用強力實際上就等於放棄理性，也就等於承認自己輸了理，以至在理性上無計可施。

（五）訴諸無知 ●●●

指透過人們對某事的無知來證明某種觀點成立還是不成立。有以下表現形式：

　　一是斷言某命題是眞的，因爲該命題沒有被證明是假的。例如：「因爲沒有證據顯示上帝不存在，所以上帝是存在的。不然，你證明上帝不存在給我看看？」「我堅信有鬼存在，不然那些怪事怎麼解釋？並且，誰又有本事證明鬼不存在呢？」

　　二是斷言某命題是假的，因爲該命題沒有被證明是眞的。例如：「UFO 肯定是臆造出來的東西，子虛烏有，我從來沒有聽說哪個大科學家說這些東西存在著，也沒有見一篇正經的科學論文證明過。它們都是一些民間的科學愛好者弄出來的。」這段話肯定沒有論證的邏輯力量，至於 UFO 是不是眞正存在，或者是不是太空人的某種裝置，這是另一回事情，需要有經科學認定的經驗證據和相應的科學理論去證明。「誰說吸菸能夠致癌？誰已經證明這一點了？現在誰也沒有弄清楚癌症的致病機理，也沒有治療癌症的有效方法，卻把吸菸與癌症連在一起，想出各種辦法打擊我們這些菸友，眞是豈有此理！」

　　訴諸恐懼也是訴諸無知的一種表現形式，例如爲了反對某項計畫、方案，用一些想像的、未經證實的副效應和有害效果來恐嚇公眾，從而獲得支持。例如：「假如我們不先發制人打擊某些無賴，他們就會用核武器來毀滅這個地球和整個人類！」

　　應該指出的是，在邏輯上訴諸無知是一種無效的論證形式，但是在美國法律中卻有一條「無罪推定原則」，即在證明某個人有罪之前，假定所有被告都是無罪的，控方說他有罪，必須拿出證據來，「誰檢控誰舉證」，並且這些證據需經法庭認定、接受。如果不能有力地證明某人有罪，法庭就必須宣判某人無罪。之所以有這一原則，是因爲法律認爲：傷害無辜是比讓罪犯逃逸危害更大的事情。所以，美國最高法院曾這樣重申這一準則：「要減少因爲事實方面的錯誤而錯判的情況，『有力地證明有罪』的準則是必須依從的。因爲這一準則有力地支持了『無罪推定』這個基本而不可違反的準則，而後者正是刑法得以執行的基礎。」

（六）訴諸起源 ●●●

　　指透過說某個理論、觀點、事物的來源好或不好，來論證該理論、觀點成立或不成立，該事物好或者不好。

　　例如：某人說：「我知道這種藥是由一種劇毒的植物提煉而成的，儘管醫生

建議我服用它，但我決不服用，因為我害怕被毒死。」「人只不過是由原子構成的；而原子沒有自由意志，所以，人也沒有自由意志。」「她出生於那樣一個家庭，我們怎麼能夠指望她有好的品德、優雅的舉止和高貴的氣質呢？」「麻將是中國文化的產物，而中國文化都有正面價值，所以我們要推廣打麻將運動。牛仔褲是洋鬼子的東西，有什麼好穿的，太崇洋媚外了，所以應該發起不穿牛仔褲運動。因此，我們要打麻將，不穿牛仔褲，做一個具有中國文化氣質的、堂堂正正的中國人。」這些議論都犯了「訴諸起源」的謬誤。

（七）竊取論題 ●●●

　　指用論題本身或近似論題的命題做論據去論證論題。有以下兩種形式：

　　一是重複論題，即用另一種與論題在表述方式有差異，但實質內容沒有差異的命題做論據。例如：「吸鴉片會令人昏睡，因為鴉片中含有令人昏睡的成分。」「所有基督徒都是品行端正的，因為所謂基督徒就是品行端正的人。」「整體而言，讓每個人擁有絕對的言論自由肯定對國家有利，因為若社群裡每個人都享有完全不受限制的表達自己思想感情的自由，對這個社群是非常有利的。」

　　二是循環論證：論證者要證明 A，這要用到 B，證明 B 要用到 C，證明 C 要用到 D，而證明 D 要用到 E，證明 E 又要用到 A。在兜了一個或大或小的圈子之後，又回到最初的出發點。例如：魯迅在〈論辯的魂靈〉一文中，就揭露了頑固派的這種詭辯手法：「你說謊，賣國賊是說謊的，所以你是賣國賊。我罵賣國賊，所以我是愛國者。愛國者的話是最有價值的，所以我的話是不錯的。我的話既然不錯，你就是賣國賊無疑了。」這裡，頑固派所進行的是一個典型的循環論證。

　　有邏輯學家正確地指出：「應該記住這一點，一個很長的討論是謬誤的最有效的面紗。當詭辯以濃縮的形式呈現於我們面前時，像毒藥一樣，它立刻會被防備和厭惡。一個謬誤若用幾句話赤裸裸地加以陳述時，它不會欺騙一個小孩；如果以四開本的書卷『稀釋』時，則可能會蒙騙半個世界。」[5]

---

[5] Richard Whately, *Elements of Logic*, vol. 3, section 5, Longmans, 1948。轉引自武宏志、馬永俠：《謬誤研究》，陝西人民出版社，1996 年，第 197 頁。

（八）稻草人謬誤 ●●●

這是指：在論辯過程中，透過歪曲對方來反駁對方，或者透過把某種極端荒謬的觀點強加給對方來醜化對方的詭辯手法，就像樹起一個稻草人做靶子，並自欺欺人地以爲：打倒了這個稻草人，也就打倒了對方。歪曲對方觀點的重要手法有誇張、概括、限制、引申、簡化、省略、虛構等等。在以前的各種政治運動，特別是「文化大革命」中，此類手法被運用到登峰造極的程度。

例如：孟軻曾說：「楊氏爲我，是無君也。墨氏兼愛，是無父也。無父無君，是禽獸也。」（《孟子‧滕文公下》）楊朱「爲我」論點的含義是重視個人生命的保存，反對別人對自己的侵奪，也不侵奪別人，孟軻卻把它說成是目無君主。墨翟「兼愛」論點的含義是普遍平等地愛人，不受等級貴賤與血緣親屬的局限，孟軻卻把它說成是目無父親，而無父無君又被等同於禽獸。這是一個古老而又影響深遠的稻草人謬誤。[6]

稻草人謬誤的另一種表現形式是避強就弱、避重就輕、避實就虛，即論敵本來爲自己的觀點提出了很多論據，在反駁時，卻避開對方所提出的那些強有力的、重要的、實實在在的論據，而專挑那些比較弱的、不太重要的、虛的論據展開反擊。這也等於歪曲了對方，故意把對方弱化爲稻草人。不過，無論在邏輯上還是在人們的心理上，稻草人謬誤都是不管用的。因爲批判的態度應該是科學的態度：在批判對方時，在與對方論戰時，每個人都有義務忠實地轉達對方的觀點，並在此基礎上展開論戰，這是邏輯的要求，也是道德的要求！

（九）賭徒謬誤 ●●●

在輪盤遊戲中，除非經過特殊設計，紅黑兩色的出現機率應該是大致相等的，即通常所說的「五五波」。賭徒據此認爲，如果以前紅色出現過多，下次更可能出現黑色；如果他以前老是輸，他的下一把就可能贏，因此他繼續賭下去，直到輸光爲止。這裡就出現了所謂的「賭徒謬誤」：紅黑兩色的出現機率大體均等，這是大數定律，需要成千上萬次實驗；而紅黑兩色在某次投擲中的出現卻是

6　參見中國人民大學哲學系邏輯教研室編：《邏輯學》，中國人民大學出版社，2002年，第270頁。

一個獨立事件，與先前的事件沒有任何關聯，絲毫不受先前事件的影響，每種顏色的出現機會都是 50%，也就是下一次輸贏的機會還是各占一半。

賭徒謬誤在日常生活中有很多的表現。例如：某對農村夫婦生了四個女兒，他們特別想要一個兒子，於是給第四個女兒起名為「招弟」。他們盤算，既然男孩和女孩的數量是大體均等的，我們已經生了四個女兒，以後再生一個肯定是兒子，於是一共生了九個女兒。賭徒謬誤把他們弄得筋疲力盡，一貧如洗。再如，在初期，當某檔股票的價格長期上揚，投資者可能認為股價的走勢會持續，「買漲不買跌」；可一旦股價一直高位上揚，投資者又擔心上漲空間越來越小，價格走勢會「反轉」，所以賣出的傾向增強。這是股票交易中的「賭徒謬誤」，其根本原因在於：人們傾向於認為，如果一件事總是連續出現一種結果，則很可能會出現不同的結果來將其「平均」一下，正是這種思維使投資者更加相信股價反轉出現的可能性。但這是不一定的：股市既可能在相當長的一段時間內一直處於「牛市」，也可能在相當長的一段時間內一直處於「熊市」。

（十）滑坡謬誤 ●●●

本來指這樣一種情形：當你站在一個光滑的斜坡上，一步不慎，就可能引起連鎖反應，直至滑到坡底；轉指這樣一種論證方式：A 引起 B，B 引起 C，C 引起 D，D 引起 E，E 引起 F，所以，A 引起 F。這裡有兩點要注意：F 常常是一種危險的狀況，或者是某種無法接受的觀點；而每一次的「引起」都沒有得到嚴格的證明，小的失誤遭遇大的放大，實際的情形是 A 不一定導致 F。這就陷入了「滑坡的謬誤」。

例如：年輕一代競爭激烈，「可憐天下父母心」，有些做父母的生怕自己的孩子在今後激烈的競爭中失敗，在孩子還沒有出生之時就開始準備，並且在孩子尚在母腹中就進行胎教，在嬰幼兒時期開始早期教育，在兒童時期上各種才藝班和輔導班，如此等等。這樣的父母就陷入了「滑坡謬誤」：如果我的孩子不在嬰幼兒期怎麼樣，那麼就會怎麼樣；如果他上小學時成績不好，就上不了好的中學；上不了好中學，就可能考不上大學，或者上不了好大學；如果……，就……；如果……，就……總之，如果我們不從胎兒就關注寶寶的教育，我們的孩子今後就會在競爭中失敗，成為生活的棄兒。實際上，這每一步「如果……，

就……」都可以受到質疑：人的稟賦各有不同，成功的定義各有不同，成功的道路各有不同，父母完全沒有必要這樣自己嚇自己，再說也不可能為孩子包辦一切，如果某件事情必定發生，就讓它發生好了。「兒孫自有兒孫福」，用不著父母老為他們擔驚受怕。

我們列舉、分析謬誤的目的，是為了弄清楚謬誤的產生原因、機制，以便在我們的思維中避免謬誤，反駁詭辯。這需要讀者自己對具體謬誤作具體分析，尋求破解該種謬誤之道。

Chapter 15

一隻咬著自己尾巴
亂轉的貓

——悖論：思維的魔方

在當今社會，「悖論」似乎已經成為某種形式的思維魔方，老少咸宜，激發理智的興趣，構成智力的挑戰，養成思考的習慣，鍛煉思維的智慧，孕育出新的理論。但是，究竟什麼是悖論？如何定義悖論？悖論能否分類？如何分類？產生悖論的原因是什麼？悖論究竟是一種邏輯矛盾，還是所謂的辯證矛盾或者其他？對於悖論應該採取什麼樣的態度，是拒斥、消解、容忍還是乾脆承認？已有的各種悖論解決方案的優劣得失如何？能否提出某種新的悖論解決方案？據我所知，很多讀者對這些問題感興趣，有些人還親自投身於對它們的研究中。在這一講中，我將對這些問題作一些初步梳理，並給出一些嘗試性的回答。

一、什麼是悖論？

「悖論」是兩個英語詞 paradox 和 antinomy、特別是前者的中譯，從字面上說，悖論是指荒謬的理論，或自相矛盾的命題。最早的悖論可追溯到公元前 6 世紀古希臘克里特島人埃匹門尼德（Epimenides），他提出了著名的說謊者悖論：「所有的克里特島人都說謊。」這被載入《新約聖經》的《提多書》中，因而在西方世俗社會和學術界都很有影響。此後對悖論的研究一直綿延不絕，並經歷了至少兩個高峰期，一是歐洲中世紀經院邏輯對悖論的研究，一是從 19 世紀末一直延續到今天的悖論研究。

在中國先秦時期，莊子提出過「弔詭」一說，仍被學界一些人用作「悖論」的代名詞：

> 夢飲酒者，旦而哭泣；夢哭泣者，旦而田獵。方其夢也，不知其夢也。夢之中又占其夢焉，覺而後知其夢也。且有大覺而後知此其大夢也，而愚者自以為覺，竊竊然知之。「君乎！牧乎！」固哉！丘也與女皆夢也，予謂女夢亦夢也。是其言也，其名為弔詭。萬世之後而一遇大聖知其解者，是旦暮遇之也。（《莊子·齊物論》）

上面這段話是隱士長梧子對瞿鵲子所說的，意思是說：人生無常。有一夜，夢飲酒，好快活，哪知早晨醒來大禍臨門，一場痛哭。又有一夜，夢傷心事，痛哭一場，哪知早晨醒來出門打獵，快活極了。做夢時不知是在做夢。夢中又做了一個

夢，還研究那個夢中夢是凶還是吉。後來夢中夢醒了，才曉得那只是夢啊。後來
的後來，澈底清醒了，才曉得從前的種種經歷原來是一場大夢啊。蠢人醒了，自
認爲眞醒了，得意揚揚，說長道短，談起君貴民賤那一套，眞是不可救藥的老頑
固嘍。你老師孔丘，還有你本人，都是在做夢，只是自己不曉得。我說你們在做
夢，其實我也是在夢中說夢話。這樣的說法，就是所謂的「弔詭」（即後世所謂
的「悖論」）。我也不能把它們解釋清楚。也許到遙遠的將來，碰巧會遇到一位
有大智慧的人，他能夠把它們解釋得一清二楚。

　　先秦墨家也用到過「悖」這一概念，相當於某種自相矛盾的說法。例如：《墨
經》中說，「以言爲盡悖，悖，說在其言。」（〈經下〉）「之人之言可，是不
悖，則是有可也；之人之言不可，以當，必不當。」（〈經說下〉）

　　在長達幾千年的研究過程中，「悖論」或「弔詭」已成爲一個龐大的家族，
冠以「悖論」之名的各種語句或推論差異極大。我們有必要先釐清「悖論」的精
確含義，在此基礎上展開對悖論的討論。在目前的用法中，「悖論」一詞至少有
以下 4 種含義：

（一）違反常識，有悖直觀，似非而是的眞命題 ●●●

　　例如：在數學史上曾喧囂一時的所謂「無窮小悖論」就是如此：微積分中
的無窮小似零（作爲加項可以略去），但又非零（可以作爲分母），（表面上）
自相矛盾。於是，當時的英國大主教、著名哲學家貝克萊說它像一個飄動不居的
鬼魂。所謂的「伽利略悖論」也與此類似：對於任一平方數，有且只有一個自然
數與之對應，即作爲整體一部分的平方數竟與作爲整體的自然數一樣多。這與當
時已知的數學知識相悖，因爲當時還不能從數學上很好地理解和刻畫「無窮」這
個概念。在邏輯中，有爲數眾多的所謂「蘊涵悖論」，例如著名的「實質蘊涵悖
論」：眞命題被任一命題所蘊涵；假命題蘊涵任一命題，以及道義邏輯中的各種
「道義悖論」。這些「悖論」都是相應之邏輯系統中的定理，並且這些系統都是
可靠的，內部並沒有任何矛盾。這些定理之「悖」在於它們有「悖」於關於相應
概念的常識、直觀、經驗等等，最多只能被叫做「直觀悖論」或「經驗悖論」，
不屬於本講所討論嚴格意義的「悖論」之列。

（二）與公認的看法或觀點相矛盾的命題或原則，似是而非，但其中潛藏著深刻的思想或哲理 ●●●

　　最典型的是古希臘哲學家芝諾提出的四個「芝諾悖論」，即「二分法」、「阿基里斯追不上龜」、「飛矢不動」、「一倍的時間等於一半」。這裡僅以他的「二分法」爲例：假定某個物體向一個目的地運動，在它達到該目的地之前必須走完這路程的一半，而要走完這路程的一半，又要走完這一半的一半；要走完這一半的一半，則要先走完這一半的一半的一半，如此遞推，以至無窮。因此，第一次運動所要達到的目標是沒有的，但沒有第一次運動的目標就不可能開始運動，因此就沒有運動，運動是不可能的。這裡，芝諾的論證並不是在描述或否認運動的現象和結果，而是要說明運動是如何可能的，我們應該如何在理智中、在思維中、在理論中去刻畫、把握、理解運動！與此類似的是康德關於時間和空間的四個「二律背反」，僅舉一例：正題：「世界在時間上有開端，在空間上有界限」；反題：「世界並無開端，也無空間的界限。就時空而言，它是無限的。」康德以觸目驚心的形式揭示了世界本身就存在的矛盾。再如中國古代的名辨學家，曾提出了諸如「白馬非馬」、「雞三足」、「卵有毛」這樣一些表述形式怪誕的命題，其中有些命題甚至隱含著集合論思想的萌芽。

（三）從一組看似合理的前提出發，透過有效的邏輯推導，得出了一對自相矛盾的命題，它們與當時普遍接受的常識、直觀、理論相衝突，但又不容易弄清楚問題出在哪裡，這時我們稱導出了悖論 ●●●

　　例如：下面要談到的布拉里—弗蒂悖論、康托爾悖論、里查德悖論等等，都屬此列。相反地，如果只是簡單地導出了矛盾，由於邏輯中不允許矛盾，根據否定後件就否定前件的規則，可以推知至少一個前提不成立，這時沒有悖論。例如：中國古代曾有「言盡悖」的說法，《墨經》反駁說：「以言爲盡悖，悖，說在其言。」（〈經下〉）用印度因明的話來說，「言盡悖」這句話「自語相違」，必定不成立。

（四）悖論是指從一組看似合理的前提出發，經過看似正確有效的邏輯推導，得出了一個由互相矛盾之命題構成的等價式：$p \leftrightarrow \neg p$ ●●●

這種悖論最典型的是「強化的說謊者悖論」和「羅素悖論」。前者是指這樣一種情形：一個人說了唯一一句話：「我正在說的這句話是假的。」請問這句話究竟是真的還是假的？如果這句話是真的，則它說的是真實的情形，而它說它本身是假的，因此它是假的；如果這句話是假的，而它說它本身是假的，因此它說了真實的情形，因此它說了一句真話。於是，這句話是真的，當且僅當它是假的。這就是悖論。

一般把上述「悖論」的第一種意義撇開，因為無論怎麼定義，悖論似乎都不應該包括那些似非而是的命題。於是，還剩下三種可能：如果把後面三種意義都包括在內，這是「悖論」的寬定義，有合理性，但不太科學；如果只包括後兩種意義，這是「悖論」的中定義，我個人相當贊同。如果只包括第四種意義，則是「悖論」的狹定義，中國學界一般持這種看法。例如：《中國大百科全書·哲學卷》的「悖論」定義：「指由肯定它真，就推出它假，由肯定它假，就推出它真的一類命題。這類命題也可以表述為：一個命題 A，A 蘊涵非 A，同時非 A 蘊涵 A，A 與自身的否定非 A 等值。」[1]《辭海》的「悖論」定義：「一命題 B，如果承認 B，可推得 $\neg$B；反之，如果承認 $\neg$B，又可推得 B，則稱命題 B 為一悖論。」[2] 中國悖論研究專家張建軍認為：「『公認正確的背景知識』、『嚴密無誤的邏輯推導』、『可以建立矛盾等價式』，是構成嚴格意義邏輯悖論必不可少的三要素。由此我們可以得到如下定義：邏輯悖論指謂這樣一種理論事實或狀況，在某些公認正確的背景知識之下，可以合乎邏輯地建立兩個矛盾語句相互推出的矛盾等價式。」[3]

我基本同意張建軍關於悖論三要素的說明，認為它是深刻的，但有兩個嚴重保留：（一）不太贊同把「悖論」僅限制於「兩個互相矛盾命題的等價式」，因為有不少悖論並不表現為這樣的等價式，例如：布拉里·弗蒂悖論、康托爾悖

---

[1] 《中國大百科全書·哲學》第 1 卷，中國百科全書出版社，1987 年，第 33 頁。

[2] 《辭海》（縮印本），上海辭書出版社，1989 年，第 979 頁。

[3] 張建軍：《邏輯悖論研究引論》，南京大學出版社，2002 年，第 7-8 頁。

論、里查德悖論等等，勉強把它們劃歸於這樣的等價式也不太自然。（二）在我看來，悖論意味著思維在某個地方出了毛病，但張的定義中很少有這方面的意涵，「公認正確的背景知識」、「嚴密無誤的邏輯推導」這些字眼容易對人造成誤導，似乎在導出悖論的過程中一切正確且正常。

蒯因在《悖論的方式》一文中指出：「我們可以一般地說，一個悖論只是這樣一個結論，起初聽起來荒謬但卻有論證去支持它嗎？我最終認為，這種說法是完全站得住腳的。但這還有許多東西沒有說出來。支持一個悖論的論證可能揭示了，一個被葬送掉的前提是荒謬的，或先前被看作是對物理理論或對數學或對思維過程至關重要的某個先入之見是荒謬的。因而，在看似最無辜的悖論中，可能就隱藏著巨大災難。歷史上所發現的悖論，曾不止一次地正是對思想基礎的主要重建。」[4]

哈克在討論悖論解決方案時指出：悖論在於「從表面上無懈可擊的前提，經過表面上無可非議的推理，推出了矛盾的結論」。而一種合理的悖論解決方案不得不完成兩個任務：一是從形式上說明**哪些表面上無懈可擊的推論的前提或原則是不能允許的**，二是從哲學上說明，為什麼這些前提或原則表面上是**無懈可擊的，但實際上是有懈可擊的**。[5]（粗體係作者所標）

以上兩段引文旨在強調悖論意味著我們的思維在某些地方出了毛病，需要對其進行診斷和治療，這是我所贊同的，而在張建軍對悖論的定義性刻畫中這一點不很明顯。因此，我更贊同下面的「悖論」定義：

> 如果某一理論的公理和推理規則看起來是合理的，但在這個理論中卻推出了兩個互相矛盾的命題，或者證明了這樣一個命題，它表現為兩個互相矛盾的命題的等價式。那麼，我們說這個理論包含一個悖論。[6]

或者換一種更鬆散的說法：如果從看起來合理的前提出發，經過看起來有效的邏輯推導，得出了兩個自相矛盾的命題或這樣兩個命題的等價式，則稱得出了悖論。用公式表示：

$$p \rightarrow (q \wedge \neg q) \vee (q \leftrightarrow \neg q)$$

4　涂紀亮、陳波主編：《蒯因著作集》第 5 卷，中國人民大學出版社，2007 年，第 9 頁。

5　S. Haack, *Philosophy of Logics*, Cambridge University Press, 1978, pp. 138-139.

6　A. A. Fraenkel, and Bar-Hillel, *Foundation of Set Theory*, Amsterdam, 1958, p.1.

則 p 是一悖論語句，這個推導過程構成一個悖論。這裡的要點在於：推理的前提看似明顯合理，推理過程看似合乎邏輯，推理的結果則是自相矛盾的命題或這樣之命題的等價式。

　　不過，在撰寫悖論方面的書籍或講授悖論方面課程的時候，從傳授相關知識、講清來龍去脈的角度出發，作者們常常採用「悖論」的寬定義。

二、一些常見的悖論

（一）拉姆塞的悖論分類 ●●●

　　1925 年，英國年輕的數學家和哲學家拉姆塞（F. Ramsey）在一篇題爲〈數學基礎〉的論文中最先把當時已知的悖論分爲邏輯—數學悖論和語義悖論兩大類。他認爲，有一種悖論不涉及內容，只與元素、類或集合、屬於和不屬於、基數和序數等數學概念相關，它們能用符號邏輯體系的語言表述，並且只出現於數學中，這樣的悖論是邏輯—數學悖論。另外一種悖論不是純邏輯和純數學的，而與一些心理的或語義的概念，如意義、命名、指稱、定義、斷定、眞、假等等相關。後一類悖論並不出現於數學中，它們可能不是產生於邏輯和數學中的錯誤，而是源自於心理學或認識論中關於意義、指稱、斷定等概念的含混。[7]拉姆塞的悖論分類很快被普遍接受，只不過後來常把邏輯—數學悖論改稱爲「語形悖論」。後來又出現了一些新的悖論，最近得到了廣泛的討論，但很難把它們歸入以上兩種類型，由於它們與語境和認知主體及其背景知識有關，可將它們統稱爲「認知悖論」或「語用悖論」。中世紀邏輯學家早就討論了認識論悖論，即與知道、相信、懷疑、猶疑這類認識論概念以及眞假這類語義概念相關的悖論；以及與命令、答應、允諾或希望這一類指導行動的話語或態度有關的悖論，如某人頒布了唯一一道命令：「不執行這道命令！」聽話人究竟是執行還是不執行這道命令？

　　於是，我們有下面的悖論分類表：

---

[7]　F. P. Ramsey, *The Foundations of Mathematics and Other Logical Essays*, ed. by R. B. Braithwaite, London and New York, 1931, pp. 1-61.

語形悖論	語義悖論	語用悖論
布拉里－弗蒂悖論	說謊者悖論及其變種	意外考試悖論
康托爾悖論	格雷林悖論（非自謂悖論）	全知者悖論
羅素悖論	里查德悖論	囚徒悖論
理髮師悖論	貝里悖論	紐科姆悖論
等等	等等	等等

（二）一些語形悖論 ●●●●

1.布拉里－弗蒂悖論

　　最早由康托爾（G. Cantor）發現，但未公開發表。布拉里－弗蒂（C. Burali-Forti）於 1897 年重新發現，該悖論與集合論中的良序集有關。可敘述如下：在集合論中有這樣三個定理：(1) 每一良序集必有一序數；(2) 凡由序數組成的集合，按其大小爲序排列時，必爲一良序集；(3) 一切小於或等於序數 α 的序數所組成的良序集，其序數爲 α + 1。根據康托爾集合論的造集規則（概括規則），由所有序數可組成一良序集 Δ，其序數爲 δ，這樣 δ 也應包括在由所有序數組成的良序集 Δ 之中，而根據 (3)，由包括了 δ 在內之所有序數組成的良序集 Δ 的序數應爲 δ + 1，比 δ 要大，故 δ 不會是所有序數之集合的序數，由此得到自相矛盾的結果。

2.康托爾悖論

　　這個悖論由康托爾發現。素樸集合論中有一條康托爾定理：任一集合 M 的基數小於其冪集 P(M)（由 M 的一切子集所組成的集合）的基數。根據概括規則，可由一切集合組成集合 μ，由康托爾定理，μ 的基數小於 μ 的冪集 P(μ) 的基數。但是，P(μ) 又是 μ 的一個子集，證明如下：設 x 爲 μ 的一個子集，即 x∈P(μ)，由此可知 x 是一集合，故 x∈μ，因此 P(μ) ⊆ μ，即 P(μ) 爲 μ 的子集，從而 P(μ) 的基數小於或等於 μ 的基數，矛盾。這就是康托爾悖論。

3.羅素悖論

　　這也是素樸集合論中的一個悖論。根據概括規則，由下述條件可定義一個集合 S：對任一 x 而言，x∈S 當且僅當 x∉x。在這個條件中用 S 替換 x，得到悖論

性結果：S∈S 當且僅當 S∉S。這個悖論只涉及「集合」、「集合的元素」等簡單概念。可用自然語言複述如下：

把所有集合分為兩類：(1) 正常集合，例如：所有臺灣人組成的集合，所有自然數組成的集合，所有英文字母組成的集合。這裡，「臺灣人的集合」不是一個臺灣人，「自然數的集合」不是一個自然數，「英文字母的集合」不是一個英文字母，故這類集合的特點是：集合本身不能作為自己的一個元素。(2) 非正常集合，例如所有集合所組成的集合，所有抽象東西的集合。這裡，「所有集合所組成的集合」也是一個集合，「所有抽象東西的集合」也是一個抽象的東西，故這類集合的特點是：集合本身可以作為自己的一個元素。現假設由所有正常集合組成一個集合 S，那麼 S 本身屬不屬於 S 自身？或者說 S 究竟是一個正常集合還是一個非正常集合？如果 S 屬於自身，則 S 是非正常集合，所以它不應是由所有正常集合組成之集合 S 的一個元素，即 S 不屬於它自身；如果 S 不屬於它自身，則它是一正常集合，所以它是由所有正常集合組成之集合 S 的一個元素。於是，得到悖論性結果：S 屬於 S 當且僅當 S 不屬於 S。

這個悖論由羅素於 1902 年發現。策梅羅也曾獨立地發現了這個悖論，所以它有時候被稱為羅素策梅羅悖論。

4.理髮師悖論

這是羅素悖論的日常語言變形。某村莊有一位理髮師，他規定：替並且只替本村莊中不替自己刮鬍子的人刮鬍子。那麼，他究竟替不替他自己刮鬍子？如果他替自己刮鬍子，則按照他的規定，他不應替自己刮鬍子；如果他不替自己刮鬍子，則按照他的規定，他應該替自己刮鬍子。由此得到悖論性結果：他替自己刮鬍子，當且僅當，他不替自己刮鬍子。但這個悖論的問題是，人們通常會很容易地從它得出結論：根本不可能有這樣一個理髮師，更具體地說，或者這位理髮師不是該村村民；如果這位理髮師是該村村民，則或者他頒布了一條自己無法執行的規定；或者她本身是一位女士，不需要替自己刮鬍子。在其他悖論的情況下，常常不那麼容易地否定某個前提或結論。因此，理髮師悖論常常被叫做「偽悖論」，或者叫做「悖論的擬化形式」。[8]

---

[8] 「悖論的擬化形式」是張建軍引入的一個稱謂，見他的專著《科學的難題──悖論》，浙江科學技術出版社，1990 年，第 13 頁。

（三）一些語義悖論 ●●●

1.說謊者悖論

　　這是最早提出也最典型的語義悖論。西元前 6 世紀，古希臘克里特島人埃匹門尼德說「所有的克里特島人都說謊」，從這句話眞可推出它假，但從這句話假只能推出它可能眞。西元前 4 世紀，歐布里德斯（Eubulides）把它改述爲：一個人說：「我正在說的這句話是假話」。可以確定，這個人說眞話當且僅當這個人說假話。爲了更明確起見，有時也把說謊者悖論表述爲：

> 本框內的這個語句是假的

容易確定，此框內的那句話是眞的當且僅當它是假的，由此得到嚴格意義的悖論。

　　說謊者悖論有許多變形，歐洲中世紀的經院哲學家們對此作了專門而精深的研究。這裡僅舉兩種類型：

　　一種是「明信片悖論」。一張明信片的一面寫有一句話：「本明信片背面的那句話是眞的。」翻過明信片，只見背面的那句話是：「本明信片正面的那句話是假的。」無論從哪句話出發，最後都會得到悖論性結果：該明信片上的某句話爲眞當且僅當該句話爲假。顯然，明信片悖論可以擴展爲轉圈悖論，下一節討論悖論產生原因時將更詳細地剖析此類悖論。

　　另一種可以叫做「經驗悖論」。給出幾個命題，根據常識和經驗，可以確定一些命題的眞假，另一個命題的眞假卻不能憑經驗或常識確定，而要靠它自身確定：如果它是眞的，則會邏輯地推出它是假的；如果它是假的，則會邏輯地推出它是眞的。例如：

(1) 有唯一一個析取命題：「2＋2＝5 或者這個析取命題是假的。」由於此析取命題的一個析取支 2＋2＝5 明顯爲假，於是該析取命題眞不眞就取決於它的另一個析取支「這個析取命題是假的」的眞假，可以邏輯地推知：此析取支爲眞當且僅當此析取支爲假。

(2) 2×2＝4 並且這個合取命題是假的。分析從略，下同。

(3) 僅有三個命題：所有的人都是傻瓜；雪是黑的；這裡的每一個命題都是假的。

(4) 僅有四個命題：人是動物；雪是白的；獨角獸不存在；除這最後一個命題外的其他每一個命題都是眞的。

(5) 僅有三個命題：莎士比亞是英國國王；李白是詩人；這裡的假命題比眞命題多。

　　在此類悖論中，一組命題的眞假取決於其中一個支命題的眞假，後者就像一個砝碼一樣，但這個支命題卻透過迂迴的途徑說自己爲假，從而導致悖論。在這個意義上，我對它們杜撰了另一個名稱：砝碼悖論。

2.里查德悖論

　　這是由法國人里查德（J. Richard）於 1905 年發現的一個悖論。任一語句都是用可能重複的法語或其他語言的字母加上若干其他符號或空位構成的有窮長的符號序列。現在設想：由能用有窮長語句加以定義的一切十進位小數組成一個集合 E，並且令 E 中的元素按字典順序排列爲 $E_1, E_2, E_3 \cdots E_n \cdots$，且令 $E_n = 0.x_{n1}x_{n2}x_{n3} \cdots x_{nn}$，這裡 x_{nn} 表示 E 中第 n 個小數的小數點之後的第 n 位數。另外構造一個無限十進位小數 $N = 0.y_1y_2y_3 \cdots y_n \cdots$，並將 y_n 定義爲：如果 $x_{nn} = 1$，則令 $y_n \neq 1$；若 $x_{nn} \neq 1$，則令 $y_n = 1$，也就是說使每一個 y_n 都不同於 x_{nn}。N 是能用有窮的語句定義的無限十進位小數，而 E 是由所有能用有窮長語句加以定義的無限十進位小數的集合，故 $N \in E$。但是，由 N 的定義知，N 與 E 中的任一十進位小數都有一個有窮差值，故 N 與 E 中的任一個十進位小數都不同，所以 $N \notin E$。由此導致悖論。里查德悖論有很多的變形，其中一個變形據說爲哥德爾證明其著名的不完全性定理時提供了思路。

3.貝里悖論

　　羅素在〈以類型論爲基礎的數理邏輯〉（1908）一文中提到這個悖論，據羅素稱，它是由劍橋大學的圖書館員貝里（G. Berry）於 1906 年發現的。這個悖論原來的表述依賴於英語表達式，爲合乎漢語習慣，改用漢語表述爲「用少於十八個漢字不能命名的最小整數」，這個摹狀詞本身只有 17 個漢字，它卻命名了這個最小整數，矛盾！據認爲，貝里悖論是「里查德悖論的一種深刻和天才之簡化」，它以極其簡單明瞭的形式揭示了日常語言概念所潛藏的矛盾。

4.格雷林悖論

　　這個悖論是由德國人格雷林（K. Grelling）於 1908 年提出並發表的，亦稱「非自謂悖論」。可把所有形容詞分爲兩類：一類是對自身適用的，如

「pentasyllabic」（5 個音節的）、「中文的」、「短的」；一類是對自身不適用的，如「monosyllabic」（單音節的）、「英文的」、「紅色的」。前一類詞稱為「自謂的」，後一類詞稱為「非自謂的」。現在的問題是：「非自謂的」這個詞究竟是自謂的還是非自謂的？邏輯的結論是：它是自謂的當且僅當它是非自謂的。悖論！

（四）一些語用悖論 ●●●

1.美諾悖論

這是柏拉圖在其後期對話〈美諾篇〉中提出的，以蘇格拉底與美諾（Meno）之間對話的形式寫成。美諾是一名富家子弟，著名智者高爾吉亞（Gorgias，約前 480- ）的學生。他在與蘇格拉底的對話中提出一種觀點：研究不可能進行，論證如下：「一個人既不能研究他所知道的東西，也不能研究他不知道的東西。他不能研究他所知道的東西，因為他知道它，無需再研究；他也不能研究他不知道的事情，因為他不知道他要研究的是什麼。」[9] 為明確起見，將該論證整理如下：

(1) 如果你知道你所尋求的東西，研究是不必要的；

(2) 如果你不知道你所尋求的東西，研究是不可能的。

(3) 所以，研究或者是不必要的，或者是不可能的。

這就是所謂的「美諾悖論」。需要思考的問題是：美諾的論證是否有效？為什麼？

2.幕後的人

這是古希臘麥加拉派提出來的，內容如下：

> 你認識那個幕後的人嗎？不認識。那個人是你的父親。所以，你不認識你的父親。

---

9 苗力田主編：《古希臘哲學》，中國人民大學出版社，1989 年，第 250 頁。

3.知道者悖論

這也是古希臘麥加拉派提出來的，內容如下：

厄勒克特拉不知道站在她面前的這個人是她的哥哥，但她知道奧列斯特是她的哥哥。站在她面前的這個人與奧列斯特是同一個人。所以，厄勒克特拉既知道又不知道這同一個人是她的哥哥。

「幕後的人」和「知道者悖論」說明：在由「認識」、「知道」、「相信」、「懷疑」等詞造成的所謂「認知語境」中，經典邏輯中的同一性替換（或等值替換）規則並不一定有效。一個人知道 p，他是否同時知道 q，不僅取決於 q 事實上是否與 p 等值，而且取決於他是否知道 q 與 p 等值。在認知語境中，需要考慮的因素變得複雜了。

4.知道悖論

這是歐洲中世紀邏輯學家提出的，內容如下：

蘇格拉底知道寫在牆上的這個命題對他來說是可疑的。假設這就是寫在牆上的唯一一個命題，蘇格拉底看著這個命題並思考它，實際上也處於懷疑它為真或為假的狀態中，並且完全知道他正處於這種狀態中。這個命題究竟是真的還是假的？其結果是一個悖論：該命題是真的，當且僅當它不是真的。

5.全知者悖論

在現代認知邏輯中，有如下形式的公理、推導規則或定理：

P_1　　$A \vdash KA$

P_2　　$KA \wedge (A \rightarrow B) \rightarrow KB$

P_3　　$KA \wedge K(A \rightarrow B) \rightarrow KB$

P_4　　$(KA \wedge KB) \rightarrow K(A \wedge B)$

P_5　　$KA \rightarrow K(A \vee B)$

P_6　　$\neg(KA \wedge K\neg A)$

　　假如用 A、B 等表示任一公式或命題，用 KA、KB 等表示某認知主體知道 A、知道 B 等，則 P_1 是說：如果 A 是邏輯規律，則某認知主體知道 A；P_2 是說：如果知道 A，並且 A 在邏輯上能夠推出 B，則知道 B；P_3 是 P_2 的弱化：如果知道 A，並且知道從 A 能推出 B，則知道 B；P_4 是說：如果知道 A 並且知道 B，則知道 A 與 B 的合取；P_5 是說：如果知道 A，則知道 A 與 B 的析取；P_6 是說：任一認知主體都不能既知道 A 又知道非 A。這些公式所假定的認知主體在邏輯上是萬能的：他知道一切邏輯規律，並且他知道一切命題的邏輯後承，也就是說，他在邏輯上具有無限的推演能力。這顯然不是現實的認知主體，後者所能獲得的各種資源以及邏輯推演能力都是十分有限的。上述邏輯公式與現實的認知主體的認知能力之間的差異，被叫做「邏輯萬能問題」；或者說，上述公式所假定的認知主體是邏輯全知者，這是不合理的，造成某種悖謬的情形，它們又被叫做「全知者悖論」。

6.意外考試悖論

　　最早由英國學者奧康納（D. O'Connor）於 1948 年提出，下面是它的一個變體：

　　老師對學生說，下週我將對你們進行一次出其不意的考試，它將安排在下週一至週六的某一天，但你們不可能預先推知究竟在哪一天。顯然，這樣的考試可以實施。但學生透過邏輯論證說，週六不可能是考試日，因為如果該考試安排在週六，則週一至週五都未考試，就可推算出在週六，該考試因此不再出其不意。同樣地，週五也不可能是考試日。因為如果該考試安排在週五，則週一至週四都未考試，就可推算出在週五或週六；已知考試不可能在週六，因此只能在週五，該考試也不再出其不意。類似地，可證明其餘四天都不可能是考試日。於是，這樣的考試不可能存在。我們最後得到了一個悖論：這樣的考試既可以實施，又不可能進行。但老師確實在該週實施了這一考試，也確實大出學生意料之外。

7.囚徒悖論

　　有兩個嫌疑犯 A 和 B 被警方捕獲，這兩個人確實作案了，但警方實際上沒有掌握他們作案的確切證據。警方把他們倆分開關押，分別審訊。A 和 B 各自都有兩種策略可供選擇：坦白或者抵賴，其選擇會影響到自己乃至對方最終將受何種處罰，具體如下：

(1) 如果兩個人都抵賴，因證據不足，兩個都只被判 1 年徒刑。

(2) 如果兩個人都坦白，因證據確鑿，兩個人都被判 7 年徒刑。

(3) 如果一個坦白，一個抵賴，那麼，根據「坦白從寬，抗拒從嚴」的政策，坦白的人將無罪釋放，而抵賴的人會被重判 10 年徒刑。

兩個人的策略選擇對於判決結果的影響可以圖示如下：

甲＼乙	坦白	抵賴
坦白	7，7	0，10
抵賴	10，0	1，1

假如你是這兩個囚徒之一，你會作怎樣的選擇？

顯然，對方的選擇對於最終結果有直接影響，我們必須針對對方的行動來決定自己的對策。如果對方選擇坦白，那麼自己坦白只判 7 年，如果抵賴則會被重判 10 年，所以，選擇坦白划算；如果對方選擇抵賴，那麼，自己坦白會被無罪釋放，抵賴反而要判 1 年，仍然是選擇坦白划算。所以，無論對方如何選擇，只要選擇坦白，對於自己而言都是最優策略。

結論似乎出來了：甲和乙都應該選擇坦白。但仔細一想，又顯然不妥。因為假如甲、乙都選擇坦白，對應的結果是第一種，兩人都被判 7 年徒刑；假如兩人都選擇抵賴，對應的結果就變成各判 1 年徒刑，相比之下顯然更優。這就是說，兩個最優策略的疊加，卻並不是最優策略，這個結果是悖論性的。問題出在哪裡呢？

8.紐科姆悖論

1960 年，由美國物理學家威廉‧紐科姆（William Newcomb）所設計，涉及全知者和預測的可能性；1969 年，美國哲學家諾齊克（Robert Nozick）在〈紐科姆難題和兩個選擇原則〉中轉述並正式發表，並試圖用博弈論的方法來分析它，由此引起了廣泛的討論。下面是《科學美國人》用幻燈片形式給出的一個版本：

M：一天，一個由外太空來的超級生物歐米加在地球著陸。

　　M：歐米加做出一個設備來研究人的大腦。他可以十分準確地預言每一個
人在二者擇一時會選擇哪一個。

　　M：歐米加用兩個大箱子檢驗了很多人。箱子 A 是透明的，總是裝著
1000 美元。箱子 B 不透明，它要麼裝著 100 萬美元，要麼空著。

　　M：歐米加告訴每一個受試者。

　　歐米加：你有兩種選擇，一種是你拿走兩個箱子，可以獲得其中的東西。
可是，當我預計你這樣做時，我就讓箱子 B 空著。你就只能得到 1000
美元。

　　歐米加：另一種選擇是只拿一個箱子 B。如果我預計你這樣做時，我就放
進箱子 B 中 100 萬美元。你能得到全部款項。

　　M：這個男人決定只拿箱子 B。他的理由是——

　　男：我已看見歐米加嘗試了幾百次，每次他都預計對了。凡是拿兩個
箱子的人，只能得到 1 千美元。所以我只拿箱子 B，就可變成一個百萬
富翁。

　　M：這個女孩決定要拿兩個箱子，她的理由是——

　　女：歐米加已經做完了他的預言，並已離開。箱子不會再變了。如果是
空的，它還是空的。如果它是有錢的，它還是有錢。所以我要拿兩個箱
子，就可以得到裡面所有的錢。

　　M：你認為誰的決定最好？兩種看法不可能都對。哪一種錯了？它為何錯
了？這是一個新的悖論，而專家們還不知道如何解決它。[10]

　　這個悖論直接涉及的是博弈論中「占優原則」和「期望效益原則」之間的衝
突，更深層涉及的是有關決定論和自由意志的問題。

三、悖論產生的原因

　　一般認為，悖論（特別是嚴格的邏輯悖論）的產生與三個因素有關，即自我

---

[10]《科學美國人》編輯部：《從驚訝到思考》，李思一、白葆林譯，科學技術文獻出版
　　社，1984 年，第 29-31 頁。

指稱、否定性概念，以及整體和無限。儘管不能說這三個因素一定導致悖論，但悖論中一般含有這三個因素。

（一）悖論與自我指稱 ●●●

　　一般的共識是：悖論總與自我指稱或自我相關有關聯。所謂自我指稱，簡稱「自指」，是指一個整體的元素、分子或部分直接或間接地又指稱這個整體本身，或者要透過這個整體來定義或說明。這裡所說的整體可以是一個語句、集合或類。羅素在〈以類型論爲基礎的數理邏輯〉（1908）一文中最明確地指出了這一點：所有的矛盾（即悖論）「都有一個共同的特點，我們可以將此種特點描述爲自我指稱或自返性。在每一矛盾裡，都是對一類情形的所有事例說話，而從所說的話中又產生了新的情況。當所有的事例與所說的話有關聯時，這新的情況既屬於又不屬於這類事例」。「因此，所有的矛盾都共同有這樣一個關於整體的假定：如果它合理，它立即就由它自身所定義的新元素而擴大。」[11]

　　自我指稱分兩種情況：一是直接循環，作爲整體的元素、分子和部分反過來直接指稱這個整體，或直接需要用這個整體來定義。最典型的是說謊者悖論和羅素悖論。例如：下述說謊者悖論語句

本框內的這個語句是假的

之「悖」就在於：「本框內的這個語句」作爲「本框內的這個語句是假的」的主語，卻指稱這整個語句本身。羅素悖論的情況與此類似：把所有集合分爲兩類，即以自身爲元素的集合，和不以自身爲元素的集合。把所有不以自身爲元素的集合收集起來，構成一新的集合——「不以自身爲元素的所有集合的集合」。這時再問「這個新集合是不是自己的元素」，從而構成了如下的直接循環[12]：

[11] 羅素：《邏輯與知識》，苑利均譯，商務印書館，1996 年，第 74-76 頁。

[12] 參見夏基松、鄭毓信：《西方數學哲學》，人民出版社，1986 年，第 151 頁。

　　另一種是間接循環，即表面上沒有循環，但在兜了一個或大或小的圈子之後又回到原處，最後依然是自我指稱。圈子兜得最小的是「明信片悖論」及其變體：

　　蘇格拉底說了唯一一句話：柏拉圖說假話；

　　柏拉圖說了唯一一句話：蘇格拉底說真話。

　　問：蘇格拉底（或柏拉圖）究竟說真話還是說假話？

要確定蘇格拉底是否說真話，要看柏拉圖的話真不真；而要確定柏拉圖的話之真假，又要回到蘇格拉底自己的話，這等於蘇格拉底自己說自己說假話，歸根結底仍是自我指稱或自我相關。

　　把明信片悖論展開，讓圈子兜得更大，這就是我所謂的「轉圈悖論」。一般地說，若依次給出有窮多個句子，其中每一個都說到下一個句子的真假，並且最後一個句子斷定第一個句子的真假。如果其中出現奇數個假，則所有這些句子構成一個悖論，並且此一情況構成「惡性循環」。圖示如下：

S_0：S_1 是假的
S_1：S_2 是假的
S_2：S_3 是假的
S_3：S_4 是假的
⋮
S_{n-1}：S_n 是假的
S_n：S_0 是真的

若假的出現次數是奇數，則為惡性循環，導致悖論。

間接循環的另一類型是我所謂的「砝碼悖論」，也就是我前面說到過的「經驗悖論」，那裡給出了好幾種形式，最典型的一種是：共有 m＋n＋1 個命題，其中有 m 個真命題，n 個假命題，並且 m＝n，最後一個命題則是：這裡假命題比真命題多。這又等於最後一個命題自己說自己假，仍是自我指稱。

　　這裡有兩個問題要考慮：

1. 是否所有的悖論都是自我指稱或自我相關的？能否找到或構造出不自我指稱的悖論？據我看來，對前一問題的答案是肯定的，對後一問題的答案則是否定的，因為經仔細分析就會發現：現有的所有悖論都是自我指稱的，只不過有直接自我指稱和間接自我指稱的區別罷了。至少我本人尚未發現反例。

2. 自我指稱是否必然造成悖論？對這個問題的答案也是明顯否定的。相應於說謊

者悖論、里查德悖論、明信片悖論、轉圈悖論和砝碼悖論，我們都可以構造其「說眞話者」變形。例如：說謊者悖論的說眞話變形是：

> 本框內的這句話是眞的

如果這句話眞，則這句話眞；如果這句話假，則這句話假，並沒有任何悖論。里查德悖論的說眞話變形是：「『自謂的』是自謂的嗎？」這不會造成任何悖論。一連串句子都說到下一個句子的眞假，而最後一個句子卻說到第一個句子的眞假。如果其中出現偶數個假（包括不出現假），則不構成任何悖論，故此一情況爲「良性循環」。亦可圖示如下：

$$
\left.\begin{array}{l}
S_0：S_1 \text{是假的} \\
S_1：S_2 \text{是假的} \\
S_2：S_3 \text{是假的} \\
S_3：S_4 \text{是假的} \\
\vdots \\
S_{n-1}：S_n \text{是假的} \\
S_n：S_0 \text{是真的}
\end{array}\right\} \text{若假的出現次數爲偶數，則爲良性循環，不導致悖論。}
$$

在我們的日常話語中，有許多這樣的良性自我指稱，例如：

本語句是用中文書寫的。

一本書的末尾有一個句子：本書中的所有句子都是眞的。

約翰是所有英國人中個子最高的英國人。

它們並不造成悖論。但是，一般認爲，即使是良性循環也是一種病態。與此類似的另一種病態是「無窮倒退」：有無窮多個（良序的）句子，它們每一個都斷定下一個句子的眞假。這些句子都可以是眞句子。

（二）悖論與否定性概念 ●●●

悖論看來總是與否定性概念直接連結的，例如：

不以自身爲元素的集合的集合是不是自身的一個元素？

非自謂的謂詞是不是自謂的？

說自身爲假的語句爲眞抑或爲假？

不能用⋯⋯定義的自然數能否用⋯⋯定義？

如此等等。但是，顯然並非任何否定概念都可以構成悖論，它必須與自我指稱的語詞或者命題連結在一起，構成自我相關的否定，或者更明確地說，構成自我否定，如：

　　本語句是假的。

才會導致悖論。

　　因此，悖論的成因在於由概念或命題的「自我指稱」加上「否定」構成的「自我否定」。若沒有這樣的「自我否定」，就無法構成悖論。具體地說，如果沒有自我否定，儘管有自指現象，如直接自指「本語句是真的」，和間接自指「蘇格拉底說了唯一一句話：柏拉圖說真話；柏拉圖說了唯一一句話：蘇格拉底說真話」。或者，儘管有否定，但不存在自指，如「他正在說的那句話是假的」，「不屬於空集的所有元素構成的集合」等等，都不構成悖論。並且，例如「不屬於空集的所有元素構成的集合」是確實存在的，這個集合就是全集。

　　從張建軍的《邏輯悖論研究引論》得知，英國學者吉奇（P. T. Geach）構造了一個「悖論」，在前提和推導過程中均沒有使用「假」或「否定」。語句（*）是下面這個語句的縮寫：

　　如果（*）是真的，則 q。

用公式表示它，即（*）→ q。從（*）出發，可以純句法地推出任意語句 q，推導過程如下：

1.（*）:（*）→ q　　　　（*）本身
2.（*）→（*）　　　　　同一律
3.（*）→（（*）→ q）　由 (2) 定義置換
4.（*）→ q　　　　　　 由 (3) 據吸收律
5.（*）　　　　　　　　 由 (4) 定義置換
6. q　　　　　　　　　　(4)(5) 分離

　　張建軍指出，「吉奇悖論的魔力並不大於原型說謊者，它只不過是說明把語義悖論歸結於『否定性自指』不正確罷了。」[13] 我並不同意對「吉奇悖論」的這種解讀，甚至傾向於不把（*）看作一個「悖論性語句」，因為從它只是推出

──────────

[13] 張建軍：《邏輯悖論研究引論》，南京大學出版社，2002 年，第 119 頁。

了一個任意的命題 q，而不是一個矛盾語句或矛盾等價式。當然，既然 q 是任意的，它就可以是一個矛盾語句或矛盾等價式。但問題是，經典邏輯中有一條定理：從邏輯矛盾可以推出任一命題 q，那麼按同樣的道理，是不是任何邏輯矛盾都是悖論呢？顯然不能這麼認為，因為如此一來，在邏輯矛盾與悖論之間就沒有任何區別了。順帶指出，任一命題 q 之所以能夠從（＊）：（＊）→ q 推出，就在於（＊）既表示條件命題（＊）→ q，同時又表示該命題的前件，就像一個名字既指稱一個人，又指稱這個人的一個腳指頭，於是，我們可以隨便地把適於那個人的描述安到那個腳指頭上，也可以把適於那個腳指頭的描述安到那個人身上，所得出的結論之驚世駭俗，就絲毫不讓人詫異了。這表明，「（＊）：（＊）→ q」這個命題是有嚴重缺陷的。

上面說明，悖論的產生與自指加否定有關，但問題在於：自指加否定是否必然導致悖論？看來未必，例如：

本語句不是中文語句；

本人不是所有臺灣人中最聰明的臺灣人。

都不構成悖論。

於是有人說，形成悖論的不是一般的否定概念，而是被片面誇大到絕對的否定概念。悖論總是與絕對否定概念相關聯的。問題在於什麼是「絕對否定概念」？他們舉例說，像「最大」、「最小」這樣的概念並不是絕對否定概念，因此像「小李是本班個子最高的人」並不構成悖論；但如果說「小李是比他所在班上所有人都高的人」，情況就不同了，由於「比他所在的班上所有人都高的人」是一個絕對否定概念，因此上述命題就可能導致悖論。[14]

由此看來，所謂絕對否定，實際上涉及「整體」和「無限」的問題。

（三）悖論與整體、無限

羅素認為，悖論產生的原因在於惡性循環，於是他提出了著名的（禁止）「惡性循環原則」：「『凡涉及一個集合的全部元素者，它一定不是這一集合的一個元素』；或者相反，『如果假定某一集合有一個整體，且這個整體有由這個

---

[14] 參見夏基松、鄭毓信：《西方數學哲學》，人民出版社，1986 年，第 186 頁。

整體唯一可定義的元素，那麼所說的集合就沒有整體』。」[15] 羅素說，像「所有命題」這樣的說法，在它成為一個合法的整體之前，必須以某種方式加以限制，並且任何使它合法的限制，必須使關於整體的任何陳述不屬於這個整體的範圍之內。

我認為，與悖論相關的整體有兩類：

一類涉及有窮，最典型的是如下的「砝碼悖論」：「共有五個命題，其中有兩個真命題，兩個假命題，第五個命題說：『假命題比真命題多』。」再如：「我說過的所有的話，包括本句話在內，都是假的。」不管此人多麼長壽，也不管他一生中說過多少話，由於生也有涯，遣「有涯之生」說「無涯之事」，即使不停地說，「說」還是「有涯」，即他所說過的話語在數量上是有窮的。前面說到過的直接自指造成的悖論，以及間接自指造成的悖論如「轉圈悖論」、「砝碼悖論」等，大多涉及有窮的整體。若間接自指涉及無窮，一般不會形成「圈」，而只是「無窮倒退」，但無窮倒退儘管在邏輯上有嚴重缺陷，卻並不導致悖論。

另一類涉及無窮，各種各樣的「大全集」都是如此：「所有不以自身為元素的集合之集」、「所有序數的集合」、「所有基數的集合」等等。對無窮有兩種看法：潛無窮和實無窮。潛無窮把無窮性對象看成一個永無止境的過程，強調其過程性；實無窮則是把無窮性對象看成是完成了的整體，強調其完成性。我認為，即使不是全部也至少是大多數邏輯—數學悖論源自於對潛無窮對象做實無窮的把握。例如：根據素樸集合論的造集規則，「所有不以自身為元素的集合的集合」就是一潛無窮對象，但當我們問這個新集合是不是自身的元素時，顯然是把它當作了一個完成了的整體，於是導致羅素悖論。因此，克服此類悖論的辦法之一就是不允許對潛無窮對象作實無窮的處理，後來的公理集合論大致是沿著這條途徑進行的。

四、關於悖論的解決方案

什麼樣的悖論解決方案是合理的？羅素可能最先考慮了這一問題，他認為一個悖論解決方案應至少滿足三個條件：（一）讓悖論消失；（二）盡可能讓數學保

---

[15] 羅素：《邏輯與知識》，苑利均譯，商務印書館，1996 年，第 76 頁。

持原樣；（三）非特設性，即提出此方案的人除了「能避免悖論」這一理由之外，應有其他的理由。[16]

　　哈克曾在概括羅素等人論述的基礎上，對悖論解決方案提出了更明確的要求。一方面，從形式或技術上說，這種方案應提供一套相容或一致的語義學或集合論理論，用以表明導致悖論的哪些看起來無懈可擊的前提或推理原則必須被拒斥。並且，這種形式理論還應滿足下述要求：不應如此寬泛以致損害了本應保留的推理（「不要因厭惡臉而割掉鼻子」原則，克林曾把它概括為：「治病但不應治死人」）；但又要足夠寬泛以堵住相關的悖論性論證，以免悖論重新產生（「不要跳出煎鍋又入火坑」原則）。另一方面，從哲學上說，這種方案應說明為什麼導致悖論的那些前提或推理看起來是無懈可擊，而實際上卻必須被拒斥。[17]

　　不過，也有人不同意這些意見，特別是「非特設性」這一條，例如馮·賴特就認為，矛盾律和排中律是思維的基本規律和最高準則。假如使用某個短語或詞去表示、指稱某個事物導致矛盾，這就是不能如此使用這個詞或短語的理由；假如從某個悖論性語句或命題能夠推出矛盾，這就是該語句或命題不成立的理由。他透過對說謊者悖論和非自謂悖論的詳細分析，指出：「悖論並不表明我們目前所知的『思維規律』具有某種疾患或者不充分性。悖論並不是虛假推理的結果。它們是從虛假前提出發進行正確推理的結果，並且它們的共同特徵似乎是：正是這一結果即悖論，才使我們意識到（某前提的）假。倘若不發現悖論，該前提的假也許永遠不會為我們所知——正像人們可能永遠不會知道分數不能被 0 除，除非他們實際地嘗試去做，並且得到一個自相矛盾的結果。」[18]

　　在綜合前人意見的基礎上，我認為，一個合適的悖論解決方案至少要滿足三個要求：

（一）讓悖論消失，至少是將其隔離。這是基於一個根深蒂固的信念：思維中不能允許邏輯矛盾，而悖論是一種特殊的邏輯矛盾，所以仍然是不好的東西，它表明我們的思維在某個地方患了病，需要醫治；或者說，我們的大

---

[16] 參見羅素：《我的哲學發展》，商務印書館，1982 年，第 70 頁。

[17] S. Haack, *Philosophy of Logics*, Cambridge University Press, 1978, pp. 138-140.

[18] 馮·賴特：《知識之樹》，陳波等編譯，三聯書店，2003 年，第 489-490 頁。

腦「電腦」的某個程式染上了病毒，如果能夠直接殺毒，把病毒殲滅，更好；如果不能，至少需要把這些「病毒」隔離起來，不能讓其繼續爲非作歹。

（二）有一套可行的技術方案。正如張建軍指出的，「悖論是一種系統性存在物，再簡單的悖論也是從具有互爲主體性的背景知識經邏輯推導構造而來，任何孤立的語句都不可能構成悖論」[19]。因此，患病的是整個理論體系，而不是某一兩個句子，「治病」（消解悖論）時我們既不能「剜肉補瘡」，更不能把「病人」治死，即輕易摧毀整個理論體系，這不符合一個重要的方法論原則——「以最小代價獲取最大收益」，後者要求我們在提出或接受一個新理論或假說時，應盡可能與人們已有的信念保持一致，一個新假說要求拒斥的先前信念越少，這個假說就越合理——假如其他情況相同的話。於是，當提出一種悖論解決方案時，我們不得不從整個理論體系的需要出發，小心翼翼地處理該方案與該理論各個部分或環節的關係，一步一步地把該方案全部實現出來，最後成爲一套完整的技術性架構。

（三）從哲學上對其合理性作出證成或說明。悖論並不只與某個專業領域發生關聯，相反地它涉及我們思維的本性和核心，牽涉的範圍極深極廣，對於這樣的問題的處理必須十分小心謹慎。應該明白，技術只是實現思想的工具，任何技術性方案背後都依據一定的思想，而這些思想本身的依據、理由、基礎何在，有沒有比這更好、更合理的供選方案等等，都需要經過一番批判性的反省和思考。若沒有經過批判性思考和論戰的洗禮，一套精巧複雜的技術性架構也無異於獨斷、教條、迷信，而無批判的大腦是滋生此類東西的最好土壤。

至於通常特別看重的「非特設性」，我不再特別地加以強調。它是上面提到的技術可行性和修改理論的保守性策略的應有之義。一個解決悖論的方案，如果除了消除悖論這一個理由之外，還得到許多其他的經驗的、直覺的等等理由的支持，這當然是好事情。一個理論得到的支持當然越多越好，並且一個新理論對已

---

[19] 張建軍：《邏輯悖論研究引論》，南京大學出版社，2002年，第8頁。

有理論的傷害當然是越小越好。不過，假如有人認為，悖論是我們思維中的「癌症」，不治癒它就不能挽救我們的理論體系，因此必須對之「下猛藥」，也未嘗不可，只是需要對這一點作出哲學的論證，並提出相應的技術方案。

　　有人認為，悖論是不可避免的，並給出了本體論論證和認識論論證。所謂「本體論論證」，我是指把導致悖論的自我指稱、自相纏繞普遍化、實在化的做法，把它們當作是客觀事物本來的存在方式。既然客觀事物只能如此存在，我們也只能如此認識，形成思維中的自相纏繞、自我指稱，形成擺脫不了的思維怪圈——悖論。這種論證的代表者是《哥德爾、埃舍爾、巴赫——集異璧之大成》的作者侯世達（D. R. Hofstadter）以及有辯證法背景或傾向的學者。所謂認識論論證，我是指把悖論產生的根源歸結為思維的本性的做法。例如：有論者明確指出：由於悖論是客觀實際與主觀認識矛盾的集中展現，因此，從認識論的角度看，悖論的出現就不可能完全避免。悖論的這種不可避免性是由認識的本性所決定的。他們引述列寧的話說，如果不把連續的東西割斷，不使活生生的東西簡單化、粗糙化，不加以割碎，不使之僵化，思維就不能想像、表達、測量、描述運動。不僅思維是這樣，而且感覺也是這樣；不僅對運動是這樣，而且對任何概念都是這樣。於是，人們對生動的實在的認識總是一種簡單化、粗糙化、僵化的過程，往往包含著對客觀事物辯證性質的一定的歪曲，從而在一定的條件下就可能導致悖論。[20] 從悖論不可避免到悖論不應該避免，這兩者之間只有一步之遙：既然悖論是人的認識不可避免的，因此我們就應該承認它，學會與它和平共處，悖論因此就不應該避免。允許悖論的次協調邏輯和其他方案就這樣產生了。

　　我對上面的認識論論證有些同情，但對於本體論論證目前卻缺乏任何同情。在我看來，同一律、矛盾律和排中律是我們的合理思維或正確思維的基礎假定和前提條件，它們確保我們的思維具有確定性、一致性和明確性，是不同的人之間的思維具有可交流性、可理解性、可批判性的前提。辯證法所反映的是客觀事物本身的矛盾，它的成果若要被人所理解，能夠供交流和批評，則它們也應遵守形式邏輯的規律。辯證法就其本性來說，與形式邏輯並不矛盾，它只是超越了形式邏輯而已。既然矛盾律不可動搖，於是悖論在思維和理論中不能容忍，必須予以

---

20 參見夏基松、鄭毓信：《西方數學哲學》，人民出版社，1986 年，第 188 頁。

排除。如何排除？我前面指出過，在導致悖論的論證中，我們所證明的是一個條件命題：$p \rightarrow (q \wedge \neg q) \vee (q \leftrightarrow \neg q)$，這裡 $(q \wedge \neg q)$ 和 $(q \leftrightarrow \neg q)$ 都是一個典型的邏輯矛盾，既然邏輯矛盾不能成立，根據否定後件式推理，p 也不能成立。難題就在於確定這個導致悖論的 p，不同的研究者會有不同的認識，並作出不同的選擇。

我的上述看法受到了馮·賴特相應看法的影響。他透過精確表述說謊者悖論和非自謂悖論，證明：若假定某些前提，則會導致邏輯矛盾或悖論，矛盾在邏輯中不能允許，因此根據否定後件式，相應的前提必不成立。在非自謂悖論那裡，所要否定的前提是「『非自謂的』表示、命名、指稱某種性質如非自謂性」，從而證明「非自謂的」並不指稱任何性質；在說謊者悖論那裡，所要否定的前提是「在『本語句是假的』中，主語『本語句』一詞指稱『本語句是假的』」。[21]

我們能夠找到一種方法一勞永逸地擺脫所有悖論嗎？我認為不能。由於實際情況的複雜性和人的認識能力的局限性，我們甚至不可能一下子找出所有的悖論，更不能一般性地弄清楚悖論產生的根源，因而也就不能提出關於悖論的全部解決方案。例如：就目前已經發現的悖論而言，我前面也只指出了它們產生的三個必要條件：自我指稱、否定性概念，以及整體和無限。它們是不是悖論產生的充分條件？我目前無法作出斷言。因此，僅目前所發現的那些悖論產生的根源就仍待梳理，更別說一下子指出所有悖論產生的根源了，當然更談不上排除將來有可能出現的新悖論了。對於悖論，我們只能一個個仔細分析，分門別類地提出解決方案，這些方案大都具有嘗試性和相對性。但是，就目前所知的而言，它們都有助於排除或消解悖論，例如：公理集合論，迄今在它裡面沒有發現新的悖論，一般認為也不大可能在它裡面產生新的悖論，這就證明了這種方案的價值。

---

21 參見馮·賴特：《非自謂悖論》，見《知識之樹》，陳波等編譯，三聯書店，2003年，第455-490頁。

附錄一　邏輯學和理性精神[1]

　　邏輯學是一門研究推理和論證的科學。它的主要任務是提供分辨有效推理與無效推理的標準，並教會人們正確地進行推理和論證，識別、揭露和反駁錯誤的推理和論證。

　　推理是從一個或者一些已知的命題得出新命題的思維過程或思維形式，其中已知的命題是前提，得出的新命題是結論。論證是使用某些理由去支持或反駁某個觀點的思維過程或語言形式，它常常是多種推理形式的綜合運用。推理通常分為演繹推理和歸納推理。不太嚴格地說，演繹推理是把一般性原理應用於特殊或個別的場合，從而得出關於該特殊或個別場合的結論，這種結論已經隱晦地包含在前提中，因此前提的真就能夠保證結論的真，是一種必然性推理。歸納推理則是從某些經驗證據中抽象、概括出某個普遍性原理，結論的內容超出了前提，因此前提只對結論提供一定的支持關係，但不能保證結論的真，是一種或然性推理。以演繹推理為研究對象的邏輯理論，叫做「演繹邏輯」。以歸納推理為研究對象的邏輯理論，叫做「歸納邏輯」。

　　推理是由命題組成的，其前提和結論都是一個個單獨的命題。於是，對命題的不同分析就會導致對推理結構的不同分析，並最終導致不同的邏輯類型──命題邏輯、詞項邏輯和謂詞邏輯，它們是現代演繹邏輯的三種基本類型。其中，以符號語言和公理化方法表述的命題邏輯和謂詞邏輯，稱為「一階邏輯」；由於它在現代邏輯體系中的基礎地位，也常被稱為「經典邏輯」。可以對經典邏輯的某些基本假定提出質疑和挑戰，由此得到「變異邏輯」；也可以把經典邏輯應用於某些特殊領域，得到它們的一些擴充系統，叫做「應用邏輯」。如果把前面所說的歸納推理中前提對結論的支持關係機率化和演算化，由此形成的邏輯理論叫做「機率歸納邏輯」，這是現代歸納邏輯的主要形態。

---

[1] 原載 2003 年 6 月 10 日《光明日報・理論周刊》。（＊編按：文中的「計算機」即「電腦」；「智能」即「智慧」。尊重作者原文原則，不做更改，附錄二、三、四皆同）

　　可以說，邏輯學是一門既古老又年輕的科學。說它古老，是說它歷史悠久，源遠流長。從起源上看，邏輯學有三大泉源：（一）古希臘的形式邏輯，以亞里斯多德的詞項邏輯和斯多葛學派的命題邏輯爲代表。（二）中國先秦邏輯，亦稱「名辨學」，以名、辭、說、辯爲研究對象。（三）古印度邏輯，主要是正理論和因明。不過，在實際的歷史進程中，中國先秦邏輯和古印度邏輯都有某種中斷，沒有進入世界邏輯發展的主流。唯有肇始於古希臘的西方邏輯有相對完整的歷史，它後來成爲世界邏輯發展的主流，現代邏輯就是以它爲基礎發展而來的。這裡所說的現代邏輯，是用特製的人工語言構造的形式化公理系統，其研究方法與數學有某種類似，因此被稱爲「數理邏輯」，由弗雷格、皮爾士和羅素等人創立於 19 世紀末、20 世紀初。它一經創立，就顯示出巨大的威力。例如：它進入哲學領域，導致分析哲學運動在 20 世紀如火如荼；羅素曾經說過，「邏輯是哲學的本質」，他所說的就是數理邏輯。它進入語言學領域，導致 20 世紀的「杭士基革命」和後來的蒙塔古語法等；它更是計算機科學和人工智能研究的重要理論基礎。目前，數理邏輯已經與數學、哲學、語言學、心理學、計算機科學與人工智能研究等緊密結合在一起，並且後面這些學科又爲它的發展提供了新的需求和動力。在某種程度上可以說，來自計算機和人工智能方面的需要，將決定邏輯學在 21 世紀的面貌，即主要研究模擬人之創造性智能的各種非確定性推理。由於現代邏輯廣泛進入各種不同的學科，顯示出強大的生命力，因此我們說：邏輯學也是一門年輕的學科，它朝氣蓬勃，充滿活力，已經或者正在形成一個龐大的邏輯學科體系。

　　有些人以爲邏輯學只不過是一堆比較難學的「技術」，是一些無關痛癢的「雕蟲小技」的彙集。這是對邏輯學的嚴重誤解，是沒有領悟到隱藏在邏輯「技術」背後的眞精神，沒有把握發明這些「技術」的原動力。實際上，邏輯學和邏輯教學是對於理性精神的培養和訓練。邏輯學重視和追求語言和思維的確定性、無矛盾性、明確性、論證性，以及嚴格性、精確性、程序性、可操作性、系統性等等。在遇到一個複雜和困難的問題時，邏輯學要求我們首先精確地確定問題之所在；把該複雜問題分解爲多個相對簡單的問題；逐個找出解決這些簡單問題的可以操作的模式、程序、方法和準則；給出這些問題的解決方法；檢驗它們的眞

假對錯等等。也就是說，它試圖把一些理念轉化爲一套受規則指導的操作，這套操作可以重複，可以檢驗，有確定的結果。這正是理性精神的展現和運用，並且是西方文化的精髓。愛因斯坦指出：「西方科學的發展是以兩個偉大成就爲基礎的，那就是：希臘哲學家發明形式邏輯體系（在歐幾里德幾何學中），以及經過系統的實驗發現有可能找出因果關係（在文藝復興時期）。」邏輯學所展現的這種理性精神正是中國傳統文化中所缺乏的，因此，研究、傳播和普及邏輯學知識，在國民中培植嚴格的理性精神，是一件非常有意義的事情。

附錄二　邏輯：一個生長和變動的概念 [1]

　　什麼是邏輯？這個問題既重要又不重要。說它重要，因爲對它的回答將決定一個人自己如何做邏輯研究，以及如何看待和評價他人（包括歷史前輩和當代同行）的邏輯研究。說它不重要，因爲它是關於邏輯的「高談闊論」，既不提供具體的邏輯理論，更不提供具體的邏輯技術。不過，走上正途是很重要的，故對「什麼是邏輯」的探討也是很重要的。早在拙著《邏輯哲學引論》（人民出版社，1990 年）中，我就對該問題有所探討。後來一段時間內，此話題在中國邏輯學界曾變得非常熱鬧，成爲一些相當極端觀點的競技場。在這期間，我反而對此話題敬而遠之，不置一語，且在後來出版的兩本邏輯哲學著作（《邏輯哲學導論》、2000 年；《邏輯哲學》）中，把此話題挪到了最後一章。在本文中，我將回到此話題，有系統地闡發一個中心論點：「邏輯」是一個生長和變動著的概念。

一、客觀形態的邏輯和理論形態的邏輯

　　在談論「邏輯」時，在下面兩者之間做出區分是特別必要的：一是「客觀形態的邏輯」，或者說，「作爲研究對象的邏輯」；一是「理論形態的邏輯」，或者說，「作爲研究結果的邏輯」。

　　客觀形態的邏輯指我們實際使用著的邏輯，或者說外部世界和人類思維所遵循的邏輯。這種意義上的邏輯，更主要與「規律」同義。這樣的「邏輯」大概是存在的；但它究竟是什麼樣子，卻是一個見仁見智的事情：甲有甲的理解，乙有乙的看法，丙有丙的觀點，相互之間很難取得統一，很難有一個公共的平臺和出發點。我從不在這種意義上談「邏輯」，大多數邏輯學家也不在這種意義上談「邏輯」，因爲根本沒有辦法把它談清楚。

---

[1] 原載《學術月刊》（上海）2011 年第 12 期，5-13 頁。

理論形態的邏輯是邏輯學家對「客觀形態的邏輯」所做艱辛探索的結果，具體表現為由他們建構出來的各種邏輯學說或邏輯系統，特別是那些被公認為正確因而在某個時期占據主導地位的邏輯學說和邏輯系統。假如存在客觀的「邏輯」的話，理論形態的邏輯就是對「客觀的邏輯」的反映、刻畫或重構，它們就是一種「發現」而不是「發明」，發現就含有描述性成分，描述就有真假對錯之分……由此引出一連串複雜的哲學問題。

受蒯因等人的影響，我堅持認為：邏輯是可修正的，邏輯真理是可錯的[2]。當我這樣說的時候，很顯然，我不是指客觀形態的「邏輯」，因為它是「存在」那裡、「擺」在那裡的東西，無法修正；可以修正的只能是作為理論形態的「邏輯」，即在一定時期占據主導位置的邏輯理論和邏輯系統。

二、弗雷格的反心理主義

在弗雷格之前，哲學處於其「認識論轉向」中，心理學是主導性研究典範，其概念和方法向哲學的各個領域滲透，也向邏輯學領域滲透，導致了邏輯學的「心理學化」，其典型代表是《波爾‧羅亞爾邏輯》，也包括彌爾的《邏輯體系》。

為了捍衛邏輯的客觀性，弗雷格提出了著名的反心理主義原則：「始終要把心理的東西和邏輯的東西、主觀的東西和客觀的東西嚴格區別開來。」[3] 其具體做法是：在外部世界和內心世界之外，他弄出一個「第三域」，即由「思想」組成的世界。

在弗雷格看來，思想與外部事物不同：後者是物質的和可以感知的，但思想本身是非物質的和不可感知的，儘管「思想」依賴物質性的東西，即「句子」——思想是某些句子（直陳句或命題式問題）的含義。思想也與觀念或主觀印象不同：後者是不可感知的，是被人擁有的，且只能為單個人所擁有；思想也是不可

---

[2] 參見陳波：〈「邏輯的可修正性」再思考〉，《哲學研究》2008 年第 8 期。

[3] M. Beaney ed., *The Frege Reader*, Oxford: Blackwell, 1997, p.90.

感知的，但它並不爲單個人所擁有，可以爲許多人所分享。思想的存在不依賴於我們，就像星星的存在不依賴於我們一樣。思想本身不是外部事物，但思想的對象可以是外部事物；思想本身也不屬於內在領域，但思想的對象可以屬於內心世界。思想有眞假：「是眞的完全不同於被認爲是眞的」；眞不是思想的屬性，也不是思想與其他事物的關係，因而不是所謂的「符合」；「眞」是不可定義的。人們可以認識和斷定思想的眞假：思想的眞在直陳句的斷定力之中；說一個句子爲眞並沒有給該句子增加什麼。弗雷格斷言，邏輯學是研究眞的規律的科學。他的言外之意是：邏輯學是研究思想以及思想結構的科學。他試圖由此來保證邏輯的客觀性、分析性和先驗性。[4]

但弗雷格的反心理主義所引出的問題比它所解決的問題還要多！在我看來，弗雷格似乎混淆了「互爲主體性」（intersubjectivity）和「客觀性」（objectivity）這兩個概念。具有互爲主體性的東西不依賴於個別人，但依賴於整個人類，例如：思想由語句表達，語句是語言的一部分，但語言是人類的語言，沒有人類就沒有語言；因此，某個思想可以不依賴個別人，但不能獨立於人類。但純客觀的東西是不依賴於整個人類的所思所想的，例如日月山川在人類之前就存在，在人類之後也可能仍然存在，最多改變其存在方式。假若思想是獨立於人類而存在的，並且又與外部世界不同，是完全不可感知的，由此會產生一個相當嚴重的問題：人類究竟如何去「把握」（grasp）思想？曾有外國學者寫過一篇文章，題目是〈如何去把握一個思想，弗雷格先生？〉。並且，弗雷格似乎把「心理的」一詞等同於「主觀的」、「私人的」、「不可捉摸的」等等，幾乎完全對其做貶義的使用。實際上，對心理現象和心理過程也可以做客觀的研究，心理學是自然科學的一種，心理學規律也是客觀規律的一種，例如：馬斯洛的需求層次理論庶幾近之。所以，很有必要去重新審視弗雷格的反心理主義的效力和影響，我一直想寫一篇大文章——〈邏輯學中的心理主義和反心理主義〉，但迄今仍未完成。

4　參見 G. Frege, "Thoughts", in *The Frege Reader*, 1918, pp.325-345。

三、邏輯與人類思維

　　受弗雷格的反心理主義的影響，曾幾何時，在邏輯學界特別是中國邏輯學界，說邏輯與人類思維有關，或者說邏輯是研究人類思維的形式結構及其規律的學科，甚至會受到嘲諷，被譏笑為「心理主義」。於是，各種相當奇怪的說法大行其道：邏輯學直接以現實世界為對象，它研究現實世界的邏輯結構及其規律；邏輯學以語言符號為研究對象，現代形式邏輯以人工語言為對象，自然語言邏輯則以自然語言為對象。對於此類說法，我在 1990 年出版的《邏輯哲學引論》中就表示懷疑，迄今依然。幾乎所有邏輯學家都承認，邏輯是研究推理形式之有效性的科學，但推理過程既不是一個客觀事物的發展過程，也不是一個單純的語言過程，而是一個思維過程。怎麼能夠既主張邏輯是研究推理的，又同時否認邏輯是研究人類思維的，至少是與人類思維有關的呢？亨迪卡指出：「在正確思維和有效論證之間有以下類似之處：有效論證可以看成正確思維的一種表達，而正確思維可以看成是內在性的有效論證。在這種類似的意義上，正確思維的規律和有效論證的規律是一致的。」[5] 因此，在我看來，承認邏輯以推理為對象，就是承認邏輯以人類思維（至少是思維的某一個方面）為對象。[6]

　　承認邏輯學與人類思維有關的學者，通常會做出如下兩個方面的區分：

　　一是事實問題：人類實際上如何思維？更具體地說，人類思維的發生機理和演變機制，人類思維的具體過程、模式、程序、環節、方法，如此等等。這裡面既有發生學問題，也有形式結構問題，多種因素相互交織。對此方面的研究更主要屬於經驗心理學，也屬於發生認識論。

　　二是規範問題：人類應該如何思維？人類應該遵循什麼樣的模式、程序、方法和準則，才能保證他們達成有效的交流和溝通，才能保證他們從真實的（至少是承認真實的）前提出發，得到真實的（至少是承認真實的）結論，從而同時確保思維的效率、安全和可靠？

---

[5]　亨迪卡：〈邏輯哲學〉，《哲學譯叢》1982 年第 6 期，第 66 頁。

[6]　參見陳波：《邏輯哲學引論》，人民出版社，1990 年，第 26 頁。

通常認爲，邏輯學不研究人類思維的事實方面，只研究其規範方面：邏輯學家制定一套有關概念、命題、推理和論證的形式程序和規則，然後將其傳授給普羅大衆；後者只要按照邏輯學家所說的去做，就能確保他們思維的效率和安全。對於此類說法，我一向保持強烈的懷疑：關於「人類應該如何思維」的規範是否需要從「人類實際上如何思維」中去提取？邏輯學家也是芸芸衆生中的一員，他們從哪裡獲得一種凌駕於衆人之上的特殊之認識論地位？換句話說，邏輯學家是理性的立法者嗎？如果是，他們從哪裡獲得這種立法權？他們能否隨心所欲地爲理性立法，然後像頒布律令一樣頒布給大衆，要求甚至強迫大衆去遵守？在這樣做的時候，邏輯學家有沒有可能犯錯？除了形式方面的限制條件之外，邏輯學家是否還必須遵循某些實質性的限制條件？

對於這些問題，我目前的梗概性回答是：人類所面對的自然界本身是有層次、結構、秩序和規律的，透過自然選擇，它會訓導甚至強迫人類也按照這種層次、結構、秩序和規律去思考和行動；在人類的世代更替中，其思考習慣逐漸沉澱、結晶爲思維的模式、程序、結構、方法和準則；邏輯學家從對人類思維的實際考察中，對其思維模式、程序、結構、方法和準則做歸納、總結、分辨、揀選、提煉和重構的工作，由此形成邏輯理論和邏輯系統，然後再將其傳授給普羅大衆。因此，邏輯學家的研究中也牽涉到人類思維的事實方面，他們所構造的邏輯規範應該是人類思維中所固有的，而不是從外面強加的。例如：目前比較成熟的邏輯理論——命題邏輯、詞項邏輯、謂詞邏輯和模態邏輯，都分別刻畫和反映了人類思維中原有的某一個側面，還有許多其他側面仍有待邏輯學家去研究和開發；邏輯學家並不能隨心所欲地構造他們的邏輯系統，儘管這些系統也許滿足某些形式方面的限制，例如可靠性和完全性；有些相當奇怪的邏輯系統即使被構造出來，也沒有人使用，或被束之高閣，或被完全遺忘，因爲它們嚴重偏離和違背了人類的實際思維。例如：在命題邏輯中，我們不能接受 $(p \rightarrow q) \wedge q \rightarrow p$；在詞項邏輯中，我們不能接受 PAM $\wedge$ SAM $\rightarrow$ SAP；在謂詞邏輯中，我們不能接受 $\exists xFx \rightarrow \forall xFx$；在模態邏輯中，我們不能接受 $p \rightarrow \square p$；在認知邏輯中，我們不能接受 $\neg Kp \rightarrow \neg p$。我們不能接受它們的理由，首先不是形式的，而是實質的：它們都是日常思維中不可靠的推理形式。即使我們設計出相應的語義理

論，使得這些推理形式成爲「有效的」——這是完全可能的，我們仍然不能把它們應用於日常思維。

四、向人類的實際思維領域進軍

早在〈從人工智能看當代邏輯的發展〉（2000 年）等文 [7] 中，我就做出預測性斷言：計算機科學和人工智能將是 21 世紀（至少在其早期）邏輯學發展的主要動力泉源，並將由此決定 21 世紀邏輯學的另一副面貌。由於人工智能要模擬人的智能，難點不在於人腦所進行的各種必然性推理（這一點在 20 世紀已經基本上做到了，如用計算機去進行高難度和高強度的數學證明，「深藍」透過高速、大量的計算去與世界象棋冠軍下棋），而在於最能展現人之智能特徵的能動性、創造性思維，這種思維活動中包括學習、抉擇、嘗試、修正、推理諸因素，例如選擇性地搜集相關的經驗證據，在不充分訊息的基礎上做出嘗試性的判斷或決策，不斷根據環境回饋調整、修正自己的行爲……由此達到實踐的成功。於是，邏輯學將不得不比較全面地研究人的思維活動，並著重研究人的思維中最能展現其能動性特徵的各種不確定性推理，由此發展出的邏輯理論也將具有更強的可應用性。在這個時期，邏輯學將至少重點研究如下課題：（一）如何在邏輯中處理常識推理中的弗協調、非單調和容錯性因素？（二）如何使機器人具有人的創造性智能，如從經驗證據中建立用於指導以後行動的歸納判斷？（三）如何進行知識表示和知識推理，特別是基於已有的知識庫以及各認知主體相互之間的知識而進行的推理？（四）如何結合各種語境因素進行自然語言理解和推理，使智能機器人能夠使用人的自然語言與人進行成功的交流？等等。

情況確實如此。由於計算機科學和人工智能研究要模擬人的智能行爲，即在

---

7 陳波：〈從人工智能看當代邏輯的發展〉，《中山大學學報論叢》（邏輯與認知專刊）2000 年第 2 期，臺灣《哲學與文化》2001 年第 10 期；〈人工智能——當代邏輯發展的動力〉，《光明日報》（理論學術版）2000 年 5 月 9 日；〈從《哲學邏輯手冊》（第二版）看當代邏輯的發展趨勢〉，見《2003 學術前沿論叢小康社會：文化生態與全面發展》，北京師範大學出版社，2004 年，第 173-196 頁。

一定的前景下做出決策、進行推理、對先前的決定做出調整和修正，以至最後做成某件事情，當代的邏輯學已經大大突破了只研究必然性推理的藩籬，而向人類的實際思維領域進軍。由於考慮的參數越來越多，系統也就越來越複雜；由於變化的因素太多，不確定程度也就增高。這帶來了當代邏輯研究的一些新特點：直接明顯的描寫性，甚至有所謂的「描述邏輯」；技術上的複雜性，因為要處理的因素太多；高度的不確定性，因為不斷有新的訊息流湧入，會導致前提信念發生改變，從而導致推理關係也發生改變。當代邏輯的主要導向是實際的可應用性，即能夠用它們去解決實際而困難的問題，我們先前所注重的那些形式標準，如可靠性和完全性，反而退居次要的地位。不過，我目前對此類研究模式又充滿了疑慮，認為它們將面臨某種二難困境：如果考慮的因素太簡單，技術上可以控制，人們可以學習和掌握，如早期的認知邏輯和道義邏輯，但它們偏離直觀和常識太遠，幾乎沒有什麼用處；如果考慮的因素太多，技術上太複雜，學習和應用它們又變得很困難，幾乎不可能被應用；還由於它們仍然達不到確定性，本質上還是靠「猜測」，與其訴諸複雜的技術去猜，不如訴諸直覺和常識去猜。也許此類擔心是多餘的，隨著邏輯技術的進一步發展，這些問題都可以解決，就像機率論、博弈論、複雜性理論的發展所顯示的那樣。

不過，從整體上看，邏輯學的發展目前處於相對低潮的時期，或者說，處於一個新變革的前夜。邏輯學家們在以各種方式去突破以研究必然性推理為主的舊有典範，而進入到人類實際的、複雜的、不確定的、以解決問題為導向的思維領域。由於所研究問題的複雜性，常常要求多學科研究者的相互合作。迄今為止，邏輯學家們基本上處於「解放思想，摸著石頭過河」的階段，研究焦點比較分散，沒有任何研究典範處於主導或控制地位，也沒有什麼特別重大得到公認的新成果。在這樣的情況下，我不太贊成把中國邏輯學界的資源一股腦地投入到所謂的前沿研究上去，主張做一些紮紮實實的基礎性學術工作，如編撰邏輯學各分支的高水準教科書，做一些邏輯史的研究工作，以及研究一些比較小的可控制論題。學術之路還是要一步一步地走，不可能在很短的時間內突飛猛進。

五、批判性思維和非形式邏輯

批判性思維和非形式邏輯作爲研究領域的出現，不是由學術圈自發促成的，而是由社會的現實需求間接促成的。主要是來自邏輯學界外部的兩大動力：一是上世紀 60-70 年代，美國社會風雲激蕩，越南戰爭、種族隔離、性別歧視、性解放等等，成爲各種社會勢力競逐的熱門話題，各種觀點的交鋒與論戰空前激烈。但當時的邏輯教學是數理邏輯的一統天下，與社會所關注的這些熱門話題很少關聯，甚至是沒有關聯。學生們要求有一門課程告訴他們，如何去分辨關於這些話題的觀點或論戰的合理性，評判它們是否概念清晰、根據充分、論證合理或有效等等。批判性思維課程就是一些大學教師爲呼應這種要求而嘗試開設的，他們提出了一個口號：邏輯教學應該「與人們的日常生活相關，與人們的日常思維相關」。二是上世紀中葉開始的美國教育改革運動，要求從以知識傳輸爲主的教育模式，改變成以人格和素質的養成以及能力培養爲主的模式。「20 世紀 40 年代，批判性思維被用於標示美國教育改革的一個主題；70 年代，批判性思維成爲美國教育改革運動的焦點；80 年代成爲教育改革的核心。」[8] 對批判性思維和非形式邏輯的理解不能脫離這些背景性因素。

在我看來，「批判性思維」至少有如下四種含義：（一）指起源於美國、後來風行歐美的一場教育改革運動；（二）指一種人格特質和思維習慣；（三）指一種旨在培養批判性思維的習慣和能力的課程設置；（四）指一套體現批判性思維之氣質和傾向的思維技能。中國有人喜歡把批判性思維單純地技藝化，我認爲不妥，這至少降低了批判性思維的重要性。

從根本上說，批判性思維涉及培養什麼樣的人，以及如何培養所需要的人這兩方面，後者又涉及「教什麼」和「如何教」等問題。經過激烈的辯論和反思，美國教育界逐漸認知到：在民主社會中，在訊息爆炸的當代，教育的首要目標不是培養知道很多的「知道分子」，而是培養能夠「批判性思考」（critical

---

8　武宏志、劉春傑主編：《批判性思維──以論證邏輯為工具》，陝西人民出版社，2005 年，第 2 頁。

thinking）的人，即能夠獨立思考、理性地判斷和決策、有責任心、充滿活力和創造力的人。按此理解，批判性思維首先是一種精神氣質，一種人生態度，一種思維習慣。批判性思維服膺理性、邏輯和真理，是一種講道理的、健康的懷疑主義態度，它的基本預設是：任何觀點或思想都可以而且應該受到質疑和批判；任何觀點或思想都應該經過理性的論證來為自身辯護；在理性和邏輯面前，任何人或任何思想都沒有對於質疑、批判的豁免權。「把一切送上理智的法庭」，可以看作是批判性思維的基本主張和口號。善於進行批判性思維的人具有這樣的個性特徵：心靈開放，獨立自主，充滿自信，樂於思考，不迷信權威，尊重科學，尊重他人，力求客觀公正。他們隨時準備對所面對的各種觀點和主張進行評估，以便確定什麼樣的信念最適合或切近於當下或長遠的目標；不斷發展出新的闡釋，以便改善其對周圍世界的理解；積極搜尋對所提出之闡釋的質疑、修正或反駁意見；對所蒐集訊息進行比較、分析和綜合，以便更有效地做出決定和選擇；如此等等。

　　如上所述的精神氣質、傾向、態度、習慣甚至是人格的養成，不能由某一門課程來完成，而要貫徹到教育的每一個過程和環節之中。如果你聽過某些西方著名大學的網路公開課程，例如由哈佛大學哲學教授桑德爾（Michael J. Sandel）主講的「正義」，以及由耶魯大學哲學教授凱根（Shelly Kagan）主講的「死亡」，你就會明白什麼叫「批判性思維」。在歐美大學中，仍另外設計了專門的批判性思維課程，去培養學生的批判性思維之習慣和能力。這種課程目前尚未定型，不同的人有很不相同的理解，課程內容也五花八門。但按我的理解和偏好，批判性思維課程應該以論證的識別、評價和建構為核心，另外包括謬誤理論、定義理論等內容；它在理論上並不複雜，知識含量並不高，而以案例教學為主。這種教學方式目前在中國實施和推廣仍有難度。在整體上，中國目前仍然缺乏批判性思維的環境：中國大學的政治課教學，仍以讓學生「相信」為鵠的，儘管是以一種「講道理」的方式，以一種「苦口婆心」的方式。清華大學公開宣稱，要改

革政治課，要讓學生「真信」馬克思主義，真正做到「入腦」和「入心」。[9] 絕大多數課程仍然以知識傳播爲主，以老師講授爲主，以大課堂爲主，以知識性考試爲主：對原有知識的背誦、記憶、熟悉、理解、應用占了最大的比重。在這樣的環境和氛圍下，僅由一門批判性思維課程去承擔培養某種人格特質和思維習慣的重任，難乎其難。

不過，批判性思維的重要性正得到越來越多有識之士的承認。在 2006 年 7 月上海召開的第三屆中外大學校長論壇上，耶魯大學校長理查德萊文強調指出，傳統的「填鴨式」教學培養不出創新型人才；大學教師的主要工作應該是教會學生如何獨立思考，要讓大學生具備批判性思維的能力，這種能力是目前的中國學生最爲缺乏的。[10] 新加坡教育部長王瑞傑認爲，要評估一個教育系統是否成功「不太容易」，過去 20 至 30 年，新加坡教育系統爲經濟社會輸送人才，而現在，可能需要培養「具有批判性思考能力」的人。[11] 中國社會和中國教育都需要有批判性思維，推廣和普及批判性思維大有可爲。

六、法律與邏輯：法律邏輯

法律與邏輯是密切關聯的，這種關聯不僅展現在法律實踐要應用現有的邏輯理論與技術，而且展現在法律實踐還會產生一些特殊的邏輯問題，因而有必要專門研究「法律推理」、「法律論辯」、「法律證成」，或者更一般地，「法律邏輯」。

按我的理解，法律邏輯可以涉及以下論題或內容：

（一）立法：有關法律條文證成的邏輯問題。例如：法律概念的清晰性，法律條文的無歧義性，某個法律條文與憲法及其他法律條文的一致性，對某部法律或某個法律條文的證成：理論上的根據，實踐上的必要性，以及操作上的可行性等等。

9　http://news.xinhuanet.com/edu/2011-07/11/c_121647823.htm.

10　參見《新民晚報》2006 年 7 月 18 日 A12 版〈需培養大學生批判性思維〉。

11　2011 年 7 月 15 日《聯合早報》「新加坡新聞」。

（二）司法：在大多數西方國家的司法實踐中，都秉持一條「無罪推定原則」，即在證明某個人有罪之前，假定所有被告都是無罪的；控方說他有罪，必須拿出證據來，「誰檢控誰舉證」，並且這些證據需經法庭認定、接受；如果不能有力地證明某人有罪，法庭就必須宣判他無罪。之所以有這一原則，是因爲人們相信：傷害無辜是比讓罪犯逃逸危害更大的事情。對這一原則的最好踐履，可以觀看美國 1957 年的一部電影《十二怒漢》（*12 Angry Men*）。

於是，在司法環節，有如下一些邏輯問題值得研究：

1. 犯罪證據的尋找與發現：偵查的邏輯。這裡，需要大量應用歸納推理、假說演繹法、類比推理，以及基於常識和專業知識的推理等，大偵探福爾摩斯的邏輯屬於此類。

2. 證據眞僞性的認定：控告與抗辯。因爲實行「無罪推定」原則，即不能證明有罪就是無罪，犯罪證據是否能夠被法庭或陪審團所接受，對於控辯雙方都是關鍵性的。利用「合理懷疑」是抗辯方的利器，而排除或否定所謂的「合理懷疑」則是控告方的防衛重點。嫌疑者是否最後定罪，就取決於控辯雙方的纏鬥結果。這個過程牽涉到大量的邏輯問題，與推理、證明與反駁特別相關。

3. 犯罪證據與法律條文的鏈接：量刑。由於法律條文眾多，裡面可能有不一致的地方，因此有可能合法地鑽法律的漏洞。由於法律條文的一般性，留下了很大的詮釋空間。即使在確定犯罪證據之後，法官或陪審團仍有很大的自由裁量權。於是，控辯雙方如何說服他們，對判決結果就有很大的影響。這裡面也有很多邏輯問題，與法律條文的解釋以及證據與法律條文的鏈接等等相關。

中國國內過去所謂的「法律邏輯」，基本上是邏輯原理加法律例子。這是法律邏輯的初級階段。據我所知，中國目前的法律邏輯研究正在或已經跨越這個初級階段，開始眞正以法律實踐爲依託，研究其中特殊的邏輯問題，至少是舊有的邏輯原理在法律實踐中的特殊運用。如果法律邏輯能夠讓我們的公民、嫌疑人、律師、法官覺得眞正有用，有助於他們去理解法律、運用法律，如果它還能爲邏

輯學的發展提供新的素材或理論，就獲得了成功，在眾多邏輯學科和法律學科中，就會獲得其應有的地位。

七、邏輯理論形態的多樣性

從時間上講，邏輯的發展經歷了幾千年的時間，它不可能只保持一種形態；從地域上講，世界上有許多不同的民族，他們使用不同的語言，有不同的文化，如果他們有邏輯理論的話，其邏輯理論不可能不帶著其語言和文化的特點。由此導致邏輯理論形態的多樣性，具體表現在研究題材、研究方法、研究結果（包括理論內容和理論表現形式）等方面的差異。

公認的說法是，亞里斯多德是邏輯之父，他創立了包括概念範疇理論、定義理論、直言命題和模態命題的理論、直言三段論和模態三段論、思維規律的理論、證明理論（包括對公理化方法的探討）、謬誤理論等等在內的大一統邏輯體系，其中，處理直言命題推理關係的理論特別是三段論是其核心。斯多葛派重點研究了複合命題及其推理的理論，並且還研究了悖論等問題。歐洲中世紀邏輯學家繼承亞氏和斯多葛派的成果，在詞項屬性學說、推論理論、對悖論的系統研究、模態邏輯等方面卓有建樹。文藝復興和近代以來，歸納邏輯和經驗科學方法論興起。萊布尼茲倡導普遍文字和理性演算，試圖把所有的推理化歸於計算，使推理的錯誤成為計算的錯誤。布爾構造了邏輯代數；弗雷格和羅素構造了一階邏輯和高階邏輯，使萊布尼茲的理想部分地得到實現。劉易斯和克里普克構造了現代模態邏輯及其語義學。馮‧賴特提出了「廣義模態邏輯」的系統構想，導致一大批新的邏輯，如道義邏輯、時態邏輯、認知邏輯等等的出現。在計算機科學和人工智能研究的推動下，邏輯研究正在向人類思維的各個具體領域進軍，由此導致其複雜性和不確定性程度大大提高。為了回應社會的現實需求，批判性思維和非形式邏輯異軍突起。

從地域上看，也有一種比較公認的說法：邏輯學有三大源頭，即以亞里斯多德為代表的古希臘邏輯，古印度的因明和正理論，以及中國先秦的名辨學。在這三者中，只有古希臘邏輯經過古羅馬和中世紀，進入拉丁語世界，延續下來，有

連續的發展歷史，其他二者都因為複雜的原因而被迫中斷，但其大部分典籍仍然留存下來。此外，還應提到阿拉伯邏輯，它保存了幾乎全部的亞里斯多德著作，並對其做了大量的詮釋工作。中世紀早期的拉丁世界所獲得的亞氏著作極少，僅僅是〈範疇篇〉和〈解釋篇〉，再加上波菲利的《〈範疇篇〉導論》，學術資源和研究主題受到極大的限制。正是經過阿拉伯世界，亞氏的大部分著作才翻譯為拉丁文，由此造就了歐洲中世紀邏輯的大發展。

由邏輯理論形態的多樣性又會引出「邏輯究竟是一元的還是多元的」問題，即正確的邏輯是僅有一個還是可以有多個，甚至不同的語言、文化和民族是否會有不同的邏輯？最近有人提出了邏輯相對於語言和文化的多元性論題，我對此多有保留，認為是過於大膽的推論。有不同語言和文化的民族能夠相互溝通和理解，他們必定有某種共同的基礎：這個基礎就是邏輯。邏輯是不同民族所共同面對的自然界教導我們，甚至是強迫我們接受的東西。

八、中國古代究竟有沒有邏輯？

回答這個問題，主要取決於我們如何理解「邏輯」。如果只把「邏輯」理解為用符號的形式去研究必然性推理，最後得到某些形式的或準形式的理論系統，那幾乎可以肯定地說，中國古代沒有邏輯。但是，如果像我前面所主張的那樣，對「邏輯」做比較寬泛的理解，將其理解為關於思維的模式、程序、結構、方法和準則等的研究，則中國古代肯定有邏輯，並且有豐富的邏輯內容。

在我看來，中國邏輯最典型的代表是墨家邏輯。他們討論了「名」：其作用是「以名舉實」，其種類有達名、類名、私名，形貌之名和非形貌之名，兼名和體名等。也討論了「辭」：其作用是「以辭抒意」，其種類有「合」（直言命題）、「假」（假言命題）、「盡」（全稱命題）、「或」（特稱命題）、「必」（必然命題）、「且」（可能命題）等。他們重點討論了「說」與「辯」：「以說出故」，「說，所以明也」；「說」就是提出理由、根據、論據（即所謂「故」）來論證某個論題。「辯，爭彼也。辯勝，當也」，下面是關於「辯」的一個總說明：「夫辯者，將以明是非之分，審治亂之紀，明同異之處，察名實

之理，處利害，決嫌疑焉。摩略萬物之然，論求群言之比。以名舉實，以辭抒意，以說出故。以類取，以類予。有諸己不非諸人，無諸己不求諸人。」（〈小取〉）這段話既涉及論辯的倫理，更涉及論辯的目的、作用、方法、規則等等，大都屬於邏輯的範圍。他們還提煉出七種具體論式：或，假，效，辟，侔，援，推；還討論過「止」。「推」和「止」主要用於反駁，其他五種論式均同時適用於「說」和「辯」。除墨家及其後學外，中國古代思想家鄧析、孔子、惠施、公孫龍、荀子、韓非等人對邏輯學也多有貢獻，甚至在《易經》中也隱藏著理解中國傳統思維方式的密碼。

即使退一步講，中國古代真的沒有邏輯，那麼，與西方人相比，中國人的思維有些什麼特點？有哪些模式和程序性的東西？經常使用哪些思維方法？是如何使用的？中國思想家對思維的模式、程序、結構、方法、準則等等做過哪些有意識的探索？中國人的思維方式對中國的文化、藝術、科學、技術、宗教、政治經濟制度等等產生了什麼樣的影響？是如何產生那些影響的？在現代，中國人的思維方式和思維習慣是否需要改變或改進？如何去促成或促進這種改變或改進？……所有這些問題，都是值得認真研究的，由此獲得的研究成果也是很有價值的。至於給這些研究成果以什麼樣的名稱，例如是否冠以「中國邏輯史」之名，並不是很重要的事情。

在過去幾十年中，中國邏輯史研究取得了較為豐碩的成果，遠遠超出了中國的西方邏輯史研究。我對中國邏輯史的研究者們致以敬意。我讀過一些中國邏輯史著作，例如：沈有鼎的《墨經的邏輯學》（1980），周文英的《中國邏輯思想史稿》（1979），楊沛蓀主編的《中國邏輯史教程》（1988），溫公頤主編的《中國邏輯史教程》（初版，1988；修訂本，崔清田為第二主編，2001），李匡武主編的《中國邏輯史》（5卷本，1989）及其配套的資料集，孫中原的墨辯研究等等，都是有分量的研究成果，從中獲益匪淺。但是，絕大多數成果幾乎有一個共同的特點，那就是以西方的形式邏輯為研究典範或研究框架，在中國思想家那裡找相應的材料，再往其中「套」或「裝」；由此，幾乎把一部中國邏輯史變成了西方邏輯史的註腳。我主張，中國邏輯史應該按其本來面目重寫，提煉出一些為中國邏輯所特有而為西方邏輯所缺乏的東西。

九、「思維四律」的特殊地位

上世紀早中期的中外邏輯教科書中，還把同一律、矛盾律和排中律叫做「思維三律」或「思維基本規律」，即使不這麼叫，也往往賦予它們某種特殊的地位。但新近的西方邏輯教科書幾乎不提這些規律，更別說給它們以任何特殊處理。有一種說法在中國邏輯學界一度十分流行：所謂「思維三律」只不過是現代邏輯演算系統中的重言式。我從不接受這樣的說法，即使所有其他人都這麼說。我曾撰文 [12] 指出，在上述見解中隱藏了一個根本性錯誤：把一個邏輯演算系統所賴以奠基和出發的後設規則等同於該系統所接受的一個內定理。因為在我看來，「思維三律」是用後設語言表述的後設規則，它們是構造或檢驗一個邏輯演算系統的根本指導原則。

同一律作為後設規則的作用，展現在邏輯演算系統的整個構造過程中：我們特製單義的人工語言符號，正是為了克服和避免自然語言中語詞或概念的多義性或歧義性；我們遞歸定義系統內的合式公式（形成規則），正是為了避免自然語言語法規則的模糊性和鬆散性；我們嚴格定義系統內的「證明」概念，正是為了排除日常推理中隨意引入的暗含假設和錯誤的推理步驟；我們區分對象語言與後設語言、內定理和後設定理、基本規則和導出規則、系統的語法和語義等等，都是為了嚴格貫徹同一律的精神，執行它的邏輯指令。可以說，同一律的基礎作用和後設規則作用已展現在邏輯演算的每一個符號、每一個公式、每一個推理或證明過程、每一個定理中。「p → p」只是同一律在命題演算中的表現形式；在其他邏輯中，同一律有別的表現形式。

矛盾律作為後設規則的作用，展現在一個形式系統構造完畢之後，我們還要從語形和語義兩方面去證明該系統的無矛盾性。正是矛盾律推動人們去探索、追尋、發現一個形式系統的無矛盾性證明，因為矛盾律告訴我們，包含矛盾的系統是不成立的，會崩潰或坍塌掉。至於 ¬(p ∧ ¬p)，只是矛盾律在命題演算中的表現形式；在其他邏輯中，矛盾律還有別的表現形式，如謂詞演算中的 ¬(∃x)

---

[12] 陳波：〈思維四律不能表述為重言式〉，《哲學動態》1993 年第 5 期。

(F(x) ∧ ￢F(x))，如模態邏輯中的 ￢(□ p ∧ ◇ ￢p)。排中律的語義表述是：對於任一命題 A，要麼 A 眞，要麼 A 假。它和矛盾律一起構成著名的「二值原則」：任一命題或者是眞的或者是假的，二者必居其一，且只居其一。二值原則刻畫了我們日常所使用的語義概念「眞」和「假」之特性，它是整個經典邏輯（包括命題演算和謂詞演算）的基礎。經典邏輯是最典型的二值邏輯，其中的定理如 (p ∨ ￢p)，(∀x)(F(x) ∨ ￢F(x))，只是排中律的表現形式；在其他的二值邏輯中，排中律還有別的表現形式。

　　至於充足理由律的邏輯地位，歷來是有爭議的，迄今依然。萊布尼茲對充足理由原則的最早表述是：「任何一件事如果是眞實的或實在的，任何一個陳述如果是眞實的，就必須有一個爲什麼這樣而不那樣的充足理由，雖然這些理由常常總是不能爲我們所知道的。」[13] 對此原則最大的非議是：這樣的充足理由只有上帝才能知道，因此，若有該規律的話，它也只是上帝的規律，不是人的思維的規律。我不這麼看，即使萊布尼茲的表述有問題，我們也可以對它加以改造，使之成爲一條邏輯規律，成爲我們之思維的基本指導原則。我對充足理由律的改造是：若要證明 B 爲定理，必須做兩件事情：先證明 A 是定理，並證明從 A 能夠邏輯地推出 B。這就是分離規則：若 ⊢A，且 ⊢A → B，則 ⊢B，每個邏輯系統都必須使用它。換成語義的表述：若要證明 B 眞，也必須做兩件事情：先證明 A 眞，然後證明從 A 能夠邏輯地推出 B。滿足以上兩個條件的 A 就是確證 B 在邏輯上充足的理由。換成平常的說法，充足理由律的內容是：在同一思維和論證過程中，要確定一個思想爲眞，必須有邏輯上充足的理由。具體要求如下：(1) 對所要論證的觀點必須給出理由；(2) 給出的理由必須眞實，至少是論辯雙方所能接受的；(3) 從給出的理由必須能夠合邏輯地推出所要論證的論點。否則，就會犯「沒有理由」、「理由虛假」和「推不出來」的錯誤。充足理由律的作用在於確保思維的論證性，即要求用合邏輯的方式去「講道理」。隨著批判性思維和非形式邏輯的興起，對講道理的方式──「論證」的識別、評價與建構占有越來

[13] 北京大學哲學系編：《十六─十八世紀西歐各國哲學》，商務印書館，1961 年，第 488 頁。

越重要的地位。而在評價和建構論證時，所要注意的最基本問題是：前提或理由是否眞實？前提或理由在邏輯上是否足以確證結論？推理或論證過程是否包含邏輯錯誤？這些問題都是由充足理由律衍生的。此外，所謂「謬誤」，就是「有缺陷的」推理和論證，其「缺陷」往往表現在：不講道理，如強詞奪理、人身攻擊等；講歪道理，如所給理由不眞實，至少是未被證明或未被認可爲眞實；推不出來，如需要隱含的前提或假設，推理過程不合邏輯等。即使不是所有、至少是絕大部分的思維謬誤是由於違反充足理由律而導致的，沒有充足理由律，整個「謬誤理論」就失去根基。因此，充足理由律至關重要，不可或缺。

十、邏輯的可修正性問題

在這個問題上，我秉持兩個信念：（一）邏輯在原則上是可以修正的，甚至可以說，邏輯眞理是可錯的；（二）讓邏輯不受傷害始終是應該優先選擇的策略。[14]

爲什麼邏輯在原則上是可以修正的？可以列出如下理由：

（一）不能絕對地說，邏輯是題材中立的，它關於這個世界什麼也沒有說。實際上，作爲經典邏輯的一階邏輯，就對這個世界說了些什麼，有不少隱含的預設或前提條件，例如它要求其對象域非空，量詞都有存在含義，名稱都有其相應的所指，沒有所謂的「空名」，因而不會有違背二值原則的命題出現。於是，就有這樣的可能：另外一些邏輯學家，出於另外一些考慮，不同意其中一些預設，而贊成另外一些預設，甚至是與原預設互相否定的預設，從而構造了另外一些邏輯系統，這些系統至少在某些點上與經典邏輯系統是相衝突的：後者的一些邏輯定理不能作爲前者的邏輯定理，反之亦然。

（二）邏輯學家之間的分歧大都不是形式技術上的分歧，而是哲學立場上的分歧，屬於實質性分歧：不同的邏輯理論對這個世界以及人類對這個世界

---

[14] 參見陳波：〈「邏輯的可修正性」再思考〉，《哲學研究》2008 年第 8 期。

的認知施加了一些不同的限制條件。例如：根據達米特的研究，二值原則預設了某種實在論立場：是獨立於我們而存在的外部世界使得我們說出關於這個世界的任一描述性句子非真即假，這一點與我們是否知道甚至與我們是否能夠知道該句子的真假無關。像直覺主義者以及受他們影響的哲學家就不同意這樣的論斷，他們問：在沒有辦法知道一個句子真假的情況下，你有什麼理由去斷言該句子非真即假？你這樣斷言，與斷言上帝存在有什麼區別？他們對「存在性斷言」提出了更高的標準：「存在等於被構造」，僅當有辦法把某物構造出來或找尋出來時，才能說該物存在；僅在能夠證成某個句子真或假的情況下，才能斷定該句子的真或假。顯然，他們對於邏輯施加了更為嚴格的限制，所構造出來的邏輯當然會與基於二值原則的經典邏輯有所衝突。

(三) 如前所述，邏輯理論中包含描述性因素，關於「人類應該如何思維」的規範是從「人類實際上如何思維」的描述中提煉出來的。儘管邏輯理論中的描述性因素很不明顯，但其中還是含有描述性因素和規定性成分，根據我的研究，這主要展現在對邏輯常項（包括連接詞和量詞）的語義解釋，以及隨後對於含這些常項的公理和推理規則的選取上。假如另外一些邏輯學家對這些常項的直觀解釋有不同的認知，就會導致他們各自構造不同的邏輯，由此發生衝突。例如：正是基於對蘊涵和推理關係的不同理解，導致邏輯學家分別構造了經典邏輯、相干邏輯、直覺主義邏輯、反事實條件句邏輯、非單調推理等有所差異且有所衝突的邏輯理論。

為什麼讓邏輯不受傷害應該是優先選擇的策略？這是因為：儘管邏輯理論也含有描述性因素，但仍然與其他經驗科學很不相同：它們並不直接描述這個世界以及關於這個世界的認知，其中所含的描述性因素最少，離經驗世界最遠，得到修正的機會最小。更重要的是，我們關於這個世界的知識或信念構成了一個有層次、有結構的網絡──「信念之網」，儘管其中所有成分都與經驗內容有關聯，但畢竟還有「多少遠近」的差別，邏輯處於這個信念網的核心地帶，對整個信念網起支撐作用，修改邏輯會導致整個信念網的坍塌，按以最小代價獲取最大收益的方法論原則，修改邏輯也是最不應該採取的策略：除非萬不得已、萬般無奈，

通常不選擇去修改邏輯這條途徑。

　　承認「邏輯是可以修正的」有什麼積極意義？如果連邏輯也與經驗有關聯，也可以被修改的話，那麼，還有什麼東西與經驗無關、不可以被修改呢？由此可杜絕一切所謂的「先驗眞理」、「分析眞理」和「絕對眞理」，斷掉認識論上的獨斷論、教條主義和專制主義的後路，爲自由思考和科學的進一步發展敞開道路，提供空間。

十一、結語

　　綜上所述，「邏輯」是一個生長和變動著的概念。邏輯與人類思維有關，它從對「人類事實上如何思維」的考察中提煉出「人類應該如何思維」的規範。隨著人類思維的發展以及人類認知和實踐需求的變化，不同歷史時期或階段的邏輯研究會在題材、重點、方法、結果等方面顯現出很大的差異，從而導致邏輯理論形態的多樣化。在計算機科學和人工智能研究的推動下，當代邏輯正向人類的實際思維領域進軍，由此帶來邏輯研究的一些新特點：直接明顯的描寫性，技術上的複雜性，推理結論的不確定性，以及追求研究結果的可應用性等。批判性思維是當代邏輯的一個活躍領域，它涉及培養什麼樣的人以及如何培養兩個方面，後者又涉及「教什麼」和「如何教」等問題。法律邏輯是法律與邏輯密切結合的產物，「法律證成」、「法律推理」和「法律論辯」是其研究重點。同一律、矛盾律和排中律是正確思維的基本規律；沒有充足理由律，作爲批判性思維核心的論證理論和謬誤理論將失去根基。由於邏輯理論也帶有某種程度的經驗描寫性，故邏輯是可修正的、邏輯眞理是可錯的，但讓邏輯不受傷害始終是應該優先選擇的策略。我們不能把在某一個歷史時期或階段占主導地位的研究方式視爲唯一或絕對正確的研究方式，用它去剪裁和評判歷史前輩和當代同行的邏輯研究。「獨立之精神，自由之思想」，這是學術研究的靈魂，也應該在邏輯學研究中提倡和堅守。堅持一定的學術標準，與保護學術自由，應該並行不悖。

　　我認爲，對於邏輯學界來說，下述領域都可以研究，也應該研究：數理邏輯，哲學邏輯，邏輯哲學，自然語言邏輯；西方邏輯史，中國邏輯史，印度、藏

傳、漢傳的因明；批判性思維，非形式邏輯，法律邏輯；前沿研究，歷史梳理，邏輯的教學和普及；如此等等。重要的不在於研究什麼，而在於怎麼研究，以及最後獲得什麼樣的成果。只要邏輯學界同仁各顯神通，認真紮實地去做，持之以恆地去做，邏輯的光明前景是可以期待的！

附錄三　從人工智能看當代邏輯學的發展[1]

　　現代邏輯創始於 19 世紀末葉和 20 世紀早期，其發展動力主要來自於數學中的公理化運動。當時的數學家們試圖從少數公理根據明確給出的演繹規則推導出其他的數學定理，從而把整個數學構造成一個嚴格的演繹大廈，然後用某種程序和方法一勞永逸地證明數學體系的可靠性。為此需要發明和鍛造嚴格、精確、適用的邏輯工具。這是現代邏輯誕生的主要動力。由此造成的後果就是 20 世紀邏輯研究的嚴重數學化，其表現在於：一是邏輯專注於在數學的形式化過程中提出的問題；二是邏輯採納了數學的方法論，從事邏輯研究就意味著像數學那樣用嚴格的形式證明去解決問題。由此發展出來的邏輯被恰當地稱為「數理邏輯」，它增強了邏輯研究的深度，使邏輯學的發展繼古希臘邏輯、歐洲中世紀邏輯之後進入第三個高峰期，並且對整個現代科學特別是數學、哲學、語言學和計算機科學產生了非常重要的影響。

　　本文所要探討的問題是：21 世紀邏輯發展的主要動力將來自何處？大致說來將如何發展？我個人的看法是：計算機科學和人工智能將至少是 21 世紀早期邏輯學發展的主要動力泉源，並將由此決定 21 世紀邏輯學的另一副面貌。由於人工智能要模擬人的智能，它的難點不在於人腦所進行的各種必然性推理（這一點在 20 世紀基本上已經做到了，如用計算機去進行高難度和高強度的數學證明，「深藍」透過高速、大量的計算去與世界冠軍下棋），而在於最能展現人之智能特徵的能動性、創造性思維，這種思維活動中包括學習、抉擇、嘗試、修正、推理諸因素，例如選擇性地搜集相關的經驗證據，在不充分訊息的基礎上做出嘗試性的判斷或抉擇，不斷根據環境回饋調整、修正自己的行為……由此達到實踐的成功。於是，邏輯學將不得不比較全面地研究人的思維活動，並著重研究人的思維中最能展現其能動性特徵的各種不確定性推理，由此發展出的邏輯理論

---

[1]　原載《中山大學學報論叢》（邏輯與認知專刊）2000 年第 2 期，臺灣《哲學與文化》2001 年第 10 期。

也將具有更強的可應用性。

實際上，在 20 世紀中後期，就已經開始了現代邏輯與人工智能（記為 AI）之間的相互融合和滲透。例如：哲學邏輯所研究的許多課題在理論計算機和人工智能中具有重要的應用價值。AI 從認知心理學、社會科學以及決策科學中獲得了許多資源，但邏輯（包括哲學邏輯）在 AI 中發揮了特別突出的作用。某些原因促使哲學邏輯家去發展關於非數學推理的理論；基於幾乎同樣的理由，AI 研究者也在進行類似的探索，這兩方面的研究正在相互接近、相互借鑑，甚至逐漸融合在一起。例如：AI 特別關心下述課題：

- 效率和資源有限的推理；
- 感知；
- 做計畫和計畫再認；
- 關於他人的知識和信念的推理；
- 各認知主體之間相互的知識；
- 自然語言理解；
- 知識表示；
- 常識的精確處理；
- 對不確定性的處理，容錯推理；
- 關於時間和因果性的推理；
- 解釋或說明；
- 對歸納概括以及概念的學習。[2]

21 世紀的邏輯學也應該關注這些問題，並對之進行研究。為了做到這一點，邏輯學家們有必要熟悉 AI 的要求及其相關進展，使其研究成果在 AI 中具有可應用性。

我認為，至少是 21 世紀早期，邏輯學將會重點關注下述幾個領域，並且有可能在這些領域出現具有重大意義的成果：一、如何在邏輯中處理常識推理中的

---

[2] 參見 R. Thomason, "Philosophical Logic and Artificial Intelligence", in *Journal of Philosophical Logic* No.4, 1988, p.325, Kluwer Academic Publishers。

弗協調、非單調和容錯性因素？二、如何使機器人具有人的創造性智能，如從經驗證據中建立用於指導以後行動的歸納判斷？三、如何進行知識表示和知識推理，特別是基於已有的知識庫以及各認知主體相互之間的知識而進行的推理？四、如何結合各種語境因素進行自然語言理解和推理，使智能機器人能夠用人的自然語言與人進行成功的交際？等等。

一、常識推理中的某些弗協調、非單調和容錯性因素

AI 研究的一個目標就是用機器智能模擬人的智能，它選擇各種能反映人的智能特徵的問題進行實踐，希望能做出各種具有智能特徵的軟體系統。AI 研究基於計算途徑，因此要建立具有可操作性的符號模型。一般而言，AI 關於智能系統的符號模型可描述為：由一個知識載體（稱為知識庫 KB）和一組加載在 KB 上的足以產生智能行為之過程（稱為問題求解器 PS）構成。經過 20 世紀 70 年代包括專家系統的發展，AI 研究者逐步取得共識，認識到知識在智能系統中的力量，即一般的智能系統事實上是一種基於知識的系統，而知識包括專業性知識和常識性知識，前者亦可看作是某一領域內專家的常識。於是，常識問題就成為 AI 研究的一個核心問題，它包括兩個方面：常識表示和常識推理，即如何在人工智能中清晰地表示人類的常識，並運用這些常識去進行符合人類行為的推理。顯然，如此建立的常識知識庫可能包含矛盾，是不協調的，但這種矛盾或不協調應不至於影響到進行合理的推理行為；常識推理還是一種非單調推理，即人們基於不完全的訊息推出某些結論，當得到更完全的訊息後，可以改變甚至收回原來的結論；常識推理也是一種可能出錯的不精確推理模式，是在容許有錯誤知識的情況下進行的推理，簡稱容錯推理。而經典邏輯拒斥任何矛盾，容許從矛盾推出一切命題；並且它是單調的，即承認如下的推理模式：如果 p → r，則 p ∧ q → r；或者說，任一理論的定理屬於該理論之任一擴張的定理集。因此，在處理常識表示和常識推理時，經典邏輯應該受到限制和修正，並發展出某些非經典的邏輯，如次協調邏輯、非單調邏輯、容錯推理等。有人指出，常識推理的邏輯是次協調邏輯和非單調邏輯的某種結合物，而後者又可看作是對容錯推理之

簡單且基本情形的一種形式化。[3]

「次協調邏輯」（Paraconsistent Logic）是由普里斯特、達科斯塔等人在對悖論的研究中發展出來的，其基本想法是：當在一個理論中發現難以克服的矛盾或悖論時，與其徒勞地想盡各種辦法去排除或防範它們，不如乾脆讓它們留在理論體系內，但把它們「圈禁」起來，不讓它們任意擴散，以免使我們所創立或研究的理論成為「不足道」的。於是，在次協調邏輯中，能夠容納有意義、有價值的「真矛盾」，但這些矛盾並不能使系統推出一切，導致自毀。因此，這一新邏輯具有一種次於經典邏輯但又遠遠高於完全不協調系統的協調性。次協調邏輯家們認為，如果在一理論 T 中，一語句 A 及其否定 ⌐A 都是定理，則 T 是不協調的；否則，稱 T 是協調的。如果 T 所使用的邏輯含有從互相否定的兩公式可推出一切公式的規則或推理，則不協調的 T 也是不足道的（trivial）。因此，通常以經典邏輯為基礎的理論，如果它是不協調的，那它一定也是不足道的。這一現象表明，經典邏輯雖可用於研究協調的理論，但不適用於研究不協調但又足道的理論。達科斯塔在 20 世紀 60 年代構造了一系列次協調邏輯系統 C_n（$1 \leq n \leq w$），以用作不協調而又足道的理論之邏輯工具。對次協調邏輯系統 C_n 的特徵性描述包括下述命題：（一）矛盾律 ⌐(A ∧ ⌐A) 不普遍有效；（二）從兩個相互否定的公式 A 和 ⌐A 推不出任意公式；即是說，矛盾不會在系統中任意擴散，矛盾不等於災難。（三）應當容納與（一）和（二）相容的大多數經典邏輯之推理模式和規則。這裡，（一）和（二）表明了對矛盾的一種相對寬容態度，（三）則表明次協調邏輯對於經典邏輯仍有一定的繼承性。

在任一次協調邏輯系統 C_n（$1 \leq n \leq w$）中，下述經典邏輯的定理或推理模式都不成立：

⌐(A ∧ ⌐A)

A ∧ ⌐A → B

A → (⌐A → B)

3　參見林作銓：〈常識問題——常識、人工智能和數理邏輯〉、〈常識問題——常識推理的邏輯基礎〉，《計算機研究與發展》（北京）1997 年第 6 期。

$(A \leftrightarrow \neg A) \rightarrow B$

$(A \leftrightarrow \neg A) \rightarrow \neg B$

$A \rightarrow \neg \neg A$

$(\neg A \wedge (A \vee B)) \rightarrow B$

$(A \rightarrow B) \rightarrow (\neg B \rightarrow \neg A)$

若以 C_0 為經典邏輯，則系列 $C_0, C_1, C_2, \cdots C_n, \cdots C_w$ 使得對任一正整數 i 有 C_i 弱於 C_{i-1}，C_w 是這系列中最弱的演算。已經為 C_n 設計出了合適的語義學，並已經證明 C_n 相對於此種語義是可靠的和完全的，並且次協調命題邏輯系統 C_n 還是可判定的。現在，已經有人把次協調邏輯擴展到模態邏輯、時態邏輯、道義邏輯、多值邏輯、集合論等領域的研究中，發展了這些領域內的次協調理論。顯然，次協調邏輯將會得到更進一步的發展。[4]

　　非單調邏輯是關於非單調推理的邏輯，它的研究開始於 20 世紀 80 年代。1980 年，D. 麥克多莫特和 J. 多伊爾初步嘗試著系統發展一種關於非單調推理的邏輯。他們在經典謂詞演算中引入一個算子 M，表示某種「一致性」斷言，並將其看作是模態概念，透過一定程序把模態邏輯系統 T、S4 和 S5 翻譯成非單調邏輯。B. 摩爾的論文〈非單調邏輯的語義思考〉（1983）據認為在非單調邏輯方面做出了令人注目的貢獻。他在「缺省推理」和「自動認知推理」之間做了區分，並把前者看作是在沒有任何相反訊息和缺少證據的條件下進行推理的過程，這種推理的特徵是試探性的：根據新訊息，它們很可能會被撤銷。自動認知推理則不是這種類型，它是與人們自身的信念或知識相關的推理，可用它模擬一個理想的具有信念之有理性的代理人之推理。對於在計算機和人工智能中獲得成功的應用而言，非單調邏輯尚需進一步發展。

4　此處關於次協調邏輯的討論，除參閱有關的英文文獻外，尚參閱了下述文章：張清宇：〈次協調邏輯研究近況〉，《世界哲學年鑑 1986》，第 166-168 頁。桂起權：〈什麼是協調邏輯〉，《邏輯與語言學習》1988 年第 4 期，第 20-23 頁；〈次協調邏輯：辯證邏輯形式化的階梯〉，《武漢大學學報》1989 年第 6 期，第 24-30 頁。

二、歸納以及其他不確定性推理

　　人類智能的本質特徵和最高表現是創造。在人類創造的過程中，具有必然性的演繹推理固然有重要作用，但更爲重要的是具有某種不確定性的歸納、類比推理以及模糊推理等。因此，計算機要成功地模擬人的智能，眞正展現出人的智能品質，就必須對各種具有不確定性的推理模式進行研究。

　　首先是對歸納推理和歸納邏輯的研究。這裡所說的「歸納推理」是廣義的，指一切擴展性推理，它們的結論所斷定的超出了其前提所斷定的範圍，因而前提的眞無法保證結論的眞，整個推理因此缺乏必然性。具體說來，這種意義的「歸納」包括下述內容：簡單列舉法；排除歸納法，指這樣一些操作：預先透過觀察或實驗列出被研究現象的可能原因，然後有選擇地安排某些事例或實驗，根據某些標準排除不相干假設，最後得到比較可靠的結論；統計概括：從關於有窮數目樣本的構成之知識到關於未知整體分布構成的結論之推理；類比論證和假說演繹法等等。儘管休謨提出著名的「歸納問題」，對歸納推理的合理性和歸納邏輯的可能性提出了深刻的質疑，但我認爲，（一）歸納是在茫茫宇宙中生存的人類必須採取也只能採取的認知策略，對於人類來說具有實踐的必然性。（二）人類有理由從經驗的重複中建立某種確實性和規律性，其依據就是確信宇宙中存在某種類似於自然齊一律和客觀因果律之類的東西。這一確信是合理的，而用純邏輯的理由去懷疑一個關於世界的事實性斷言則是不合理的，除非這個斷言是邏輯矛盾。（三）人類有可能建立起局部合理的歸納邏輯和歸納方法論。並且，歸納邏輯的這種可能性正在計算機科學和人工智能的研究推動下慢慢地演變成現實。恩格斯早就指出，「社會一旦有技術上的需要，則這種需要比十所大學更能把科學推向前進」[5]。有人透過指責現有的歸納邏輯不成熟，得出「歸納邏輯不可能」的結論，他們的推理本身與歸納推理一樣，不具有演繹的必然性。（四）人類實踐的成功在一定程度上證明了相應之經驗知識的眞理性，也就在一定程度上證明了歸納邏輯和歸納方法論的力量。毋庸否認，歸納邏輯目前還很不成熟。有的學者

5　《馬克思恩格斯選集》第 4 卷，第 505 頁。

指出，爲了在機器的智能模擬中克服對歸納模擬的困難而有所突破，應該將歸納邏輯等有關的基礎理論研究與機器學習、不確定推理和神經網絡學習模型及歸納學習中已有的成果結合起來。只有這樣，才能在已有的歸納學習成果上，在機器歸納和機器發現上取得新的突破和進展。[6] 這是一個極有價值且極富挑戰性的課題，無疑在 21 世紀將得到重視並取得進展。

再談模糊邏輯。現實世界中充滿了模糊現象，這些現象反映到人的思維中形成了模糊概念和模糊命題，如「矮個子」、「美人」、「甲地在乙地附近」、「他很年輕」等。研究模糊概念、模糊命題和模糊推理的邏輯理論叫做「模糊邏輯」。對它的研究始於 20 世紀 20 年代，其代表性人物是 L.A. 查德和 P. N. 馬林諾斯。模糊邏輯爲精確邏輯（二值邏輯）解決不了的問題提供了解決的可能，它目前在醫療診斷、故障檢測、氣象預報、自動控制以及人工智能研究中獲得重要應用。顯然，它在 21 世紀將繼續得到更大的發展。

三、廣義內涵邏輯

經典邏輯只是對命題連接詞、個體詞、謂詞、量詞和等詞進行了研究，但在自然語言中，除了這些語言成分之外，顯然還存在許多其他的語言成分，如各種各樣的副詞，包括模態詞「必然」、「可能」和「不可能」、時態詞「過去」、「現在」和「未來」、道義詞「應該」、「允許」、「禁止」等等，以及各種認知動詞，如「思考」、「希望」、「相信」、「判斷」、「猜測」、「考慮」、「懷疑」，這些認知動詞在邏輯和哲學文獻中被叫做「命題態度詞」。對這些副詞以及命題態度詞的邏輯研究可以歸類爲「廣義內涵邏輯」。

大多數副詞以及幾乎所有命題態度詞都是內涵性的，造成內涵語境，後者與外延語境構成對照。外延語境又叫透明語境，是經典邏輯的組合性原則、等值置換規則、同一性替換規則在其中適用的語境；內涵語境又稱晦暗語境，是上述規則在其中不適用的語境。相應於外延語境和內涵語境的區別，一切語言表達式

---

6 參見王雨田：《歸納邏輯和人工智能》，中國紡織大學出版社，1995 年，第 i-ii 頁。

（包括自然語言的名詞、動詞、形容詞直至語句）都可以區分爲外延性的和內涵性的，前者是提供外延語境的表達式，後者是提供內涵性語境的表達式。例如：殺死、見到、擁抱、吻、砍、踢、打、與……下棋等都是外延性表達式，而知道、相信、認識、必然、可能、允許、禁止、過去、現在、未來等都是內涵性表達式。

在內涵語境中會出現一些複雜的情況。首先，對於個體詞項來說，關鍵性的東西是我們不僅必須考慮它們在現實世界中的外延，而且要考慮它們在其他可能世界中的外延。例如：由於「必然」是內涵性表達式，它提供內涵語境，因而下述推理是非有效的：

晨星必然是晨星，

晨星就是暮星，

所以，晨星必然是暮星。

這是因爲：這個推理只考慮到「晨星」和「暮星」在現實世界中的外延，並沒有考慮到它們在每一個可能世界中的外延，我們完全可以設想一個可能世界，在其中「晨星」的外延不同於「暮星」的外延。因此，我們就不能利用同一性替換規則，由該推理的前提得出它的結論：「晨星必然是暮星」。其次，在內涵語境中，語言表達式不再以通常是它們的外延之東西作爲外延，而以通常是它們的內涵之東西作爲外延。以「達爾文相信人是從猿猴進化而來的」這個語句爲例。這裡，達爾文所相信的是「人是從猿猴進化而來的」所表達的思想，而不是它所指稱的眞值，於是在這種情況下，「人是從猿猴進化而來的」所表達的思想（命題）就構成它的外延。再次，在內涵語境中，雖然適用於外延的函項性原則不再成立，但並不是非要拋棄不可，可以把它改述爲新的形式：一複合表達式的外延是它出現於外延語境中之部分表達式的外延加上出現於內涵語境中之部分表達式的內涵之函項。這個新的組合性或函項性原則在內涵邏輯中成立。

一般而言，一個好的內涵邏輯至少應滿足兩個條件：（一）它必須能夠處理外延邏輯所能處理的問題；（二）它還必須能夠處理外延邏輯所不能處理的難題。這就是說，它既不能與外延邏輯相矛盾，又要克服外延邏輯的局限。這樣的內涵邏輯目前正在發展中，並且已有初步輪廓。從術語上說，內涵邏輯除需要眞、

假、語句眞值的同一和不同、集合或類、謂詞的同範圍或不同範圍等外延邏輯的術語之外，還需要同義、內涵的同一和差異、命題、屬性或概念這樣一些術語。廣而言之，可以把內涵邏輯看作是關於像「必然」、「可能」、「知道」、「相信」、「允許」、「禁止」等提供內涵語境之語句算子的一般邏輯。在這種廣義之下，模態邏輯、時態邏輯、道義邏輯、認知邏輯、問題邏輯等都是內涵邏輯。不過，還有一種狹義的內涵邏輯，它可以粗略定義如下：一個內涵邏輯是一個形式語言，其中包括（一）謂詞邏輯的算子、量詞和變元，這裡的謂詞邏輯不必局限於一階謂詞邏輯，也可以是高階謂詞邏輯；（二）合式的 λ 表達式，例如：(λx)A，這裡 A 是任一類型的表達式，x 是任一類型的變元，(λx)A 本身是一函項，它把變元 x 在其中取值的那種類型之對象映射到 A 所屬的那種類型上；（三）其他需要之模態的或內涵的算子，例如：∈，∧、∨。而一個內涵邏輯的解釋，則由下列要素組成：（一）一個可能世界的非空集 W；（二）一個可能個體的非空集 D；（三）一個賦值，它向系統內的表達式指派它們在每 w ∈ W 中的外延。對於任一的解釋 Q 和任一的世界 w ∈ W，判定內涵邏輯系統中的任一表達式 X 相對於解釋 Q 在 w∈W 中的外延總是可能的。這樣的內涵邏輯系統有丘奇的 LSD 系統，R. 蒙塔古的 IL 系統，以及 E.N. 扎爾塔的 FIL 系統等。[7]

在各種內涵邏輯中，認識論邏輯（epistemic logic）具有重要意義。它有廣義和狹義之分。廣義的認識論邏輯研究與感知（perception）、知道、相信、斷定、理解、懷疑、問題和回答等相關的邏輯問題，包括問題邏輯、知道邏輯、相信邏輯、斷定邏輯等；狹義的認識論邏輯僅指知道和相信的邏輯，簡稱「認知邏輯」。馮‧賴特在 1951 年提出了對「認知模態」的邏輯分析，這對建立認知邏輯具有極大的啟發作用。麥金西首先給出了一個關於「知道」的模態邏輯。波普於 1957 年建立了一個基於 6 條規則的相信邏輯系統。亨迪卡於 60 年代出版的《知識和信念》一書是認知邏輯史上的重要著作，其中提出了一些認知邏輯的

---

[7] C. A. Anderson, "General Intentional Logic", in *Handbook of Philosophical Logic*, eds. by D. Gabbay and F. Guenthner, Dordrecht: Reidel, vol. II, 1984, pp. 355-386; Edward N. Zal- ta, *Intentional Logic and The Metaphysics of Intentionality*, Massachusetts: MIT Press, 1988.

系統，並爲其建立了基於「模型集」的語義學，後者是可能世界語義學的先導之一。當今的認知邏輯紛繁複雜，既不成熟也面臨許多難題。由於認知邏輯涉及認識論、心理學、語言學、計算機科學和人工智能等諸多領域，並且認知邏輯的應用技術，又稱關於知識的推理技術，正在成爲計算機科學和人工智能的重要分支之一，因此認知邏輯在 20 世紀中後期成爲國際邏輯學界的一個熱門研究方向。這一狀況在 21 世紀將得到繼續並進一步強化，在這方面有可能出現突破性的重要結果。

四、對自然語言的邏輯研究

對自然語言的邏輯研究有來自幾個不同領域的推動力。首先是計算機和人工智能的研究，人機對話和通訊、計算機的自然語言理解、知識表示和知識推理等課題，都需要對自然語言進行精細的邏輯分析，並且這種分析不能僅停留在句法層面，而且要深入到語義層面。其次是哲學特別是語言哲學，在 20 世紀哲學家們對語言表達式的意義問題傾注了異乎尋常的精力，發展了各種各樣的意義理論，如觀念論、指稱論、使用論、言語行爲理論、眞值條件論等等，以至有人說，關注意義成了 20 世紀哲學家的職業病。再次是語言學自身發展的需要，例如在研究自然語言的意義問題時，不能僅僅停留在脫離語境的抽象研究上面，而要結合使用語言的特定環境去研究，這導致了語義學、語用學、新修辭學等等發展。各個方面發展的成果可以總稱爲「自然語言邏輯」，它力圖綜合後期維根斯坦提倡的使用論，奧斯汀、塞爾等人發展的言語行爲理論，以及格賴斯所創立的會話含義學說等成果，透過自然語言的指謂性和交際性去研究自然語言中的推理。

自然語言具有表達和交際兩種職能，其中交際職能是自然語言最重要的職能，是它的生命力之所在。而言語交際總是在一定的語言環境（簡稱語境）中進行的，語境有廣義和狹義之分。狹義的語境僅指一個語詞、一個句子出現的上下文。廣義的語境除了上下文之外，還包括該語詞或語句出現的整個社會歷史條件，如該語詞或語句出現的時間、地點、條件、講話的人（作者）、聽話的人

（讀者）以及交際雙方所共同具有的背景知識，這裡的背景知識包括交際雙方共同的信念和心理習慣，以及共同的知識和假定等等。這些語境因素對於自然語言的表達式（語詞、語句）的意義有著極其重要的影響，這具體表現在：（一）語境具有消除自然語言語詞的多義性、歧義性和模糊性的能力，具有嚴格規定語言表達式意義的能力。（二）自然語言的句子常常包含指示代詞、人稱代詞、時間副詞等，要弄清楚這些句子的意義和內容，就要弄清楚這句話是誰說的、對誰說的、什麼時候說的、什麼地點說的、針對什麼說的等等，這只有在一定的語境中才能進行。依賴語境的其他類型的語句還有：包含著像「有些」和「每一個」這類量化表達式的句子之意義取決於依語境而定的論域，包含著像「大的」、「冷的」這類形容詞的句子之意義取決於依語境而定的相比較之對象類；模態語句和條件語句的意義取決於因語境而變化的語義決定因素；如此等等。（三）語言表達式的意義在語境中會出現一些重要的變化，以至偏離它通常所具有的意義（抽象意義），而產生一種新的意義即語用含義。有人認為，一個語言表達式在它的具體語境中的意義，才是它完全的真正意義，一旦脫離開語境，它就只具有抽象的意義。語言的抽象意義和它的具體意義的關係，正像解剖了的死人肢體與活人肢體的關係一樣。邏輯應該去研究、理解、把握自然語言的具體意義，當然不是去研究某一個（或一組）特定的語句在某個特定語境中唯一無二的意義，而是專門研究確定自然語言具體意義的普遍原則。[8]

格賴斯把語言表達式在一定的交際語境中產生的一種不同於字面意義的特殊含義，叫做「語用含義」、「會話含義」或「隱含」（implicature），並於 1975 年提出了一組「交際合作原則」，包括一個總則和四組準則。總則的內容是：在你參與會話時，你要依據你所參與之談話交流的公認目的或方向，使你的會話貢獻符合這種需要。仿照康德把範疇區分為量、質、關係和方式四類，格賴斯提出了如下四組準則：

（一）數量準則：在交際過程中給出的訊息量要適中。

8　參見周禮全：〈形式邏輯應嘗試研究自然語言的具體意義〉，《光明日報》1961 年 5 月 26 日。

1. 給出所要求的訊息量。

2. 給出的訊息量不要多於所要求的訊息量。

（二）品質準則：力求講真話。

1. 不說你認為假的東西。

2. 不說你缺少適當證據的東西。

（三）關聯準則：說話要與已定的交際目的相關聯。

（四）方式準則：說話要意思明確，表達清晰。

1. 避免晦澀生僻的表達方式。

2. 避免有歧義的表達方式。

3. 說話要簡潔。

4. 說話要有順序性。[9]

後來對這些原則提出了不少修正和補充，例如：有人還提出了交際過程中所要遵守的「禮貌原則」。只要把交際雙方遵守交際合作原則之類的語用規則作為基本前提，這些原則就可以用來確定和把握自然語言的具體意義（語用含義）。實際上，一個語句 p 的語用含義，就是聽話人在具體語境中根據語用規則由 p 得到的那個或那些語句。更具體地說，從說話人 S 說的話語 p 推出語用含義 q 的一般過程是：

（一）S 說了 p；

（二）沒有理由認為 S 不遵守準則，或至少 S 會遵守整體合作原則；

（三）S 說了 p 而又要遵守準則或整體合作原則，S 必定想表達 q；

（四）S 必然知道，談話雙方都清楚：如果 S 是合作的，必須假設 q；

（五）S 無法阻止聽話人 H 考慮 q；

（六）因此，S 意圖讓 H 考慮 q，並在說 p 時意味著 q。

試舉二例：

（一）a 站在熄火的汽車旁，b 向 a 走來。a 說：「我沒有汽油了。」b 說：「前面拐角處有一個修車鋪。」這裡 a 與 b 談話的目的是：a 想得到汽油。根據關係準則，b 說這句話是與 a 想得到汽油相關的，由此可知：b 說這句

---

9 格賴斯：〈邏輯和會話〉，見馬蒂尼奇編：《語言哲學》，1998 年，第 296-316 頁。

話時隱含著：「前面的修車鋪還在營業並且賣汽油。」

（二）某教授寫信推薦他的學生任某項哲學方面的工作，信中寫道：「親愛的先生：我的學生 c 的英語很好，並且準時上我的課。」根據量的準則，應該提供所需要的訊息量；作為教授，他對自己的學生的情況顯然十分熟悉，也可以提供所需要的訊息量，但他有意違反量的準則，在信中只用一句話來介紹學生的情況，任用人一旦接到這封信，自然明白：教授認為 c 不宜從事這項哲學工作。

並且，語用含義還具有如下 5 個特點：（一）可取消性：在對原話語附加上某些話語之後，它原有的語用含義可被取消。在例（一）中，若 b 在說「前面拐角處有一個修車鋪」之後又補上一句「不過它這時已經關門了」，則原有的語用含義「你可從那裡得到汽油」就被取消了。（二）不可分離性：如果某話語在特定的語境中產生了語用含義，則無論採用什麼樣的同義結構，該含義始終存在，因為它所依附的是話語的內容，而不是話語的形式。（三）可推導性，前面已說明這一點。（四）非規約性：語用含義不能單獨從話語本身推出來，除要考慮交際合作原則之類的語用規則之外，也需要假定通常的邏輯推理規則，並需要把上文語句、交際雙方所共有的背景知識作為附加前提考慮在內。（五）不確定性：同一句話語在不同的語境中可以產生不同的語用含義。顯然，確定某個話語的語用含義是一個極其複雜的過程，需要綜合和分析、歸納和演繹的統一應用，因此具有一定的或然性。研究如何迅速有效地把握自然語言表達式在具體語境中的語用含義，這正是自然語言邏輯所要完成的任務之一，它將在 21 世紀取得進展。

附錄四　從《哲學邏輯手冊》（第二版）看當代邏輯的發展趨勢[1]

一、當代邏輯的發展趨勢

　　1983-1989 年間，國際邏輯共同體用英文出版了 4 卷本《哲學邏輯手冊》。從 2001 年開始，該手冊出版第 2 版，約為 18 卷，迄今已經出版 12 卷。該書由英國倫敦國王學院計算機科學系（＊編按：即「資訊工程系」）多夫加貝（Dov M. Gabbay）教授和德國路德維希—麥克米蘭大學訊息與語言處理中心岡瑟（F. Guenthner）教授共同主編。

　　加貝在新版序言中指出：該手冊第一版出版時，「**幸運地處於邏輯學發展的時間轉折點**。（粗體係引者所標，下同）正是在這個時期，邏輯學在計算機科學和人工智能領域扎下根來。這些領域正處於日漸增長的商業壓力之下，要求提供一些在人的日常活動中幫助人甚至是取代人的手段。這種壓力，一方面要求在給人的活動和組織建立模型的過程中使用邏輯，另一方面也要求為構造計算機程式提供理論基礎。其結果就是《哲學邏輯手冊》，它覆蓋了為這些活躍的共同體所需要的大多數邏輯領域，並因此成為他們的『聖經』」。「來自計算機科學、人工智能和計算語言學等領域的這種迫切需求，也直接或間接地加速了哲學邏輯的發展。由於受到應用需要的刺激，研究被直接推向前進。新的邏輯領域得到確認，舊的領域得到了豐富和擴充。與此同時，從社會的角度來說，這種需求為好幾代邏輯學家提供了在計算機科學、語言學和電子工程等部門的就業機會，這當然有助於邏輯共同體的繁榮。除此之外，還發生了下述情況（也許並不是偶然的）：《手冊》的許多撰稿人在這些應用領域十分活躍，並且隨著時間的推移，他們逐漸取得了我們時代的應用哲學邏輯領域中最著名的領軍人物之地位。今

---

[1]　原載《2003 北京市學術前沿論叢小康社會：文化生態與全面發展》，北京師範大學出版社，2004 年，第 173-196 頁。

天，《手冊》第二版以非比尋常的方式集合了一批著名人物作爲作者！」[2]

在序言中，加貝也闡述了他本人目前關於在計算機科學、計算語言學和人工智能中的邏輯之看法。「在上個世紀 80 年代早期，有一種感覺，邏輯在計算機科學中的作用是作爲描寫和推理的工具，並且作爲可能是簡潔的計算機語言之基礎。計算機科學家當時正在對付數據結構，使用邏輯是他們的選擇之一。」「當時我自己的看法是，邏輯學有機會在計算機科學中發揮關鍵性作用，與這個豐富且重要的應用領域交換益處，並由此加快它自身的演變。當時覺得，邏輯與計算機科學的關係，非常類似於應用數學與物理學和工程的關係。應用數學透過被用作一個實質性工具而得到演化，我們希望邏輯也將如此。今天我的觀點已經改變了。隨著計算機科學和人工智能越來越多地處理分布式和相互作用的系統、過程、並行性（concurrency）、智能體（agents）、因果、遷移（transitions）、通訊和控制（只提到少數幾個），這個領域的研究者與傳統哲學家有越來越多的共同之處，哲學家們數個世紀以來一直在分析這些問題（而沒有受到任何硬體能力的約束）。」「例如：支配幾個過程之間的相互作用那些原則是抽象的，類似於支配著兩個大的有機體之間的合作之原則。一個基於規則的複雜、有效但嚴格之管理機構非常類似於一個處理和操控數據之複雜的計算機程式。我猜想，構成一個領域之基礎的那些原則非常類似於構成另一個領域之基礎的那些原則。」「我相信，這樣的日子已經不遠了：**當計算機科學家某一天早晨醒過來時，他忽然體認到，他實際上是某種類型的形式哲學家！**」

加貝還指出：「也許，**在過去十年中出現的給人印象最爲深刻的哲學邏輯成就，是與謬誤理論、非形式邏輯和論辯理論等領域的研究夥伴之間的有效對話**，由 1995 年在阿姆斯特丹舉行的邏輯和論辯會議，以及 1996 年和 1997 年兩次在波昂舉行的實踐推理會議所促成」。

加貝還用下面這張表格去顯示當代邏輯學及其與計算機科學、形式語言和人工智能之關係的整體圖景：

---

[2] Dov M. Gabbay, "Editorial Preface", in *Handbook of Philosophical Logic*, 2nd edition, vol. 1, vii-ix. 本文下面的引文凡未另注明出處者，均引自此。

邏輯	自然語言處理 (IT)	程序控制描寫、檢驗、並行性	人工智能（縮寫為AI）	邏輯編程	指令式與直陳式語言	數據庫理論	複雜性理論	智能體理論	特別的評論：未來展望
時序邏輯	時態算子的表達能力：過去與未來的區隔	對重複發生事件的表達能力：對時序控制力；模型檢測	計畫：依賴時間的數據；事件演算、跨時間的持存；框架問題；時間序言：時序處理	對帶時間因子量的霍爾子句的擴充；事件演算時序邏輯程式設計	時序邏輯作為直陳式程式設計語言；數據庫中改變著的未來	時序資料庫和時序處理	相關邏輯的判定程式的複雜性問題	一個實質性構成要素	時序系統正變得越來越精緻，並得到到廣泛的應用
模態邏輯、多重模態邏輯	廣義量詞	行動邏輯	信念修正；推理資料庫	由失敗導致的否定和模態	動態邏輯	資料庫更新和行動邏輯	同上	可能行動	多重模態邏輯正處於上升期：量化和語境變得非常活躍
演算法證明	話語表示：在語言輸入上的直接計算	新的邏輯；語義理論證明者	廣義推理理論：非單調系統	對邏輯的程序式探索	類型；謂詞重寫系統；抽象解釋	溯因推理；相干	同上	智能體的置入依賴於證明論	
非單調推理	消解義：機器翻譯；文檔分類；相干理論	環形（loop）檢測；關於環的非單調策；系統中的故障	本性上通用於AI的邏輯學；演變著和用於交流的資料庫	由失敗導致的否定；演繹著的資料庫		推理資料庫：對數據庫的非單調編碼	同上	智能體的推理是非單調推理	目前的一個主要領域；對於把實踐推理形式化具有重要意義
概率的和模糊的邏輯	對語言的語義分析	實在時間系統	專家系統；機器學習	邏輯程式的語義學		模糊和機率的資料庫	同上	與決策理論相關聯	目前的主要領域

邏輯類型	IT 自然語言處理	程序控制描寫、檢驗、並行性	人工智能（縮寫為AI）	邏輯編程	指令式與直陳式語言	數據庫理論	複雜性理論	智能體理論	特別的評論：未來展望
直覺主義邏輯	邏輯中的量詞	構造性推理和關於描寫設計的證明論	直覺主義邏輯比經典邏輯是更好的基礎	霍恩子句邏輯實際上是直覺邏輯直覺邏輯對邏輯程式設計語言的擴充	程式設計語言的語義上是丁—洛馬夫理論	數據處理：歸納學習	同上	智能體構造性學習	仍然是經典邏輯的一個中心作用的主要替代者
集合論，高階邏輯。λ—演算，類型	蒙古語語義學：情景語義學	基礎不好的集合	遺傳的有窮謂詞	λ—演算對邏輯程式設計語言的擴充			同上		比以往更要中心作用
經典命題邏輯，經典一階邏輯的片斷	基本的基礎語言	程式綜合	一個基本工具		程式設計語言的語義解釋：域邏論	關係資料庫	邏輯的複雜性類	邏輯的那頭幹重活的馬	對經典邏輯片斷的研究非常活躍目前景誘人；邏輯學的統一作用的新框架
加辭演繹系統	在建立模型時極其有用		一個有統一作用的框架；語境理論；賦質保持系統	注解性邏輯程式		加標考慮到語境和控制		實質性工具	
資源和子結構邏輯	Lambek 演算	模數：組合語言	空間和時間的邏輯	組合特徵	線性邏輯	連結資料庫：反應資料庫		智能體具有有限的資源	
纖維化和組合邏輯	動態語法							智能體是由各種各樣的纖維形機制構成的	自我纖維化概念容許自我指稱

邏輯	IT 自然語言處理	程式控制描寫、檢驗、並行性	人工智能（縮寫為AI）	邏輯編程	指令式與直陣式語言	數據庫理論	複雜性理論	智能體理論	特別的評論：未來展望
謬誤理論	在這裡得到廣泛應用								在適當的語境中，謬誤實際上是有效的推理模式
邏輯動力學		博弈語義學獲得了根基							一種動態的邏輯觀
論辯理論 遊戲			在AI中得到廣泛應用					潛在可應用的	在應用邏輯的所有領域之作用都在上升，前景十分光明
對象層次／元層次								智能體的重要特徵	在所有領域內總是有中心作用
機制：溯因 缺省相干			同上					對於智能體來說非常重要	變成了邏輯觀的重要一部分
與神經網絡的連結									未來具有極大的重要性：剛剛開始
時間一行動一修正 模型			同上					一種關於邏輯智能體的新理論	一類新模型

　　關於《哲學邏輯手冊》第二版，加貝說：「這部《手冊》計劃有大約 18 卷。哲學邏輯已經發生演變，它的各個領域已經相互關聯到如此程度，以致爲各卷設定專門的論題已經失去意義。不過，各卷遵循著章節之間的自然分組。」這裡附上已經出版的前 12 卷之目錄：

第一卷

編者序言：D. M. Gabbay

基本謂詞邏輯：Wilfrid Hodges

介於一階和二階邏輯之間的系統：Stewart Shapiro

高階邏輯：Johan van Bnetham, Kees Doets

演算法和判定問題：遞迴論中的一個衝突過程：Dirk van Dalen

邏輯程式設計的數學：Hans Dieter Ebbinghaus, Jorg Flum

索引

第二卷

編者序言：D. M. Gabbay

演繹系統：Goran Sundholm

標準一階語義學的替代者：Hugues Leblanc

代數邏輯：Hajnal Andreka, Istvan Nemeti, Ildiko Sain

基本多值邏輯：Alisdair Urquhart

高級多值邏輯：Reiner Hahnle

索引

第三卷

編者序言：D. M. Gabbay

基本的模態邏輯：R. A. Bull, K. Segerberg

高級模態邏輯：M. Zakharyaschev, F. Wolter, A. Chagrov

模態邏輯中的量化：J. Garson

對應理論：Johan van Bnetham

索引

第四卷

編者序言：D. M. Gabbay

條件句邏輯：D. Nute, C. B. Cross

動態邏輯：D. Harel, D. Kozen, J. Tiuryn

容錯論辯的邏輯：H. Prakken, G. Vreeswijk

優先邏輯：S. O. Hansson

圖形邏輯：E. Hammer

索引

第五卷

編者序言：D. M. Gabbay

直覺主義邏輯：Dirk van Dalen

對話作為直覺主義邏輯的基礎：Walter Felscher

自由邏輯：E. Bencivenga

更多的自由邏輯：S. Lehmann

偏邏輯：S. Blamey

第六卷

編者序言：D. M. Gabbay

相干邏輯：Mike Dunn, Greg Restall

量子邏輯：M-L. D. Chiara, R. Giuntini

組合子，證明和蘊涵邏輯：M. Bunder

弗協調邏輯：G. Priest

索引

第七卷

編者序言：D. M. Gabbay

基本時態邏輯：J. P. Burgess

高級時態邏輯：M. Finger，D. M. Gabbay，M. Reynolds

時態和模態的結合：R. H. Thomason

關於時態和模態邏輯中的量化的哲學審視：N. B. Cocchiarella

時態和時間：S. T. Kuhn，P. Portner

索引

第八卷

編者序言：D. M. Gabbay

問題邏輯：D. Harrah

模態邏輯的矢列系統：H. Wansing

道義邏輯：L. Aqvist

道義邏輯和違反義務：J. Carmo，A. Jones

索引

第九卷

編者序言：D. M. Gabbay

把邏輯重寫為邏輯和語義的框架：N. Marti-Oliet，J. Meseguer

邏輯的框架：D. Basin，S. Matthews

證明論和意義：G. Sundholm

目標導向的演繹：D. M. Gabbay，N. Olivetti

論否定、完全性和相容性：A. Avron

邏輯作為合理性之源：一個概觀：Ton Sales

索引

第十卷

編者序言：D. M. Gabbay

模態的認知和信念邏輯：J. -J. Ch. Meyer

指稱和資訊內容：名稱和摹狀詞：N. Salmon

索引詞：G. Forbes

命題態度：R. Bauerle, M. J. Cresswell

屬性理論：G. Bealer，U. Monnich

物質表達式：F. J. Pelletier，L. K. Schubert

索引

第十一卷

編者序言：D. M. Gabbay

模態邏輯和自我指稱：Craig Smorýnski

邏輯和數學中的對角線問題：Jale Jacquette

語義學和說謊者悖論：Albert Visser

虛構的邏輯：John Woods and Peter Alward

索引

第十二卷

編者序言：D. M. Gabbay

帶邏輯程式的知識表示：Gerhard Brewka and Jürgen Dix

可解性原則：Alexander Leitsch and Christian Fermüller

形式不協調的邏輯：Walter Alexandre Carnielli，Marcelo Esteban Coniglio and
　　　　　João Marcos

全意識：Elias Thijsse

索引

　　令我本人感到欣慰的是，早在 1999 年我就著文表達了與加貝的序言所表達的類似思想，即計算機科學和人工智能將是 21 世紀（至少是其早期）邏輯學發展的主要動力。這就是我的〈從人工智能看當代邏輯學的發展〉一文，15000字，先發表於《中山大學學報》社會科學版（2000 年）邏輯與認知專刊 (1)，後發表於臺灣《哲學與文化》2001 年第 10 期。我還將其改寫為一篇短文，題為〈人工智能——當代邏輯發展的動力〉，約 4000 字，發表於《光明日報》（2000 年5 月 9 日，理論學術版）。下面是我的主要說法：

　　現代邏輯創始於 19 世紀末葉和 20 世紀早期，其發展動力主要來自於數學中的公理化運動。當時的數學家們試圖從少數公理根據明確給出的演繹規則推導出其他的數學定理，從而把整個數學構造成一個嚴格的演繹大廈，然後用某種程序和方法一勞永逸地證明數學體系的可靠性。為此需要發明和鍛造嚴格、精確、適用的邏輯工具。這是現代邏輯誕生的主要動力。由此造成的後果是 20 世紀邏輯研究的嚴重數學化，其表現在於：一是邏輯專注於在數學的形式化過程中提出的

問題：二是邏輯採納了數學的方法論，從事邏輯研究就意味著像數學那樣用嚴格的形式證明去解決問題。由此發展出來的邏輯被恰當地稱為「數理邏輯」，它增強了邏輯研究的深度，並對整個現代科學特別是數學、哲學、語言學和電腦科學產生了非常重要的影響。

我做出預測，**計算機科學和人工智能將是 21 世紀（至少在其早期）邏輯學發展的主要動力泉源，並將由此決定 21 世紀邏輯學的另一副面貌**。由於人工智能要模擬人的智能，難點不在於人腦所進行的各種必然性推理（這一點在 20 世紀已經基本上做到了，如用計算機去進行高難度和高強度的數學證明，「深藍」透過高速、大量的計算去與世界象棋冠軍下棋），而在於最能展現人的智能特徵的能動性、創造性思維，這種思維活動中包括學習、抉擇、嘗試、修正、推理諸因素，例如選擇性地搜集相關的經驗證據，在不充分訊息的基礎上做出嘗試性的判斷或決策，不斷根據環境回饋調整、修正自己的行為，由此達到實踐的成功。於是，**邏輯學將不得不比較全面地研究人的思維活動，並著重研究人的思維中最能展現其能動性特徵的各種不確定性推理，由此發展出的邏輯理論也將具有更強的可應用性**。在這個時期，邏輯學的重點研究論題將至少包括：一、如何在邏輯中處理常識推理中的弗協調、非單調和容錯性因素？二、如何使機器人具有人的創造性智能，如從經驗證據中建立用於指導以後行動的歸納判斷？三、如何進行知識表示和知識推理，特別是基於已有的知識庫以及各認知主體相互之間的知識而進行的推理？四、如何結合各種語境因素進行自然語言理解和推理，使智能機器人能夠用人的自然語言與人進行成功的交流？等等。

我本人不研究計算機科學和人工智能，甚至基本不做邏輯技術方面的創造性研究，主要從事邏輯哲學、西方邏輯史、分析哲學和邏輯教學等方面的研究。我如何會產生上述看法？這固然來自於我對有關文獻的瀏覽和研讀，但更主要是來自於我對邏輯本性以及邏輯學整體狀況的獨立思考。我由獨立思考產生的想法不久就得到強有力的印證，這令我感到十分高興。

二、對兩個關鍵性觀念的澄清

　　面對邏輯學發展的這個新趨勢，中國邏輯學界需要認眞思考應對之策：如何抓住機遇，促成中國邏輯學的跳躍式發展？我個人認爲，首先需要在邏輯觀上來一些變革，突破某些根深蒂固的舊觀念之束縛。有兩個重大問題必須重新得到討論：

（一）邏輯是不是一門與人的思維有關的科學？

　　這個問題在邏輯學界之外，也許是不成問題的。但是，由於數理邏輯在某種意義上起源於弗雷格（也許包括胡塞爾？）的反心理主義，並且它傾向於被認爲與人的思維之過程、方法和規律毫無關係，而是關注於語言符號，或者也許是客觀實在。於是，邏輯學是否研究人的思維，在邏輯學界特別是中國邏輯學界一度成了不敢大聲提出和討論的問題，因爲有可能遭到「不懂數理邏輯，搞心理主義」的譏諷和貶斥。

　　這裡有必要先簡短地回顧一下歷史。

　　從 17 世紀直至 20 世紀初葉，邏輯學領域盛行一股心理主義思潮，它把邏輯研究的對象等同於主觀心智過程，試圖憑藉心理圖像和心理過程去研究邏輯推演和邏輯運算，從心理要素和心理學規律中推導出邏輯規律，於是邏輯學就變爲心理學的一章，而具有純粹主觀的性質。受心理主義影響的邏輯著作之共同特點是：把大量認識論、方法論和心理學的內容帶入邏輯，裡面充斥著心理學的概念術語、方法或規則。而在邏輯領域率先舉起反心理主義大旗的是康德，隨後是弗雷格、胡塞爾，後兩人可以說是毫不妥協的反心理主義者，例如：在《算術基礎》（1884）一書的序言中，弗雷格開宗明義地提到了他的哲學邏輯研究所遵循的三個基本原則，其中第一個就是：「始終要把心理的東西和邏輯的東西、主觀的東西和客觀的東西嚴格區分開來。」[3] 弗雷格對心理主義的批判有以下要點：

1. 心理主義不能說明邏輯規律的**客觀性**，因爲心理主義者視爲邏輯規律之基礎的

---

[3]　轉引自穆尼茨：《當代分析哲學》，第 88 頁。

主觀表象，如觀念、心像等，必定是**私人性的**，而邏輯規律則是**公共性的**，可以為每一個人所把握。邏輯與之打交道的是思想的宇宙，而思想是不能化歸於主觀表象的。2. 心理主義不能說明邏輯規律的**必然性**，因為主觀表象是因人而異的，而關於可變規律的想法是無意義的。弗雷格等人對心理主義的批判在 19 世紀末葉風行一時，幾乎被後來的數理邏輯學家毫無保留地接受。從弗雷格開始，邏輯學走上了客觀化的道路，即從對觀念的研究走向了對語言的研究，從對心智領域的研究走向了對業已形成的客觀知識之邏輯結構和形式的研究。於是，邏輯不研究人的思維及其結構，就幾乎成為數理邏輯學家們的一個共識。

不過，我本人始終對這種觀點持懷疑態度。因為幾乎所有的數理邏輯學家都承認，邏輯是一門研究推理形式之有效性的科學。而在我看來，推理不是客觀事物本身的一個過程，因為在它們那裡不存在意識狀態，而推理是一個有意識的行為；也不是一個單純的語言過程，因為語言符號是死的東西，本身不能進行任何像推理這樣的主動行為；而是人運用語言符號所進行的一個思維過程，推理形式是從人的思維活動中剝掉思維的具體內容之後所剩下的那個模式或框架。因此，不管怎樣，邏輯總與人的思維活動有某種關係，說「邏輯學是一門與人的思維有關的科學」總不能算錯。我本人一直對某種形式的弱心理主義持同情態度，認為邏輯學是一門與人的思維有關的學科，它特別注重研究人的思維之形式結構及其規律，試圖找出人的思維所遵循的一些大致程序、模式、方法和準則，從而把人的觀念之間的變換與推移轉化為一套受規則指導的操作，這些操作可以重複、可以檢驗，有相對確定的結果。正是在這個意義上，我認為，邏輯學是對於理性精神的揭示、培養和訓練。

我現在覺得，這些觀點有必要進一步向前推進。在邏輯領域，過去所進行的反心理主義有些矯枉過正，把不該反掉的東西也當作心理主義反掉了，從而使邏輯學脫離了人的思維這個母體和泉源，發展下去就有可能成為無源之水、無本之木。這一點隨著計算機科學和人工智能的出現愈加明顯。人工智能慧要模擬人的智能，造出至少能夠部分地取代人之勞動的機器人或計算機，而人的一切行為都是有意識的行為，都是受人的思維驅使的，因此計算機科學和人工智能不得不比較全面地研究人的思維活動，從中提煉出結構性和規律性要素，用於有關智能

程式的開發和機器人的製作。這就是認知科學、心靈哲學、神經科學等新學科興起的大背景。據報導，美國《紐約時報》的科技周刊——《科技時代》最近評選出過去 25 年中最具爭議性的 25 個問題，其中兩個是：「人的大腦是怎樣工作的？」「機器人能夠有人的意識嗎？」現在，邏輯學家們面臨兩種選擇：要麼固守住某些傳統觀念，從而置身事外，因自身「門庭冷落車馬稀」而像嫁不出去的老閨女一樣怨天尤人；要麼積極投身到這項事業中去，由此獲得推動自身發展的原動力，這樣就不得不去比較廣泛地研究人的思維活動及其規律，許多先前不研究的課題由此進入視野，例如：

- 感知，溯因，類比。
- 對歸納概括以及概念的學習。
- 做計畫和計畫再認。
- 關於他人的知識和信念的推理。
- 交際意圖，各認知主體之間相互的知識。
- 語境，言語交際，自然語言理解。
- 知識表示，內容相干性。
- 交流所依賴的背景知識，對常識的精確處理。
- 對不確定性（模糊性、歧義性等）的處理。
- 缺省、容錯、非單調的推理。
- 謬誤理論，論辯理論。
- 效率和資源有限的推理。
- 關於時間和因果性的推理。
- 解釋或說明。
- 等等。

邏輯學的研究領域由此將得到大大地擴展，進入一種「為有源頭活水來」的境界。

（二）邏輯是否應該研究除有效推理之外的其他推理形式？ ●●●

如所周知，數理邏輯是研究推理形式之有效性的科學。但問題在於：我們應該如何理解「有效性」概念？邏輯是否應該僅僅局限於對有效推理的研究？換句話說，是否凡是研究非有效推理的就不是邏輯？做後面這種研究的人就應該被排

斥在邏輯圈之外？這些問題事關重大，值得詳加討論。

我們知道，推理分為內容的方面和形式的方面，而有效性是刻畫推理形式的一個概念。一個推理形式，如果它的前提為真時，其結論不可能是假的，它就是有效的，否則就是無效的。但問題在於，什麼是一個推理的形式？我們日常思維中的一個具體推理是否只有一個唯一確定的形式？情形並非如此，因為推理形式的確定取決於我們看問題的視角，取決於我們分析推理的方法。以「如果所有的金子都是閃光的，則有些閃光的東西必然是金子」為例，從直觀上看這個推理是有效的；但在命題邏輯中，它的形式是「如果 p 則 q」，用符號表示是「p→q」，按照對「→」的經典解釋，是不有效的；在亞里斯多德的詞項邏輯中，它的形式是「SAP → PIS」，是有效的；在謂詞邏輯中，它的形式是「$\forall x(S(x) \to P(x)) \to \exists x(P(x) \land S(x))$」，是不有效的；在模態邏輯中，它又有另外的形式，其有效性不能一概而論。因此，有效性實際上不是一個絕對的、剛性的概念，而是一個相對的概念，具有一定的柔性和彈性，它相對於我們把什麼東西當作推理中的結構性要素（邏輯常項），相對於我們對這些邏輯常項做出什麼樣的解釋，因此也就相對於我們由此構造出來的邏輯系統。我們實際上找不出某些絕對的標準，可以確定無疑地說我們語言中的某些要素，例如：連接詞「並且」、「或者」、「如果，則」、「當且僅當」、「並非」、量詞「所有的」、「有些」、等詞「＝」是邏輯常項，而其他的詞項例如各種副詞、命題態度詞就絕對不是。難道含有後面這些詞項的語句、命題中就沒有結構性成分，相互之間就不存在推理關係？顯然不是如此。邏輯學的研究實際上已經擴充到後面這些詞項，並且還將繼續擴充到其他語句成分。

如果這樣來理解有效性觀念，邏輯學研究的範圍就會被大大擴充。我們的思維中固然有在一定的假設下嚴格有效的推理，例如數學推理，它們脫離具體的時空，不依賴當下的交際語境，但這樣的推理在人的思維中畢竟只占很少的一部分。人們在具體的語境中、在背景知識的參與下所進行的交流過程，儘管有某種不確定性，但我們常常能夠達成相互理解，這其中難道沒有推理因素的參與？難道不能從中找出某種結構性因素，例如：大致的程序、模式、方法和規則？既然我們關於世界的知識歸根結底來源於歸納、類比、假說演繹等等，難道邏輯學不

應該對此做一些研究？難道歸納過程眞的像某些人所說的那樣是一個完全非理性的過程，沒有任何蹤跡、規則可尋？那麼，我要反問：爲什麼機遇只偏愛那些有準備的頭腦？爲什麼在某個領域內做出發現和發明的都是相關領域的專家，而不是一個完全的外行？爲什麼靈感、頓悟常常產生於長期投身於某項研究之後？這至少說明：發現和發明與科學家所受的訓練、與他所接受的知識、與他所付出的辛勞等等有某種邏輯關係。因此，歸納邏輯是可以研究的，並且應該研究。關於邏輯學研究，我的更一般主張是：哪裡有推理關係存在，邏輯學研究就應該追蹤、推進到哪裡，而不管這種推理關係是普遍有效還是相對有效。邏輯學家在研究邏輯理論時，固然有許多建構性因素，要遵守邏輯理論構造的一些要求，但他必定也在以某種方式描寫人的語言實踐和思維實踐。至於究竟描寫什麼？描寫多少？如何描寫？如果肯定邏輯學家也描寫，那麼邏輯眞理和經驗眞理之間有什麼區別？將會對我們的傳統知識觀產生什麼衝擊？則是另外一些問題。我將在〈邏輯學家是立法者嗎？〉一文中對它們詳加討論。

三、關於應對策略的一些建議

關於如何應對邏輯學發展的新機遇和新挑戰，我這裡提出如下一些建議：

（一）打好現代邏輯的基礎，與此同時保持住自己的獨立思考能力和創造能力 ●●●

做學問不是平地起高樓，要在前人的工作上進行，要在一個學術傳統中進行。有些非科班的學者，動不動提出新說、創建體系，但由於其學術工作沒有堅實的基礎，游離於正常的學術傳統之外，少數人或許眞有眞知灼見，但也很難獲得承認，常常流於自生自滅。做邏輯研究更是如此。邏輯學是一門歷史悠久、源遠流長的科學，它有自己的研究傳統和研究規範，特別是 19-20 世紀創立的數理邏輯對邏輯學帶來了一場革命，其顯示出的理論深度、在方法論上的創新、其應用範圍的廣闊和富有活力，都是先前的邏輯無法相比的，它爲新的邏輯研究設定了典範、標準，提供了工具、參照。因此，它是當代的任何邏輯研究者都必須學

習、研究的，無論他打算研究什麼樣的邏輯題材，對於中國的邏輯研究者來說更是如此。因為中國的邏輯學研究者一直在邏輯技術方面比較弱，即使某個研究者有比較深刻、獨到的思想，如果他不能用國際邏輯學界通用的語言、公認的形式（常常相當技術化）表述出來，其成果就不可能得到廣泛認可。因此，學好現代邏輯，在這方面打下堅實的基礎，無論怎麼強調都不過分。

不過，同樣重要的是，我們要堅持獨立思考，敢於和善於提出新的想法，並把它付諸實踐，做出新的研究結果來。邏輯史表明，邏輯學永遠不會停留在某一型態、某一階段上，某些特立獨行人士的「奇思怪想」常常推動著邏輯學的發展，就像當年萊布尼茲提出要把「推理化歸於計算，讓推理的錯誤成為計算的錯誤」一樣。當人們說某一邏輯理論發展得近乎完美時，歷史常常會開他的玩笑，就像在康德斷言「亞里斯多德邏輯已經近乎完美」後不久，就迎來了數理邏輯的誕生一樣。數理邏輯本身也將進一步發展，甚至也有可能出現與數理邏輯有些不同的邏輯形態，即使如此，已有邏輯的結果、精神、方法也不會被推翻，而會以某種方式被包容在新的理論和結果之中。

我認為，把某個時間段公認的某種觀點廣為傳播，或應用到其他領域，這只是在做知識傳播的工作，尚談不上真正的研究。如果以一種非反省的態度從事此類工作，則有可能造成某種危險，因為有一句話說得好：常識裡面往往隱藏著一個時代的偏見。在我的眼中，下面兩種類型的工作才配叫做「真正的研究」：一是以明白、曉暢、精確、有系統的方式說出了人人心中所想、但從來沒有想清楚、當然更沒有說清楚的東西；二是說出了這樣的思想：初聽起來像胡說八道，細聽之後覺得有道理，經過認真思考之後才領悟到它的深刻與獨到。這樣的研究是原創性的。

（二）只要遵守正常的學術標準，什麼樣的邏輯都可以研究，並且用什麼樣的方式研究都行 ●●●

按我的理解，正常的學術標準至少包括：1. 要把自己的工作置於一個學術傳統之中，這包括對前人或他人已經做的有關工作給予必要的尊重；2. 要有自己的獨創性見解，因為研究貴在創新；3. 要把對他人觀點的批評和對自己觀點的證明

以系統的方式組織起來，即學術文本要注重論證性；4. 把自己的研究成果發表出來，接受該領域內學術同行任何不帶非學術惡意的品評。得到認可，固然高興；不被認可，也只好接受，或者把工作做得更好以說服同行接受，或交付歷史去裁決。

　　我認為，只要遵守上述學術標準，對於邏輯研究者來說，以下任何一個領域都可以研究，並且原則上怎麼研究都行：

- ·數理邏輯，包括一階邏輯、模型論、遞歸論、證明論和公理集合論。
- ·哲學邏輯，包括變異邏輯和擴充邏輯。
- ·機率歸納邏輯。
- ·自然語言邏輯，特別是與漢語相關的邏輯問題。
- ·符號學，包括語形學、語義學和語用學。
- ·非形式邏輯和批判性思維。
- ·辯證邏輯、科學邏輯、科學方法論。
- ·邏輯史，特別是中國邏輯史。
- ·邏輯哲學，語言哲學，分析哲學。
- ·邏輯理論在各個領域（例如：法律和管理決策）中的特殊應用。
- ·邏輯教學和邏輯普及工作。
- ·等等。

我以為，之所以要奉行「什麼都行」和「怎麼都行」的原則，是因為各個研究者在研究基礎、知識儲備、興趣愛好、研究特長等方面有諸多差別，無法強求一致；並且，任何人也不能完全正確地預先斷定哪些研究是重要的，哪些研究就一定不重要，一切只能等研究結果出來後再說，並且對研究結果的評價也不是一蹴可幾的，常常需要時間。例如：看起來似乎與計算機科學、人工智能完全不相干的關於謬誤、論辯等等研究，居然被《哲學邏輯手冊》主編加貝給予很高的評價：「也許，在過去十年中出現的給人印象最為深刻之哲學邏輯成就，是與謬誤理論、非形式邏輯和論辯理論等領域的研究夥伴之間的有效對話。」

（三）要加強與邏輯之外的其他學科的合作，並且研究者最好以邏輯之外的某一學科作爲自己的研究根據地 ●●●

目前的邏輯學研究是文理綜合式的，需要來自不同學科背景——如計算機科學和人工智能，數學，認知科學，哲學，語言學，心理學等等——人士的跨學科合作，這對中國邏輯學界各自爲戰的傳統研究方式構成挑戰，它要求我們走出邏輯學界之外，在其他領域尋求對話者和合作者；要求邏輯研究者擴展自己的知識範圍，使不同思想背景和學科背景的人員之間能夠相互理解和相互對話，並且使之卓有成效。爲了做到這一點，我甚至有一個具體建議：年輕一代的邏輯研究者在研究邏輯時，最好以某一門具體學科作爲自己的研究根據地，這樣的學科可以是計算機科學、數學、哲學、語言學、心理學、認知科學、管理科學等，並且要做到在所選定的那門學科中有較深的造詣，例如：在其專業學術刊物上發表文章，參加相關的學術會議，與該專業人士進行合作研究等等。

如果有條件的話，邏輯研究者也要利用各種機會，去國外學習、訪問，從事合作研究，參加國際學術會議，在國際刊物上發表自己的研究成果。至少要做到經常翻閱國際性專業期刊，以及新近的外文專業書籍，由此洞悉國際邏輯學界的研究動態，及時掌握有關的研究資訊。總之，要使邏輯學界以多種方式與國際邏輯共同體關聯起來，以多種方式參與到國際學術共同體中去。

（四）中國的邏輯研究者要特別注意研究與漢語特點有關的邏輯問題 ●●●

一般認爲，邏輯學是一門帶有全人類性質的、工具性的學科，並且認爲它是一門與人的思維有關之學科。而人的思維是以語言爲載體的，不同的語言例如英語和漢語有很不相同的特點，如英語形態結構完整，而漢語常常靠「意會」建立關聯。因此，在研究相關的邏輯問題時，特別是研究與計算機科學和人工智能有關的邏輯問題，例如：自然語言理解、知識推理、認知邏輯等等時，漢語的特點是否會產生影響？如何產生影響？這些影響是否會在邏輯理論的構造中顯示出來？西方的有些邏輯理論，例如：反事實條件句（即虛擬語氣條件句）邏輯，是否更主要與他們語言的特點相關聯？因爲在漢語中從句子形態上無法區分直陳語

氣和虛擬語氣，那麼，漢語中是否有所謂的反事實條件句邏輯？這些問題都值得認真加以研究。

在漢語邏輯的研究方面，有兩種不同的策略：一是以中國人民大學哲學系邏輯教研室已故的王方名教授、張兆梅教授為代表，他們著重研究一般的邏輯形式在漢語中的特殊表現，以及某些漢語中特有的邏輯問題，其優點是緊扣漢語特點，缺點是局限於傳統形式邏輯。陳宗明的早期著作《漢語邏輯初探》是其代表作。另一是由周禮全先生所提倡，王維賢、李先昆、陳宗明（中後期）所實踐，並由周先生的兩名博士生蔡曙山、周崇理發揚光大的策略，其優點是以現代符號學（語形學、語義學和語用學）和現代邏輯為基礎，介紹、引進的特點比較濃，形式化程度比較高，缺點是漢語本身的特點不突出。我個人認為，這兩種不同的研究策略都仍然具有生命力。

（五）要進一步做好邏輯學的教學、傳播和普及工作 ●●●

在中國傳統文化中，邏輯思維一直不發達，「經世致用」的要求和傾向比較強烈，並且這種狀況迄今為止沒有實質性改變。因此，我們應該加強而不是削弱邏輯學教學，要針對不同的教學對象提出不同要求，在專科學校可以只講傳統形式邏輯，在非重點大學開設國外目前比較盛行，更具實用性的批判性思維課程，在重點大學則應該開設「邏輯導論」課程，這種課程應該教給學生關於邏輯學的一般觀念，邏輯學發展到目前為止的大致整體形象，一些最基本的邏輯技術和技巧，以及隱藏在邏輯技術背後的思想和精神，這是一個大學生必須具備的基本素養。另外，絕不能輕視邏輯知識的傳播和普及工作，它也需要許多有識之士帶著某種使命感、以創造性心態投入其中。

主要參考書目和推薦讀物

Brown, M. Neil and Stuart Keeley, *Asking the Right Questions: A Guide to Critical Thinking*, Prentice Hall, 8th edition, 2006.（尼爾布郎、斯圖爾特基利：《走出思維的誤區》，張曉輝等譯，中央編譯出版社，1994年。）

Copi, Irving M. and Carl Cohen, *Introduction to Logic*, New Jersey: Prentice Hall, 13th edition, 2006.（歐文‧M.柯匹、卡爾‧科恩：《邏輯學導論》，張建軍等譯，中國人民大學出版社，2007年。）

Engel, P., *The Norm of Truth: An Introduction to the Philosophy of Logic*, Harvester Wheatsheaf, 1989.

Hausman, A., Howard Kahane and Paul Tidman, *Logic and Philosophy: A Modern Introduction*, CA: Wadsworth Publishing, 10th edition, 2006.

Hurley, P., *A Concise Introduction to Logic*, CA: Wadsworth Thomson Learning, 9th edition, 2005.

Lewis Vaughn, *The Power of Critical Thinking*, Oxford University Press, 2005.

威廉‧涅爾和瑪莎‧涅爾：《邏輯學的發展》，張家龍等譯，商務印書館，1985年。

張家龍：《數理邏輯史》，社科文獻出版社，1993年。

楊沛蓀主編：《中國邏輯思想史教程》，甘肅人民出版社，1988年。

溫公頤、崔清田主編：《中國邏輯史教程》（修訂本），南開大學出版社，2001年。

孫中原：《中國邏輯史（先秦）》，中國人民大學出版社，1987年。

金岳霖主編：《形式邏輯》，人民出版社，1979年。

周禮全主編：《邏輯——正確思維和成功交際的理論》，人民出版社，1994年。

吳家國主編：《普通邏輯》（增訂本），上海人民出版社，1993年。

宋文堅主編：《邏輯學》，人民出版社，1998年。

陳　波：《邏輯學導論》（第三版），中國人民大學出版社，2014年。

陳　波：《邏輯學是什麼》，五南圖書出版股份有限公司，2013年。

陳　波：《邏輯哲學》，北京大學出版社，2005年。

陳　波：《悖論研究》，北京大學出版社，2014年。

陳　波：《思維魔方：讓哲學家和數學家糾結的悖論》，北京大學出版社，2014年。

王憲均：《數理邏輯引論》，北京大學出版社，1982年。

宋文淦：《符號邏輯基礎》，北京師範大學出版社，1993年。

陳慕澤：《數理邏輯教程》，上海人民出版社，2001年。

周北海：《模態邏輯導論》，北京大學出版社，1997年。

馬庫斯等：《可能世界的邏輯》，康宏逵編譯，上海譯文出版社，1993年。

張清宇、郭世銘、李小五：《哲學邏輯研究》，社科文獻出版社，1997年。

江天驥：《歸納邏輯導論》，湖南人民出版社，1987年。

陳曉平：《歸納邏輯與歸納悖論》，武漢大學出版社，1994年。

鄧生慶、任曉明：《歸納邏輯百年歷程》，中央編譯出版社，2006年。

蘇珊哈克：《邏輯哲學》，羅毅譯，商務印書館，2003年。

斯蒂芬里德：《對邏輯的思考——邏輯哲學導論》，李小五譯，遼寧教育出版社，1998年。

格雷林：《哲學邏輯導論》，牟博譯，中國社會科學出版社，1990年，第31-57頁。

張建軍：《邏輯悖論研究引論》，南京大學出版社，2002年。

奧爾伍德等：《語言學中的邏輯》，王維賢等譯，河北人民出版社，1984。

麥考萊：《語言的邏輯分析——語言學家關注的一切邏輯問題》，王維賢等譯，杭州大學出版社，1998年。

王維賢、李先焜、陳宗明：《語言邏輯引論》，湖北教育出版社，1989年。

陳宗明主編：《漢語邏輯概論》，人民出版社，1993年。

申小龍主編：《語言學綱要》，復旦大學出版社，2003年。

胡壯麟主編：《語言學教程》（修訂版中譯本），北京大學出版社，2002年。

何自然：《語用學概論》，湖南教育出版社，1988年。

索振羽：《語用學教程》，北京大學出版社，2000年。

谷振詣、劉壯虎：《批判性思維教程》，北京大學出版社，2006年。

武宏志、馬永俠：《謬誤研究》，陝西人民出版社，1996年。

武宏志、劉春傑主編：《批判性思維——以論證邏輯為工具》，陝西人民出版社，2005年。

國家圖書館出版品預行編目資料

邏輯學十五講／陳波著. －－初版.－－臺北
　市：五南圖書出版股份有限公司, 2021.08
　面；　公分
ISBN 978-986-522-762-3（平裝）

1.邏輯

150　　　　　　　　　　1110007101

1B1L

邏輯學十五講

作　　　者－陳　波

發 行 人－楊榮川

總 經 理－楊士清

總 編 輯－楊秀麗

主　　　編－蔡宗沂

責任編輯－蔡宗沂

封面設計－王麗娟

出 版 者－五南圖書出版股份有限公司

地　　　址：106台北市大安區和平東路二段339號4樓

電　　　話：(02)2705-5066　　傳　　　真：(02)2706-6100

網　　　址：https://www.wunan.com.tw

電子郵件：wunan@wunan.com.tw

劃撥帳號：01068953

戶　　　名：五南圖書出版股份有限公司

法律顧問　林勝安律師事務所　林勝安律師

出版日期　2021年8月初版一刷

定　　　價　新臺幣550元

經典永恆・名著常在

五十週年的獻禮 —— 經典名著文庫

五南，五十年了，半個世紀，人生旅程的一大半，走過來了。
思索著，邁向百年的未來歷程，能為知識界、文化學術界作些什麼？
在速食文化的生態下，有什麼值得讓人雋永品味的？

歷代經典・當今名著，經過時間的洗禮，千錘百鍊，流傳至今，光芒耀人；
不僅使我們能領悟前人的智慧，同時也增深加廣我們思考的深度與視野。
我們決心投入巨資，有計畫的系統梳選，成立「經典名著文庫」，
希望收入古今中外思想性的、充滿睿智與獨見的經典、名著。
這是一項理想性的、永續性的巨大出版工程。
不在意讀者的眾寡，只考慮它的學術價值，力求完整展現先哲思想的軌跡；
為知識界開啟一片智慧之窗，營造一座百花綻放的世界文明公園，
任君遨遊、取菁吸蜜、嘉惠學子！